Guido Knopp · Hitlers Krieger

Guido Knopp

Hitlers Krieger

in Zusammenarbeit mit Christian Deick,
Friederike Dreykluft, Rudolf Gültner,
Henry Köhler, Jörg Müllner

Dokumentation: Christine Kisler, Silke Schläfer,
Heike Rossel

C. Bertelsmann

ISBN 3-572-01271-6

Sonderausgabe 2001
© 1998 by C. Bertelsmann Verlag, München
in der Verlagsgruppe Bertelsmann GmbH
Die Verwertung der Texte und Bilder, auch auszugsweise, ist ohne Zustimmung des Verlags urheberrechtswidrig und strafbar. Dies gilt auch für Vervielfältigungen, Übersetzungen, Mikroverfilmung und für die Verarbeitung mit elektronischen Systemen.

Umschlaggestaltung: Design Team München
Satz: Uhl + Massopust, Aalen
Druck und Bindung: GGP Media, Pößneck

02650498X817 2635 4453 6271

04 03 02 01

Inhalt

Vorwort 6

Das Idol 15
Knopp/Gültner

Der Gehilfe 93
Knopp/Deick

Der Stratege 157
Knopp/Müllner

Der Gefangene 227
Knopp/Köhler

Der Flieger 279
Knopp/Dreykluft

Der Verschwörer 335
Knopp/Deick

Literatur 405
Personenregister 409
Bildnachweis 415

Vorwort

»Ich habe geglaubt – ich habe geirrt.« Die späte Reuebekundung von Hitlers Feldmarschall Keitel vor dem Nürnberger Gericht blieb in der Vergangenheitsbewältigung der NS-Militärs einsame Ausnahme. Die meisten hohen Offiziere, die dem Diktator bei seinem Angriffskrieg behilflich waren, beriefen sich auf ihre militärische Gehorsamspflicht und stritten jede persönliche Schuld ab. In einem Nachkriegsdeutschland, das Verdrängen vor Nachfragen stellte, werkelten sie an der Legende von einer sauberen Wehrmacht, die in die Massenmorde des Regimes weder verstrickt noch eingeweiht gewesen sei.

Schon seit den ersten Tagen der Hitler-Diktatur verschlossen viele führende Militärs die Augen vor dem wachsenden Terror der Nazis. Unter der Führung ihrer Generalität war die Wehrmacht seit Beginn des Krieges ein verläßliches Instrument. Im Rausch der ersten Siege hofften viele Offiziere auf Ruhm, Anerkennung, Beförderung und Belohnung. General Becks mahnende Worte, der soldatische Gehorsam der Generäle habe dort »eine Grenze, wo ihr Wissen, ihr Gewissen und ihre Verantwortung die Ausführung eines Befehls« verbieten, waren nur wenige bereit zu akzeptieren. Noch weniger brachten den Mut auf, gegen die eigene verbrecherische Staatsführung aktiv Widerstand zu leisten. Karrierebewußt zogen sich die meisten hohen Militärs auf ihren Aufgabenbereich, auf den traditionellen soldatischen Gehorsam zurück. »Der Mann der Pflicht wird schließlich auch noch dem Teufel gegenüber seine Pflicht erfüllen müssen« – Dietrich Bonhoeffers Prophezeiung sollte sich für die Militärelite Nazi-Deutschlands schauerlich erfüllen.

Selbst im Angesicht der ungeheuren Verbrechen blieb der Widerstand jener Generäle, die der NS-Ideologie reserviert gegenüberstanden, auf einen kleinen Kreis beschränkt. Kein aktiver Feldmarschall unterstützte die Männer des 20. Juli. Erich von Manstein etwa lehnte das Werben der Verschwörer kategorisch ab: »Preußische Feldmarschälle meutern nicht.« Ein verhängnisvolles Zaudern: Nur die hohen Militärs hätten noch die

Macht gehabt, das Hitler-Reich von innen zu stürzen. Moralisch hieß der einzig legitime Ausweg aus der Katastrophe »Hochverrat«.

Ein Teil der Adressaten von Becks Appell an die Verantwortung wurde nach Kriegsende zur Rechenschaft gezogen. General Beck hingegen hielt an seiner Überzeugung fest und mußte dafür mit dem Leben bezahlen. Beide Sachverhalte zeigen freilich auch, daß es »die Generäle« ebensowenig gibt wie »die Wehrmacht«.

Rommel, Keitel, Manstein, Paulus, Udet und Canaris – das sind sechs unterschiedliche Karrieren im Konflikt zwischen Gehorsam und Gewissen, Verdrängung und Protest. Es sind sechs Männer, wie sie unterschiedlicher nicht sein könnten: keine vollends repräsentative Auswahl deutscher Generäle unter Hitler (ja, ein Admiral ist auch dabei), gewiß jedoch sechs aufschlußreiche Lebensläufe, die in ihrer Summe bei der Antwort auf die Frage helfen können, wie es »dazu« kommen konnte. Was brachte diese Offiziere dazu, ihr Geschick in den Dienst eines mörderischen Kriegsherrn zu stellen? Was wußten sie von den Verbrechen des Regimes, wie tief waren sie verstrickt? Bis an welche Grenze reichte ihr Gehorsam?

»Hitler vertraut mir, und das genügt mir«, sagte *Erwin Rommel* einmal. Die NS-Propaganda machte aus ihm einen Mythos, der langlebiger war als das Reich, dem er zeit seines Lebens zu dienen glaubte. Die Legende vom »Wüstenfuchs«, vom genialen Feldherrn im Afrikakrieg, findet bis heute Anhänger bei Freund und Feind. Auf dem Höhepunkt seines Erfolgs ersetzte sein Ruf, wie man glaubte, ganze Divisionen. Zum Dank beförderte Hitler ihn zum jüngsten Feldmarschall der Wehrmacht. Als Offizier war er am Ziel. Als Soldat begann sein Scheitern. Von nun an gab es nur noch Niederlagen.

Doch anders als die meisten Generäle der Wehrmacht hatte Rommel den Mut, Hitler auf die Fehler seiner »Führung« offen anzusprechen. Am 15. Juli 1944 forderte er den Kriegsherrn auf, den Oberbefehl über die Wehrmacht abzugeben. Die Verschwörer des 20. Juli wußten von dieser kritischen Haltung und planten, nach einem erfolgreichen Attentat Rommel zum neuen Befehlshaber der Wehrmacht zu ernennen – freilich ohne zuvor ihren Wunschkandidaten einzuweihen, denn Rommel hätte dem

Tyrannenmord nie zugestimmt. Er hatte bis zum Attentat die wahnwitzige Hoffnung, Hitler zu einem Separatfrieden mit dem Westen überreden zu können. Mehrere Versuche der Widerständler, mit dem Feldmarschall ins Gespräch zu kommen, waren stets an Rommels nie entschiedenem Gewissenskonflikt zwischen soldatischem Eid und treuer Pflichterfüllung auf der einen und militärischer Einsicht auf der anderen Seite gescheitert.

Dennoch geriet er nach dem 20. Juli ins Visier der »Säuberung«. Die Fäden im Hintergrund zog sein alter Intimfeind Martin Bormann, dem der »Lieblingsgeneral des Führers« längst ein Dorn im Auge war. Am 14. Oktober 1944 schickte Hitler zwei Generäle zu seinem vormaligen Günstling, die ihn vor die Wahl stellten: Selbstmord mit anschließendem Staatsbegräbnis oder Verhandlung vor dem Volksgerichtshof mit Sippenhaft für seine Familie. Rommel entschied sich für den »Freitod«.

Nie hat dieser ehrliche Soldat vom Völkermord in seiner ganzen Dimension erfahren. Soldatische Tugenden repräsentierte er in ihrer ausgeprägtesten Form. Subjektiv stand er im Dienste seines Vaterlandes, objektiv im Dienste eines Verbrechers. Rommel saß, wie viele Deutsche, allzu lange allzusehr der Propagandalüge auf, die Hitlers Ziele mit den Interessen Deutschlands für identisch erklärte. Diese Identität zum Schluß als Täuschung erkannt zu haben, war der Anfang einer Läuterung, die unvollendet bleiben mußte. »Sekundäre Tugenden wie Gehorsam, Disziplin und Tapferkeit sind wunderbar«, sagt heute sein Sohn Manfred, »solange sie einer primären Tugend dienen: der Menschenliebe oder der Wahrheit.« Das war hier nicht der Fall, und darin liegt die Tragik Erwin Rommels.

Anders sieht es aus im Falle *Wilhelm Keitel*. Er war der Prototyp des willfährigen Soldaten im Dienste des Diktators. Sein Gehorsam kannte keine Grenzen. »Wenn ein Befehl gegeben war, dann handelte ich nach meiner Auffassung pflichtgemäß, ohne mich durch die möglichen, aber nicht immer erkennbaren Auswirkungen beirren zu lassen«, erklärte Keitel nach dem Krieg. Die devote Haltung gegenüber Hitler trug ihm den Spottnamen »Lakeitel« ein; wie eine Glucke hielt er jene wenigen Beherzten, die dem Diktator noch entgegentreten wollten, von ihm fern.

Doch der Feldmarschall war mehr als nur eine ordensgeschmückte Marionette: Schon in den dreißiger Jahren betrieb er an zentraler Stelle die geheime Wiederaufrüstung der Reichswehr, die Hitlers Angriffskriege erst ermöglichte. Als Chef des Oberkommandos der Wehrmacht war er die Schlüsselfigur für die Verstrickung der Soldaten in das mörderische Treiben des Regimes. Die von ihm unterzeichneten Terrorbefehle – besonders für den Feldzug gegen die Sowjetunion – ebneten den Weg zu ungezählten Kriegsverbrechen. Der berüchtigte »Kommissarbefehl« trägt Keitels Unterschrift, ebenso die Weisung zur Überstellung von über 10000 regulären Soldaten an den SD als »Verstärkung« für die Ausführung des Massenmords. Der Hunger- und Seuchentod von über drei Millionen sowjetischen Kriegsgefangenen wurde von ihm mit der Bemerkung, es handle sich eben um »eine Auseinandersetzung von Weltanschauungen«, billigend in Kauf genommen. In den letzten Kriegswochen kostete sein Auftrag an die Truppe, Deserteure ohne Verfahren sofort »umzulegen«, noch Tausende, meist junge, Menschenleben. Daß gerade er die bedingungslose Kapitulation des Hitler-Reiches in Berlin unterzeichnen mußte, haben Beobachter als »Zynismus der Geschichte« empfunden. Und noch immer pflegte er mit Marschallstab und Monokel die Attitüde des preußischen Militärs, der nur für seine »Pflichterfüllung« gelebt habe.

Doch mit seiner Willfährigkeit und seinem grenzenlosen Gehorsam war Keitel nicht nur ein Produkt des Systems, sondern erfüllte für dessen reibungsloses Funktionieren auch die wichtigste Voraussetzung: die Überwindung von Skrupeln und Bedenken zugunsten der bedingungslosen Ausführung des »Führer«-Willens.

Keitels Reue vor den Richtern in Nürnberg, sein Geständnis, »geglaubt und geirrt« zu haben, kam zu spät und wirkte angesichts des ungeheuren Unrechts ebenso naiv wie zynisch. Seinen letzten Wunsch, wie ein Soldat erschossen zu werden, lehnten die Richter ab. Am 16. Oktober 1946 wurde er gehängt.

Erich von Manstein überlebte den Krieg. Für Hitler war er der »klügste Kopf« unter seinen Generälen; für die Alliierten ihr »gefährlichster Gegner«. Sein Leben steht stellvertretend für die meisten jener preußisch-konservativen Generäle, die gegenüber dem Nationalsozialismus kritische Distanz wahrten – und doch als willige Werkzeuge Hitlers erbarmungslosen Krieg vollstreckten. Erich von Manstein entwickelte den Operationsplan für den Frankreichfeldzug 1940 und begründete damit seinen Ruf als »militärisches Genie«. Führende Generäle hatten sich gegen Mansteins riskante Idee ausgesprochen. Nur Hitler hatte auf dem »Sichelschnittplan« beharrt, der zum größten militärischen Triumph seiner Karriere führte – dem Sieg über Frankreich. Nach dem Überfall auf die Sowjetunion eroberte Manstein mit der Elften Armee die Krim, nahm mit Sewastopol Stalins stärkste Festung. Inzwischen zum Feldmarschall befördert, gelang es ihm jedoch nicht, den sowjetischen Ring um die Sechste Armee zu sprengen. Den von Manstein geforderten Ausbruchbefehl verweigerte Hitler, das Schicksal der mehr als 250 000 Soldaten im Kessel war damit besiegelt. Nach Stalingrad hoffte Manstein auf ein militärisches Remis – für Hitler undenkbar. Dieser setzte Manstein im März 1944 nach heftigen Meinungsverschiedenheiten über die Kriegführung im Osten als Befehlshaber der Heeresgruppe Süd ab. Der Stratege wurde nicht mehr verwendet.

Die Versuche des militärischen Widerstands, Manstein als Kombattanten zu gewinnen, quittierte der Feldmarschall mit dem Satz: »Preußische Feldmarschälle meutern nicht.« Tief in Preußens Tradition verwurzelt, fühlte er sich bis zuletzt dem beeideten Gehorsam verpflichtet. Er widersprach Hitler in militärischen Fragen, doch der Tyrannenmord blieb für ihn ein Tabu. Sich selbst sah er stets als »unpolitischen Soldaten«, der tat, was er am besten konnte: Krieg führen, ohne zu erkennen, welche verbrecherischen Ziele Hitler verfolgte. Am Ende standen die Katastrophe und seine eigene Erkenntnis, »nach Herkunft und Erziehung auf die Herausforderung der Hitler-Diktatur nicht vorbereitet« gewesen zu sein. Von einem britischen Militärgericht wurde Manstein 1949 in Hamburg zu 18 Jahren Haft verurteilt. Doch er verbüßte nur einen Teil seiner Strafe. Im Mai 1953 wurde er nach Protesten von Churchill und Montgomery aus gesundheitlichen Gründen entlassen und stellte sich beim Aufbau der Bundeswehr als willkommener und sachkundiger Berater zur Verfügung.

Manstein war ein Könner am Kartentisch, doch kein politisch denkender Stratege. Hitlers Wesen, seine wahren Ziele nicht erkannt zu haben, seine Fähigkeiten in die Dienste eines Verbrechers gestellt zu haben im Glauben, dem Vaterland zu dienen – darin bestand Mansteins Beitrag zum Untergang jenes Deutschlands, das er als Feldherr glaubte bewahren zu können. Er war ein genialer Soldat – nicht weniger, aber auch nicht mehr.

Das galt ebenso für *Friedrich Paulus*. Untrennbar verbindet sich sein Name mit der verheerenden Niederlage von Stalingrad. Als Befehlshaber der Sechsten Armee hatte er im Kessel der Wolgastadt keine Chance gegen die Übermacht der Roten Armee. Tag für Tag schmolz die Verpflegung der Eingeschlossenen zusammen, Tag für Tag wuchs die Distanz zur deutschen Front. Dennoch gelang es den abgekämpften Verbänden, über Wochen hinweg insgesamt acht sowjetische Heeresarmeen und eine Luftarmee zu binden. Das ermöglichte den Rückzug der im Kaukasus agierenden deutschen Heeresgruppe A.

Doch die Lage der mehr als 250 000 deutschen Soldaten war hoffnungslos. Alle Versuche, Hitler den Befehl abzuringen, endlich den Kessel zu räumen und mit seinen Truppen nach Westen auszubrechen, scheiterten. Der Diktator war fest entschlossen, die Sechste Armee lieber zu opfern, als Stalingrad, die Stadt, die den Namen seines wichtigsten Kriegsgegners trug, freiwillig preiszugeben. An die Eingekesselten funkte er einen zynischen Dank für ihren »Beitrag zur Rettung des Abendlandes«. Paulus wußte, daß seine Ernennung zum Feldmarschall kurz vor dem Ende im Kessel der Befehl zum Freitod war. Doch dieser Aufforderung seines Kriegsherrn kam er nicht nach: Paulus ging in Gefangenschaft. Erst in der Stunde der Niederlage verweigerte er den Gehorsam – und teilte das Schicksal seiner Soldaten. Am 31. Januar 1943 begab er sich als erster Feldmarschall der deutschen Kriegsgeschichte in die Gefangenschaft des Feindes.

Die Ereignisse von Stalingrad sind in unzähligen Publikationen und Filmen behandelt worden, die Biographie von Friedrich Paulus vor und nach Stalingrad blieb weitgehend im dunkeln. Er arbeitete den Angriffsplan auf die Sowjetunion aus. Er forderte als Galionsfigur des »Nationalkomitees Freies Deutschland« seine Kameraden von einst auf, überzulaufen. Er sagte in Nürnberg als Zeuge der Anklage gegen seine früheren Dienstvorgesetzten aus. Dennoch blieb er bis 1953 Kriegsgefangener der Sowjetunion – als bedeutendste Kriegstrophäe Stalins. Sein Entschluß, in der DDR zu bleiben, bot im Kalten Krieg beiden deutschen Staaten ausreichend Material für eine Propagandaschlacht. So wurde Paulus, der stets der unpolitische Militär und Generalstäbler sein wollte, zum zweiten Mal ungewollt zum Gegenstand der Propaganda. Daran zerbrach er. Vier Jahre nach seiner Freilassung starb er in Dresden – am 1. Februar 1957, dem 14. Jahrestag der Niederlage von Stalingrad.

Diese Niederlage hat *Ernst Udet* nicht mehr erleben müssen. Er sagte von sich: »Man muß um der Fliegerei willen auch mal mit dem Teufel paktieren. Man darf sich nur nicht von ihm fressen lassen.« Als Vorlage für Carl Zuckmayers Romanfigur Harras in »Des Teufels General« blieb sein Schicksal im Nachkriegsdeutschland in Erinnerung. Doch die schriftstellerische Freiheit des Autors verstellt den Blick auf den »echten« Udet. Dem Regime war sein Ruhm als erfolgreicher Jagdflieger des Ersten Weltkriegs und als Darsteller in Fliegerfilmen willkommene Propagandamunition für den Aufbau der NS-Luftwaffe. Hermann Göring selbst beförderte ihn aus der Pilotenkanzel an den Schreibtisch des »Generalluftzeugmeisters«, wo er mithalf, die Aufrüstung für Hitlers Aggressionspläne zu koordinieren. Die Erfolge der deutschen Luftwaffe während der »Blitzkriege« ließen auch bei Udet den Glauben an die Unbesiegbarkeit der deutschen Bomber und Jäger entstehen. Doch in Görings Luftfahrtministerium war er der falsche Mann am falschen Platz. Der begnadete Flieger entpuppte sich als ein schlechter Bürokrat. »Hitler betrachtete Udet zu Recht als einen der größten deutschen Flieger, zu Unrecht als einen der besten Luftfahrttechniker«, sagte sein Konkurrent Erhard Milch. Überfordert von seinem ständig wachsenden Aufgabenbereich, zerrieben im Streit mit Mitarbeitern und Vorgesetzten, erschöpft von unerfüllbaren Vorgaben, blieb er allein mit seinen Entscheidungen, die sich als fatal erweisen sollten.

Häufiger als im Büro sah man den Lebemann und Schürzenjäger in den Berliner Bars. Auf Partys und Parteiempfängen stand er stets im Mittelpunkt, bekannt für seine zahlreichen Affären und Alkoholeskapaden. Die Berliner Gesellschaft liebte den talentierten Karikaturenzeichner und originellen Unterhalter. Und er genoß seine Popularität in vollen Zügen.

Das Debakel der Luftwaffe gegen die britische Royal Air Force zerstörte die Illusion von der Unbezwingbarkeit der deutschen Flieger und legte katastrophale Planungsschlappen bloß. Luftwaffenchef Göring stempelte den »Generalluftzeugmeister« zum Sündenbock und ließ ihn fallen. Am 17. November 1941 nahm sich Ernst Udet das Leben. An der Wand seines Schlafzimmers hatte er zum Abschied bittere Anklagen gegen seine Konkurrenten im Luftfahrtministerium hinterlassen. An Hermann Göring richtete sich der letzte Satz: »Eiserner, Du hast mich verraten.« Das Regime vertuschte den Selbstmord, ließ vermelden, Udet sei bei einem Testflug abgestürzt, und inszenierte ein pompöses Staatsbegräbnis. Göring heuchelte mit brüchiger Stimme, er habe seinen besten Freund verloren.

Ernst Udet war kein Widerständler wie Zuckmayers Flieger Harras. Der Selbstmord war nicht die Konsequenz der Einsicht in den verbrecherischen Charakter des Regimes. Seine Gegnerschaft erschöpfte sich in Kalauern und Kasinosprüchen. Jahrelanger Alkohol- und Drogenmißbrauch hatten ihn zu einem leichten Opfer seiner intriganten Gegenspieler gemacht. Vom strahlenden Fliegerhelden der NS-Propaganda war nur der schöne Schein geblieben.

Ob Udet sah, wohin das Regime steuerte, hat er seine Umgebung nie spüren lassen. Vielleicht seine Zweifel, sicher aber sein berufliches und privates Scheitern versteckte er hinter der Maske des fröhlichen Trinkers, bis er körperlich und geistig so zerrüttet war, daß er keinen anderen Ausweg mehr sah als den theatralischen Abgang von der Bühne, die er sich selbst gewählt hatte.

Wilhelm Canaris hatte keine Gelegenheit zum Selbstmord; das Regime, dem er diente, richtete ihn hin. Sein Spionageapparat galt als Hitlers »Wunderwaffe« an der unsichtbaren Front der geheimen Dienste. Aufgrund seiner Kontakte zu den Verschwörern gegen das Hitler-Regime und seiner Ermordung im Konzentrationslager wurde er zum Mythos des militärischen Widerstands: Der Chef des Amtes Ausland/Abwehr war ein Meister der Tarnung und des Doppelspiels. Seine Spione bereiteten diskret und effizient den Weg zu Hitlers Angriffskriegen, während er selbst die Beseitigung seines obersten Dienstherrn vorantrieb. Seine Mitarbeiter hielt Canaris zur engen Zusammenarbeit mit der Geheimen Staatspolizei an, während er selbst unter dem Deckmantel der Agententätigkeit die Flucht politisch Verfolgter ins Ausland organisierte.

Besonders sein von Haßliebe geprägtes Verhältnis zum berüchtigten Chef des Sicherheitsdienstes, Reinhard Heydrich, symbolisierte das gefährliche Spiel des Admirals: Während sich Agenten der »Abwehr« und die Rivalen aus Heydrichs SS-Sicherheitshauptamt hinter den Kulissen bis aufs Messer bekämpften, pflegten die beiden Chefs bei Hausmusik und gemeinsamen Ausritten ihre jahrelange private »Freundschaft«.

Wie sehr muß man Hitlers Helfer sein, um Hitlers Gegner

bleiben zu können? Canaris hat als Vorgesetzter der Geheimen Feldpolizei Verantwortung für deren Beteiligung an Verbrechen im Rücken der Ostfront übernommen und gleichzeitig als »Schutzengel« der Widerständler um Hans Oster und Hans von Dohnanyi deren Umsturzpläne entscheidend gefördert.

Pannen in der Spionageabwehr gaben Anfang 1944 den Anlaß, den ohnehin schon verdächtigen Canaris kaltzustellen und auf einen unbedeutenden Posten abzuschieben. Nach dem Attentat auf Hitler am 20. Juli 1944 wurde der Admiral verhaftet und schließlich ins KZ Flossenbürg gebracht. Nur wenige Tage vor Kriegsende ermordete ihn ein SS-Kommando.

Erst ganz am Ende hatte sich Canaris in seinen Verhören zum Widerstand bekannt. Seit seiner Ernennung zum Geheimdienstchef hatte er vermieden, sich jemals ganz festlegen zu müssen. Nun tat er es und verhalf sich endlich zur Erlösung. Er hatte versucht, auf allen Klaviaturen gleichzeitig zu spielen und sich damit heillos zwischen Gehorsam und Moral, zwischen Patriotismus und Humanität verheddert. Dem Guten und dem Bösen gleichzeitig zu dienen – in dieser Zwangslage hat sich Canaris aufgerieben. Ohne ihn wären viele Menschen nicht gerettet worden; unter seinem Kommando sind allzu viele gestorben. Welche Alternativen hätte er gehabt? Mehr Heldenmut, wie ihn sein Freund Oster besaß, hätte ein früheres Ende bedeutet. Canaris ist auf dem Posten geblieben – auch um den Preis, sich bis an die Grenzen der Unmoral zu verbiegen. Er und viele andere Konservative verstanden das als Dienst am Vaterland, nicht als Hilfe für Hitler. Bis zuletzt blieb dies ihr Irrtum.

Allen, die an diesem Buch beteiligt waren, gilt mein Dank: den Autoren Christian Deick, Friederike Dreykluft, Rudolf Gültner, Henry Köhler und Jörg Müllner, den Dokumentaristen Silke Schläfer, Christine Kisler, Heike Rossel; den Fachberatern Ralf Georg Reuth, Winfried Mayer, Sönke Neitzel, Torsten Dietrich und Armand von Ishoven. Vor allem aber danke ich meinem Lektor Johannes Jacob, dessen Sensibilität und Kompetenz auch dieses Buch erst möglich machten.

Das Idol

Vergießt Schweiß – aber kein Blut

Mut ist, daß man die Angst überwindet

Die deutsche Wehrmacht ist das Schwert der neuen deutschen Weltanschauung

Der Führer weiß genau, was für uns das Richtige ist

Hitler vertraut mir, und das genügt mir

Dieser pathologische Lügner ist nunmehr völlig wahnsinnig geworden, seinen wahren Sadismus hat er gegen die Männer des 20. Juli gerichtet, und wir sind noch nicht am Ende!

Der Krieg ist so gut wie verloren!

Der tote Hitler ist gefährlicher als der lebende

Ich bin mir keiner Schuld bewußt. Ich war an keinem Verbrechen beteiligt. Ich habe nur meinem Vaterland gedient, mein ganzes Leben lang

Rommel

Rommel, Rommel, Rommel, Rommel! Zählt denn etwas anderes, als ihn zu schlagen?

Winston Churchill

Deutschland hatte viele rücksichtslos tüchtige Generäle hervorgebracht. Rommel war von anderem Schlag. Er hob sich über sie hinaus.

Sir Claude Auchinleck,
Oberbefehlshaber der britischen Mittelost-Streitkräfte

Mit mir verfolgt das deutsche Volk in gläubigem Vertrauen auf Ihre Führerpersönlichkeit und auf die Tapferkeit der Ihnen unterstellten deutsch-italienischen Truppen den heldenhaften Abwehrkamf in Italien.

Hitler

Ich selbst hielt Rommel für einen sehr eitlen Menschen, der sich mit Wonne von früh bis spät fotografieren ließ. Solche eitlen Menschen sind aber erfahrungsgemäß nie die tüchtigsten Menschen, denn ein wirklich tüchtiger Mensch hat es nicht nötig, sich fortgesetzt vor die Kamera zu schieben.

Martin Bormann, Sekretär des »Führers«

Mein Vater war eigentlich ein sehr warmherziger Mensch. Das alles war nur unter einer harten Schale verborgen. Er hat sehr gelitten, wenn Leute, die er kannte, fielen oder verwundet wurden.

Manfred Rommel

Rückblickend ist Rommel eine der arrogantesten Offiziersgestalten gewesen, die mir im Leben begegnet sind. Das drückte sich besonders in seinem Verhalten gegenüber kleineren Leuten aus.

Baldur von Schirach

Rommel ist ein »Wölfchen«, kein Fuchs.

Gerd von Rundstedt, Oberbefehlshaben West

Mein Mann ist der größte Optimist. Wenn er irgendwo einen hellen Schein sieht, dann geht er auf ihn zu. Aber wenn er ihn nicht sieht und urteilt, dann ist sein Urteil auch richtig.

Lucie Rommel

Wer in den Bann seiner Persönlichkeit kam, wurde Soldat. Er besaß trotz größter Strapazen scheinbar unerschöpfliche Kraft und Frische, eine Einfühlungsfähigkeit in das Wesen seines Gegners und seine mutmaßliche Reaktion. Seine Planungen waren sehr überraschend, intuitiv, spontan und nicht ohne weiteres durchsichtig.

Theodor Werner, späterer Ordonnanzoffizier von Rommel

Rommels charakteristische Fehler lassen ihn als eine besonders unerfreuliche Erscheinung hervortreten, mit der aber niemand in Konflikt geraten will wegen der brutalen Methoden und wegen der Stützung an oberster Stelle.

Franz Halder, Generalstabschef des Heeres

Mag sein, daß Rommel kein großer Stratege war. Doch er war bestimmt in der ganzen deutschen Armee der beste Mann für den Wüstenkrieg.

General Fritz Bayerlein

Es gibt keinen Zweifel, daß Rommel große Erwartungen an Hitler stellte und sich dann in diesen Erwartungen schmählich getäuscht sah. Genauso steht es für mich außer Zweifel, daß Hitler große Erwartungen in Rommel setzte und sich ebenfalls in diesen Erwartungen nachher getäuscht sah.

Meinhard Glanz, General a. D., deutsches Afrikakorps

Es ist mit Rommel schwierig, weil er sich nur ungern unterstellt. Er ist in Afrika sehr selbständig gewesen.

Wilhelm Keitel

Rommels Widerstand gegen die Hitler-Tyrannei, der ihn das Leben kostete, betrachte ich als ein zusätzliches Ruhmesblatt.

Winston Churchill

Der Führer wollte sein Ansehen vor dem deutschen Volke nicht herabsetzen und gab ihm daher die Chance des Freitodes mittels einer Giftpille, die ihm unterwegs von einem der beiden Generale gegeben wurde. Sie wirkte innerhalb von drei Sekunden tödlich. Für den Fall einer Weigerung werde er sofort verhaftet und in Berlin vor den Volksgerichtshof gestellt. Mein Vater hat den Freitod vorgezogen.

Manfred Rommel

Ich möchte nochmals feststellen, daß mein Mann nicht an den Vorbereitungen oder den Ausführungen des 20. Juli beteiligt war, da er als Soldat ablehnte, diesen Weg zu beschreiben. Er war während seiner Laufbahn immer Soldat und nie Politiker.

Lucie Rommel

Das Ambiente im Berliner Propagandaministerium entsprach nicht dem üblichen Nazi-Pomp. Statt weißen Marmors war da nur eine weißgetünchte Wand, die Insignien des »Dritten Reiches« fehlten völlig. Keine Fahnen, keine Fackelträger, keine Lichterdome, nur ein Scheinwerfer, der für den übergroßen Schatten sorgte, den der Hauptdarsteller warf.

Der Mann wirkte wie ein Inbegriff des deutschen Soldaten: blond und blauäugig, dem Ideal der Zeit entsprechend, mit markanten Gesichtszügen, als hätte sie Arno Breker, der Bildhauer des »Führers«, idealtypisch in Stein gemeißelt. Doch nicht deshalb war er zum meistgefilmten General der Wehrmacht avanciert. Der siegreiche Heerführer, der nun vor laufender Kamera sein ganzes Charisma zur Geltung bringen sollte, paßte ideal in die Schablone der Goebbels-Propaganda: Frontoffizier im Ersten Weltkrieg, als einer von wenigen Heereskommandanten mit dem höchsten Orden des kaiserlichen Deutschland, »Pour le mérite«, ausgezeichnet – ein Draufgänger, der Unmögliches möglich gemacht hatte. Da stand der Mann, den Hitler als »einen der besten deutschen Heerführer« gepriesen hatte – und er sagte, was die NS-Führung so gerne hörte, sprach von einem »Sieg gegen eine Übermacht«, davon, wie trotz »größter Schwierigkeiten der Auftrag erfüllt« wurde. »Entscheidend ist der Wille zum Sieg«, hieß sein Credo – und darin konnte ihn keiner übertreffen.

Goebbels hatte ihn für ein völlig neues Projekt auserkoren: Für die Nachwelt galt es die Erfolge der deutschen Wehrmacht festzuhalten, die unter dem Kommando des obersten Befehlshabers Adolf Hitler vom Nordkap bis nach Nordafrika, vom Atlantik bis zur Wolga den Kontinent beherrschte. Der Lautsprecher des »Führers« hatte eine Porträtreihe mit den siegreichen Generälen in Auftrag gegeben, Hitlers Helden sollten dem deutschen Volk die Leistungen der nationalsozialistischen Krieger vor Augen führen. Und der Mann, mit dem im späten Frühjahr 1943 die Dreharbeiten begannen, schien dafür besonders geeignet: Erwin Rommel, der Sieger von Tobruk, der Held von Afrika, der »Wüstenfuchs«. Kein Heerführer genoß zu diesem Zeitpunkt ein solch hohes Ansehen. Hitler hatte seinen »Lieblingsgeneral« gefördert und wollte nun seinerseits von dessen Erfolgen profitieren. Goebbels' Propagandamaschine hatte Rommel in den Berichten der deutschen *Wochenschau* zum Idol erkoren. Nun nutzten die Nazis ihren Helden, und dieser ließ sich benutzen. Politisch war Rommel naiv. Politik bedeutete für ihn Dienst am Vaterland. Und da der »Führer« dieses Vaterlandes Hitler hieß, waren »Führer, Volk und Vaterland« für Rommel eins.

Und doch macht dieses Szenario auch das Dilemma der Person des Feldmarschalls Erwin Rommel deutlich: Trotz aller Kameraerfahrung wirkte er unsicher, sprach wie ein Schauspielschüler, der zwar seinen Text kannte, aber keine Vorstellung davon hatte, was sein Lehrer von ihm erwartete. Um Zustimmung heischend, schien er nach seinem unsichtbaren Mentor hinter der Kamera zu suchen, fragend: War es so richtig? Hier sprach ein General, der von der militärischen Notwendigkeit seines Tuns überzeugt war – und der sich keine Gedanken über die Folgen seiner Siege machte. Die Frage »Haben Sie gedient?« hätte er arglos mit einem »Ja, ich habe gedient und diene noch immer« beantwortet. Wem der aus tiefster Seele überzeugte Soldat zu Diensten war, blieb ausgespart. Im Schlußwort seines Buches »*Infanterie greift an*« schreibt Rommel: »Im Westen, Osten und Süden ruhen die deutschen Schützen, die den Weg treuester Pflichterfüllung für Volk und Heimat bis zum bitteren Ende gegangen sind. Stets mahnen sie uns Überlebende und die kommenden Geschlechter, ihnen nicht nachzustehen, wenn es gilt, Opfer zu bringen für Deutschland.« Pflichtbewußtsein und Opferbereitschaft, Tapferkeit und Patriotismus – hier finden sich die Leitbegriffe, an denen er sein Tun ausrichtete. Hier finden sich die Schlüsselworte zum Verständnis seines Handelns – Worte, die Leistung und Tragik einer hervorragenden Gestalt deutschen Soldatentums erklären können.

Dem Jungen, der am 15. November 1891 in Heidenheim an der Brenz als Sohn des Schullehrers und späteren Rektors Erwin Rommel zur Welt kam, war die Karriere eines Berufsoffiziers nicht in die Wiege gelegt. Eine nennenswerte militärische Tradition gab es in der Familie nicht. Wo Standesdünkel das Bewußtsein des Offizierskorps prägte, ist es keine gute Ausgangslage für den Aufstieg an die militärische Spitze, wenn man dem schwäbischen Bildungsbürgertum entstammt. Auch die körperlichen Voraussetzungen schienen für eine soldatische Laufbahn wenig geeignet. Als Kind war der Junge Erwin klein und blaß. Seine schulischen Leistungen am Realgymnasium entsprachen dem Durchschnitt, besondere Begabungen bewies er allenfalls auf mathematischem Gebiet, die schönen Künste interessierten ihn kaum. Sein Berufsziel war Flugzeugingenieur, sein angestrebter Arbeitsplatz die Zeppelinwerke am Bodensee. Doch der Vater hatte andere Vorstellungen vom Lebensweg seines Ältesten: Der Sohn sollte Offizier werden. Erwin gehorchte. Aber sowohl die Artillerie als auch die Pioniere lehnten den schmächtigen jungen Mann ab. Ebenso gehorsam wie hartnäckig bewarb sich Erwin Rommel junior ein drittes Mal – und hatte letztlich Erfolg: Am 19. Juli 1910 trat er als Fahnenjunker in das Infanterieregiment König Wilhelm I. Nr. 124 der württembergischen Armee ein. Während eines Kriegsschullehrgangs an der Königlichen Kadettenschule in Danzig lernte er 1911 die Rektorentochter Lucie-Maria Mollin kennen, die er fünf Jahre später heiratete.

Seine militärische Laufbahn begann vielversprechend. Im Januar 1912 wurde er zum Leutnant befördert und kehrte zu seinem Heimatregiment nach Weingarten zurück, wo er Rekruten ausbildete. Für kurze Zeit wurde er zum Feldartillerie-Regiment Nr. 49 nach Ulm abkommandiert. Als der Krieg ausbrach, erlag auch der überzeugte Soldat Rommel der allgemeinen Begeisterung. »Endlich ist es soweit«, schrieb er an seine Braut. Der junge Offizier erlebte in Belgien und Nordfrankreich seine ersten Fronteinsätze. Schon im September erhielt er das Eiserne Kreuz zweiter Klasse, dann als erster Soldat seiner Division im Januar 1915 das Eiserne Kreuz erster Klasse und die Beförderung zum Oberleutnant. Mit 25 Jahren wurde er als Kompanieführer beim Württembergischen Gebirgsbataillon zum ersten Mal mit Führungsaufgaben betraut. Die kaiserliche Armee schickte den ehrgeizigen Kompaniechef auf den Balkan. Hatte Rommel in Frankreich den Stellungskrieg erlebt, so sammelte er an der rumänischen Front im Kampf gegen die Russen erste Erfahrungen in Bewegungskrieg. 1917 nahm er in Italien an der Isonzofront am Kampf um den Monte Matajur, eine als uneinnehmbar geltende Befestigung, teil. Immer deutlicher zeigte sich das Talent des jungen Offiziers, der es verstand, seine Soldaten

»Schwäbischer Dickschädel...«
Generalfeldmarschall Erwin Rommel 1942/43.

Daß ich nun »Feldmarschall« geworden bin, ist mir wie ein Traum... Dir und Manfred herzlichen Gruß und Kuß von Eurem Feldmarschall.

Rommel, Brief an seine Frau, 23. Juni 1942

zu motivieren, und der sich auf hervorragende Weise an die jeweiligen Gegebenheiten anpassen konnte.

Erstmals führte Rommel einen Krieg auf eigene Faust; wenn es die Situation erforderte, kümmerte er sich nicht um die ursprünglichen Befehle, sondern tat, was er militärisch für notwendig hielt. Der Erfolg gab ihm recht. War ihm bei der Erstürmung des Monte Kuk die verdiente Auszeichnung versagt geblieben – aufgrund einer Falschmeldung hatte man Leutnant Ferdinand Schörner, im Zweiten Weltkrieg gleichfalls Feldmarschall, mit dem Orden ausgezeichnet –, so erhielt er Ende Dezember 1917 doch noch den begehrten »Pour le mérite« für die Erstürmung des Monte Matajur. Rommel war sich der Besonderheit des »Blauen Max« bewußt: »Es ist eine für die damalige Zeit unerhörte Auszeichnung für ein Bataillon«, notierte er später.

Er selbst empfand die Ehrung als durchaus gerecht, denn übertriebene Bescheidenheit war seine Sache nicht: »Als junger Mann wußte ich schon, wie man eine Armee führt«, erklärte er Jahrzehnte später seinem Sohn Manfred. Der ehrgeizige Offizier strotzte vor Selbstbewußtsein – und er hatte allen Grund dazu. Schon in den Kämpfen an den verschiedenen Frontabschnitten während des Ersten Weltkriegs hatte Rommel bewiesen, was ihn später auszeichnen sollte: Sturheit, Kriegslist, Ehrgeiz, Eigeninitiative, Ignorieren von Befehlen höherer Dienstgrade. Vom unmittelbaren Fronteinsatz wurde er im Januar 1918 zum Stabsdienst beim Generalkommando 64 abkommandiert. Noch vor Kriegsende erfolgte im Oktober seine Beförderung zum Hauptmann.

Die Kapitulation des kaiserlichen Deutschland stellte den Kriegsheimkehrer Erwin Rommel vor die gleichen Sinnfragen wie viele andere Soldaten. Die bisherigen Autoritäten existierten nicht mehr, der Kaiser hatte abgedankt, die alten Eliten abgewirtschaftet. Im Innern war die Einheit Deutschlands durch separatistische Bewegungen, von außen durch die Politik der Siegerstaaten gefährdet. Wie die meisten Deutschen wünschte er sich in den Jahren nach der Niederlage nichts sehnlicher, als daß die Fesseln des Versailler Vertrages beseitigt würden – »von wem auch immer«. Mit der alten Ordnung waren auch Ruhe und innerer Friede verschwunden. Es herrschten Revolution und Chaos. Hunger und Kälte bedrohten das Leben von Menschen, die sich bislang um große Politik wenig geschert hatten.

»Er soll Offizier werden...«
Die Eltern Erwin Rommels.

... sparsam, zuverlässig und im Turnen gewandt.

Empfehlung des Vaters an die württembergische Armee 1910

In unserer Familie war niemand in der NSDAP.

Manfred Rommel

Mein Vater hat ein um das Hochdeutsche bemühtes Schwäbisch gesprochen. Zu Hause oder wenn er sich geärgert hat, was häufig vorkam, ist er wieder ins Schwäbische verfallen. Normal hat er sich aber bemüht, hochdeutsch zu reden.

Manfred Rommel

Erwin Rommel blieb das Glück treu. Der gelernte Soldat gehörte zu den knapp 100000 Mann, welche die Siegermächte der neuen deutschen Republik als Streitmacht zugestanden hatten. Der junge Hauptmann Rommel, der sich im Fronteinsatz als »Experte für Nahkampf« einen Namen gemacht hatte, fand auch in der drastisch reduzierten Reichswehr der Weimarer Republik seinen Platz. 1921 wurde er Kompaniechef im Infanterieregiment 13 in Stuttgart/Ludwigsburg. Doch in den nächsten Jahren geriet seine Karriere ins Stocken. Acht Jahre befolgte er nolens volens eine alte Infanteristenweisheit: eingraben und liegenbleiben. Dann begann die Zeit, in welcher der Fachmann für bewegliche Kriegführung auch in Friedenszeiten außerhalb des Schlachtfelds seine Fähigkeit zur Mobilität beweisen mußte. Im Oktober 1929 wurde er Lehrer an der Infanterieschule in Dresden. Diese Ausbildungsstätte war von der Isar an die Elbe verlegt worden, weil in München die jungen Absolventen im November 1923 zu eindeutig aktive Sympathie für die Sache eines Mannes gezeigt hatten, der mit dem Marsch auf die Feldherrnhalle die Macht im Staat an sich reißen wollte.

Rommel beschäftigte sich nicht mit den politischen Ideen, die ein österreichischer Gefreiter propagierte. Er fühlte sich als Soldat und nicht als Politiker. Folglich machte er sich Gedanken über die Kriegszeit, fragte nach den Ursachen militärischer Niederlagen und kam zu dem Ergebnis, daß das Heer in seiner alten Organisationsform unter dem Primat des Adels den Erfordernissen eines modernen Krieges nicht gewachsen war. Bei der Ausbildung in militärischer Strategie und Taktik würzte er seinen Unterricht mit persönlichen Kriegserlebnissen und arbeitete an einem Buch, in dem er seine Vorstellung von zeitgemäßer Kriegführung niederlegte. Er hatte genügend Muße für seine schriftstellerischen Tätigkeiten, denn seine soldatische Laufbahn trat auf der Stelle.

Schon im Weltkrieg war Rommel immer wieder an die Grenzen gestoßen, welche die militärische Tradition zog. Er hatte es zwar bis zum Kompaniechef gebracht und bei Fronteinsätzen mit hervorragenden Leistungen geglänzt. Sobald aber höhere Aufgaben zu bewältigen waren oder dienstältere Offiziere zur Verfügung standen, mußte er zurückstecken. Leistung allein genügte nicht in der kaiserlichen Armee, Herkunft und Dienstalter gingen vor.

Auch in der Weimarer Republik fühlte sich Rommel zurück-

Hitler hatte das Buch meines Vaters über den Ersten Weltkrieg gelesen.

Manfred Rommel

Damals im Ersten Weltkrieg, als ich ihn zum ersten Mal sah, war er schmal. Primanerhaft fast, von heiligem Eifer durchglüht, immer auf den Spuren und im Banne der Tat.

Theodor Werner, späterer Ordonnanzoffizier von Rommel

Er hat von seinen Soldaten nie etwas verlangt, was er nicht von sich selbst verlangt hätte.

Wilfried Armbruster, Dolmetscher Rommels

»Endlich ist es soweit…« Oberleutnant Erwin Rommel 1918 (rechts), ausgezeichnet mit dem Orden »Pour le mérite«, Major Sprösser (links).

gesetzt. Trotz mehrerer Versuche wurde er nicht zur Generalstabsausbildung zugelassen. Die meist adligen Offiziere waren über erfolgreiche Emporkömmlinge und Konkurrenten wenig begeistert. Und die Familie Rommel konnte auf keine Vorfahren verweisen, die etwa an der Seite des Landesherrn große Schlachten geschlagen hätten.

Auf der anderen Seite erkannten Rommels Vorgesetzte seine Leistungen durchaus. Sie bescheinigten ihm einen »kristallklaren Charakter, selbstlos, schlicht und bescheiden, bei den Kameraden beliebt, von den Untergebenen hochverehrt« oder lobten ihn, wie der Kommandeur der Infanterieschule und spätere Generalfeldmarschall List, als »vorzüglichen Soldaten«. Doch in zwei Jahrzehnten als Berufssoldat hatte Rommel es nach vier Beförderungen nur vom Leutnant zum Major gebracht. Die ganz große Karriere, die er sich erträumt hatte, war ihm bislang verwehrt geblieben. Und sie wäre ihm vermutlich auch weiterhin nicht möglich gewesen, wenn es nicht zu dramatischen Veränderungen in Deutschland gekommen wäre.

Im Oktober 1933 übernahm Rommel seine neue Aufgabe als Kommandeur des III. Bataillons des Infanterieregiments Nr. 17 in Goslar. Es war ein Regiment mit großer Vergangenheit, das am Siebenjährigen Krieg teilgenommen und bei Waterloo gegen Napoleon gekämpft hatte. In seiner neuen Funktion machte Rommel erstmals Bekanntschaft mit dem Mann, der mittlerweile zum »Führer und Reichskanzler« aufgestiegen war. Im September 1934 besuchte Hitler den Reichsbauerntag in Goslar. Üblicherweise übernahm eine SS-Einheit den persönlichen Begleitschutz des »Führers« und stellte auch die »Ehrenwache«. Rommel protestierte, er beharrte darauf, daß seine Soldaten die Ehrenkompanie stellen sollten. Wenn man seinen Leuten nicht den Schutz des »Führers« zutraue, werde er sie abziehen lassen. Rommel setzte sich durch, zumindest optisch. Als Hitler die angetretenen Einheiten abschritt, standen vor der SS-Formation die Soldaten Rommels. Noch marschierte ihr Kommandeur in zweiter Linie einige Meter hinter Hitler. Doch die Beziehungen wurden bald enger.

Der unpolitische Rommel trat nie in die NSDAP oder eine andere Gliederung der Partei ein. In den ersten Jahren der NS-Herrschaft, als Hitler seine Macht konsolidierte und auf die alten Eliten vor allem in der militärischen Hierarchie Rücksicht nehmen mußte, sah Rommel überwiegend nur das Positive. Wie viele andere begrüßte er es, daß nun ein Regime militärische Tugenden wie Gehorsam, Disziplin und Ordnung zu schätzen schien. Wenn es endlich ein Ende mit der internationalen Ächtung Deutschlands haben sollte – welcher Patriot würde dieser gebetsmühlenhaft wiederholten Forderung Hitlers widersprechen? Wenn die Armee modernisiert und gestärkt werden würde – was hätte ein Berufssoldat wie Rommel dagegen einwenden sollen? Wenn der neue Reichskanzler am »Tag von Potsdam« vor der Garnisonskirche in Anwesenheit des Reichspräsidenten, des Siegers in der Schlacht von Tannenberg, der preußischen Tradition seine Reverenz erwies, wem hätte er da nicht aus der Seele gesprochen – selbst einem Schwaben wie Rommel? Spätestens mit Hitlers Entscheidung für die Wehrmacht und gegen Röhms SA schien es eine absolute Interessenidentität zwischen dem neuen Reichskanzler und dem Militär zu geben, gemeinsame Ziele, die es nun gemeinsam zu erreichen galt.

Daß diese Inszenierung eine bewußte Irreführung war – wie viele haben dies damals gewußt oder geahnt? Auch Rommel gehörte zu denen, die sich täuschen ließen: Er glaubte den Verheißungen Hitlers und übersah, daß sie nur der Auftakt zu einem ganz anderen Spiel waren. Einem Spiel, in dem Rommel eine besondere Rolle zugedacht war.

Nur zwei Jahre nach seiner Beförderung zum Major wurde der ehrgeizige Offizier im September 1935 Oberstleutnant und Leiter der neuen Infanterieschule Potsdam. Das Reichskriegsministerium glaubte, in ihm den geeigneten Mann gefunden zu haben, der den Kontakt der Wehrmacht zur Reichsjugendführung verbessern konnte. Doch Rommels Mission endete wenig erfolgreich. Sein barscher Militärton, seine ständigen Härteappelle gingen dem »Schöngeist« Baldur von Schirach bald auf die Nerven. Mehr Erfolg hatte er als Schriftsteller. 1937 erschien, auf der Grundlage seiner Vorträge an der Dresdner Infanterieschule, sein Buch *Infanterie greift an*. Es entwickelte sich zu einem Bestseller, von dem in den nächsten Jahren fast eine halbe Million Exemplare verkauft wurden. Sein prominentester Leser war Adolf Hitler. Nikolaus von Below, mittlerweile Hitlers Luftwaffenadjutant, ein ehemaliger Schüler Rommels aus Dresdner Tagen, hatte den »Führer« auf das Buch aufmerksam gemacht. Dessen Urteil: Es erinnere ihn an die »glücklichste« Zeit seines Lebens. Und es entsprach in vielen Schilderungen dem Weltkriegserleben Hitlers.

Zwei Jahre später wurde Rommel erneut befördert. Anfang Oktober 1938 gelang dem frischgebackenen Oberst die Annäherung an die unmittelbare Umgebung Hitlers – vorerst allerdings nur für kurze Zeit: Er wurde zum Kommandeur des »Führer«-Begleitbataillons ernannt. In dieser Funktion erlebte er die Begeisterung der Menschen im Sudetenland, die dem Usurpator wie einem Messias zujubelten und die Fahrt des »Führers« zu einem einzigen Triumphzug werden ließen. Auch Rommel erlag zunehmend der Erscheinung Hitlers. Er strahle eine »magnetische, vielleicht hypnotische Kraft aus«, schrieb er voller Bewunderung an seine Frau. Und immer hymnischer schilderte er ihr den deutschen Diktator: »Von Gott oder der Vorsehung berufen, das deutsche Volk zur Sonne empor zu führen«, rühmte Rommel den Mann, der fortan auch sein Schicksal bestimmen sollte.

Die Wertschätzung beruhte auf Gegenseitigkeit. Als es darum ging, den Posten eines Kommandeurs der neuen Kriegsschule in Wiener Neustadt zu besetzen, erinnerte sich Hitler an den Autor des Buches *»Infanterie greift an«*. Zur weiteren Vorbereitung künftiger Kriegspläne war es für Hitler von großer Bedeutung, die modernen Ideen einer flexiblen und vor allem schnellen und beweglichen Kriegführung auch dem militärischen Nachwuchs einzuhämmern. Im November 1938 ernannte er Rommel zum Kommandeur der Kriegsschule in Wiener Neustadt. Mit gewohntem Elan und Ehrgeiz machte sich Rommel daran, Hitlers Auftrag umzusetzen und die modernste Kriegsschule Europas aufzubauen. Unterbrochen wurde seine Arbeit, wenn Hitler Sonderaufträge bereithielt. So mochte der »Führer« auf Rommel nicht verzichten, als er, in Erinnerung an die triumphale Fahrt durch das Sudetenland, nach der »Erledigung der Resttschechei« auch als Eroberer in Prag einziehen wollte. Rommel sollte wieder für den begleitenden Schutz sorgen. Auf seinen Rat hin fuhr Hitler, ohne auf das große Begleitkommando zu warten, direkt zum tschechischen Regierungssitz auf der Prager Burg. Betrug in Goslar der räumliche Abstand zwischen Hitler und Rommel noch einige Meter, so zeigte die deutsche *Wochenschau* Rommel nun an Hitlers Seite auf dem Weg zum Hradschin.

Der entscheidende Karriereschub jedoch erfolgte beim Angriff auf Polen. Bei Kriegsausbruch wurde Rommel zum Kommandanten des »Führer«-Hauptquartiers ernannt und rückwirkend zum Generalmajor befördert. »Wie ich erfahren habe, verdanke ich meine neueste Beförderung nur dem Führer. Du kannst Dir meine Freude darüber denken. Seine Anerkennung zu finden für mein Tun und Handeln ist das Höchste, was ich mir wünschen kann«, schrieb er an seine Frau.

In seiner neuen Funktion stand er im unmittelbaren Blickfeld Hitlers, durfte bei Lagebesprechungen dabeisein und – Höhepunkt der Wertschätzung – sich manchmal auch zu Wort melden. Er bewunderte an Hitler, daß »er sofort die wesentlichen Punkte erfassen und aus ihnen eine Lösung ableiten kann«. Der unpolitische Rommel geriet immer mehr in den Bann des Diktators. Er glaubte tatsächlich, daß dieser bei allem, was er tat, stets das Beste für Deutschland im Sinn habe. Im August 1940 notierte Rommel in sein Tagebuch: »Ja, wenn wir den Führer nicht hätten. Ich weiß nicht, ob es einen anderen deutschen Mann geben würde, der die Kunst der militärischen und politischen Führung in gleichem Maße so genial beherrscht.«

Rommel war Hitlers treuer Krieger geworden – endgültig, so schien es. Auch in seiner persönlichen Korrespondenz unterschrieb er nun öfter mit »Heil Hitler«. In den Briefen des Vielschreibers Rommel an seine Frau kommt die wachsende Bewunderung für den zum Idol erhobenen Diktator zum Ausdruck: »Bin viel mit dem Führer zusammen. Dies Vertrauen ist für mich die größte Freude, mehr als mein Generalsrang. Der Führer wird die richtige Entscheidung bestimmt treffen. Der Führer weiß genau, was für uns das Richtige ist.« Hitlers Wertschätzung war Rommel alles andere als gleichgültig. Er schien nach weiteren Gunstbeweisen förmlich zu lechzen, jede freundliche Bemerkung schilderte er stolz in den Briefen an seine Frau. »Gestern durfte ich neben ihm sitzen.« Jede kleine Aufmerksamkeit des so verehrten »Führers« wurde registriert (»er ist außerordentlich freundlich zu mir«), jeder noch so unscheinbare Gunstbeweis mit Stolz notiert (»ich durfte gelegentlich auch ein Wort sprechen«).

Auf Dauer aber wollte sich der Vollblutsoldat nicht mit Protokollfragen beschäftigen. Er bat um ein Frontkommando. Das zuständige Heerespersonalamt hatte den Wunsch Rommels nach dem Kommando über eine Panzerdivision zunächst mit der skeptischen Frage beantwortet, ob der Infanterieoffizier überhaupt die Einsatzmöglichkeiten einer Panzerwaffe kenne. Rommel konnte die Zweifel offenkundig nicht zerstreuen. Es war wohl Hitler persönlich, der sich mit Erfolg für Rommel einsetzte und ihm im Februar 1940 den Befehl über die im Rheinland stationierte 7. Panzerdivision verschaffte. Zum Abschied aus dem »Führer«-Hauptquartier erhielt der neue Panzergeneral ein Exemplar von »*Mein Kampf*« mit der persönlichen Widmung »Herrn General Rommel zur freundlichen Erinnerung«.

Für den aktiven Truppenführer Erwin Rommel begann der Krieg am 10. Mai 1940 in der Eifel. Erstmals kommandierte er eine Panzereinheit, die entsprechend den Vorstellungen Heinz Guderians organisiert war und jetzt beim Westfeldzug die Speerspitze der Vierten Armee bilden sollte. Der »Vater der Panzerwaffe« stimmte mit Rommels Ansichten über eine moderne Kriegführung überein: »Schnell« und »beweglich« waren die Schlüsselworte. Was Rommel in seinem Buch über den Infanteriekrieg beschrieben hatte, fand sich in ähnlicher Form bei Guderian in dessen Werk »*Achtung, Panzer!*«.

Das Kommando über die 7. Panzerdivision war ganz nach Rommels Geschmack. Er fand hier eine Truppe, mit der er seine Vorstellungen von Kriegführung umsetzen konnte: schnelle und überraschend geführte Vorstöße, mit hohem Maß an Eigenverantwortung und Entscheidungsspielraum für den Kommandeur. Die Zeit bis zum ersten Einsatz reichte gerade, um sich mit der Truppe bekanntzumachen.

Anders als für Kommandeure größerer Militärverbände üblich, führte Rommel seine Männer nicht am Kartentisch in der Etappe. Er stand selbst in den vordersten Linien, machte sich persönlich ein Bild von den Möglichkeiten und Notwendigkeiten der Schlacht – und war erfolgreich. »Straffe Gefechtsführung« habe die überraschend schnelle Überquerung der Maas möglich gemacht, schrieb er anschließend. Voraussetzung dafür sei gewesen, daß er sich selbst vor Ort über die militärische Lage habe informieren und seinen Regimentskommandeuren persönlich die entsprechenden Befehle geben können. Rommel als Speerspitze des Angriffs – das war das Bild, das den aufziehenden Stern am militärischen Führungshimmel beschrieb. Für seine militärischen Erfolge beim Vormarsch wurde Rommel in den ersten fünf Tagen zweimal ausgezeichnet. Sechs Tage nach

Wo Rommel ist, ist vorn.

Sprichwort

Wie Rommel mit seiner 7. Panzerdivision in die Bretagne durchstieß, das war doch für diese alten Herren, die den Stellungskrieg in Frankreich gewohnt waren, eine unglaubliche neue Art der Kriegsführung. Und jeder wußte, das hat Hitler durchgesetzt.

Winrich Behr, deutsches Afrikakorps

»Sie sind zu schnell, viel zu schnell...« Rommel unterwegs zum Scarpe-Abschnitt, Frankreich 1940.

Sie können stolz darauf sein, was Sie erreicht haben.

Hitler an Rommel, 20. Dezember 1940

Vom Abschluß des Westfeldzugs an stiegen Rommel aber Bedenken über Staatsidee und Kriegsführung des nationalsozialistischen Regimes auf. Sie wurden durch viele bittere Erfahrungen bestätigt.

Hans Speidel, General a. D.

Angriffsbeginn hatten seine Panzer Belgien durchquert und standen auf französischem Gebiet.

Schnell wurde seine Truppe als »Gespensterdivision« bekannt. Den Grund für Rommels Erfolg benannte ein französischer General später im Gespräch mit dem jungen Heerführer: »Sie sind zu schnell, viel zu schnell für uns!« Wagemut und raffinierter Bluff, intuitive Erfassung der Situation und taktisches Gespür, ein neues Meldeverfahren, das später im ganzen Heer eingeführt werden sollte, der perfekte Einsatz einer modernen Panzerwaffe – das waren die Garanten seines Triumphs. Kritische Momente blieben bei dieser Art der Kriegführung und dem enormen Tempo des Vormarschs freilich nicht aus. So hielt Rommel nicht, wie ursprünglich geplant, um die eigenen Truppen nachführen zu können, sondern trieb, an der Spitze fahrend, den Vorstoß immer weiter voran. Die Sicherung der eigenen Flanke, die Deckung der vorwärtspreschenden Spitzen – diesen Grundregeln bisheriger militärischer Taktik setzte Rommel eine neue Offensivstrategie entgegen. Hätte der Gegner Zeit gefunden, die langgestreckten deutschen Linien zu attackieren, wäre auch Rommel nicht in der Lage gewesen, die eigenen Verbände immer so zu leiten, daß ein Gegenangriff umgehend hätte erkannt und abgewehrt werden können. Hätte der Gegner Zeit und Kraft für eine Offensive besessen – die Folgen für Rommels Truppe wären fatal gewesen, nicht zuletzt auch deshalb, weil die Verbindung zwischen dem Kommandeur und dem eigenen Divisionsstab keineswegs immer bestand.

In kaum einer Woche hatten Rommels Panzer die Maas überquert und waren fast 300 Kilometer auf feindliches Territorium vorgedrungen. Bei geringen eigenen Verlusten hatten die Deutschen mehrere tausend französische Gefangene gemacht. Auch die erste ernsthafte Bewährungsprobe, als starke britische Verbände die deutsche Flanke durchbohrten, meisterten Rommels Männer mit Bravour. Nachdem die Briten am 26. Mai gezwungen waren, ihre Expeditionsstreitkräfte zurückzuziehen, erhielt Rommel auf persönlichen Befehl Hitlers das Ritterkreuz des Eisernen Kreuzes. Der General avancierte zu einem in der Heimat gefeierten Helden. Ein zum Teil nachgestellter Kinofilm, *Der Sieg im Westen,* machte Rommel in Deutschland zum Leinwandstar. Ein Mythos war geboren und wurde weiter gepflegt.

Diese Wertschätzung hatte freilich eine Kehrseite. Als »Günstling Hitlers« genoß Rommel bei der militärischen Spitze kein besonders hohes Ansehen. Im Verlauf des erfolgreichen Vorstoßes in Frankreich hatte Rommel immer wieder eigenmächtig entschieden, wenn er es für nötig hielt, die Vorschriften gebrochen, und trotz aller Erfolge zum wiederholten Male das Mißfallen seiner Vorgesetzten erregt. Mochten seine Soldaten ihn auch noch so sehr verehren – es regte sich Widerstand gegen seine Vorgehensweise. Von den Offizieren seines Divisionsstabs war es ein Major Heidkämper, der die Einwände gegen den Führungsstil des erfolgreichen Kommandeurs schriftlich fixierte. So blieb Rommels Ansehen bei den höchsten Wehrmachtsgenerälen zwiespältig. General Hoth bescheinigte seinem Untergebenen zwar, daß er »neue Wege in der Führung von Panzerdivisionen beschritten« habe, jedoch hielt ihn Generalstabschef Halder für einen »verrückt gewordenen General«, der sich wiederholt über Befehle seiner Vorgesetzten hinweggesetzt hatte.

Doch nichts ist erfolgreicher als Erfolg. Und Hitler schätzte den Erfolg, den ihm Rommel verschafft hatte. Also schätzte er auch Rommel. Der Diktator wußte, daß Rommel einen erheblichen Teil zum Sieg über Frankreich beigetragen hatte. Und Rommel war sich darüber im klaren, wem er die Chance verdankte, sein militärisches Können zu beweisen.

Rommels Stern als Heerführer war aufgegangen. Hitler schrieb ihm, er könne stolz auf das sein, »was Sie erreicht haben«. Doch der größte Sieg stand noch bevor.

Im September 1940 hatte Mussolini den Angriff auf Ägypten befohlen. Er wollte hinter den Deutschen, die gerade zum vernichtenden Schlag gegen ihren »Erbfeind« Frankreich ansetzten, nicht zurückstehen. Doch die italienische Offensive geriet schon bald vor den Verteidigungsstellungen der Briten und ihrer Verbündeten ins Stocken. Bei deren Gegenangriff verloren die Italiener acht Divisionen. Mussolini hatte zu Beginn seines Afrika-Abenteuers geprahlt, »nicht mit Deutschland, nicht für Deutschland, sondern für Italien an der Seite Deutschlands« wolle er seinen Krieg im Süden führen. Schon wenige Wochen nach dem erfolglosen italienischen Angriff stand das Kolonialreich des faschistischen »Duce« vor der Auflösung. Nun mußte er kleinlaut den deutschen Bündnispartner um Beistand bitten, wenn er die endgültige Niederlage vermeiden wollte.

Hitler versprach Hilfe, nicht nur aus Solidarität, sondern

durchaus auch aus eigenem Interesse: Die Unterstützung der italienischen Verbände im Nordafrika sollte die drohende Kapitulation des Verbündeten und die damit verbundenen Auswirkungen verhindern; sie konnte ferner feindliche Truppen binden und vor allem die britischen Versorgungswege im Mittelmeerraum empfindlich stören. Es war eine Entscheidung von strategischer Bedeutung, die in einer geheimen Konferenz am 3. Februar 1941 unter dem Deckwort »Sonnenblume« zustande kam. So war auch nicht verwunderlich, daß Hitler keinen Verlegenheitskandidaten schickte, sondern den »verwegensten Panzerwaffengeneral, den wir in der deutschen Armee haben«: Erwin Rommel sollte Mussolinis Truppen aus der selbstverschuldeten Bredouille in Nordafrika befreien. Das Oberkommando des Heeres hatte dafür ursprünglich andere Generäle vorgesehen. Erst sollte Erich von Manstein, der geistige Vater des Schlachtplans, mit dem Frankreich besiegt wurde, die Operation leiten, dann wurde General Freiherr von Funck vorgeschlagen. Doch Hitler entschied sich für den Mann, dem in der Weimarer Republik die Generalstabsausbildung versagt geblieben war, den er nun zum Generalleutnant beförderte und persönlich in seine neue Aufgabe einwies.

Rommel sah sich in der Pflicht, Hitlers Entscheidung rasch zu rechtfertigen. Als er am 12. Februar erstmals seinen Fuß auf afrikanischen Boden setzte, verschaffte er sich mit einem Täuschungsmanöver sogleich Respekt: In Tripolis ließ er die wenigen Panzer, die er mitgebracht hatte, immer wieder um den Block fahren und gaukelte den beeindruckten Beobachtern so eine Stärke vor, die gar nicht bestand. »General Bluff« hatte Erfolg. Prompt meldete ein Agent nach London: Mehr als 1000 deutsche Panzer seien in Afrika gelandet. Es war ein erstes Beispiel für den Einfallsreichtum des unkonventionellen Heerführers, der auch in Zukunft manche Fata Morgana erfinden sollte. So verstand es der neue Herr der Hitze, in der Glut der Wüste fernen Beobachtern den Eindruck einer vorrückenden mächtigen Panzerarmee zu vermitteln – auch wenn es sich nur um selbstgezimmerte Holzgestelle handelte, die auf Volkswagen-Lafetten aufgebaut waren. Die »Rommel-Panzer« mochten aus der Nähe betrachtet bestenfalls kleine Kinder erschrecken – aus der Ferne konnten sie den Gegner beeindrucken.

Doch der Erfolg, den Rommel mit der ersten Offensive Ende März 1941 erzielte, läßt sich mit Taschenspielertricks allein nicht erklären. Die militärische Situation der italienischen Verbände in Nordafrika war katastrophal. Von ihrer Kampfkraft hielten die Briten wenig: »Der Sand im Vergaser ist ein wesentlich ernsthafteres Problem als die Italiener«, lautete ein verbreitetes Vorurteil. Rund 150 000 italienische Soldaten waren in Gefangenschaft geraten, die Nachschublager des deutschen Verbündeten befanden sich in den Händen der Gegner, die Moral der Truppe schien gebrochen. Tobruk, El Agheila und die gesamte Cyrenaika waren von den Briten erobert worden, die nun Tripolitanien bedrohten.

Die Bestandsaufnahme, die Rommel zu Beginn anfertigte, gab wenig Anlaß zum Optimismus: Die italienischen Verbände, die Panzerdivision Ariete und die motorisierte Trento-Division, waren nur noch unvollständig ausgerüstet. Dennoch waren sie zahlenmäßig den deutschen Verbänden weit überlegen, denn das deutsche Afrikakorps befand sich erst im Aufbau: Der Kommandeur war zwar schon an der Front, doch vorläufig konnte er nur auf Teile der 4. Leichten Division unter General Streich bauen. Lediglich rund 120 Panzer umfaßte das Panzerregiment 5, das zu dieser Division gehörte. Für den Wüsteneinsatz waren die Deutschen noch unzureichend ausgerüstet. An Sandfiltern für die Vergaser – überlebensnotwendig im Wüstenkrieg – mangelte es ebensosehr wie an breiten Reifen, die sich nicht sofort in den Sand eingruben. Die deutschen Soldaten waren für den Wüstenkrieg noch nicht vorbereitet. Weder waren sie an das Klima gewöhnt, noch entsprach ihre Ausrüstung den Notwendigkeiten des Wüsteneinsatzes. Viele machten sich zunächst falsche Vorstellungen von dem Krieg, der sie in der Wüste erwarten würde – der Befehlshaber eingeschlossen. Als Rommel von seiner Versetzung erfahren hatte, schrieb er seiner Frau, er habe nun endlich die Gelegenheit, im heißen Wüstenklima etwas gegen sein Rheuma zu tun. Mit der Kälte der Wüstennacht rechnete er nicht.

Am 19. Februar 1941 erhielt Rommels Armeekorps offiziell die Bezeichnung, unter der es Furore machen sollte: deutsches Afrikakorps. Doch bis die 15. Panzerdivision, die seine Truppe auf Kampfstärke bringen sollte, in Afrika gelandet war, würde es Mai werden. Der Nachschub der Achsenmächte über den See- und Luftweg sah sich ständiger Bedrohung durch die in Malta stationierten britischen Luft- und Seestreitkräfte ausgesetzt. Unklar war auch die Frage der Zuständigkeit. Auch wenn Rommel im Verlauf des Afrikafeldzugs Karriere machte und vom Befehlshaber des deutschen Afrikakorps zum Kommandeur einer Panzergruppe, dann zum Oberbefehlshaber einer Panzerarmee und schließlich sogar zum Chef einer Heeresgruppe aufstieg – formell blieb er dem italienischen Oberkommando unterstellt. Nicht nur vom italienischen Comando Supremo mußten alle Operationen genehmigt werden, auch das deutsche OKH, das Rommel zur Vorsicht riet, wollte vor dem großen Angriff einen Plan sehen, wie Rommel die Cyrenaika zurückzuerobern gedachte. Und das OKW, und damit der Oberbefehlshaber Hitler persönlich, ließen zunächst ebenfalls wissen: »General Rommel wird aufgefordert, keine Risiken einzugehen, besonders aber seine Flanke nicht zu gefährden, indem er sich gegen Benghasi ausbreitet.«

Vom 24. März 1941 an ließ Rommel die Stärke des Gegners in kleineren, noch vorsichtigen Vorstößen testen, in deren Verlauf seine Truppen Ende März die Briten aus ihrem Vorposten El Agheila vertreiben konnten. Eine Woche später, am 31. März, begannen Rommels Truppen mit ihrer ersten großen Offensive. Das Ziel hieß: Rückeroberung der Cyrenaika. Der Überraschungseffekt, verbunden mit dem strategischen Geschick Rommels, ermöglichte erste Erfolge über die überlegenen britischen Kräfte, die sich – glücklicher Umstand – in einer Phase der Umorganisation befanden. Der neue Befehlshaber in der Cyrenaika, General Neame, war in der Wüste ebenso unerfahren wie sein deutscher Gegner. Das britische Oberkommando unter General Wavell saß weit entfernt vom Schlachtfeld am sicheren Nil. Anders als sein britischer Gegner hatte sich Rommel in den zurückliegenden Wochen ein sehr direktes Bild von der Lage und den Erfordernissen eines Angriffs gemacht. In einem Fieseler Storch hatte er persönlich die Geländebedingungen erkundet, dabei gesehen, daß der Ausbau der britischen Stellungen noch lange nicht abgeschlossen war, und sich nicht zuletzt die enormen Entfernungen eingeprägt, die es beim Angriff zu überwinden galt. Trotz der Warnungen und sogar ausdrücklicher Verbote aus dem OKW, nicht über Agedabia vorzurücken, riskierte Rommel den weiteren Vormarsch, als er erkannte, daß die Situation günstig war. El Agheila, Agedabia, Benghasi, Derna, Mechili – so hießen die Stationen auf seinem ersten Vorstoß Richtung Ägypten. Innerhalb von zehn Tagen hatte Rommel die britischen Linien bis fast an die ägyptische Grenze zurückgedrängt. Was die Truppen des britischen Oberkommandierenden

»Er war nicht der belehrende Typ des Besserwissers...« Fallschirmjägergeneral Ramcke erstattet Rommel Bericht, Oktober 1942.

Rommel war der General, der von vorne führte, seinen Truppen voranstürmte. Er war für uns junge Männer ein Idealbild des militärischen Führers.

Meinhard Glanz, General a. D., deutsches Afrikakorps

Man hielt ihn für einen fähigen, mutigen und vertrauenswürdigen Feldherrn, der seine Feldzüge mit Brillanz und Umsicht leitete und seine Schlachten nicht zum Selbstzweck führte, sondern um zu gewinnen. Er war der Feind der Briten, und die Hoffnung der Ägypter bestand ja darin, die Zeit der Besatzung zu beenden.

Mamdouh Anis Fathy, Militärhistoriker, Kairo

Wavell sich in zwei Monaten erkämpft hatten, eroberte der deutsche General mit seinem Afrikakorps in kaum zwei Wochen gegen eine drückende Übermacht zurück. In der *Wochenschau* strich ein deutscher Soldat auf den Wegweisern das englische »Wavell's Way« durch und ersetzte es durch »Rommels Weg« – sichtbares Zeichen, daß Nordafrika einen neuen Beherrscher hatte. Der Erfolg der Operation »Sonnenblume« war enorm – und er schuf eine Legende, die sich selbst nährte.

Rommel galt nach seinen Erfolgen als Truppenführer in Frankreich und nun in Afrika als General, der es verstand, seine Soldaten anzuspornen. Bereits während des Fronteinsatzes im Ersten Weltkrieg hatten sich seine Fähigkeiten in der Führung und Motivation der ihm anvertrauten Soldaten gezeigt. Seine Männer wußten schon bald, daß er ihnen nichts zumutete, was er nicht auch selbst zu leisten bereit war. »Er war nicht der belehrende Typ des Besserwissers oder gar Besserkönners«, beschreibt Afrikakämpfer Meinhard Glanz im Rückblick den neuen Stil: »Führen heißt, sich um seine Soldaten kümmern, an ihrem Schicksal Anteil nehmen. Das hat Rommel getan, er ist gemeinsam mit seinen Soldaten zum Erfolg gekommen.« Hier liegt die Wurzel für die Verklärung des Wüstenkriegs. Schweiß verbindet – diese Parole war in der Wüste Nordafrikas keine hohle Floskel: »Rommel war uns Vater, er war mehr und so viel, daß uns alte Afrikaner noch heute ein unsichtbarer Reif der Gemeinsamkeit zusammenhält. Sie wuchs frei aus dem gemeinsamen Erlebnis des Schlachtfelds Afrika.« Nicht ohne Pathos schildert so ein alter Afrikakämpfer den Mythos Rommel.

Gefährlichen Einsätzen auch für das eigene Leben ging der Oberbefehlshaber nicht aus dem Weg: »Wo Rommel ist, da ist die Front«, lautete ein verbreitetes Urteil. Und die Front war überall. Also erschien auch Rommel überall und trieb seine Truppen zur Eile an. Er war kein General, der in der sicheren Etappe am grünen Tisch Entscheidungen traf und von den Soldaten an der Front Unmögliches verlangte, weil er die Verhältnisse nicht aus eigener Erfahrung kannte. Der frühere Soldat Karl Zimmermann erinnert sich noch heute an diese Besonderheit des Generals Rommel: »Er war kein General, der in der hintersten Front stand und von dort seine Befehle gegeben hat. Er war vorn, direkt beim einfachen Soldaten.« Der spätere NATO-General Gerd Schmückle beschreibt, welch hohes Ansehen insbesondere die Kradmelder bei Rommel genossen, der deren Leistungen einschätzen konnte. Rommel war ein volkstümlicher General, aber auch jemand, der seine Soldaten bis an den Rand der Leistungsfähigkeit trieb. Als er während eines Angriffs eine motorisierte Einheit haltmachen sah, flog er im Fieseler Storch über die rastenden Soldaten und warf einen Zettel ab: »Wenn Sie nicht gleich weiterfahren, komme ich mal runter! Rommel.« Die Anekdote machte ihre Runde bei der Truppe. Wer darüber lächelt, mag daran denken: Wenn Rommel hart war gegen seine Soldaten (wie auch gleichermaßen gegen sich), wenn er sie immer wieder unermüdlich antrieb, so ist das Verhalten des ehemaligen Jugendausbilders Rommel auch die praktische Umsetzung des Ideals, das Rommels oberster Befehlshaber von der deutschen Jugend zeichnete: hart wie Kruppstahl, zäh wie Leder, flink wie Windhunde.

Insbesondere der verklärende Rückblick läßt manches als geniale Strategie erscheinen, was nur durch das Zusammentreffen vieler einzelner Faktoren gelang, die nicht unbedingt eingeplant werden konnten. Rommel war weniger der geniale Stratege, der ausgefeilte Pläne entwickelte, als vielmehr der begnadete Taktiker, der die Gunst der Stunde erkannte und sie zu nutzen wußte. »Kein Plan überlebt die erste Feindberührung«, war sein Wahlspruch. Er setzte auf Improvisation, schnelles Erfassen der Situation und vor allem rasche Reaktion. Der erfolgreiche Heerführer hat nach Afrika gelegentlich zugegeben, daß er mitunter nur unklare Vorstellungen davon besessen hatte, wo sich seine Verbände gerade befanden. Wüstenkrieg bedeutete auch, daß die kämpfenden Truppen sich bisweilen regelrecht ineinander verkeilten, so daß nicht immer klar auszumachen war, wo die Front eigentlich verlief. Mehr als einmal wäre Rommel fast inmitten feindlicher Verbände gelandet, weil Sand und Wind die Sicht trübten und ihm die Orientierung nahmen. Generalstabschef Halder notierte verärgert über den ungeliebten Aufsteiger Rommel in sein Tagebuch, daß dieser »seiner Führungsaufgabe in keiner Weise gewachsen ist. Er rast den ganzen Tag bei den weitverstreuten Truppen herum, setzt Erkundungsvorstöße an, verzettelt seine Truppen. Kein Mensch hat einen Überblick über die Verteilung der Truppen und über ihre Gefechtskraft.«

In der »Operation Sonnenblume« hatte er jedoch das Glück, das der Tüchtige braucht. Vom Erfolg getrieben, hieß das nächste Angriffsziel Tobruk. Als die beiden Offensiven gegen die strategisch wichtige Hafenstadt am 14. und 30. April 1941 scheiterten, zeigten sich erstmals große Probleme. Rommels Pech im Unglück war obendrein, daß der deutsche Generalstab am 27. April Generál Paulus zur Beobachtung nach Afrika geschickt hatte. Er schilderte Rommel später zwar als »energischen Truppenführer«, doch erlebte er auch, wie dieser gegen italienische Bedenken wegen allzulanger Nachschubwege seine Soldaten immer wieder neu vorantrieb. Ein »Hasardeur«, der seine Truppen ohne die notwendigen Vorbereitungen nach vorne peitschte – es war kein sehr schmeichelhaftes Urteil, das die deutsche Militärführung fällte. Verärgert notierte Generalstabschef Franz Halder am 6. Juli 1941 in sein Tagebuch: »Die persönlichen Verhältnisse sind durch die Eigenart des Generals Rommel und seinen krankhaften Ehrgeiz getrübt. Seine charakterlichen Fehler lassen ihn als eine besonders unfreundliche Erscheinung hervortreten, mit der aber niemand in Konflikt geraten will wegen… seiner Stützung an oberster Stelle.«

Denn einer hielt seinem erklärten »Lieblingsgeneral« die Treue: Hitler. Und Rommel rechtfertigte die in ihn gesetzte Hoffnung. Als nach der gescheiterten deutschen Frühjahrsoffensive auf Tobruk die Briten in der »Operation Battleaxe« zum Gegenangriff ansetzten, bestand Rommel mit seinen Truppen die Bewährungsprobe in der Panzerschlacht von Sollum. Mit rund 200 Panzern waren die Briten und ihre Verbündeten an der ägyptisch-libyschen Grenze angetreten, um den Deutschen ihre Eroberungen wieder abzunehmen. Der Angriff begann in den Morgenstunden des 15. Juni. Nach drei Tagen erbitterter Kämpfe mußten sich die Briten zurückziehen. Trotz großer materieller Überlegenheit, trotz Unterstützung durch die Royal Air Force, welche die Lufthoheit über dem Kampffeld innehatte, war es Rommels kleiner Armee gelungen, den Angriff zurückzuschlagen. Die Briten mußten die Hälfte ihrer Panzer verlorengeben, während die Verluste der Deutschen nur ein Zehntel betrugen. Die psychologischen Folgen waren enorm. Die Erfolge versetzten Hitler in »allerbeste Stimmung«. Er gratulierte seinem erfolgreichen General, überhäufte ihn mit Gunstbeweisen und einer weiteren Beförderung. Rommels Gegner im deutschen Generalstab schäumten vor Wut. Der kommandierende General Erwin Rommel war nun zum »General der Panzertruppe« aufgestiegen und befehligte eine Streitmacht von zehn deutschen und italienischen Divisionen.

Nur wenn er über das übliche Maß hinausragt, nur wenn er aus besonderem Holz geschnitzt ist, gewinnt ein Befehlshaber der Gegenseite einen solchen Ruf.

General Sir Claude Auchinleck, Gegner Rommels in Afrika

Die Engländer zollen in ihren Zeitungen General Rommel das höchste Lob. Das ist ein Zeichen dafür, daß sie sich nicht wohl in ihrer Haut fühlen, denn in England lobt man den Gegner nur, wenn man unterliegt, weil man damit eine bessere Begründung für eine Niederlage hat.

Joseph Goebbels, Tagebuch, 20. Dezember 1941

»Er ist nicht unbesiegbar...«
Feldmarschall Montgomery in seinen Caravan Headquarters, an der Wand links hinter ihm ein Bild von Rommel.

Ich glaube, Montgomery versuchte so zu denken wie Rommel.

Charles Squire, Gegner Rommels in Afrika

Mein Vater hat die Engländer eher geschätzt als abgelehnt. Der Sinn dieses Krieges gegen das Vereinigte Königreich hat sich ihm nie ganz erschlossen.

Manfred Rommel

An der großen Bewunderung, die Hitler für »seinen« Rommel zu diesem Zeitpunkt empfand, änderte sich auch nichts, als sich dessen Truppen nach der am 18. November 1941 begonnenen Gegenoffensive »Crusader« des neuen britischen Oberbefehlshabers Sir Claude Auchinleck zurückziehen mußten. Zwischen Hitler und den Offizieren in Rommels Stab herrschte eine außergewöhnliche Übereinstimmung bei der Bewertung des Generals: »Der Truppenführer muß sich durch Härte, Hingabe für seine Truppe, instinktmäßige Gelände- und Feindbeurteilung, Reaktionsgeschwindigkeit und Temperament auszeichnen. Alle diese Eigenschaften verkörperte in seltener Weise General Rommel«, steht in den Aufzeichnungen des Chefs des Generalstabs des Afrikakorps, Fritz Bayerlein, zu lesen. Entsprechend diesem Urteil aus der Nähe hieß es in einer persönlichen Neujahrsbotschaft, die Hitler aus der fernen »Wolfsschanze« schickte: »Ich weiß, daß ich mich auch im neuen Jahr auf meine Panzergruppe verlassen kann.«

In der Tat: 1942 war das Jahr des größten Triumphs für Rommels Streitmacht – und ihrer bittersten Niederlage. Zunächst der Triumph: »Die Festung Tobruk hat kapituliert. Alle Einheiten versammeln sich und bereiten sich auf den weiteren Vormarsch vor«, lautete der Funkspruch, den Rommel an sämtliche Truppenteile des deutschen Afrikakorps am 21. Juni verschickte. Erneut hatte der General an der Spitze seiner Verbände den Angriff geleitet: »Bei einem Vorstoß schneller Panzer setzt Befehlshaber persönlich zum Gegenstoß an, wobei sich die feindlichen Panzer zurückziehen«, heißt es im Protokoll, das Rommels Stab führte. Der Angriff war wieder die gelungene Mischung aus Bluff, taktischem Geschick, Kampfkraft, Schnelligkeit und Mut. Mit einer Finte vermittelte Rommel dem Gegner den Eindruck, seine Truppen bereiteten den Angriff in Richtung Alexandria vor. Zugleich warf die deutsche Luftwaffe mit allen zur Verfügung stehenden Maschinen konzentriert ihre Bomben auf die Befestigungsanlagen von Tobruk – dann kamen die Panzer. Es gelang, einen Keil in die britischen Kräfte unter dem Kommando General Ritchies zu treiben und die Befestigungsringe zu überwinden. Mehr als 30 000 britische Soldaten wurden gefangengenommen.

Rommel hatte nun den Zenit seiner militärischen Laufbahn erklommen. Soeben erst als jüngster Offizier der Wehrmacht zum Generaloberst befördert, ernannte ihn Hitler jetzt zum

Generalfeldmarschall und zeichnete ihn mit den Schwertern zum Eichenlaub des Ritterkreuzes aus. Auf die Nachricht, Hitler werde ihm den Marschallstab schicken, soll er geantwortet haben: »Er täte besser, mir eine Division zu schicken.« In anderen Schilderungen jedoch steht die fast kindliche Freude im Mittelpunkt, die Rommel zeigte, als er von der Beförderung – es war die fünfte binnen dreier Jahre – hörte. Der neue Generalfeldmarschall war eitel genug, auf die Ehrungen stolz zu sein. Den ersten Brief nach Hause unterzeichnete er nicht mehr mit seinem Namen, sondern er schrieb: »Euer Feldmarschall.«

»Vorwärts zum Sieg für Führer, Volk und Reich« – mit dieser üblichen Formel antwortete Rommel auf das Glückwunschtelegramm Hitlers. Eine Floskel war dieses »Vorwärts« keineswegs. Er wollte die Gunst der Stunde nutzen, die demoralisierten Briten und ihre Hilfstruppen endgültig schlagen und zum strategisch wichtigen Suezkanal vorstoßen. Doch noch weiter gen Osten bewegten sich bereits Rommels Gedanken. Wilfried Armbruster, Rommels Dolmetscher für Afrika, berichtet darüber: »Wenn wir so weitermarschieren, dann können wir uns bis nach Palästina durchschlagen.« Denn da gab es noch den »Großen Plan«: Die Truppen der Heeresgruppe Süd sollten den Kaukasus durchstoßen und sich über den Iran und Syrien mit den Panzern Rommels irgendwo im Nahen Osten vereinigen. Einige Landser wußten auch schon, wo: Im Refrain auf das Lied von den »Vöglein im Walde« hieß es 1942 ein paar Wochen lang, nicht »in der Heimat« werde man sich wiedersehen, sondern »in Jerusalem am Bahnhof«.

Der italienische Diktator, sein Oberkommando, aber auch das OKH wollten von solch weitgesteckten Plänen vorerst nichts wissen. Sie mahnten vielmehr die seit langem vorgesehene Besetzung der Insel Malta an, um die Nachschubwege für das Mittelmeer dauerhaft zu sichern. Hitler, der den Fall Tobruks als »Schicksalsfügung für das deutsche Volk« bejubelte, riet statt dessen Mussolini, dem formalen Kriegsherrn der Achsentruppen in Nordafrika, am 23. Juni 1942, die britische Achte Armee bis »zum letzten Hauch eines einzelnen Mannes« zu verfolgen, denn »die Göttin des Schlachtenglücks streicht an dem Feldherrn immer nur einmal vorbei. Wer sie in einem solchen Augenblick nicht erfaßt, wird sie oft niemals mehr einzuholen vermögen.« Rommel gelang es nicht, sie zu erfassen. Der überstürzte, im Siegestaumel gefaßte Entschluß, die Offensive in Richtung Ägypten fortzusetzen, rächte sich. Schon nach wenigen Wochen sollte der Vormarsch der wenigen noch einsatzfähigen Panzer Rommels an der Enge zwischen Kattarrasenke und Mittelmeer bei einem Wüstennest namens El Alamein steckenbleiben.

Goebbels' Propagandamaschine lief in diesen Tagen auf Hochtouren. Die »Sondermeldungen« überschlugen sich. »Rommels herrlicher Sieg« oder »Rommels Faustschlag nimmt England den Atem« lauteten die Überschriften der gleichgeschalteten Presse. Rommels Erfolg sollte den Volksgenossen in der Heimat die alte, mittlerweile auf den Schlachtfeldern des Ostens verlorengegangene Siegesgewißheit zurückgeben. Schon im Winter 1941/42 hatte sein Vormarsch in den heißen Wüsten vom eiskalten Desaster an der Ostfront ablenken sollen – auch wenn es in Nordafrika um einen Nebenkriegsschauplatz ging, auf dem nur drei deutsche Divisionen kämpften, während im Osten Europas über 150 Divisionen der Wehrmacht im Kampf gegen die Rote Armee standen. Nach dem Triumph bei Tobruk hatte Goebbels eigens einen von Rommels Frontberichterstattern nach Berlin einfliegen lassen, um sich ein persönliches Bild der Lage und der propagandistischen Möglichkeiten machen zu können, die der Sieg in Nordafrika bot. »Ein Händedruck der Siegesgewißheit« lautete die Schlagzeile auf der Titelseite der *Hamburger Illustrierten* vom 10. Oktober 1942. Der »Führer« reichte seinem hochdekorierten Feldmarschall die Hand. Die *Wochenschau* zeigte den deutschen Kinobesuchern im dritten Kriegsjahr einen strahlenden Helden: Rommel in sauberer und adretter Uniform, Rommel, der Triumphator über die Briten, Rommel als genialer Feldherr, der mit großer Geste die siegreichen Divisionen befehligte. Auf historische Wahrheit legten die Bilder keinen Wert. Vor Goebbels' Kamera dirigierte Rommel Einheiten, die gar nicht existierten. Der Ehrentitel »Geisterdivision«, den seine 7. Panzerdivision im Frankreichfeldzug vom Gegner verliehen bekam, erlangte hier in der Wüste eine neue Bedeutung.

Joseph Goebbels erkannte das Potential, das Rommels Sieg für die NS-Propaganda bot. Die Heimat brauchte Helden, die kriegsmüden Deutschen benötigten im dritten Kriegsjahr Siegertypen. Und Rommel war für diese Rolle prädestiniert. Er war vor allem allzugern bereit, diese Rolle zu spielen. Goebbels erkannte: »Kein General war von der Kriegswichtigkeit der Propaganda so durchdrungen wie Rommel.« Das war keineswegs eine Selbstverständlichkeit in der deutschen Generalität, die aus eigenem Antrieb, nicht zuletzt auf Weisung Hitlers, die Öffentlichkeit und den Kontakt zur kontrollierten Presse scheute. Guderian, als Panzerstratege nicht minder begabt als Rommel oder Manstein, schrieb in trotziger Erwartung des Sieges in Rußland an seine Frau: »Ich möchte unter gar keinen Umständen eine Propaganda à la Rommel mit meiner Person getrieben haben.« Der frischgebackene Feldmarschall hatte da weniger Skrupel. Rommel war eben ein moderner General.

Schon während des Frankreichfeldzugs hatten zwei Mitarbeiter des Propagandaministeriums, Karl Hanke und Karl Holz, den direkten Kontakt zum Kommandeur der 7. Panzerdivision gesucht. Die militärischen Erfolge Rommels ließen sich volkstümlich bekannt machen. Hans Albers' populärer Liedtext »Auf der Reeperbahn nachts um halb eins« wurde mit neuem Text verbreitet:

Auf der Rommelbahn nachts um halb drei,
jagen Geister mit achtzig vorbei,
Rommel selbst voran, jeder hält sich ran,
auf der Rommelbahn nachts um halb drei.

Der Angriff als Schlager, Rommels Siege waren schon 1940 ein echter Hit.

Der Ministerialdirektor im Propagandaministerium, Alfred-Ingemar Berndt, wurde Ordonnanzoffizier Rommels in Afrika und stellte so den direkten Draht zwischen dem »Wüstenfuchs« und dem Propagandachef her. Die Popularität Rommels wurde nach seinen Siegen weiter gesteigert. Die Heldenverehrung glitt zum Teil ins Kitschige ab. Ein gemaltes Postkartenporträt zeigte einen entschlossenen Rommel mit markant stilisierten Gesichtszügen. Die Propaganda zeichnete das Ideal eines deutschen Generals und bog sich die Fakten so, wie man es für einen »deutschen« Heerführer offenbar brauchte: Rommel wurde in einem 1941 in der Wochenzeitung *Das Reich* erschienenen Artikel fälschlicherweise als Arbeitersohn vorgestellt. Es war nicht der einzige Fehler: Rommel hat nach dem Weltkrieg weder die Armee verlassen noch an der Uni Tübingen studiert. Und daß er als SA-Führer von Hitler persönlich die NS-Ideologie erläutert bekommen haben soll, gehört ins Reich der puren Phantasie. So hätten sich Goebbels' Märchenerzähler den idealen deutschen General gewünscht. Rommel jedoch war nie Mitglied der SA und weder vor noch nach 1933 Mitglied der NSDAP.

Sosehr Rommel mit seiner Stilisierung als »Herr des Wüstenkrieges« zufrieden sein konnte, sosehr ärgerte er sich über die totale Vereinnahmung durch die NS-Propagandamaschine. Eine Beschwerde in Berlin wurde ignoriert. Dabei mag Rommel noch hingenommen haben, daß man ihm nachsagte, er spreche perfekt Arabisch, was die Beliebtheit der Deutschen bei den Arabern erklären sollte, welche die Briten als Besatzer haßten und Rommels Truppen als Befreier begrüßten. Dabei waren es kaum 50 Worte, die Rommel beherrschte – was aber scherte Goebbels die Wahrheit? Er zeichnete lieber ein fast romantisches Bild von Rommels Afrikakorps. Und da Sandstürme und Fliegenplagen ebenso unschöne Bilder lieferten wie durstige, verdreckte oder hungernde Soldaten, erfand man den Wüstenkrieg neu: Da waren dann Landser zu sehen, die gut gelaunt und bestens versorgt bei einer gemütlichen Rast im Wüstensand auf einer heißen Motorhaube ein Spiegelei brieten, idyllische Szenen in einer Oase mit Eseln, Datteln und spielendem Beduinennachwuchs. Der Krieg als Kinderspiel, kein Wort von den Strapazen, den Nachschubproblemen, dem Leid, dem Tod.

Inzwischen schienen sogar die Gegner der Faszination des Mannes erlegen, der ihre Truppen geschlagen hatte. Nach dem Sieg in Tobruk standen die Alliierten vor einem militärischen und einem psychologischen Problem: Rommel war einer Umfrage in den USA zufolge der bekannteste Deutsche nach Hitler. Die Alliierten arbeiteten mit an der Legende Rommel. Im britischen Unterhaus stellte Churchill den deutschen General als Mann von genialen Fähigkeiten hin. Die Männer der britischen Achten Armee bewunderten Rommel, weil er sie schlug. Und sie wunderten sich umgekehrt, wenn sie ihn schlugen. Hier lag für die Alliierten das Problem: Allein der Name Rommel war zu einer wirkungsvollen Waffe der psychologischen Kriegführung geworden. Douglas Walter, Soldat der britischen Achten Armee, beschreibt, was der Name Rommel, den auch auf alliierter Seite alle ehrfürchtig »desert fox« nannten, bei Briten und Verbündeten auslöste: »Die Leute in unserem Oberkommando betonten immer: Er ist nicht unbesiegbar. Aber wir haben ihnen nicht geglaubt.«

Um der eigenen Mutlosigkeit zu begegnen, war der britische Oberkommandierende zu Gegenmaßnahmen gezwungen. Wenn schon die eigenen Soldaten den Fähigkeiten des Gegners Hochachtung zollten, dann bitte nicht zuviel. Der Befehl des britischen Oberbefehlshabers Auchinleck an die eigenen Truppenführer lautete dementsprechend: »Es besteht offensichtlich die Gefahr, daß unser Freund Rommel für unsere Truppen, die viel zuviel von ihm reden, zu einer Art Zauberer oder Schreckgespenst wird. Es ist äußerst wichtig, daß wir nicht immer von ›Rommel‹ reden, wenn wir den Feind in Libyen meinen; diese Angelegenheit ist unter psychologischen Gesichtspunkten von höchster Wichtigkeit.« Nirgends drückt sich die Anerkennung für Leistung und Erfolg des Gegners deutlicher aus als in dem Postskriptum, das Auchinleck seinem Befehl anfügte: »Ich bin nicht eifersüchtig auf Rommel.«

Auchinleck sollte keine Gelegenheit mehr erhalten, seinen deutschen Kontrahenten persönlich zu entzaubern. Rommel hatte den zweiten erfolglosen britischen Oberbefehlshaber geschafft. Der dritte Mann an der Spitze der britischen Truppen in Nordafrika war General Montgomery. Die Aufgabe seiner Achten Armee hieß: von El Alamein aus, 80 Kilometer westlich von Alexandria und dem Nildelta, den deutschen Helden zurückzuschlagen. Die Voraussetzungen waren günstig, allen bisherigen deutschen Erfolgen zum Trotz. Angesichts der alliierten Luftüberlegenheit und der Übermacht ihrer Bodentruppen vermochten Rommels Soldaten nur wenig Widerstand zu leisten, als die dritte britische Offensive in Afrika gegen das deutsche Afrikakorps am 23. Oktober 1942 begann. Der deutsche Oberbefehlshaber war nicht bei seinen Truppen. Gesundheitlich angeschlagen, weilte er in der Heimat. Aber auch ein Kommandeur seines Formats hätte den überlegenen britischen Truppen nichts entgegensetzen können – außer seinem legendären Ruf. Doch was war der Mythos der Unbesiegbarkeit gegen mehr als 1100 Panzer, die Montgomerys Truppen in die Schlacht warfen? Noch nicht einmal die Hälfte davon konnten die deutsch-italienischen Verbände aufbieten. Die Stellungen der Achsenmächte wurden einfach überrannt. »You can't stop a steam roller with a Volkswagen«, erklärt Douglas Walter rückblickend die alliierte Überlegenheit in Anspielung auf frühere Erfolge des »Generals Bluff«. Es blieb nur der geordnete Rückzug. Und um diesen bat der zum afrikanischen Kriegsschauplatz zurückgekehrte Rommel den obersten Befehlshaber Hitler.

Am 3. November erhielt er ein Antworttelegramm, das sein schier unbegrenztes Vertrauen in die Fähigkeiten des »größten Feldherrn aller Zeiten« erschütterte. »In der Lage, in der Sie sich befinden, kann es keinen anderen Gedanken geben, als auszuharren, keinen Schritt zu weichen und jede Waffe und jeden Kämpfer in die Schlacht zu werfen. Ihrer Truppe aber können Sie keinen anderen Weg zeigen als den zum Siege oder zum Tode.«

Es war einer der typischen Durchhaltebefehle Hitlers, der starrsinnig ohne Rücksicht auf das militärisch Notwendige und Unvermeidliche die kämpfende Truppe vor unlösbare Aufgaben stellte. Widerstrebend zwar, aber dennoch gehorsam ließ Rommel den schon begonnenen Rückzug stoppen, »weil ich selbst immer wieder unbedingten Gehorsam verlangt hatte und mich infolgedessen auch für meine Person diesem Prinzip unterordnen wollte«, notierte er.

Doch bald schon erkannte Rommel, welche Folgen sein Gehorsam provoziert hätte – und er entschloß sich, nun doch auf eigene Faust zu handeln. Entgegen der unmißverständlichen Anweisung seines obersten Befehlshabers befahl der Feldmarschall den Rückzug, um zu retten, was zu retten war. Einen Tag später erteilte Hitler dann doch noch die von Rommel erbetene Erlaubnis zum Rückzug auf die Fuka-Stellung. Von der Übermacht Montgomerys wurden die Reste von Rommels Afrikakorps bis hinter Benghasi zurückgeworfen. Die Schlacht um El Alamein war verloren. Und es sollte noch schlimmer kommen: In Rommels Rücken landeten am 7. und 8. November 1942 britische und amerikanische Truppen in Nordwestafrika. Die Achsenmächte sahen sich nun dem Alptraum jeder Armee gegenüber: Sie mußten einen Zweifrontenkrieg führen. Die alliierten Kräfte waren den Deutschen und ihren Verbündeten drückend überlegen. Während der Nachschub des Gegners glänzend funktionierte, litt Rommel unter enormen Versorgungsproblemen. Das Kräfteverhältnis veränderte sich immer weiter und immer schneller zu Ungunsten der deutschen Afrika-Streitmacht. Auch einem Rommel war es nun nur noch möglich, die Niederlage hinauszuzögern – verhindern konnte er sie nicht mehr. Seine Panzerarmee mußte sich zurückziehen.

Am 26. November entschloß sich der Feldmarschall zu einer verzweifelten Rettungsaktion. Er wollte persönlich bei Hitler vorsprechen, wollte ihm deutlich machen, daß angesichts der Nachschubverhältnisse, der alliierten Luftüberlegenheit und der tödlichen Klammer durch die Armeen Montgomerys und Eisen-

Rommel ist überhaupt ein General, der durch seine Erfolge auch die größten Propagandasiege erficht. Solche Generäle müßten wir mehrere haben.

Joseph Goebbels, Tagebuch, 27. Juni 1942

Ich hielt Rommel für einen sehr eitlen Menschen, der sich mit Wonne von früh bis spät fotografieren ließ.

Martin Bormann, Sekretär des »Führers«

Ich halte Rommel für einen der ersten Truppenführer unserer gesamten Wehrmacht. Der Führer hat auch die Absicht, ihn nach dem Kriege unter Umständen zum Oberbefehlshaber des Heeres zu machen, was er wie kein anderer verdient.

Joseph Goebbels, Tagebuch, 30. September 1942

Die besondere Liebe des Feldmarschalls Keitel hat mein Vater nicht gehabt, mit Guderian und Jodl ist er eigentlich ganz gut ausgekommen.

Manfred Rommel

»Der bekannteste Deutsche nach Hitler...« Großveranstaltung im Berliner Sportpalast zum »Winterhilfswerk« 1942, Erwin Rommel (rechts), Wilhelm Keitel (Mitte) und Arthur Görlitzer (links).

howers nur eine Chance bestand: Rückzug aus Afrika, wertvolles Material sichern, kampffähige Einheiten für die Schlacht um Europa retten. Unangemeldet erschien Rommel bei Hitler in Rastenburg: »Die Lage in Afrika erfordert es, daß ich persönlich Ihnen Vortrag halte und Ihnen meine Gedanken über die weitere Entwicklung der Lage darlege.« Rommel nahm kein Blatt vor den Mund. Und er erlebte einen Diktator, der seine Beherrschung verlor. Rommel machte die Erfahrung, die vor ihm schon anderen hohen Offizieren zuteil geworden war und die nach ihm weiteren verantwortlichen Militärführern noch bevorstehen sollte: Hitler putzte seinen Lieblingsgeneral vor allen Anwesenden herunter und brüllte ihn an: »Es gibt kein Zurück. Es muß gehalten werden. Afrika aufgeben? Das ist unmöglich.« Dann wies er dem völlig konsternierten Feldmarschall die Tür. Was dann folgte, mutet zwar grotesk an, ist jedoch vergleichbar mit vielen ähnlichen Erlebnissen, die anderen mit Hitler widerfahren sind. Manfred Rommel gibt die Schilderung seines Vaters wieder: »Hitler hat meinen Vater hinausgeworfen, ist dann hinter ihm hergeeilt und hat ihn zurückgerufen. Er hat dann meinen Vater gefragt: ›Wieviel Gewehre haben Sie?‹, und mein Vater hat gesagt: ›Wir haben sie nicht gezählt.‹« Dies habe Hitler so geärgert, daß er Rommel mit den schlimmsten Vorwürfen überhäuft habe, bis diesem schließlich der Kragen geplatzt sei: »Mein Führer, am besten, Sie gehen selber nach Afrika und zeigen, wie man sich mit Gewehren gegen die britischen Panzer zur Wehr setzt.« Man mag Rommel die Bewunderung, die er für Hitler entwickelt hatte, vorwerfen. Man kann aber nicht darüber hinwegsehen, daß er auch zu diesem Zeitpunkt mit seiner Meinung nicht hinter dem Berg hielt – und das war keine Selbstverständlichkeit bei Generälen der Wehrmacht.

In diesem Erlebnis sehen manche Biographen Rommels einen ersten Grund für die beginnende Wandlung seiner Haltung gegenüber Hitler. Die Unbeherrschtheit, die Uneinsichtigkeit – das paßte nicht zu einem verantwortungsvollen Staatsmann, den Rommel an der Spitze Deutschlands sehen wollte. »Sie sehen nicht die Gefahr, und sie wollen sie auch nicht sehen«, berichtete er resigniert seiner Frau. Aber Rommel war Soldat, Prinzipien wie Befehl und Gehorsam gehörten zu seinem Wesen. Also gehorchte er – gegen die eigene Überzeugung.

Es folgte das Unvermeidliche: der Rückzug Stück für Stück. Zwei Monate leistete die Heeresgruppe Afrika noch Widerstand – ohne ihren großen Kommandeur. Hitler hatte zwar den Rückzug gebilligt, doch war der »größte Feldherr aller Zeiten« zunehmend über die »Extratouren« seines bisherigen Favoriten verärgert. Am 9. März 1943 wurde Rommel aus Tunesien abberufen. Über die Gründe ist viel spekuliert worden: War Rommel durch seine Krankheit, die bereits seinen Heimaturlaub und damit die Abwesenheit von der Front in der entscheidenden Phase des britischen Angriffs notwendig gemacht hatte, so geschwächt, daß er nicht in der Lage war, den Kampf weiterzuführen? War die Abberufung die Strafe für den Mißerfolg oder die Reaktion auf Rommels Widerspruch? Wollte Hitler umgekehrt seinem bisherigen Lieblingsgeneral die Schmach der Kapitulation ersparen? Oder fürchtete der »Führer«, nach Feldmarschall Paulus, der wenige Wochen zuvor in Stalingrad kapituliert und in sowjetische Gefangenschaft gegangen war, einen weiteren Feldmarschall an den Gegner zu verlieren?

Doch auch wenn Rommel die Lage in Nordafrika nicht so rosig sah, wie es Hitler verlangt hatte, auch wenn der »Wüstenfuchs« die drohende Niederlage nicht abzuwenden vermochte – der Diktator hatte seinem Lieblingsgeneral die Gunst nicht entzogen. Die Verleihung der Brillanten zum Ritterkreuz wurde mit zwei Monaten Verzögerung bekanntgemacht, der Name des Siegers von Tobruk aus dem bitteren Ende der Kämpfe in Afrika herausgehalten. Sein legendärer Ruf sollte nicht mit Niederlagen befleckt werden, die Aura des Siegers erhalten bleiben. Der Mythos des großen Idols war an der Heimatfront von zu hohem Propagandawert. »Weil es seinem Namen sehr abträglich sein würde«, wenn er in Afrika bliebe, wurde Rommel zurückberufen – vor dem endgültigen Zusammenbruch der Front. Am 12. und 13. Mai 1943 mußte Rommels Nachfolger kapitulieren. Der Krieg in der Wüste war zu Ende.

Als unbesiegter Held wurde der Feldmarschall herumgereicht. Es war eine Rolle, die dem aktiven Heerführer nicht allzusehr behagte: »Ein Feldmarschall ist während des Krieges in der Heimat ein Gefangener«, erklärte er seiner Frau zutiefst deprimiert. Doch der passionierte Soldat war nicht nur ein Gefangener an der Heimatfront: Er ließ sich wie ein Tanzbär präsentieren und an der Nase herumführen.

Selbst die Niederlage des deutschen Afrikakorps konnte an der Verehrung für den abberufenen Feldmarschall nichts ändern. Auf Goebbels' Weisung begann eine weitere Propagandakampagne mit Rommel als Titelheld: Die Einordnung seiner militärischen Leistung, die von der NS-Propaganda auf eine Stufe mit Moltke, Hindenburg, Blücher und Gneisenau gestellt wurde, mag noch begründbar erscheinen. Doch dann wird der General zum Übermenschen gesteigert, und die Darstellung Rommels erscheint auf groteske Weise überhöht und damit ins Lächerliche gezogen: Als »Komet auf großer Bahn« gepriesen, geschildert als »von heiligem Eifer durchglüht«, wird seine Person in den Bereich des Mythischen gehoben. Sogar die Niederlage versuchte Alfred-Ingemar Berndt nun als Sieg zu verkaufen. »27 Monate Kampf in Afrika« lautete der Titel eines Rundfunkvortrags, in dem Berndt Rommels heldenhaften Kampf gegen einen überlegenen Gegner glorifizierte. Und Rommel spielte die ihm zugedachte Rolle mit.

Im Frühjahr 1943 stellte er sich im Propagandaministerium vor die Kameras und schilderte seine Erlebnisse im Wüstenkrieg. Er würdigte die Leistungen des »deutschen Soldaten«, der mit »blitzartigen Vorstößen« den Gegner zermürbt und in »rastloser Verfolgung« bis zum endgültigen Sieg voranprescht, niemals ruhend den Naturgewalten, egal ob Sandsturm oder Fliegenplage, trotzt und letztlich »den Engländer in den Sand drängte«. Er sprach von der Hitze, den Entbehrungen, der kargen Verpflegung und immer wieder von der großen alliierten Überlegenheit an Material. Doch stets folgte als Resümee das, was die NS-Führung hören wollte: »Der deutsche Soldat hat die schwierige Zeit überstanden.« Natürlich gab es pausenlose Angriffe des starken Gegners, natürlich waren das »harte Wochen, die uns an den Rand des Verderbens führten«. Aber auch in der aussichtslosesten Situation gab es ein glückliches Ende: »Und doch haben die deutschen Soldaten diese schweren Tage durchgestanden.« Der Wüstenfuchs Rommel – ein glühender Patriot, ein naiver Propagandist, eine hilflose Marionette?

Lobende Äußerungen, fast hymnische Elogen an den verehrten »Führer« finden sich in der Korrespondenz Rommels zuhauf. Neben zunehmender Verehrung für den deutschen Diktator enthalten seine Briefe auch Einschätzungen, die der tatsächlichen Entwicklung hohnsprechen: »Die Bevölkerung atmet wohl auf, daß wir gekommen sind und sie erlöst haben«, schrieb er nach dem Einmarsch der Deutschen in Warschau. Doch Rommel war nicht der begeisterte, blinde Hitler-Verehrer, als der er in seinen Briefen erscheint. Bei einer quellenkritischen Überprüfung der Briefe ist zu bedenken: Das »Dritte Reich« war ein Spitzel- und Überwachungsstaat, jeder mußte jederzeit damit rechnen, daß seine Äußerungen an die Gestapo und/oder andere Organe des NS-Staats weitergetragen wurden. Ein Postgeheimnis existierte nicht. Viele Briefe wurden von der Zensur geöffnet. Hätte Rommel Hitler schriftlich kritisiert, hätte er sich und seine Familie gefährdet. Jeder verfängliche Brief bedeutete ein Risiko: für die Sache, um die es ging, für den Absender und nicht zuletzt für den Empfänger.

Wenn man den Briefen Rommels hohe Beweiskraft zubilligt, dann muß man auch darauf hinweisen, wie selten in der Korrespondenz Rommels mit seiner Frau von Politik die Rede ist. Es war weniger Desinteresse als Naivität des großen Militärstrategen Rommel. Wenn er mit Entscheidungen des Regimes nicht einverstanden war, machte Rommel nicht Hitler, sondern andere verantwortlich. »Leider ist der Führer von einer Bande von Schurken umgeben. Aber die meisten von diesen Parteibullen sind noch Überbleibsel aus der alten Zeit, aus der Kampfzeit der Bewegung.« Rommel schien zu hoffen, daß sich dies mit der Zeit erledigen würde.

Ein Antisemit war Rommel zweifellos nicht. Sein Sohn berichtet, wie er zu Beginn des »Dritten Reiches«, als sein Vater als Bataillonskommandeur in Goslar, noch weit vom Dunstkreis Hitlers entfernt, in jugendlicher Naivität nach der »jüdischen« Nase eines Bataillonsarztes gefragt habe. Der Sohn fing sich einen väterlichen, aber unmißverständlichen Rüffel ein. In Rommels Bekanntenkreis waren Juden vertreten, antisemitische Äußerungen, wie sie von anderen hohen Offizieren überliefert sind, finden sich bei ihm nicht. Natürlich blieb er ebenfalls nicht von den Schulungsmaßnahmen verschont, mit denen die Machthaber in Berlin versuchten, alle Bereiche der Gesellschaft auf den nationalsozialistischen Judenhaß einzuschwören. Natürlich sah Rommel die Exzesse der Pogromnacht, als der braune Mob auch in Wiener Neustadt tobte.

Daß ein eigenständig denkender Kopf wie Rommel sich ernsthaft den Theorien der NS-Propaganda über die jüdische Weltverschwörung angeschlossen haben könnte, ist mehr als unwahrscheinlich. Symptomatisch für die Naivität, mit der Rommel den Auffassungen der NS-Führung gegenüberstand, ist eine Episode aus dem Jahre 1943. Bei einem der Tischgespräche Hitlers wies Rommel eindringlich auf den internationalen Ansehensverlust hin, den Deutschlands Judenpolitik im Ausland verursacht hatte. Sein Vorschlag zur Hebung der deutschen Reputation: »Wir würden in der Welt besser dastehen, wenn bei uns ein Jude Gauleiter werden könnte«, löste bei Hitler große Verärgerung aus. »Rommel, Sie haben nichts von dem verstanden, was ich will«, und ungläubiges Staunen, nachdem Rommel die Runde verlassen hatte: »Hat er nicht begriffen, daß die Juden die Ursache für diesen Krieg sind?« Das hatte Rommel in der Tat nicht.

War er so blauäugig, um die Augen vor dem, was mit den Juden in Deutschland geschah, zu verschließen? Wie weit die Nazis dabei gehen würden, war Rommel gleich vielen anderen unvorstellbar. Für Greueltaten im Osten, von denen Rommel hörte, machte er nicht Hitler, sondern seine Umgebung verantwortlich. Das militärische Genie war politisch naiv. Sein Sohn, der frühere Stuttgarter Oberbürgermeister Manfred Rommel, räumt ein: »Es trifft zu, daß mein Vater ab 1938 der Faszination Hitlers erlegen ist. Die Wahrheit hat mein Vater erst verhältnismäßig spät erkannt.« Da war es freilich schon zu spät – auch für ihn selbst.

»Ob Feind, ob Freund oder Bruder, ob bei den Söhnen Deutschlands, Italiens oder Englands – ritterlich war Eure Art, menschlich hier das Gesetz.« Pathos verbreitet die Inschrift am Ehrenmal für die deutschen Gefallenen der El-Alamein-Schlacht noch heute. »Ritterlichkeit« – diese Vokabel findet sich in vielen Schilderungen über den Krieg in der Wüste. Die ehemaligen Gegner sind sich in dieser Charakterisierung des Krieges noch heute einig. »Es war ein sehr fairer Krieg, ein Krieg ohne Tadel«, erinnert sich Heinz Blumacher, der auf deutscher Seite kämpfte. Und einer seiner damaligen Kontrahenten, Charles Squire, Angehöriger der Achten britischen Armee, bestätigt: »Wir haben gekämpft nach den Regeln des Krieges. Zivilisten, Kinder und Frauen wurden durch die Kämpfe nicht in Mitleidenschaft gezogen.« In manchen Schilderungen fühlt sich der Leser an Turnierduelle im Mittelalter erinnert. Etwa wenn ein Engländer von einem Scharmützel erzählt, bei dem je drei deutsche und britische Panzerwagen auf Erkundungsfahrt überraschend zusammentrafen. Die Geschützrohre wie Ritterlanzen gesenkt, rasten sie aufeinander zu. »Heftig feuernd fuhren die drei britischen Wagen durch die deutschen hindurch, und beide

»Straffe Gefechtsführung...«
Generalmajor Rommel bei einer Lagebesprechung mit Hitler, Winter 1939/40.

Mir wurde klar, daß Adolf Hitler die wahren Verhältnisse nicht sehen wollte und sich gefühlsmäßig gegen das wehrte, was sein Verstand ihm sagen mußte.

Rommel

Wenn mein Vater in seiner »afrikanischen« Zeit zu Hitler kam, ist er ununterbrochen gelobt worden. Seine Erfolge beeindruckten Hitler außerordentlich. So lernte mein Vater Hitler von seiner erfreulichen Seite kennen und glaubte auch, einen gewissen Einfluß zu haben.

Manfred Rommel

Ihren Truppen können Sie keinen anderen Weg zeigen als den zum Sieg oder zum Tod.

Hitler

kehrten sie an ihre ursprünglichen Plätze zurück. Es hatte weder Treffer noch Verluste gegeben.« Man trennte sich mit einem sportlichen Unentschieden und kehrte in die eigenen Lager zurück.

»*Krieg ohne Haß*« – so lautete der Titel eines Buches, das Lucie Rommel und Fritz Bayerlein, Rommels Witwe und sein Stabschef, nach dem Krieg veröffentlicht haben. Tatsächlich folgten den deutschen Soldaten in Libyen keine SS-Kommandos oder SD-Einsatzgruppen, die hinter der kämpfenden Truppe ihre Säuberungsaktionen durchführten. Anders als beim »Unternehmen Barbarossa« wurden in Nordafrika die zivilisatorischen Hemmungen nicht per Befehl aufgehoben, sank die individuelle Schamgrenze nicht ins Bodenlose. In Afrika gab es keine Massenerschießungen, keine Massaker.

»In der Wüste wollte man nichts erobern und nichts erbeuten – man wollte kämpfen«, schrieb der britische Historiker Moorehead. »Dies ist ein sauberer, klarer Krieg. Ein Kampf in einer leeren Wüste, wo es keine Zivilbevölkerung und keine politischen Erwägungen gibt. Es ist ein Soldatenkrieg.« Ein »Soldatenkrieg« wird von Regeln bestimmt. Eine lautet: Gefangene Gegner werden wie Menschen behandelt. Doch war da nicht die Weisung des deutschen OKW, ein Befehl, mit dem die gesamte Führung der Wehrmacht endgültig die Regeln des Krieges verletzte und sich außerhalb der internationalen Gemeinschaft stellte? Soldaten feindlicher Stoßtrupps sollten nicht als Kriegsgefangene behandelt werden, wenn sie hinter der eigenen Front in Gefangenschaft gerieten. Als »Verbrecher« seien sie sofort zu erschießen, lautete die Anweisung, die natürlich gleichfalls für den Krieg in der Wüste galt. Auch Rommel erhielt diesen Befehl aus Berlin. Wie er damit umging, berichtet sein Stabschef General Westphal: »Wir haben diesen Befehl auf der Stelle verbrannt.« In Nordafrika galten die alten Regeln.

Moorehead hat Stellungnahmen britischer Soldaten gesammelt, die aus deutscher Gefangenschaft befreit wurden. Sie zeichnen ein fast paradiesisches Bild vom Wüstenkrieg: Übereinstimmend berichten sie von tadelloser Behandlung durch die Deutschen, die britischen Verwundeten wurden ebenso versorgt wie die deutschen, die Gefangenen erhielten ausreichend Essen, ja sogar Zigaretten und Bier. Das Verhalten der Kriegsgegner in Afrika war in diesem Krieg so außergewöhnlich, daß US-General Eisenhower in seinen Memoiren später Unverständnis für den Umgang äußerte, den Engländer und Deutsche in Nordafrika pflegten. Der amerikanische Oberbefehlshaber weigerte sich, »Nazigeneräle« nach dem Sieg zu empfangen. Für Briten und Deutsche war dies kein Problem. Nach der Schlacht bei El Alamein lud Feldmarschall Montgomery den in englische Gefangenschaft geratenen stellvertretenden kommandierenden General des Afrikakorps, General Ritter von Thoma, zum Essen ein. Und Generaloberst Hans-Jürgen von Arnim, Rommels Nachfolger als Kommandeur des Heeres, konstatierte: »Es war im afrikanischen Feldzug üblich gewesen, den gefangenen Gegner als Gentleman zu behandeln. So hatte es Rommel mit den englischen Generälen nach seinem Vorstoß über Mechili gehalten. Ähnlich verfuhren auch die britischen Generäle gegenüber gefangenen Deutschen.«

Der Krieg in der Wüste – nur eine Auseinandersetzung von Gentlemen? Ein edles Kräftemessen, bei dem der Sieger dem Unterlegenen anschließend die Hand reicht? Good sports, my old fellow? Vor solchen nostalgischen Schilderungen, oft verklärend im nachhinein geschrieben, ist zu warnen. Auch wenn es in der Wüste (fast) keine Kriegsverbrechen gab – die Auseinandersetzung war keine Sonntagnachmittagsbeschäftigung für die Erben von König Artus' Tafelrunde. Wenn Keitel im Nürnberger Prozeß verächtlich von »Rommels Schießexpedition« sprach, so ist dies eine Geringschätzung Rommels, keine Geringschätzung des Wüstenkriegs. Auch wenn General Cramer, der letzte Kommandeur des deutschen Afrikakorps, sich mit einem naiven »Heia Safari« vom Kriegsschauplatz verabschiedete – eine Abenteuerreise mit Animationsprogramm »all inclusive« waren die Kämpfe um Tobruk und El Alamein ganz bestimmt nicht.

Wüstenkrieg – das hieß enorme Temperaturen und gewaltige Temperaturunterschiede, Tage mit sengender Sonne und einer alles austrocknenden Hitze, Nächte, die erbärmlich kalt waren. Wüstenkrieg – das bedeutete Stürme, die jede Sicht nahmen, Sand, der sich in jede Pore setzte und das Atmen zur Qual machte, Schwärme von Fliegen, die sich auf die offenen Wunden stürzten. Briten und Deutsche, Australier und Italiener – sie kämpften gegeneinander, und sie kämpften gegen einen gemeinsamen Feind: die Wüste. Und auch im Wüstenkrieg wurde sinnlos gestorben. Krieg hieß auch hier vor allem Dreck, Blut und Tod.

Der Krieg in Nordafrika war beendet. Der Feldmarschall ohne Soldaten stand nun im Propagandakrieg an der Heimatfront. Dabei hätte es eine Reihe Einsatzmöglichkeiten für ihn gegeben, denn die militärische Situation an allen Frontabschnitten war im Sommer 1943 mehr als prekär. Die Offensive im Osten war erneut zum Stehen gekommen, mit dem Bruch der Achse Berlin–Rom war eine neue Front im Süden entstanden. Die alliierten Truppen bereiteten sich zum Angriff auf die zur »Festung Europa« erklärten Gebiete vor. Am 15. Juli 1943 erhielt Rommel wieder eine eigene militärische Aufgabe: Zum Oberbefehlshaber der Heeresgruppe B ernannt, begannen unter seinem Kommando deutsche Truppen mit den Vorbereitungen für den Fall »Achse«, den Abfall des italienischen Bundesgenossen. Nach Bekanntgabe der Kapitulation Italiens besetzen Rommels Truppen ab dem 8. September Norditalien, während im Süden Generalfeldmarschall Kesselring versucht, die Offensive der Alliierten in Süditalien zu stoppen.

Rommels Einsatz in Italien blieb eine kurze Episode, sein künftiges Aufgabenfeld sollte er im Westen finden. Am 30. Oktober schlug Alfred Jodl, der Chef des Wehrmachtführungsstabs, vor, Rommel mit der Abwehrschlacht im Westen zu betrauen, um die befürchtete Invasion zu verhindern. Rommel hatte im Generalstab wenig Freunde. OKW-Chef Wilhelm Keitel schrieb am 5. November an den Oberbefehlshaber West, Generalfeldmarschall Gerd von Rundstedt: »Es ist mit Rommel schwierig, weil er sich nur ungern unterstellt. Er ist in Afrika sehr selbständig gewesen. Aber ich glaube, daß Sie der einzige Mann sind, dem sich auch ein Rommel fügen wird.« Das war eine Fehleinschätzung, wie sich erweisen sollte. Doch auch Hitler zögerte, den widerspruchsfreudigen Feldmarschall mit operativen Führungsaufgaben zu betrauen. So lautete denn der »Sonderauftrag West«, den Rommel am 5. November 1943 erhielt, vorerst nur: Prüfen des Standes der Verteidigungsvorbereitungen; Ausarbeiten von Vorschlägen für Angriffsoperationen gegen gelandeten Feind. Erneut zeigte sich das Führungschaos im »Dritten Reich«: Bis auf weiteres blieb Rommel in seiner neuen Funktion Hitler direkt unterstellt, von seiner Beauftragung und dem besonderen Dienstverhältnis wurde sein eigentlicher Vorgesetzter, der Oberbefehlshaber West, nicht informiert. Konkrete Entscheidungsbefugnisse, die notwendig gewesen wären, um im Fall einer alliierten Landung den Feind bekämpfen zu können, er-

Der Führer hat Rommel nach seiner Unterredung mit ihm spontan die Brillanten zum Eichenlaub verliehen. Rommel hat diese tatsächlich verdient; denn er ist nicht nur ein großartiger Truppenführer, sondern auch ein tapferer Mann, der sich durch seinen persönlichen Mut einer so hohen Auszeichnung für würdig erwiesen hat.

Joseph Goebbels, Tagebuch, 12. März 1943

Ich selbst hielt Rommel nie für das militärische Genie, als das er herausgestellt wurde.

Martin Bormann, Sekretär des »Führers«

Welche Kraft geht von ihm aus! Mit welchem Glauben und welcher Zuversicht hängt sein Volk an ihm!

Rommel über Hitler, 1943

»...*immer wieder unbedingten Gehorsam verlangt.«*
Hitler beglückwünscht Rommel zur Verleihung der Brillanten zum Ritterkreuz mit Eichenlaub und Schwertern, März 1943.

hielt Rommel nicht. Es blieb bei der vagen Zusage, bei Beginn der Invasion auch operative Führungskompetenzen zu erhalten. Mit gewohntem Elan ging Rommel ans Werk. Voller Tatendrang schrieb er am 18. Dezember an seine Frau: »Nun will ich mit aller Macht mich auf die neue Aufgabe stürzen und sehen, daß sie erfolgreich gelöst wird.« In diesem wie in vielen weiteren Briefen äußerte er sich immer wieder optimistisch: »Ich habe gute Hoffnung, daß wir es schaffen werden.«

Die Ausgangslage schien diesen Optimismus zu rechtfertigen. Nominell 1,3 Millionen Soldaten standen im Westen zur Abwehr eines Angriffs zur Verfügung. Die Heeresgruppe B umfaßte rund 24 Infanterie- und fünf Panzerdivisionen, etwa 330000 Mann standen unter dem Befehl Rommels. Doch es waren zum Großteil keine frischen Truppen, sondern Verbände, die von den Kämpfen im Osten erschöpft und nun »zur Erholung« an den Atlantik verlegt worden waren. Verglichen mit dem, was sich an der Ostfront abspielte, mußte der Westen den Soldaten wie das Paradies erscheinen. Rommel zeigte sich vor seinen Männern zuversichtlich: »Im Hinblick auf unsere starken Anlagen, im Hinblick auf den vorzüglichen Geist unserer Truppe, auf die neue Bewaffnung und die Kampfmittel, die uns in die Hand gegeben sind, können wir den kommenden Ereignissen mit größter Ruhe entgegensehen.«

Im engeren Kreis war er weit skeptischer. Eine nüchterne Bestandsaufnahme der Lage hatte dem Realisten Rommel schnell verdeutlicht, daß kaum Grund zum Optimismus bestand. Schon bei seinem Dienstantritt hatte er im Gespräch mit seinem Stab erklärt: »Der eigene Nachschub ist gering, es besteht auch keine Aussicht auf Besserung.« 1000 Jäger zusätzlich hatte Berlin in Aussicht gestellt, wenn es zur Invasion kommen würde. Doch die Erfahrungen, die Rommel, wie andere Heerführer auch, mit ähnlich großspurigen Versprechungen Görings gemacht hatte, waren wenig ermutigend. In den Tagen der Entscheidung standen insgesamt lediglich etwa 500 einsatzfähige Maschinen zur Verfügung, die in Nordfrankreich stationierte Luftflotte 3 umfaßte ganze 70 Jäger und 90 Bomber. Erhebliche Teile der Bodentruppen waren kaum motorisiert und nur unzureichend bewaffnet. Waren die Angreifer erst einmal über den Küstenstreifen hinaus, so würde es schwerfallen, sie wieder ins Meer zurückzutreiben. Das hatte Rommel begriffen. Seine Schlußfolgerung: »Man kann die Verteidigung nur an der Küste selbst durchführen.« Seine Waffen waren Minen: »Ich will Minen gegen Menschen, gegen Panzer, gegen Fallschirmjäger; ich will Minen gegen Schiffe und Landungsboote.« Im Gegensatz zu den von der NS-Propaganda lauthals angekündigten Wunderwaffen gab es jene Waffen wirklich, mit denen Rommel das Wunder einer erfolgreich abgewehrten alliierten Landung verwirklichen wollte. Rommel erinnerte sich an Afrika, wo ihn seine britischen Kontrahenten bei den Angriffen auf Tobruk lange durch Minen aufgehalten hatten. Eine Million Minen, so die Schätzung, hatten seine Gegner damals im Wüstensand verbuddelt. Und diesmal? 1,7 Millionen Minen waren in Frankreich bereits verlegt – doch dies in einem Gebiet, das ungleich größer war als das Schlachtfeld vor Tobruk.

Rommel wollte so schnell wie möglich nachholen, was bislang unzureichend war: die Befestigung der Küstenlinie. Hier zeigten sich erneut die Phantasie, das Organisationsgeschick und der Durchsetzungswille des Motivationskünstlers in Form von Unterwasserhindernissen für Panzer, Stacheldrahtverhauen, Küstenartillerie mit schweren Geschützen und vor allem dem Einsatz der »Rommelspargel«. Es handelte sich dabei um eine originäre Erfindung des »bedeutendsten Pioniers des Weltkriegs«, wie General Meise seinen Chef bewertete. Waren es in Nordafrika Holzgestelle auf einer VW-Lafette, die den Gegner aus der Ferne abschrecken sollten, so waren es in Nordfrankreich lange Stangen, die in den Boden gerammt wurden, um eine Anlandung zu erschweren. Arbeitskommandos spickten damit überdies zu Hunderten die Felder hinter den Deichen. Die langen Holzpfosten, in unregelmäßigen Abständen in den Boden geschlagen, sollten den Lastenseglern die Landung unmöglich machen und damit die Versorgung aus der Luft erschweren.

Zu einer unsichtbaren, aber dennoch kaum überwindbaren Barriere sollten die Minen werden. 600 000 unverlegte Minen standen zunächst zur Verfügung. Die Frage war: wohin damit? Die Antwort auf diese Frage führte zu den grundsätzlichen Problemen, die Rommels Arbeit erheblich erschwerten: das Kompetenzchaos und die Meinungsverschiedenheiten zwischen Rommel und der hohen Generalität, die bis hin zum Oberbefehlshaber der Wehrmacht, Adolf Hitler, reichten.

Die Deutschen kannten weder Ort noch Stunde des alliierten Landeunternehmens – und auf eine einheitliche Verteidigungsstrategie konnten sich die Verantwortlichen nicht einigen. Rundstedt erwartete die Landung bei Calais und wollte große Truppenkontingente erst zur Küste vordringen lassen und dann zerschlagen – das alte Erfolgsrezept der Kesselschlachten. Rommel hingegen hatte keine Zweifel, daß ein gelandeter Gegner sofort angegriffen und ins Meer zurückgeworfen werden müsse. Die unterschiedliche Analyse führte zu verschiedenartigen Strategien. Da Hitler keine endgültige Entscheidung traf, beschäftigte sich die deutsche Führung zu einem Großteil mit sich selbst. Die Kompromisse, auf die man sich nach langen Auseinandersetzungen einigte, nutzten keiner Seite.

Mit Hans von Salmuth, dem Oberbefehlshaber der Fünfzehnten Armee, lieferte sich Rommel immer wieder Wortgefechte, weil dessen Männer nicht so schnell Minen verlegen und sich fast gleichzeitig aufs Gefecht vorbereiten konnten, wie es der Feldmarschall wünschte. 15 Kilometer pro Tag verminen, lautete die bereits hochgesteckte Vorgabe Salmuths an seine Männer. »Machen Sie 30 daraus«, lautete Rommels Kommentar ebenso kurz wie fordernd. Der Oberbefehlshaber der Heeresgruppe B, der Salmuth für »träge« hielt, mußte sich daraufhin von seinem General sagen lassen, sein Festungsbauprogramm treibe die Kommandeure zum Wahnsinn.

Nicht weniger hitzig ging es in der Diskussion mit General Leo Freiherr Geyr von Schweppenburg zu. Der Oberbefehlshaber der Panzergruppe West verfügte über die einzigen Panzerreserven des OKW. Rommel wollte sie fest in sein Küstenverteidigungssystem einbauen. Geyr von Schweppenburgs Plan sah vor, die Verbände zurückzuhalten, um in großräumigen Operationen den Feind nach der Landung vernichten zu können. Rundstedt entschied in dieser wichtigen Frage gegen Rommel. Es kam zu einem Kompromiß – wieder einmal: Die Panzerdivisionen wurden nicht so nah an der Küste postiert, wie Rommel dies forderte, sondern im Landesinnern zurückgehalten. Es war ein Kompromiß, der die zur Verfügung stehenden Abwehrkräfte weiter zersplitterte.

Was der unermüdliche Rommel binnen eines knappen halben Jahres mit Unterstützung der Organisation Todt erreichte, nötigte allen Kritikern Respekt ab – selbst Salmuth räumte ein: »Eine neue Phase hob an, als Feldmarschall Rommel erschien.« Hitler beglückwünschte Rommel im Mai zu seinen Leistungen – die gewünschte Unterstützung gewährte er nicht. Rommel

War gestern bei Dr. Goebbels zum Tee und Abendessen eingeladen. Dr. Goebbels ist trotz des neuen schweren Verlustes bester Zuversicht. Das tat mir gut, da jetzt doch meine Stimmung besonders gedrückt ist, da alles zusammenbricht in Tunesien.

Rommel, Brief an seine Frau, 11. Mai 1943

»Onkel Rommel...« Der Kriegsheld mit den Goebbels-Kindern, 1943.

Sein bei aller Energie und Kühnheit menschlich warmes Gesicht mit den klaren blauen Augen ließ Vertrauen entstehen.

Hans Speidel, General a. D.

Rommel bleibt jetzt in der unmittelbaren Umgebung des Führers. Er will ihn sich aufsparen für die erste große und schwierige Aufgabe, die auftaucht, und will ihn dann immer dahin setzen, wo eine klare improvisatorische Führung am dringendsten gebraucht wird.

Joseph Goebbels, Tagebuch, 10. Mai 1943

konnte nur einen Bruchteil seiner Pläne verwirklichen, weil ihm das notwendige Material ebenso versagt blieb wie die dringend benötigten zusätzlichen Panzerdivisionen.

»Aufgrund einer Schlechtwetterlage ist in den nächsten zwei Wochen mit einer alliierten Aktion nicht zu rechnen«, erklärten deutsche Meteorologen am 4. Juni. Nicht nur bei der Einschätzung des Wetters irrte man sich auf deutscher Seite. Hinzu kamen geschickte Täuschungsmanöver und perfekte Vorbereitung bei den Angreifern, Fehleinschätzungen bis hin zur Schlamperei, Zaudern und Kompetenzchaos bei den Verteidigern.

Am Abend des 5. Juni 1944 hörte der Abwehrchef der Fünfzehnten Armee, Oberstleutnant Meyer, in einer BBC-Sendung die zweite Strophe des Gedichts »Chanson d'automne«: »...verletzen mein Herz mit eintöniger Monotonie«. Es war das Signal für die französische Untergrundbewegung: Die Invasion werde in den nächsten zwei Tagen beginnen. Diese und andere verschlüsselte Botschaften aus London an den französischen Widerstand wurden nicht ernst genug genommen. Mehr als 2,8 Millionen Soldaten standen in England bereit zum Sturm auf die »Festung Europa«, mehr als 3400 Bomber und über 5400 Jagdflugzeuge sollten die Alliierten zu unbeschränkten Herrschern des Luftraums machen, mehr als 6000 Schiffe verschiedener Größe hatten sich aufgemacht, die Truppen über den Kanal zu transportieren. Am 6. Juni war »D-Day«, der Tag der Entscheidung, an dem das »Unternehmen Overlord« begann. »Die Augen der Welt blicken auf Euch, die Hoffnungen der freiheitsliebenden Menschen der ganzen Welt begleiten Euch«, hatte General Eisenhower in seinem Tagesbefehl an die alliierten Landungstruppen erklärt.

Bei allem Pathos wird diese Charakterisierung der historischen Bedeutung des Tages immerhin gerechter als manche jener Kommentare, die sich heute noch in deutschen Geschichtsbüchern finden. Der 6. Juni war damals für die NS-Führung der Tag der »Invasion« – und ist es für viele Deutsche noch heute. Dabei ist eine Invasion der Überfall feindlicher Truppen auf ein fremdes Land. Der deutsche Angriff auf Polen – das war eine Invasion, wie auch der Überfall auf die Sowjetunion, auf Jugoslawien, auf Dänemark. Fast ganz Europa hatte eine Invasion der deutschen Wehrmacht erlebt. Am 6. Juni 1944 war jedoch keine fremde Kriegsflotte an urdeutscher Küste gelandet, um die Heimat zu besetzen. Die »Invasion« war die Befreiung der normannischen Küste von deutschen Eroberern, es war die Landung der Truppen verbündeter Nationen. Sie war Voraussetzung und Auftakt für die Befreiung Europas von den nationalsozialistischen Eroberern – und nicht zuletzt auch der Beginn der Befreiung der Deutschen von einer Gewaltherrschaft, die zu beenden sie selbst nicht in der Lage waren.

Die deutsche Führungsspitze glänzte in den entscheidenden Stunden durch Abwesenheit: Salmuth weilte zwei Tage zur Jagd, Dollmann, der Oberbefehlshaber der Siebten Armee, bereitete gerade Planspiele in Rennes vor, der Oberbefehlshaber der 21. Panzerdivision, Geuchtinger, hielt sich in Paris auf. Und Hitler schlief und wollte nicht vor 15 Uhr geweckt werden. Und wenn der »Führer« befiehlt, dann gehorchen seine Paladine. Als die Nachricht von der Invasion am Obersalzberg eintraf, hielt Jodl das Ganze ohnehin für ein Täuschungsmanöver. Rundstedt drängte zwar darauf, die zurückgehaltenen Panzerdivisionen einsetzen zu können, doch dazu benötigte er das Einverständnis Hitlers – und der schlief noch immer. Als der »Führer« in den späten Nachmittagsstunden wieder die Führung des Reiches übernommen hatte, befahl er kurzerhand die »Bereinigung« des Brückenkopfes. Er hielt die Landung für ein Täuschungsmanöver, das der eigentlichen »Invasion« an anderer Stelle ablenken sollte. Folgerichtig untersagte er den Einsatz von Entlastungskräften, die tatenlos zusehen mußten, wie die deutschen Truppen in der Normandie trotz energischen Widerstands der Übermacht immer neuer Landetruppen weichen mußten. Wo war Rommel?

Zum zweiten Mal in seiner Karriere war Rommel zum entscheidenden Zeitpunkt nicht an der Front: 1942, als Montgomerys Truppen die deutschen Linien bei El Alamein durchbrachen, hielt er sich zwecks Genesungsurlaub in der Heimat auf; zwei Jahre später feierte er den Geburtstag seiner Frau im heimischen Herrlingen. Als ihn sein neuer Stabschef General Speidel über die Aktionen an der Küste informierte, kehrte der Befehlshaber der Heeresgruppe B unverzüglich zu seinem Hauptquartier in La Roche-Guyon zurück, um nachzuholen, was in den ersten Stunden der Invasion versäumt worden war. Die nächsten Tage und Wochen sollten nicht nur über das Schicksal Deutschlands entscheiden – sie sollten auch ausschlaggebend für das Schicksal Rommels werden, in dessen Person sich das Dilemma der deutschen Generalität wie in einem Brennglas spiegelte.

Da ist die Geschichte vom hochdekorierten General, einem tapferen Soldaten. Er hat seinem »Führer« treu gedient, sich nicht um Politik gekümmert, sondern nur gehorcht. In letzter Minute erkennt er das Verbrecherische des Systems und wendet sich ab von dem Mann, dem er persönliche Treue geschworen hat. Als integrer Charakter, von den eigenen Soldaten ebenso respektiert wie vom Gegner, erklärt er sich bereit, das Vaterland zu retten. Er kennt nicht nur die Pläne zum Tyrannenmord, sondern unterstützt aktiv die Attentäter, die ihn zum Präsidenten Deutschlands machen wollen, wenn der Staatsstreich gelungen ist. Als die Umsturzpläne scheitern, nimmt er die Verantwortung auf sich, schützt die Verschwörer und begeht Selbstmord, um seine Familie vor der Rache der Nazis zu schützen. Diese Geschichte ist lange von vielen gerne geglaubt worden. Doch sie hat einen entscheidenden Nachteil: Sie entspricht in den zentralen Punkten nicht den Tatsachen. Die Geschichte, die Feldmarschall Rommel als Drahtzieher im Hintergrund des moralisch-militärisch begründeten Widerstands sieht, als »heimliche Vaterfigur eines Widerstands«, der spät, aber doch nicht zu spät kommt, ist nur eine Legende. Daran gestrickt hat vor allem General Speidel, Rommels Stabschef in Frankreich. So geisterten Umsturztheorien durch die Geschichtsdarstellung, in denen zum Beispiel von einem Plan Rommels die Rede ist, Hitler zu verhaften, um ihn vor Gericht zu stellen. Da wird von einem gemeinsamen Vorhaben Rommels und Mansteins berichtet, die gleich das ganze »Führer«-Hauptquartier besetzen wollten. Unter deutschen Historikern wird heute die »Leichtfertigkeit« verurteilt, mit der die Forschung der Darstellung Speidels über die Beziehungen Rommels zum Widerstand gefolgt ist. Gleichzeitig wird Rommel aber heute attestiert, daß ihm die »innere Befreiung vom Nazismus« gelungen ist. Und genau hier liegt die Bedeutung Rommels für die nachwachsenden Generationen.

Rommel war kein Oppositioneller, schon gar kein aktiver Widerständler; er war kein Märtyrer wie Stauffenberg, der bereit zum Attentat war, »weil es nicht darauf ankommt, Hitler die Wahrheit zu sagen, sondern darauf, ihn umzubringen«. Er war kein Tresckow, dem es vor allem darum ging, »daß die deutsche Widerstandsbewegung vor der Welt und vor der Geschichte den entscheidenden Wurf gewagt hat«.

Und dennoch hat Rommel eine entscheidende Wandlung durchgemacht, die für viele Deutsche, vor allem deutsche Solda-

»Von seinen Gegnern geschätzt wie von den eigenen Truppen...« Rommel besichtigt Stützpunkte am Atlantikwall, Januar 1944.

Rommel hat in seiner nur kurzen Tätigkeit am Atlantikwall enorm viel geleistet. Er geht systematisch und genauestens vor. Er läßt sich durch die Generalstäbler nicht beirren.

Joseph Goebbels, Tagebuch, 17. Mai 1944

Wir stehen in einem schweren Kampf, der entscheidenden Schlacht dieses Krieges. Außerordentliches wurde in den letzten Monaten und Wochen geleistet, und doch sind wir nicht so fertig wie ich es gerne hätte. Noch mehr Minen, noch tiefere Sperren im Wasser und gegen Luftlandetruppen, noch mehr Artillerie, Flak, Wurfgeräte und Nebelscheinwerfer!

Rommel, Brief an seinen Sohn Manfred, 21. Mai 1944

ten, eine historische Bedeutung haben kann. Der Generalstabschef des Afrikakorps, Oberst Nolte, beschrieb die Bedeutung dieses Wandels später so: »Unbestechlich in seiner Verurteilung eines unsittlichen, unwahren, andere und sich selbst betrügenden Systems war er die Heldenfigur, die das deutsche Volk nach dem verlorenen Krieg als moralische Instanz benötigte, die Symbol war für das bessere Deutschland, gütig, menschlich, die letzte Figur fairer Kriegführung, populärer Truppenführer, von seinen Gegnern in England und Amerika ebenso geschätzt wie von den eigenen Truppen.«

Der Wandel vollzog sich in mehreren Stufen und stoppte eine Entwicklung, in der sich Rommel vom unpolitischen Soldaten zum Bewunderer Hitlers entwickelt hatte. Das nationalsozialistische Umfeld hatte Rommel stets abgelehnt, nur Hitler erschien ihm als Lichtgestalt inmitten des braunen Sumpfs.

Es sind Äußerungen Rommels überliefert, in denen er schon im November 1942 im kleinen Kreis offen über die Notwendigkeit eines Regierungswechsels sprach. Der Soldat Rommel war verärgert über Hitlers Sturheit, die unsinnige Verluste zur Folge hatte. Im Dezember 1943 machte Rommel im Gespräch mit seinem früheren Dolmetscher Ernst Franz kein Hehl aus seiner pessimistischen Lageeinschätzung und benannte auch Verantwortliche: »Der Krieg ist so gut wie verloren, und schwere Zeiten stehen uns bevor... Leider haben wir es oben mit Menschen zu tun, deren Fanatismus dem Wahnsinn gleichkommt!«

Doch in der unmittelbaren Nähe Hitlers geriet Rommel immer wieder in den Bann des Diktators. Nach einer Hitler-Rede am 20. März 1944 in Kleßheim nahe dem Berghof notierte er in sein Kriegstagebuch: »Von wundervoller Klarheit und überlegenster Ruhe« seien die Ausführungen des noch immer verehrten Idols gewesen. Es sind solche Äußerungen, die den zum Widerstand zählenden Bernd Gisevius den Vorwurf der »Charakterlosigkeit dieses überzeugtesten Nazis unter Hitlers Feldmarschällen« erheben ließen. Doch dieses Urteil ist nicht gerecht.

Große Bedeutung kommt dem Gespräch zu, das Rommel am 17. Juni in Soissons mit Hitler führte. Seit elf Tagen standen nun die alliierten Truppen auf dem Kontinent und marschierten unaufhaltsam voran. Rommel schilderte die hoffnungslose Überlegenheit der Angreifer bei Menschen und Material. Der »Wüstenfuchs« war in der gleichen Situation wie im November 1942 vor El Alamein: Der eigene Nachschub stockte, während der Gegner immer neue Kräfte in die Schlacht werfen konnte. Aussicht auf Besserung bestand jetzt ebensowenig wie damals. Oberbefehlshaber Rundstedt unterstützte seinen Untergebenen Rommel und forderte »taktische Veränderungen des eigenen Frontverlaufs«. Dies war nichts anderes als eine höfliche Umschreibung für Rückzug. In solchen Fällen kannte Hitler nur eine Antwort: halten. Rommel mußte erneut erkennen, daß Hitler sich weigerte, die tatsächliche Lage zur Kenntnis zu nehmen.

Bis zum nächsten Gespräch mit Hitler in Berchtesgaden am 29. Juni hatte sich die militärische Lage weiter verschlimmert. Cherbourg hatte am 27. Juni kapitulieren müssen. Auf der gemeinsamen Fahrt zum Berghof, wohin Rundstedt und Rommel befohlen waren, drängte Rommel den wichtigsten Mann an der »Invasionsfront«, Hitler die Lage realistisch zu schildern und die notwendigen Schlußfolgerungen zu ziehen. Sie konnten nur lauten: Der Krieg im Westen muß beendet werden. Rundstedt sagte zu: »Ich werde dies dem Führer hart und klar vortragen.« Rommel wählte im Gespräch mit seinem stellvertretenden Ia, Major Wolfram, eine interessante Formulierung: »Ich fühle mich dem deutschen Volk gegenüber verantwortlich.« Nicht mehr dem »Führer«, sondern nur dem Vaterland gegenüber wollte Rommel die Verantwortung übernehmen.

Doch das Gespräch im Berghof nahm nicht den erhofften Verlauf. Rommel, von Hitler aufgefordert, über die militärische Lage im Westen zu berichten, versuchte, die Gesamtlage zu erläutern: »Die ganze Welt steht gegen Deutschland, und dieses Kräfteverhältnis...« Hitler unterbrach seinen Feldmarschall mit dem Hinweis, er solle die militärische und nicht die politische Lage erläutern. Rommel unternahm einen zweiten Versuch – Hitler wies ihn erneut zurecht. Erst am Ende der Besprechung versuchte er es ein letztes Mal. Er könne nicht gehen, ohne mit Hitler über »Deutschland« gesprochen zu haben. Hitler verwies Rommel des Saales: »Herr Feldmarschall, ich glaube, Sie verlassen besser das Zimmer.« Es war das letzte Mal, daß der »Führer« und sein »Lieblingsgeneral« einander persönlich gegenüberstanden.

Einen Vorteil hatten die drei gescheiterten Anläufe: Rommel machte sich keine Illusionen mehr. Er wußte nun endgültig, daß Hitler keinen Frieden schließen würde, weder im Osten noch im

Westen. Doch genau das war Rommels Ziel. In Gesprächen mit den Offizieren seines Stabes erklärte er immer wieder: »Ich will versuchen, mein Ansehen bei den Alliierten zu nutzen, um einen Waffenstillstand abzuschließen, auch gegen Hitlers Willen.«

Die militärische Lage im Westen spitzte sich immer mehr zu. Im Zentrum der alliierten Attacken stand nun Caen, die letzte Barriere auf dem Weg nach Paris. Geyr von Schweppenburg, der in einem ungeschminkten Lagebericht an das OKW die Aufgabe Caens vorgeschlagen hatte, wurde als Kommandeur der Panzergruppe West abgelöst. Der Oberbefehlshaber West, Feldmarschall Rundstedt, erhielt das Eichenlaub zum Ritterkreuz – und den Hinweis auf seinen schlechten Gesundheitszustand. Er mußte zurücktreten, weil seine Antwort auf Keitels Frage nach der Lösung des Problems lautete: »Frieden machen.« Die Regelung der Nachfolge bewies, daß Hitler Rommel seinen Auftritt auf dem Berghof übelgenommen hatte. Nicht er, der bisherige zweite Mann hinter Rundstedt, sondern Feldmarschall Günther von Kluge wurde der neue Oberbefehlshaber West. Das Verhältnis der beiden wichtigsten Männer im Westen war von Anfang an schlecht. Kluge riet dem für seine eigenwilligen und eigenmächtigen Entscheidungen im Generalstab bekannten Rommel: »Von nun an müssen auch Sie sich daran gewöhnen, Befehle auszuführen wie alle anderen.«

Dennoch gelang es Rommel, seinen neuen Chef für eine Aktion der Vernunft zu gewinnen. Am 15. Juli, Caen war mittlerweile für die Deutschen verloren, übermittelte Rommel seinem Vorgesetzten ein intern als »Ultimatum« bezeichnetes Schreiben an Hitler, in dem er die militärische Lage wie gewohnt realistisch und ungeschönt schilderte: »Die Truppe kämpft allerorts heldenmütig, jedoch der ungleiche Kampf neigt sich dem Ende entgegen.« Seine Schlußfolgerung: »Es ist meines Erachtens nötig, die politischen Folgerungen aus dieser Lage zu ziehen.« In dem von Rommel handschriftlich eingefügten Satz strichen Speidel und Tempelhoff das Wort »politisch«.

Was sich hinter dieser vagen Ankündigung verbarg, schilderte Rommel in seinem unmittelbaren Umfeld ungeschminkt. So erklärte er Oberstleutnant Elmar Warning, was er tun werde, wenn Hitler nicht in seinem Sinne reagiere: »Dann mache ich die Westfront auf, denn es gibt nur eine wichtige Entscheidung: Wir müssen dafür sorgen, daß die Anglo-Amerikaner eher in

»Der Krieg ist so gut wie verloren...« Generalfeldmarschall Rommel und Generalfeldmarschall Gerd von Rundstedt (rechts) am Kartentisch, Hauptquartier in Paris, 1944.

Im Westen wollte er kein Kommando mehr annehmen; er sagte, jeder Schuß, der dort gegen die Alliierten abgefeuert werden würde, träfe uns selbst.

Manfred Rommel

Der Führer, der bei Rommel und Rundstedt war, hat einen guten Eindruck von beiden bekommen, die vollkommen Herr der Situation sind und sich vor allem sehr gut miteinander vertragen. Aber er hat, wie mir aus dem Westen berichtet wird, auch einen außerordentlich frischen und vitalen Eindruck hinterlassen.

Joseph Goebbels, Tagebuch, 20. Juni 1944

Rommel ist ein »Wölfchen«, kein Fuchs.

Gerd von Rundstedt, Oberbefehlshaber West

Berlin sind als die Russen.« Für sein geplantes Vorgehen suchte er Unterstützung und wandte sich dabei auch an Sepp Dietrich, den Befehlshaber des Ersten SS-Panzerkorps. Rommel wagte es, einen der fanatischsten Anhänger Hitlers zu fragen:»Würden Sie meine Befehle stets ausführen, auch wenn sie im Widerspruch zu denen des Führers stünden?« Rommel pokerte hoch und schien zu gewinnen, denn Dietrich antwortete: »Sie sind mein Oberbefehlshaber. Ich gehorche nur Ihnen, was Sie auch befehlen.« Andere Gesprächspartner Rommels berichteten später von dessen verzweifelten Waffenstillstandsplänen:»Ich will versuchen, auf Grund meines Ansehens bei den Alliierten mit dem Westen zu paktieren gegen den Willen Hitlers und unter der Voraussetzung, daß sie uns erlauben, mit ihnen gemeinsam gegen Rußland zu marschieren.« Über alliierte Kriegsziele machte Rommel sich verheerende Illusionen. Denn es war gar nicht daran zu denken, daß die Westmächte mit einem von Hitlers Feldmarschällen an der Seite der »verdammten Deutschen« den Kampf gegen die Armeen Stalins antreten würden – auch nicht nach Hitlers Tod.

Dessenungeachtet erkannte der erfahrene Soldat Kluge, von Hitler bestimmt, der militärischen Spitze im Westen den »Defätismus« auszutreiben, daß Rommels Schilderung der Lage zutraf. Er war bereit, den Bericht Rommels zu unterschreiben und an Hitler zu schicken. Dann überschlugen sich die Ereignisse.

Am 20. Juli 1944 zündete Claus Graf von Stauffenberg in der Lagebaracke in Hitlers Hauptquartier »Wolfsschanze« bei Rastenburg in Ostpreußen eine Bombe. Der »Aufstand des Gewissens« war der aussichtsreichste und am besten vorbereitete Versuch, der NS-Herrschaft ein Ende zu bereiten. Der Tyrannenmord an Hitler sollte die Voraussetzung sein für alle weiteren Planungen der Widerständler, die in Berlin und auch in Paris zusätzliche Vorkehrungen getroffen hatten.

Das Herz des Widerstands schlug in der Bendlerstraße. Doch auch in Paris gab es eine einflußreiche Gruppe von Offizieren, die Maßnahmen für die Zeit nach Hitlers Tod in die Wege geleitet hatten. Unstrittig ist, daß Carl-Heinrich Stülpnagel, Militärbefehlshaber in Frankreich, zu den Verschwörern zählte. Ebenso unstrittig ist, daß Oberstleutnant Cäsar von Hofacker, ein Cousin Stauffenbergs und im Stab Stülpnagels, versucht hatte, Rommel für die Sache der aktiven Hitler-Gegner zu gewinnen. Weniger eindeutig ist die Rolle, die der höchste Offizier in Frankreich, Generalfeldmarschall von Kluge, spielte. Er war über die grundsätzlichen Absichten der Attentäter informiert und hatte Unterstützung für den Fall des Erfolgs signalisiert. Doch als er erfuhr, daß Hitler die Bombe überlebt hatte, distanzierte er sich von der Verschwörung. Vor Hitlers Rache retten konnte ihn dies allerdings nicht. Bevor er in die Hände der Henker geriet, beging er Selbstmord. Auch wenn er nicht aktiv am Attentat beteiligt war, mußte er doch damit rechnen, als Mitwisser von Hitler zur Verantwortung gezogen zu werden. Und Rommel? Welche Rolle spielte er bei der Verschwörung des 20. Juli? Was wußte er? Was billigte er?

Drei Tage vor dem Attentat wurde Rommel schwer verwundet. Der Oberbefehlshaber der Heeresgruppe B fuhr am Nachmittag des 17. Juli zurück in sein Hauptquartier in La Roche-Guyon, als er Opfer eines britischen Tieffliegerangriffs wurde. Dies geschah ganz in der Nähe eines Dorfes, das den gleichen Namen trug wie der Mann, der ihn schon in Afrika geschlagen hatte: Montgomery, eine kleine Ortschaft auf der Route Nationale 1879 zwischen Livarot und Vimoutiers. Die Situation war typisch für den Truppenführer Rommel. An diesem heißen Sommertag herrschte eine lebensgefährliche Wetterlage, der wolkenlose Himmel bildete die ideale Voraussetzung für feindliche Fliegerangriffe. Dennoch hatte der Feldmarschall sich auf eine seiner Inspektionsreisen an die Front begeben, als zwei britische Jagdbomber die kleine Kolonne entdeckten. Es war beileibe nicht der erste Luftangriff, den Rommel erlebte, als der Obergefreite Holke, der als Luftbeobachter im Fond saß, plötzlich feindliche Flugzeuge ankündigte. Rommel befahl, eine geeignete Stelle zu suchen, die ausreichend Schutz bot – zu spät. Im Tiefflug stürzten sich die britischen Jagdbomber auf ihr Ziel – aus allen Rohren feuernd. Rommels Fahrer wurde die Schulter herausgerissen, er verlor die Kontrolle über das Fahrzeug. Rommels Adjutant zerfetzte eine Granate das Becken, und der Feldmarschall selbst flog, von Splittern getroffen, aus dem Wagen. Diagnose: Schädelbasisbruch und weitere schwere Schädelverletzungen. Es dauerte fast eine Stunde, bis der schwerverletzte Feldmarschall in ein Krankenhaus gebracht werden konnte. Ein französischer Apotheker rettete dort dem deutschen General das Leben. Die Hoffnung Rommel war von alliierten Fliegern ausgeschaltet worden. Doch hätte ein gesunder Rommel sich auf die Seite der Offiziere des 20. Juli gestellt?

Es hatte mehrere Anläufe gegeben, Rommel für die Sache des aktiven Widerstands zu gewinnen. Die Sekretärin des Militärbefehlshabers in Frankreich erinnert sich an ein einziges Gespräch, das zwischen Stülpnagel und Rommel stattgefunden habe. Darin soll Rommel grundsätzliche Bedenken gegen jedes Attentat geäußert haben. Einen weiteren Versuch, Rommel auf die Seite des Widerstands zu ziehen, unternahm Stülpnagel über Rommels Generalstabschef Speidel, dessen Schwager in Stülpnagels Stab tätig war. Speidel, ein selbstbewußter und hitlerkritischer Offizier, machte zu diesem Zeitpunkt aus seiner Ablehnung und Geringschätzung des »Führers« im Kreis der führenden Militärs im Westen kein Hehl mehr. Ein Major aus dem Stab Rommels schilderte die »total defätistische Stimmung« in diesen Runden – wenn Rommel nicht zugegen war: »In seiner Abwesenheit übernahm Speidel den Vorsitz bei Tisch, und die ganze Unterhaltung drehte sich nur um das Arschloch vom Berghof, womit Hitler gemeint war.« Speidel war sicher, daß Hitler keinen Separatfrieden mit den westlichen Alliierten schließen würde. Ganz anders Rommel, der zwar immer wieder aus dem Munde Hitlers gehört hatte, daß dieser einen solchen Weg ausschloß. »Mit mir schließt keiner Frieden«, hatte Hitler erklärt – und er war auch nicht bereit, mit irgend jemandem Frieden zu schließen. Dennoch hatte Rommel bis zum Tag seiner Verwundung die Hoffnung nicht aufgegeben, Hitler zu einem Separatfrieden überreden zu können. Sosehr Rommel mit den politisch-militärischen Zielen Speidels übereinstimmen mochte, so unterschiedlich waren die Schlußfolgerungen, die beide daraus zogen. Speidel und die Offiziere des 20. Juli wußten, daß Hitler ausgeschaltet werden mußte. Eine solche conditio sine qua non gab es jedoch für Rommel nicht.

Verbindungsmann der Verschwörer zu Rommel war Oberstleutnant Cäsar von Hofacker. Er sprach am 9. Juli in La Roche-Guyon persönlich mit dem Feldmarschall. Schriftliche Unterlagen sind hier wie auch bei anderen Unterredungen nicht angefertigt worden: Die Gefahr einer Entdeckung wäre zu groß gewesen. Wir sind heute auf die Erinnerungen der Beteiligten, Aussagen vor der Gestapo und dem sogenannten »Ehrenhof« der Wehrmacht angewiesen. Hier gibt es eine Reihe von Widersprüchen.

Ich glaube, zu der Zeit, als mein Vater zu Rommel kam, war das Verhältnis von Rommel zu Hitler nicht mehr so gut. Da war doch schon große Skepsis. Es gab – ich glaube, im Februar 1944 – eine Besprechung von Rommel mit Dr. Strölin, dem Oberbürgermeister von Stuttgart, der zum Goerdeler-Kreis gehörte. In dem Kreis wurde ja schon besprochen, wie man – auf eher legalem Wege – zu einer Beseitigung Hitlers kommen könne.

Ina Saame, Tochter von Hans Speidel, General a. D.

»An der Front herrscht eine gewisse Nervosität...« Rommel während der Kämpfe in der Normandie mit Generalleutnant Hans Speidel, Juni 1944.

Dieser pathologische Lügner ist nunmehr völlig wahnsinnig geworden, seinen wahren Sadismus hat er gegen die Männer des 20. Juli gerichtet, und wir sind noch nicht am Ende!

Rommel, 6. September 1944

Der Feldmarschall trat den Attentatsabsichten entgegen, da er Hitler nicht zum Märtyrer gemacht wissen wollte. Sein Gedankengang war es, sich der Person Hitlers durch zuverlässige Panzerverbände zu bemächtigen, um ihn vor ein deutsches Gericht zu stellen und wegen seiner Verbrechen am eigenen Volk und an der Menschlichkeit zu verurteilen. Das Volk, das ihn gewählt hatte, sollte ihn auch richten.

Hans Speidel, General a. D

Cäsar von Hofacker soll in seinen Verhören durch die Gestapo behauptet haben, daß er Rommels Generalsstabschef Hans Speidel am 9. Juli über das geplante Attentat informiert und dessen Zusicherung erhalten habe, daß Speidel diese Informationen an seinen Chef weitergeben werde. Dem widerspricht eine zweite Version, wonach von Hofacker Rommel persönlich über den beabsichtigten Anschlag in Kenntnis gesetzt habe. Vor dem Attentat hatte Hofacker im Gespräch mit den Offizieren in Paris geschildert, wie Rommel von ihm über Interna des bevorstehenden Attentats informiert worden sei. Die überlebenden Teilnehmer erinnern sich an Beteuerungen Hofackers, Rommel habe seine Unterstützung signalisiert.

Eine Klärung dieser Widersprüche ist nicht mehr möglich. Hofacker wurde am 30. August 1944 des Hochverrats für schuldig befunden und starb am 20. Dezember 1944 in Berlin-Plötzensee einen qualvollen Tod am Galgen.

In den Berichten des Reichssicherheitshauptamts an Hitlers Schattenmann Bormann finden sich freilich keine konkreten Hinweise darauf, daß Rommel von dem Attentat gewußt hatte. Dessen pessimistische Einschätzung der Lage im Westen wird zwar ausführlich dargestellt, doch für diese Einsicht benötigte Hitler keinen Geheimdienst. Mit seiner Meinung hatte Rommel nie hinterm Berg gehalten, sie war dem »Führer« aus direkten Gesprächen mit dem Generalfeldmarschall bekannt.

Am 4. Oktober 1944 trat in Berlin erneut der »Ehrenhof der Wehrmacht« zusammen. Dieses Gremium mußte einen Offizier schuldig sprechen und aus der Wehrmacht ausstoßen, damit er anschließend vor den Volksgerichtshof gestellt werden konnte. Kaltenbrunner vertrat diesmal die Anklage gegen Rommels Generalstabschef Speidel. Der Vorwurf lautete: Mitwisserschaft und Beihilfe zum Attentat. Speidel bestritt, von der Verschwörung gewußt zu haben. Die Generäle Guderian und Kirchheim plädierten für »nicht verdächtig«. Durch den Freispruch des militärischen Ehrengerichts entging Speidel dem Schicksal anderer Mitglieder der Widerstandsbewegung. Nach dem Krieg lieferte er in seinem Buch »*Invasion 1944. Ein Beitrag zu Rommels und des Reiches Schicksal*« eine zweite Version, der zufolge er über die Verschwörung des 20. Juli grundsätzlich informiert gewesen sei, aber keine Einzelheiten gekannt habe und Rommel damit auch nichts habe berichten können.

Man muß heute davon ausgehen, daß Rommel nichts von Stauffenbergs Plänen wußte und sie, als er nach dem 20. Juli davon erfahren hatte, verurteilte. Gegenüber Kluge sagte er, das Attentat sei »Wahnsinn«. Seiner Frau schrieb er am 24. Juli: »Man kann Gott danken, daß es so gut abgegangen ist.« Im Banne der NS-Zensur konnte Rommel freilich gar nicht anders, als das Attentat zu verurteilen. Als Beweis für die tatsächliche Ablehnung sind solche schriftlichen Äußerungen wenig wert. Gleiches gilt jedoch auch umgekehrt: Rommel hatte sich, wie viele hochrangige Offiziere auch, öffentlich von den »Verrätern« distanziert. Seine Ergebenheitsadresse an Hitler nach dem Attentat (»Nur ein Gedanke beherrscht mich immer, zu kämpfen und zu siegen für unser neues Deutschland«) ist jedoch als Beleg für eine ehrliche Loyalitätsbekundung an den Diktator ungeeignet. Was hätte ein führender Offizier nach dem gescheiterten Attentat auch anderes sagen sollen, ohne sich und seine Familie zu gefährden? Das »Heil, mein Führer«, mit dem der Brief Rommels an Hitler endet, ist kein hinreichender Beweis für eine unerschütterliche Hitler-Hörigkeit des Feldmarschalls.

Wenn also authentische Dokumente aus der Feder Rommels nicht vorhanden oder aus quellenkritischer Sicht nur begrenzt aussagefähig sind, so helfen bei der Klärung der Frage, welche Einstellung Rommel zum Attentatsversuch auf Hitler hatte, die Aussagen derer, die ihn am besten kannten und mit denen er über die Ereignisse ohne Furcht vor Entdeckung gesprochen hat. Rommels Frau Lucie erklärte schriftlich: »Ich möchte feststellen, daß mein Mann nicht an den Vorbereitungen oder der Ausführung des 20. Juli 1944 beteiligt war, da er es als Soldat ablehnte, diesen Weg zu beschreiten. Er war während seiner Laufbahn immer Soldat und nie Politiker.« Der Zeitpunkt, zu dem diese Aussage gemacht wurde, ist bemerkenswert: Lucie Rommel äußerte dies nicht als Verteidigung ihres Mannes gegenüber den Schergen Hitlers, sondern im September 1945, zu einer Zeit also, in der ein Bekenntnis zum Widerstand gefahrlos möglich gewesen wäre. Nach Kriegsende entdeckte mancher plötzlich seine Sympathie für Stauffenberg, und die Zahl der heimlichen Widerstandskämpfer wuchs enorm. Rommels Frau hielt daran fest: Ihr Mann wußte nichts vom Attentat – und hätte er davon gewußt, so hätte er es aus Überzeugung abgelehnt. Der Treueid auf Hitler, den alle deutschen Soldaten seit dem 2. August 1934 auf den »Führer« persönlich ablegen mußten – hier erwies er sich erneut als Problem. Unbedingten Gehorsam hatten alle Soldaten geschworen. Den Feldmarschällen des Reiches wurde seit März 1944 ein weiteres Treuegelöbnis auf die Person des »Führers« abverlangt. Wie Rundstedt, Manstein und die anderen höchsten Soldaten der Wehrmacht hatte auch Rommel durch seine Unterschrift den Treueid auf Hitler nochmals bekräftigt. Diesen Eid zu brechen kam für Rommel nicht in Frage. Seine unbedingte Loyalität gegenüber seinem obersten Befehlshaber hinderte Rommel nicht, seine Meinung in militärischen Dingen zu sagen – und wenn aus militärischen Fragen politische Schlußfolgerungen gezogen werden mußten, weil nur so die militärischen Probleme gelöst werden konnten, so sprach der unpolitische Soldat auch politische Konsequenzen an. Als einer der wenigen in Hitlers unmittelbarem Umfeld schreckte Rommel deshalb auch nicht davor zurück, dem »Führer« seine abweichende Meinung ins Gesicht zu sagen. Es war also nicht mangelnde Courage dem Despoten Hitler gegenüber, die Rommel abhielt, sich den Verschwörern anzuschließen. Es entsprach vielmehr seiner Auffassung von Ehre und »Treue«.

Rommels Sohn Manfred berichtet hingegen, daß sein Vater zwar »erhebliche Sympathien« für die Verschwörer gehegt, doch stets gegen den vielzitierten Tyrannenmord argumentiert hatte: »Er hat immer gesagt: Der tote Hitler ist gefährlicher als der lebende.« Seine grundsätzliche Auffassung zu Überlegungen, den »Führer« als zentrale Figur des »Dritten Reiches« auszuschalten, hatte Rommel selbst nach mehreren Gesprächen mit Karl Strölin geäußert. Rommel kannte den Oberbürgermeister von Stuttgart aus dem Ersten Weltkrieg, als beide in derselben Einheit kämpften. Die beiden pflegten ein vertrauensvolles Verhältnis. Ende 1943 hatte ihn Strölin erstmals über Judenverfolgungen informiert und berichtet, welche Folgen seine Kritik an diesen Ereignissen für ihn, Strölin, gehabt habe. Während eines Heimaturlaubs in Herrlingen vermittelte Rommels Frau im Februar 1944 erneut ein Gespräch mit Strölin, der über Verbrechen der Nazis im Osten berichtete. Von »Abschlachtungen« der Juden war die Rede, von Massenerschießungen und Morden der SS. Strölin äußerte die Hoffnung, der Feldmarschall möge sich mit seinem Namen »zur Rettung des Reiches« zur Verfügung stellen. Strölins Fazit: »Wenn der Hitler nicht stirbt, dann hat

»Wenn mir etwas passieren sollte...« Manfred, Lucie und Erwin Rommel auf der Terrasse ihres Hauses, September 1944.

Wenn mein Vater mal nach Hause gekommen ist und zwei Tage Zeit hatte, ist er sofort mit mir zur Jagd gegangen. Er hat mir eine Entschuldigung geschrieben und hat mich mitgenommen. Das hat mir unglaublich imponiert.

Manfred Rommel

Tue in allen Fächern Deine Pflicht und sei diszipliniert. Das ist Deine Hauptaufgabe im Krieg. Daß der HJ-Dienst Dir Spaß macht, freut mich besonders. Es hat für Dein späteres Leben einen hohen Wert.

Rommel, Brief an Sohn Manfred, 16. Mai 1942

Ich habe mich als junger Kerl für die Waffen-SS begeistert und wollte mich dort als Freiwilliger melden; das hat meinen Vater ganz schön verdrossen.

Manfred Rommel

Bleibe uns beiden »Männern« vor allem gesund und ertrage weiterhin so tapfer Dein Los als Soldatenfrau.

Rommel, Brief an seine Frau, 20. Mai 1942

alles keinen Sinn.« Doch Rommel wies diese Einschätzung entschieden zurück: »Wenn Sie eine solche Meinung haben, wäre ich Ihnen sehr verbunden, wenn Sie das nicht vor meinem minderjährigen Sohn sagen würden.« Aus Rommels Verhalten während und nach diesem Gespräch ziehen die Historiker zwei Schlüsse:
1. Rommel wußte von den Ereignissen, die sich im Rücken der deutschen Front im Osten abspielten – auch wenn ihm der tatsächliche Umfang der Menschenvernichtung nicht bekannt gewesen sein dürfte. Aber er machte nicht Hitler, sondern dessen Umgebung für diese Verbrechen verantwortlich.
2. Rommel lehnte jede Aktion gegen Hitler ab, die das Ziel hatte, den deutschen Diktator zu töten. Hitler sollte festgesetzt und vor Gericht zur Verantwortung gezogen werden – das war die idealistische wie naive Einstellung gegenüber einem Mann, dem er Treue geschworen hatte.

Eine konkrete Schlußfolgerung zog Rommel jedoch aus diesen Gesprächen: Er verbot seinem Sohn, Mitglied der Waffen-SS zu werden – was dieser zunächst in jugendlicher Begeisterung erwogen, dann aber, dem Vater gehorchend, nicht getan hatte. Sich selbst und die Familie aus den Machenschaften der NS-Führung und ihrer Helfer herauszuhalten, das war ein Schritt zur Distanzierung vom System, dem Rommel einiges zu verdanken hatte. Auch den nächsten Schritt ist der Feldmarschall gegangen: Er entwickelte konkrete Pläne, mit dem Westen einen Separatfrieden abzuschließen und damit gegen die ausdrücklichen Befehle des obersten Befehlshabers zu handeln. Den entscheidenden Schritt zum aktiven Widerstand hat Rommel aber nicht vollzogen.

Die Gründe, warum Hitler dennoch seinem »Lieblingsgeneral« die Gunst entzog, liegen nicht in tatsächlicher Beteiligung am Attentat des 20. Juli. Der »größte Feldherr aller Zeiten« verachtete inzwischen seinen erfolgreichen Wüsten-Feldmarschall wie mittlerweile fast alle Generäle der Wehrmacht. Als der »Führer« am 25. August 1944 Hans Krebs zu Speidels Nachfolger ernannte, erklärte er diesem über Rommel: »Er hat das Schlimmste getan, das es in einem solchen Falle überhaupt für einen Soldaten geben kann: nach anderen Auswegen gesucht als nach militärischen. Ich halte Rommel in begrenztem Rahmen für einen außerordentlich kühnen und auch gescheiten Führer. Ich halte ihn nicht für einen Steher, und das ist auch die Auffassung aller Herren.« In diesen Worten schwingt Enttäuschung, aber kein Gefühl der Rache und des Hasses, wie es Hitler in seiner Rundfunkansprache nach dem Attentat hatte erkennen lassen, als er über die »kleine Clique ehrgeiziger, gewissenloser und zugleich verbrecherischer, dummer Offiziere« herzog. Kein Hinweis darauf, daß Hitler beabsichtigte, Rommel zur Verantwortung zu ziehen. Seine Einschätzung war zwar sehr viel distanzierter als früher, aber keineswegs feindselig. Und dennoch war Rommels Schicksal schon besiegelt.

Die Generäle Guderian und Kirchheim, beides keine Bewunderer des Feldmarschalls, hatten in der Verhandlung gegen Rommels Generalstabschef Speidel am 4. Oktober auf »nicht verdächtig« plädiert. Als sich das Ehrengericht dieser Auffassung anschloß, bedeutete dies zwar den Freispruch für Speidel. Gleichzeitig begann damit aber auch die Hexenjagd gegen Feldmarschall Rommel.

Es ist viel darüber spekuliert worden, ob Rommel einer Intrige von Generalstabsoffizieren zum Opfer gefallen ist. Gegner hatte er in der militärischen Führungsspitze wahrlich genug. Wer eine solch steile Karriere absolviert hatte, wer in der Öffentlichkeit eine solche Popularität genoß und wer sich vor allem der Förderung durch den unumschränkten Herrscher erfreute, der zog Neid und Mißgunst geradezu auf sich. Ohnedies brachte die meist adlige geschlossene Kaste der höchsten Militärs dem »Emporkömmling« Rommel latentes Mißtrauen entgegen. Er hatte keine Generalstabsausbildung – und war doch zum Generalfeldmarschall aufgestiegen. Hitler hatte Rommel gefördert und befördert – und andere Offiziere mußten zurückstehen. Den Ruf eines »typisch nationalsozialistischen Protegés« hatte Rommel rasch erworben, und nichts hält länger als ein schlechter Ruf. Rommel hatte der deutschen Generalität überdies genügend Gelegenheit zur Verärgerung gegeben: Er kritisierte vor Hitler die »fehlende frontnahe Beurteilung« der Lage durch das OKW, er bezichtigte Kesselring intern der Sabotage des Nachschubs und machte ihn indirekt für die Niederlage in Afrika verantwortlich. Und schließlich: Rommel hatte lange Zeit Erfolg, und der Erfolg schafft Neider.

Die Spitzen des Oberkommandos des Heeres, Halder und Brauchitsch, schätzten Rommel bis zu ihrem Ausscheiden gering (»krankhafter Ehrgeiz«, »charakterliche Fehler«). Göring hatte sich von Rommel harsche Kritik an der Leistungsfähigkeit seiner Luftwaffe anhören müssen. Doch wichtiger waren nach dem 20. Juli 1944 zentrale Figuren in Hitlers Umgebung: Intriganten wie Keitel und Burgdorf konnten nun versuchen, den ungeliebten Konkurrenten auszuschalten und zugleich einen Verantwortlichen für die Misere im Westen zu finden. Doch was konnten die Spitzen des deutschen Militärs vorbringen, um die Situation nach dem 20. Juli zur Abrechnung mit einem Rivalen zu nutzen?

Hochverrat war nicht nur die aktive Teilnahme an einem Attentat gegen den »Führer«. Ein Hochverräter war schon, wer nicht mehr an den »Endsieg« glaubte; Hochverrat beging, wer im Verdacht stand, Verhandlungen mit dem Feind zu führen; ein Hochverräter war, wer Informationen über ein geplantes Attentat nicht weitergab. Und an diesem Punkt setzten die Offiziere an. Die entscheidende Frage stellte sich im Verfahren gegen General Speidel vor dem »Ehrenhof« des Heeres am 4. Oktober 1944. Zwei der sechs teilnehmenden Heeresgeneräle, Kirchheim und Guderian, schrieben in einer eidesstattlichen Erklärung nach dem Krieg, daß Oberst Hofacker ausgesagt habe, er hätte Speidel über die Pläne für das Attentat vom 20. Juli informiert. Speidel wiederum habe erklärt, er hätte pflichtgemäß seinen Vorgesetzten Rommel in Kenntnis gesetzt. Tatsache ist, daß Rommel keine Informationen über ein geplantes Attentat weitergegeben hatte. Strittig bleibt, ob Speidel Rommel tatsächlich informiert hatte oder ob dies nur eine Schutzbehauptung war. Indem Guderian Speidels Version als glaubhaft verteidigte, sprach er diesen frei und belastete zugleich Rommel.

Speidel bestritt nach dem Krieg, Rommel belastet zu haben. Und es war ausgerechnet der von Rommel (und einem Großteil der hohen Offiziere als »Lakeitel«) verachtete Chef des OKW, Wilhelm Keitel, der in den Nürnberger Kriegsverbrecherprozessen die Version von Speidel bestätigte. Als angeblichen Beweis für Rommels Schuld verwies er auf eine Aussage Cäsar von Hofackers. Das Protokoll dazu ist jedoch nachweislich erst nach der Verhandlung gegen Speidel dem OKW zugestellt worden. Erstaunlich spät – das Verhör von Hofackers hatte bereits am 30. August stattgefunden.

Es bleibt ein Gestrüpp von unterschiedlichen Behauptungen, das sich nicht mit letzter Gewißheit entwirren läßt. Die zeitliche Abfolge und die Gesetze der Logik sprechen jedoch dafür, daß die Aussage Speidels, der selbst angeklagt war, mit gefälschten Belegen untermauert wurde, um Rommel als »Mitattentäter« zur Verantwortung ziehen zu können. »Alles ist das Werk von Keitel und Jodl«, schrieb Alfred-Ingemar Berndt, der zu Rommel ein ebensogutes Verhältnis hatte wie zu Goebbels, an Rommels Witwe. Auch ein NS-Propagandist kann ausnahmsweise einmal die Wahrheit sagen.

Am 7. Oktober beauftragte Hitler den OKW-Chef Keitel, Rommel nach Berlin zu bestellen, um mit ihm über seine weitere Verwendung zu sprechen. Rommel verwies im Telefongespräch mit Berlin auf seinen angeschlagenen Gesundheitszustand und lehnte eine Reise ab. »So blöd werde ich sein, daß ich nach Berlin fahre, dann bin ich doch auf immer verschwunden«, erklärte er im engsten Familienkreis. Seine Absage, sich Hitler persönlich zu stellen, wurde von Rommels Gegnern als Schuldgeständnis bewertet. Sechs Tage später kündigte das OKW den Besuch zweier Offiziere an. Doch das Gespräch sollte sich nun nicht mehr um neue militärische Aufgaben für den wiedergenesenen Feldmarschall drehen.

»Nehmen Sie zu dem schweren Verluste, den Sie durch den Tod Ihres Gatten erlitten haben, mein aufrichtiges Beileid entgegen. Der Name des Generalfeldmarschalls Rommel wird für immer mit den heldenhaften Kämpfen in Nordafrika verbunden sein. Adolf Hitler.« Pure Heuchelei sprach aus diesem Telegramm, das mit dem 16. Oktober 1944 datiert und an die Witwe des Feldmarschalls gerichtet war. Ein letztes Mal mißbrauchte die NS-Propaganda den Mythos Erwin Rommel. Die Meldung vom Tod des Idols hatte die Welt am 15. Oktober erreicht: »Generalfeldmarschall Rommel ist an den Folgen der schweren Verletzung, die er als Oberbefehlshaber einer Heeresgruppe im Westen bei einer Frontfahrt durch einen Kraftwagenunfall erlitten hatte, erlegen. Mit ihm ist einer unserer besten Heerführer dahingegangen«, hieß es im Tagesbefehl Hitlers. Es war der verlogene Auftakt einer Kampagne, die mit dem Staatsakt am 18. Oktober ihren Höhepunkt erreichte. Dabei ging es den Regisseuren nicht um einen würdevollen Abschied von Erwin Rommel; sie inszenierten vielmehr ein makabres Schauspiel, das über die wahren Ereignisse hinwegtäuschen sollte. Die echte Trauer der Angehörigen wurde auf übelste Weise verhöhnt. »Im Sinne des toten Feldmarschalls weist uns ihr Heldenmut allen erneut die Pa-

* 42 Telegramm **Deutsche Reichspost**

aus ∂. Aus den Felde 45/44 v. 16. 10. 44 15.34 Uhr

Aufgenommen		Obermittelt
Tag: Monat: Jahr: Zeit: 16. 10. 44 19.00 Uhr	Telegramm des Führers An Frau Lucia Rommel Herrlingen bei Ulm Donau.	Tag: Zeit: 16. 10. 44 19.30
von: durch: Ulm Schindler		an: durch: Herrlingen Schindl
Amt Herrlingen		

Nehmen Sie zu dem schweren Verluste den Sie durch den Tod Ihres Gatten erlitten haben mein aufrichtiges Beileid entgegen. Der Name des Generalfeldmarschall Rommel wird für immer mit den Heldenhaften Kämpfen in Nordafrika verbunden sein.

Adolf Hitler

»Hitler will meine Beseitigung...« Beileidstelegramm Hitlers an Lucie Rommel zum Tod ihres Mannes.

Rommel hatte einem Stabsoffizier geschrieben:»Mir geht es jetzt besser, ich werde in den nächsten Tagen oder in den nächsten Wochen wieder zur Front kommen. Und dann haben wir auf einmal gehört im Radio, Rommel ist seinen Verletzungen erlegen. Da haben wir uns alle gesagt: Das stimmt doch nicht, der hat ja gerade noch geschrieben, er würde sein Amt wieder antreten. Das machte uns damals mißtrauisch. Rommel war doch der Offizier, der immer hoch angepriesen wurde. Daß Hitler an seiner Beerdigung nicht teilgenommen hat – nur Guderian –, hat uns sehr gewundert. Wir dachten uns, da stimmt was nicht...

Wilfried Armbruster, Dolmetscher Rommels

Rommel mußte sterben, weil er nach der Landung der Alliierten in der Normandie dazu geraten hatte, den Krieg zu beenden, da er verloren sei. Diesen Rat hat Hitler als Verrat gewertet.

Robert M. Kempner, ehemaliger US-Ankläger in Nürnberg

Mich beherrschte stets nur ein Gedanke: zu kämpfen und zu siegen für Ihr neues Deutschland.

Brief Rommels vom 1. Oktober 1944 an Hitler

»Sie hätten auch Manfred getötet...« Major Kimmich spricht Lucie Rommel sein Beileid aus, daneben Manfred Rommel.

Nach dieser furchtbaren Nachricht vom Tod Rommels fuhr meine Mutter nach Herrlingen, und am offenen Sarg hat Frau Rommel ihr dann vom gewaltsamen Ende erzählt. Sie hat meine Mutter gebeten, gemeinsam mit ihr dem toten Feldmarschall die Orden, also den »Pour le mérite« und das Ritterkreuz, abzunehmen. Es sollten ihn keine schmutzigen Hände mehr berühren, sagte sie.

Ina Saame, Tochter von Hans Speidel, General a. D.

Meine Mutter war völlig erstarrt. Man hat ja auch nicht gewußt, wie lange unsere Freiheit noch andauern würde, ob sie nicht vielleicht relativ rasch, nachdem dieses »Theaterstück« aufgeführt war, beendet würde.

Manfred Rommel

Sein Herz gehörte dem Führer.

General Gerd von Rundstedt bei der Feier im Ulmer Rathaus, 18. Oktober 1944

Der Mord sollte dem Volk verschleiert werden. Hitler versuchte, die Tat durch den Staatsakt für den Feldmarschall am 18. Oktober im Rathaus in Ulm, eine politische Leichenschändung ohne geschichtlichen Vorgang, zu tarnen und die Spuren zu verwischen.

Hans Speidel, General a. D.

role: Kampf bis zum Sieg.« Das war nun wahrlich das letzte, was der in den Tod getriebene Rommel wollte.

Mit großer Sorgfalt hatten die Nazis den Staatsakt am 18. Oktober 1944 vorbereitet. Hitler hatte Nationaltrauer angeordnet, scheute aber selbst den Weg nach Schwaben. Im Festsaal des Ulmer Rathauses und auf dem Rathausplatz waren Tausende von Trauergästen zusammengekommen. Die Deutschen im Reich erlebten auf den Kinoleinwänden die Bilder der *Wochenschau*: Sie hörten die Schüsse der Salutbatterien, welche die Stille zerrissen, als der Sarg aus dem Rathaus getragen wurde; sie sahen die Menschenspaliere, die die Straßen vom Rathaus zum Krematorium säumten, sie erschauerten, als ein Musikkorps »Ich hatt' einen Kameraden« spielte, während der von Hitler gespendete Kranz niedergelegt wurde. Hohe Offiziere und führende Männer des Staates saßen in der ersten Reihe neben den trauernden Angehörigen und erwiesen dem Toten die letzte Ehre. Es war eine gelungene Inszenierung, perfekt und verlogen zugleich. Auf dem mit der Hakenkreuzfahne bedeckten Sarg lagen Rommels Stahlhelm und sein Marschallstab. Die vielen Orden des Feldmarschalls waren auf einem schlichten Samtkissen davor plaziert. Vier Generäle hielten mit gezogenem Degen die Ehrenwache. Das Orchester spielte Wagners »Götterdämmerung«, als Lucie und Manfred Rommel den Saal betraten.

Die Trauerrede hielt Generalfeldmarschall von Rundstedt, der ranghöchste Offizier des deutschen Heeres: »Mit uns steht nicht nur die deutsche Wehrmacht, sondern das ganze deutsche Volk in tiefem Schmerz an der Bahre des toten Helden. Ein hartes Schicksal riß ihn in dem Augenblick von uns, da der Kampf sich dem Höhepunkt nähert.« Das »harte Schicksal« hatte einen Namen: Hitler. Von ihm war kurz zuvor der Hochgepriesene zum Selbstmord gezwungen worden.

Der 14. Oktober 1944 war ein strahlender Herbsttag. Doch die von Hitler ausgewählten Gesandten hatten für die Schönheiten Herrlingens keinen Blick, als sie gegen Mittag vor dem Haus des Feldmarschalls vorfuhren. Ihr Erscheinen verhieß nichts Gutes. Die Generäle Burgdorf, Chefadjutant des »Führers« und Nachfolger des beim Attentat vom 20. Juli getöteten Rommel-Freundes General Schmundt, und Maisel, Chef für »Ehrenangelegenheiten« im Heerespersonalamt, waren alles andere als Bewunderer Rommels. Er traue den beiden nicht, hatte der Feldmarschall seine düsteren Vorahnungen beim morgendlichen Spaziergang seinem Sohn angedeutet. Und er hatte allen Grund dazu. Rechnete der Feldmarschall zunächst damit, für die gescheiterte Abwehr des alliierten Landemanövers zur Rechenschaft gezogen zu werden, so konfrontierten die beiden Rommel mit »Beweisen« für seine angebliche Beteiligung am Attentatsversuch auf Hitler. Wenn er unschuldig im Sinne der Anklage sei, solle er nach Berlin kommen und seine Unschuld beweisen. Wenn nicht, dann müsse er als Offizier und Ehrenmann einen Prozeß vermeiden und die »angemessenen Konsequenzen« ziehen, hatte Keitel den beiden Todesboten mit auf den Weg gegeben. Und auch einen Rat: Bei der zweiten Möglichkeit solle Rommel lieber Gift als die Pistole wählen. Der Berufssoldat Rommel sollte nicht durch eine Kugel umkommen, sondern durch eine Zyankalikapsel aus Beständen des Heerespersonalamts. Das gab Hitlers Henkern die Möglichkeit, die Todesursache besser zu vertuschen. Denn das Ergebnis der Besprechung mit Rommel stand schon fest, als die beiden aus Berlin abreisten. Schon zu diesem Zeitpunkt bereitete die NS-Führung das Staatsbegräbnis vor. Bereits am 13. Oktober erhielt die Ulmer Wehrmachtskommandantur die Nachricht, daß ein Kranz aus Berlin eintreffen werde.

»Es ist mir nicht möglich auszudrücken, was in seinem Gesicht zu lesen war«, beschreibt Lucie Rommel die Situation, als ihr Mann gegen 13 Uhr aus seinem Arbeitszimmer kam, um sie über das Ergebnis des etwa einstündigen Gesprächs mit Burgdorf und Maisel zu informieren. Mit militärischer Kürze gab Rommel, bleich und doch gefaßt, das grausame Ergebnis wieder: »Ich bin gekommen, dir Lebewohl zu sagen. Sie verdächtigen mich der Teilnahme am Anschlag auf Hitler. Der Führer hat mich vor die Wahl gestellt, mich entweder vergiften zu lassen oder vor das Volksgericht zu kommen. Sie haben das Gift mitgebracht. In einer Viertelstunde bin ich tot.« Lucie Rommel drängte ihren Mann, sich in Berlin zu verteidigen. Rommel lehnte ab: »Ich weiß, daß ich niemals nach Berlin komme, sondern schon vorher beseitigt werde.« Er versicherte seiner Frau, was diese ohnehin nie bezweifelt hatte: daß an den Anschuldigungen nichts wahr sei, daß er den Volksgerichtshof nicht zu fürchten brauche, daß die Anschuldigungen das Ergebnis bekannter Erpressungsmethoden sein müßten.

Als »hoch erregt, aber kontrolliert, als bleich, aber selbstbeherrscht« beschreibt auch Manfred Rommel den kurzen Abschied, den sein Vater nehmen mußte. Der Vater erklärte dem fünfzehnjährigen Sohn, was passieren werde und warum. Sein letzter Trost: Die Familie bleibe nach seinem Tod unbehelligt. »Hitler hat mir mitteilen lassen, daß im Falle meines Freitodes euch nichts geschieht; im Gegenteil, es wird für euch gesorgt werden.« Rommels Selbstmord bewahrte die Familie vor der Sippenhaft, er sollte ein Staatsbegräbnis bekommen, damit das »Geheimnis seines Verrats vor dem deutschen Volk geheimgehalten werden konnte«. Die Täuschung der Öffentlichkeit war den Nazis viel wert. Sogar ein Denkmal wurde dem Mann zugesichert, der nach Auffassung der NS-Spitze doch eigentlich ein Verräter war.

Als dritten unterrichtete Rommel seinen Adjutanten Aldinger über das, was sich ereignet hatte und nun weiter passieren würde: »Ich weiß bestimmt, daß Hitler meine Beseitigung will und daß ich, wenn ich überhaupt lebendig nach Berlin komme, vom Volksgerichtshof verurteilt werde.« Aldinger riet zur Flucht. Rommel lehnte ab: »Ich habe mich nach Rücksprache mit meiner Frau entschlossen, den Weg zu gehen, den ich offenbar gehen muß. Ich bin mir keiner Schuld bewußt. Ich war an keinem Verbrechen beteiligt. Ich habe nur meinem Vaterlande mein ganzes Leben lang gedient.«

Nach kurzem Abschied von seiner Frau ging Rommel in Begleitung seines Sohnes und seines Adjutanten zum Wagen, der vor dem Haus wartete. Gemeinsam mit Burgdorf und Maisel nahm der Feldmarschall auf dem Rücksitz Platz. Der kleine dunkle Opel fuhr die Straße hinab, Richtung Blaubeuren. Mehrere Autos, die auffällig unauffällig rund um Rommels Villa geparkt waren, entfernten sich.

Wenige Meter hinter dem Ortsausgang Herrlingen ließ Burgdorf den Wagen halten. Der Fahrer verließ das Auto gemeinsam mit General Maisel. Hitlers Adjutant übergab Rommel die tödliche Giftkapsel, doch das Gift wirkte nicht so schnell, wie es der Feldmarschall seiner Frau versichert hatte. Als der Fahrer nach zehn Minuten wieder zum Auto zurückgerufen wurde, lebte Rommel noch: »Ich sah Rommel im Wagen sitzen, in sich zusammengesunken, schluchzend. Ich richtete ihn noch auf und setzte ihm die heruntergefallene Mütze wieder auf.« Dann wurde es still. Rommel war tot.

Um 13.24 Uhr lieferten Burgdorf und Maisel den toten Feldmarschall im Ulmer Reservelazarett Wagnerschule ein. Der Feldmarschall sei unterwegs von »Unwohlsein« befallen worden, wahrscheinlich eine »Embolie«, behaupteten die Generäle im vollen Bewußtsein ihrer Lügen. Die sofort eingeleiteten Wiederbelebungsversuche seien erfolglos geblieben, berichtete der leitende Arzt später den Angehörigen. »Herzschwäche« lautete die offizielle Todesursache im eilends ausgestellten Totenschein. Der verantwortliche Chefarzt, der den Leichnam Rommels erst 24 Stunden nach dem festgestellten Todeszeitpunkt gesehen hatte, berichtete nach dem Krieg, er habe angesichts der Symptome Zweifel an der Todesursache angemeldet und eine Sektion beantragt. Dies sei verweigert worden. »Ich hätte mit der Angelegenheit Rommel nichts mehr zu tun. Ich sei meiner Aufgabe entbunden. Wenig später wurde mir mitgeteilt, daß Berlin eine Sektion abgelehnt habe«, berichtet der verantwortliche Chefarzt. Die NS-Führung hatte kein Interesse an der Wahrheit und ließ alle Spuren verwischen. Rommels Leiche sollte verbrannt werden. Niemand sollte die tatsächliche Todesursache ausfindig machen.

Lucie Rommel überlegte während der Trauerrede Rundstedts, »in aller Öffentlichkeit beim Staatsakt die Mörder anzuklagen«, erinnerte sie sich später. »Aber was für einen Sinn hätte es schon gehabt? Mein Mann war tot, und ich mußte nun an meinen Sohn denken. Sie hätten auch Manfred getötet. Sie wußten, daß ich schweigen mußte.«

So blieb es bei einem stummen Protest. Sie übersah die ausgestreckte Hand, die ihr General Maisel zustreckte, um sein Beileid auszudrücken. Noch im März 1945 wurden Lucie Rommel Pläne für ein Denkmal vorgelegt, das der »Führer« auf Rommels Grab zu errichten gedachte, um die Legende des »Wüstenfuchses« aufrechtzuerhalten und die Lügen über seinen Tod weiterzuspinnen. Die Witwe spielte auf Zeit und zögerte die Entscheidung hinaus. Schließlich waren es die Niederlage Deutschlands und Hitlers Tod, die diese letzte heuchlerische Geste der Nazis endgültig verhinderten.

In der Person des Feldmarschalls Erwin Rommel wird das ganze Dilemma deutlich, vor das sich ein verantwortlicher General in einem totalitären System gestellt sieht. Ein General – das ist nach der lateinischen Sprachwurzel generalis »der für alles Verantwortliche«. Verantwortlich dafür, daß die militärischen Zielvorgaben erreicht werden? Gewiß. Verantwortlich für die Mittel, die zur Zielerreichung eingesetzt werden? Auch das. Verantwortlich schließlich auch dafür, was durch die eigene Leistung ermöglicht wurde? Die Stabilisierung einer Herrschaft, deren Ziel die Vernichtung menschlichen Lebens, millionenfacher Mord, Ausrottung ganzer Völker – bis hin zur Vernichtung des eigenen Volkes war? Ein General, der (pflichtversessen) sich an den persönlichen Treueid gebunden fühlte und damit zugleich (pflichtvergessen) eine menschenverachtende Politik möglich machte – wird ein solcher General dem Anspruch »generalis« gerecht? Erwin Rommel, der »Wüstenfuchs«, war als Truppenführer ein begnadeter Soldat. Doch ist das militärische Genie moralisch gescheitert?

Rommels Tragik war, daß er, der nie vom Völkermord in seiner ganzen Dimension erfuhr, soldatische Tugenden in ihrer ausgeprägtesten Form repräsentierte – und dabei im Dienst eines Verbrechers stand.

Rommel widerfuhr das Glück, daß im Rücken seiner Truppen keine Sondereinheiten des SD die Zivilbevölkerung massakrierten. Von einer Schuld, die andere Generäle in Hitlers Wehrmacht auf sich geladen haben, ist Rommel frei. Und doch trifft Schuld auch ihn. Es ist keine Schuld im strafrechtlichen Sinn. Rommel hatte Anteil an der deutschen Tragödie, weil er Hitler die Treue hielt, weil er, im Glauben, seine militärische Pflicht zu tun, die nicht-militärischen Folgen seines Tuns unberücksichtigt ließ. Seine Frau Lucie erklärte nach dem Krieg: »So endete das Leben eines Mannes, der sich sein Leben lang mit seiner ganzen Persönlichkeit in den Dienst des Vaterlandes gestellt hatte.« In dieser Selbsttäuschung liegt die ganze Tragik Rommels. Subjektiv stand er im Dienst des Vaterlandes, objektiv im Dienste eines Despoten. Ihm, dem »Führer«, hatte er Treue geschworen. Rommel war, wie viele mit ihm, einer Lüge der Nazi-Propaganda aufgesessen, die Hitlers Ziele mit den Interessen Deutschlands für identisch erklärte.

Diese Identität zum Schluß als Täuschung erkannt zu haben, war Rommel noch möglich. Ihm gelang die Abkehr von dem einst verehrten Hitler. Wenn es stimmt, daß große Männer in der Lage sind, angesichts der Folgen ihres bisherigen Tuns den eigenen Irrtum zu erkennen und umzudenken, dann war Rommel groß. Er wäre noch größer gewesen, wenn er den nächsten Schritt getan und den aktiven Widerstand gewagt hätte. Doch

»Das Gesicht trug einen Ausdruck ungeheurer Verachtung...« Totenmaske Erwin Rommels.

»Mir fiel sofort auf, daß der Marschall im Gesicht blühend aussah, so, als ob er schlafe. Seine Hände dagegen haben in ihrer wächsernen Blässe und in ihrer völligen Erstarrung den Tod angezeigt. Das war mir absonderlich erschienen.«

Dr. Kandler, Chefarzt des Lazaretts Wagnerschule in Ulm, Juli 1946

Heute ist klar, daß es weitaus besser war, den Krieg zu verlieren, als ihn mit Hitler zu gewinnen. Für einen Berufssoldaten war das nicht so einfach zu erkennen. Mein Vater hat es damals aber wohl geahnt.

Manfred Rommel

preußische Feldmarschälle meutern nicht, auch wenn sie aus Schwaben kommen.

Rommels Sohn Manfred hat aus dem Leben seines Vaters die Konsequenzen gezogen: »Sekundäre Tugenden wie Gehorsam, Tapferkeit, Disziplin sind wunderbar, solange sie einer primären Tugend dienen: der Menschenliebe oder der Wahrheit. Wenn sie aber nur noch dem Führer Adolf Hitler dienen und seinem seltsamen Begriff vom Vaterland, dann kehrt sich das um ins Gegenteil.«

Der Gehilfe

Der Krieg ist gewonnen, kann nicht mehr verloren werden...

Wie können Sie dem Führer so widersprechen? Sehen Sie nicht, wie er sich aufregt? Was soll werden, wenn er bei solchem Anlaß vom Schlage getroffen wird?

Als Sühne für ein deutsches Soldatenleben muß als Regel die Todesstrafe für 50 bis 100 Kommunisten gelten

Mein Führer, Sie leben, Sie leben!

Wenn ein Befehl gegeben war, dann handelte ich nach meiner Auffassung pflichtgemäß, ohne mich durch die möglichen, aber nicht immer erkennbaren Auswirkungen beirren zu lassen

Ich bestreite nicht, daß ich von allen diesen Befehlen, gleich ob sie meine Unterschrift tragen oder nicht, Kenntnis hatte

Generaloberst Jodl und ich waren nicht immer mit der vom Obersten Befehlshaber getroffenen Entscheidung [...] einverstanden, haben sie aber stets ausgeführt

Ich habe geglaubt. Ich habe geirrt. Das ist meine Schuld

Keitel

Wir wußten, daß er nichts zu bewegen hatte. Also ich habe ihn nicht als Oberbefehlshaber des OKW angesehen. Das Gefühl habe ich nie gehabt, und er ist auch nie so in Erscheinung getreten.

Hubertus von Humboldt, Generalstabsoffizier

Als Sekretärin hat man ja so ein bißchen ein Gespür dafür, wofür sich ein Chef noch interessiert. Also sagen wir mal, für Musik oder für Religion oder für Philosophie oder für Architektur. Also nein, man hatte das Gefühl, er ist nur Soldat.

Hilda Haenichen, Keitels Sekretärin

Unter anderm könnte ich mir ihn gut vorstellen als Chef einer großen Verwaltung, ohne die höchste Verantwortung, einer gut funktionierenden Verwaltung.

Johann Adolf Graf Kielmannsegg, Generalstabsoffizier

Er hat in vielerlei Hinsicht Hitler die Wehrmacht in die Hand gespielt. Und die Willfährigkeit, die drückte sich dann in diesem Wort Lakeitel aus.

Ewald von Kleist, Offizier bei Stauffenberg

Keitel war knetbar, er war Knetmasse für Hitler und auch als Blitzableiter bestimmt; er hat sich viel sagen lassen und hat das alles heruntergeschluckt.

Georg Lindemann, Widerständler

Keitel ist immer sehr ruhig aufgetreten. Wenn er in Begleitung von Personen kam, er stellte eine stattliche große Figur dar und hat alle irgendwie überragt und war immer sehr ruhig und ausgleichend in allem seinen Wesen... Keitel war ein feiner Mann.

Kurt Salterberg, Wache im »Führer«-Hauptquartier

Ständig in der unmittelbaren Nähe Hitlers, war er dessen Einfluß vollständig erlegen. Aus einem ehrenhaften, bürgerlich-soliden General hatte er sich im Laufe der Jahre zu einem schmeichlerischen, unaufrichtigen, instinktlosen Diener entwickelt. Im Grunde litt Keitel unter seiner Schwäche.

Albert Speer

Er war ein kräftiger, bäuerlicher Typ, denn er stammte ja letzten Endes aus einer Landwirtschaft. Sein Vater war ja Gutsbesitzer, und das hätte er gern übernommen. Er wäre gern Landwirt geworden und nicht General.

Karl Böhm-Tettelbach, Offizier bei Keitel

Ich glaube, daß ein Keitel sehr wohl die Zusammenhänge gekannt hat und sehr wohl auch bei vielen Dingen Widerspruch, Einspruch hätte erheben können, wenn er nicht um seine eigene Haut Angst gehabt hätte.

Fritz Buchner, Ordonnanz im »Führer«-Hauptquartier

Der Ausstrahlung nach würde ich heute so Leuten wie Peter Frankenfeld oder Kulenkampff einen höheren Rang einräumen als dem Keitel. Der Ausstrahlung nach könnte er Frühstücksdirektor sein oder vielleicht in einem Museum Museumsdirektor.

Wolfgang Brocke, Kraftfahrtoffizier bei Keitel

Hitler wußte, daß er sich auf diesen Mann uneingeschränkt verlassen konnte; deshalb hielt er ihn, wenn er sich auch über Keitels strategische Qualitäten im klaren war.

Heinz Guderian, Panzergeneral

Es ist die allgemeine Meinung, daß Hitler Keitel an seiner Seite festhielt, weil er von seinem bedingungslosen soldatischen Gehorsam und seiner unbedingten Treue überzeugt war.

Werner von Blomberg, Reichskriegsminister a. D.

Er war ehrgeizig, aber talentlos, treu, aber charakterlos, besaß eine gewisse natürliche Schlauheit und Charme, aber keine Intelligenz, noch war er eine Persönlichkeit.

Nikolaus von Below, Adjutant bei Hitler

Bei aller physischen Robustheit war Keitel ein empfindsamer, sensibler Mensch und keine Spur von einer brutalen oder grausamen Veranlagung. Der Schmerz um den Tod seines Sohnes und seiner Tochter, die Sorge um seine Frau bei den Bombenangriffen auf Berlin haben ihm innerlich schwer zugesetzt... Er allein war es, der bei dem Attentat am 20. 7. 1944 Hitler in seine Arme nahm und ihn in völliger Ruhe, behutsam wie ein Kind ins Freie führte. ...ein pflichtgetreuer, gehorsamer Soldat, zu weich und zu anständig für Hitler, aber aufrecht, wahrhaftig und hilfsbereit.

Alfred Jodl

Man könnte ihn mit dem Ausdruck »Satzvollender« bezeichnen. Er schaut dem Führer nur nach dem Mund und ist bestrebt, einen angefangenen Satz des Führers, sobald er seine Tendenz erkennt, nur zu vollenden. Seine Personalpolitik ist geradezu grauenhaft. In seiner urteilslosen Dienerei geht er soweit, seinen eignen Bruder von Hitler wegzuhalten.

Joseph Goebbels

In Helmscherode scheint die Zeit stillzustehen. Die jungen Leute ziehen fort in die Städte, weil die Landwirtschaft immer weniger Arbeit bietet. Nur selten befährt ein Auto die schmale Straße. Viele Häuser in dem kleinen Bauerndorf an den westlichen Ausläufern des Harzes sehen noch genauso aus wie vor 60 Jahren – wie in der »guten alten Zeit« Helmscherodes. Das war damals, als der Weiler von den Bewohnern der Nachbarorte noch beneidet wurde. Als der Patron, der im großen Gut am Dorfrand residierte, für neue Feldwege, moderne Arbeiterhäuser und die Renovierung der kleinen Kirche sorgte. Als Helmscherode vom frischen Wind des »Tausendjährigen Reiches« zu profitieren schien. Die Alten im Dorf erinnern sich noch gut an ihren Wohltäter von einst. »Zu uns war er immer gütig. Er hat zwischen reich und arm keinen Unterschied gemacht«, sagt eine ehemalige Landarbeiterin. »Für seine Leute hat er gesorgt«, meint ein anderer anerkennend. Daran, daß der nette Gutsherr seinen Grundbesitz im Krieg mehr als verdoppelte – und zwar auf Kosten von Kircheneigentum –, stört sich hier niemand. Er wird es wohl verdient haben.

Die kleine Kapelle in der Dorfmitte, romantisch von Grün umrankt, ist meistens abgeschlossen. Doch wer einen Schlüsselinhaber auftreibt, erlebt im Inneren eine Überraschung. In Öl auf Leinwand blickt der alte Gönner des Dorfes streng und würdig auf die Kirchenbänke. Das Bildnis an der Wand des Gotteshauses zeigt den Chef des Oberkommandos der Wehrmacht, Hitlers Feldmarschall Wilhelm Keitel, in Soldatenuniform. Unwillkürlich schießen dem Betrachter die Bilder von den Koppelschlössern deutscher Soldaten durch den Kopf. »Gott mit uns«, war auf ihnen eingraviert. Vor der Kirche, von mildtätigem Gestrüpp verdeckt, steht außerdem ein Gedenkstein, den der Dorfpatron anläßlich des »Anschlusses« Österreichs seinem »Führer und Reichskanzler Adolf Hitler« im Jahre des Herrn 1938 errichten ließ.

In Helmscherode scheint die Zeit stillzustehen. Das Andenken an den berühmtesten Sohn des Ortes ist nur unwesentlich getrübt von jenem Todesurteil, das die Alliierten in Nürnberg 1946 über ihn gefällt haben. Von seinen Befehlen, die deutsche Soldaten in den Verbrechensstrudel des Hitler-Reiches mitrissen, will man hier nicht viel wissen – weder von der Anweisung, für einen getöteten Deutschen 50 bis 100 Geiseln umzubringen, noch von der zynischen Rechtfertigung für den Massenmord an Millionen sowjetischer Kriegsgefangener mit den Worten, es handle sich nun mal »um die Vernichtung einer Weltanschauung«. »Er war doch nur Soldat, der Befehle ausführen mußte«, bekommen wir zu hören – und überhaupt: »Am liebsten wäre er ja wieder Landwirt geworden.«

Dabei stand Wilhelm Keitel am Ende seines Lebens selbst kurz davor, all jenen, die seine Rolle – und auch die der Wehrmacht – noch immer verharmlosten, den Boden unter den Füßen wegzuziehen. Im Februar 1946 meldete sich im Büro Robert Kempners, des US-amerikanischen Anklagevertreters in Nürnberg, Keitels Verteidiger Otto Nelte. Der Amerikaner war erstaunt, daß Nelte mit ihm unter vier Augen, ohne Dolmetscher oder Protokollanten, reden wollte. Nach und nach aber erkannte er, daß dieses Gespräch in der Tat Vertraulichkeit verdiente, denn der gesamte Nürnberger Prozeß schien vor einer Wende zu stehen. Nelte eröffnete ihm, sein Mandant »trage schwer daran, daß er als allzu williges Werkzeug Hitlers Befehle unterzeichnet« habe, und wolle ein Geständnis ablegen. Keitels Ziel sei es, »einen Teil der strafrechtlichen Verantwortung denen abzunehmen, die seine Befehle ausgeführt hätten«. Außerdem hoffe er, damit der »ehrlosen« Hinrichtung durch den Strang zu entgehen und statt dessen per Erschießungskommando »wie ein Soldat« exekutiert zu werden. Kempner war »tief beeindruckt«. Er habe Keitels Plan als »Zeichen von soldatischem Anstand« und als »patriotische Tat« interpretiert, erinnerte er sich später.

Es war vor allem eine Filmvorführung, durch die der abweisende Marschall, der wie alle Angeklagten sein »nicht schuldig« in den Gerichtssaal geschleudert hatte, in einen reuigen Sünder verwandelt wurde. Zusammengestellt aus privaten Bildern von SS-Leuten und Aufnahmen alliierter Kameramänner, war ein Film über die Vernichtungslager gezeigt worden, ein schonungsloses Dokument des Grauens. Lion Le Tanson, ein Dolmetscher beim Prozeß, erinnert sich noch heute an die Reaktionen:

»Göring hat gesagt, das ist ein Bluff, ein Russenfilm. Die meisten haben gemeint, das sei gestellt. Andere aber waren tief beeindruckt. Keitel hat geweint, als er sah, wie Bulldozer die Leichenberge zusammenscharrten.« Auch der Gerichtspsychologe Gustave Gilbert erlebte Keitels Reaktion. »Wenn ich solche Dinge sehe, schäme ich mich, ein Deutscher zu sein«, erklärte ihm der Marschall sichtlich berührt, nicht ohne freilich rasch hinzuzufügen: »Aber ich habe es nicht gewußt.«

Robert Kempner blieb nach dem Besuch Neltes wie elektrisiert zurück. Natürlich wußte er, daß das Geständnis eines der Hauptangeklagten dem gesamten Gericht zu einer stärkeren moralischen Grundlage verhelfen würde. Für die Opfer kam Keitels Reue zu spät, für die Nachwelt aber konnte sie den Weg zur Wahrheit bahnen. Freudig spekulierte Kempner schon darüber, ob vielleicht »auch andere Angeklagte nachfolgen« würden. Doch dann erschien am 23. Februar 1946 wieder Nelte bei ihm und sagte, Keitel habe plötzlich seine Absicht geändert und werde kein Geständnis ablegen. Als Grund gab der Verteidiger an, Göring, den Keitel »immer noch als Vorgesetzten ansehe«, habe dies »befohlen«. Sein Mandant sei zwar weiter der Meinung, ein Geständnis sei der richtige und »ehrenhafte« Schritt, er beuge sich aber trotzdem. So verstrich die letzte Chance Wilhelm Keitels, sein Bild vor der Geschichte zu korrigieren, durch das Festhalten an jenem obersten Prinzip, dem er bis zuletzt alles andere unterzuordnen bereit war: dem absoluten Gehorsam.

Im Gegensatz zu den meisten anderen Angeklagten von Nürnberg hat sich mit der Figur Keitels kein Historiker oder Publizist eingehend beschäftigt. Bis auf die Veröffentlichung seiner in der Haft verfaßten Memoiren existieren nur kurze biographische Skizzen über diesen Mann. Zuwenig Eigenes scheint die Figur zu besitzen, zu sehr scheint sie der personifizierte Endpunkt einer Fehlentwicklung zu sein, die Verkörperung aller Untugenden einer ganzen Militärkaste. Dabei ist gerade die Geschichte Keitels ein gutes Beispiel dafür, wie ein Mann ohne ausgeprägte kriminelle Energie, ohne die Spur eines dämonischen Zuges ungeheure Schuld auf sich laden kann.

Untergebene von einst schildern seine äußere Erscheinung als einfach und bieder, von »Bahnsteigschaffner« bis »Frühstücksdirektor« reichen die Vergleiche in unseren Interviews.

»Kein Jeu und keine Weibergeschichten...« Wilhelm Keitel im Ersten Weltkrieg.

Ob er unter Seeckt um die Majorsecke herumgekommen wäre, ist zweifelhaft.

Nikolaus von Below, Adjutant bei Hitler

Wilhelm ist weiter vor Verdun. Etwas vernünftiger schreibt er schon, leider scheint es nicht nur Hibbelei und wie gewöhnlich Geunke zu sein... Seine Nerven scheinen sehr angeknackst zu sein. Kann nicht schlafen und hat so infames Herzklopfen stets.

Lisa Keitel, Brief an ihre Mutter vom 2. August 1916

Dieser äußere Eindruck täuschte nicht. Tatsächlich hatte Keitel in erster Linie einfach nicht das Format für seine Stellung. Wer die in Nürnberg verfaßten Memoiren und die hinterlassenen Briefe liest, ist erstaunt über die Schlichtheit der Formulierung, die Enge der Gedankenwelt. Es war Keitels Schwäche, die ihn prädestiniert erscheinen ließ für den Posten des OKW-Chefs. Er war sicher nicht so skrupellos oder verbrecherisch veranlagt, wie manche hohen Militärs nach dem Prozeß von Nürnberg auf der Suche nach Schuldigen für das eigene Versagen behaupteten. Er war nur zu schwach, um Konsequenzen zu ziehen – wie so viele. Statt dessen floh er in grenzenlosen Gehorsam – ohne zu erkennen, wie sehr er selbst dadurch schuldhaft wurde. Erst in Nürnberg sah er diese Schuld, freilich gefördert durch die unermüdliche Überzeugungsarbeit seines Verteidigers.

Sein Lebenslauf bietet erste Anhaltspunkte für die Frage, warum es so weit kommen mußte. Von Kindheit an scheint er unter hohem Erfolgsdruck gestanden und das Gefühl gekannt zu haben, Erwartungen nicht zu genügen. Auf dem Göttinger Gymnasium bereiteten vor allem die alten Sprachen Probleme. Sein Religionslehrer hänselte ihn einmal in Anspielung auf die bäuerliche Herkunft, als die Klasse sich am griechischen Text des zweiten Römerbriefs versuchte: »Keitel, Sie würden den Apostel Paulus sicher hundertmal besser mit ein Paar feurigen Pferden spazierenfahren als verstehen!« Seine schulischen Probleme müssen so gravierend gewesen sein, daß Keitel noch in der Zelle von Nürnberg den Stolz angesichts der »glatten Versetzung« in die Prima in Erinnerung hatte. Die Entscheidung über die berufliche Zukunft nahm ihm der Vater ab. Weil sich Carl Keitel zu jung fürs Altenteil fühlte und zudem gerade seine zweite Frau geheiratet hatte, kam eine baldige Übernahme des Gutshofes durch den Ältesten aus erster Ehe nicht in Frage. Wilhelm sollte deshalb zum Militär und mußte sich zum ersten Mal in einer Lebensfrage einer fremden Entscheidung fügen, angeblich unter Tränen. Noch als Feldmarschall trauerte er oft der verpaßten Gelegenheit nach, nicht Landwirt geworden zu sein.

Bei der ersten Berührung mit der Armee erlebte Keitel die nächste Enttäuschung. Im Sommer 1899 fand ein Regimentsarzt den Brustumfang des Siebzehnjährigen zu gering und wollte ihn wieder nach Hause schicken. Erst die Intervention eines Onkels, des Oberstabsarztes Paul Keitel, verhinderte ein demütigendes

Scheitern – der erste Fall von Vetternwirtschaft in seiner Laufbahn. Später sollte er diese Tradition fortsetzen, als er seinem jüngeren Bruder Bodewin die Leitung des Heerespersonalwesens zuschanzte. Zu Ostern 1900 meldete Carl Keitel seinen Sohn beim 46. Feldartillerie-Regiment in Wolfenbüttel an. Am liebsten wäre der Filius zwar Kavallerieoffizier geworden, doch weil in diesem Fall die Familien der Offiziere für die Pferde aufkommen mußten, nahmen die finanziell knappen Keitels davon Abstand. Die Feldartillerie war also zweite Wahl, doch immerhin saß man »dort auch zu Pferde«, wie der Rekrut froh notierte. Zeitlebens sollte Keitel ein gewisses Minderwertigkeitsgefühl gegenüber Soldaten mit einer prestigeträchtigeren Laufbahn empfinden. Vor allem im Vergleich mit Absolventen einer Kadettenanstalt fühlte er sich unterlegen. Seine Memoiren sind gespickt von »typischen« oder »überheblichen Kadetten«.

1902 wurde Keitel Leutnant. Er war jetzt in Braunschweig stationiert, nicht weit weg von zu Hause, aber doch weit genug, um seinen eigenen Weg zu gehen. Es dürften die glücklichsten Jahre seines Lebens gewesen sein. Ungestört frönte er seinen Leidenschaften für Pferde, die Jagd sowie gutes Essen und Trinken. Bei Hofbällen des Prinzregenten von Braunschweig war der mittlerweile zu stattlicher Statur gewachsene Offizier ein guter und gerngesehener Tänzer. Die standestypischen Laster seiner Kameraden scheinen ihm allerdings fremd gewesen zu sein. »Kein Jeu und keine Weibergeschichten«, faßte er sein Motto gegenüber einem Jugendfreund zusammen. Als etwas sprödem, aber stets gewissenhaftem und fleißigem Charakter schien ihm eine ordentliche Karriere in des Kaisers Heer gewiß. Andere Interessen standen ihm dabei nicht im Weg. Weder aus diesen frühen Soldatentagen noch aus späteren Jahren ist Lektüre außermilitärischer Natur feststellbar. Die Welt des Wilhelm Keitel – das waren Kasernendienst, Schießübungen, Manöver, Reitjagden und Offiziersabende. Noch seine Sekretärin, die ihn erst zwei Jahrzehnte später kennenlernte, kam zu dem Schluß: »Er war wirklich nur Soldat.« Freilich unterschied er sich damit keineswegs von der Mehrzahl seiner Kameraden.

1909 heiratete Keitel Lisa Fontaine, die Tochter eines Brauerei- und Rittergutsbesitzers aus Hannover. Für sie stellte er nicht gerade eine »gute Partie« dar, denn der Besitz der Keitels reichte bei weitem nicht an den der Fontaines heran. Vielleicht war dies der Grund für den Ehrgeiz, den sie fortan hinsichtlich der militärischen Karriere des Gatten entwickelte. Die belesene, intelligente und musische Frau machte auch gleich klar, daß ihr keinesfalls ein Dasein als Frau eines Großbauern im abgelegenen Helmscherode vorschwebte. Bei den Besuchen in der Heimat ihres Mannes signalisierte sie ihrer Umgebung unmißverständlich, daß sie Stadtluft bevorzugte. »Sie trug ihre Nase etwas höher«, erinnert sich eine Arbeiterin, die auf dem Keitelschen Gut beschäftigt war. Lisa Keitels Welt waren die Empfänge und Abendessen der feineren Gesellschaft. Ein Diplomat, der im Berlin der dreißiger Jahre einige Male im Hause Keitel zu Gast war, schildert sie als »warmherzige Dame« und »perfekte Gastgeberin«.

Der Erste Weltkrieg half auf der Karriereleiter weiter voran. Ein halbes Jahr lang mußte Keitel an der Front der Wirklichkeit des ersten industrialisierten Massenkriegs ins Auge sehen. Mittlerweile zum Hauptmann befördert, wurde er von einem Granatsplitter verwundet und mit dem »Eisernen Kreuz« erster Klasse dekoriert. Das Fronterlebnis – sein einziges bis zum Frühjahr 1945 – hat tiefe Spuren hinterlassen. Gattin Lisa schrieb dem Schwiegervater im Januar 1915 besorgt, die Briefe ihres Mannes klängen »immer so traurig, und man kann doch so gar nichts helfen«. Nur zwei Monate später konnte sie aufatmen. Keitel wurde in den Generalstab abkommandiert. Das hieß: keine akute Lebensgefahr mehr und eine unerwartete Beförderung. Kurz vor Antritt des neuen Postens teilte Lisa dem Schwiegervater erwartungsvoll mit: »Noch hat er zwar nicht die roten Hosen« – gemeint waren die roten Streifen an den Uniformhosen der Generalstäbler –, »die sind aber, wenn er sich nicht gerade blamiert, sehr bald zu erwarten.«

Seine Versetzung auf die Ebene der Kriegsplaner und Strategen, die in vergleichsweise sicheren Hauptquartieren über Wohl und Wehe der Fronteinheiten bestimmen, weckte in Keitel wieder das Gefühl der Minderwertigkeit. Im Vergleich zu den anderen Offizieren im Generalstab fehlten ihm fünf Jahre Ausbildung. Dem Vater klagte er, ihm mangele es am »Abc und am Einmaleins«, er müsse sich nur auf seinen »gesunden Menschenverstand« verlassen. Tatsächlich aber kompensierte er die fehlenden Unterrichtsstunden so erfolgreich mit immensem Fleiß bis in die Nächte, daß er 1917 zum jüngsten »Ersten Generalstabsoffizier« des gesamten deutschen Heeres ernannt wurde.

Er ist glückselig. Noch hat er zwar nicht die roten Hosen, die aber, wenn er sich nicht gerade blamiert, sehr bald zu erwarten sind.

Lisa Keitel, Brief an ihren Schwiegervater vom 12. März 1915

Das Los über meine nächste militärische Zukunft ist gefallen, wie ich gestern durch einen persönlichen Brief aus dem Reichswehrministerium erfahren habe. Am 1. Februar werde ich wieder die Generalstabsuniform anzuziehen haben und im Truppenamt Verwendung finden.

Keitel, Brief an seinen Vater vom 20. Januar 1925

»Am liebsten Landwirt geworden...« Wilhelm Keitels Vater Carl auf dem Gut Helmscherode.

Kein Zweifel, als Organisator war Wilhelm Keitel ein großes Talent. Strategische Entscheidungen gehörten nicht zu seinem Aufgabenbereich, dafür aber das Jonglieren mit Nachschublieferungen und Truppenbewegungen. Er war einer der ersten Vertreter eines neuen Offizierstypus – des Militärmanagers. Mit der zunehmenden Modernisierung des Kriegswesens sollten solche Spezialisten bald gefragte Männer sein.

Daneben erlangte die Bekanntschaft mit dem Major Werner von Blomberg für seine zukünftige Karriere schicksalhafte Bedeutung. Der vier Jahre ältere Vorgesetzte war ganz anders als Keitel selbst: gebildet, literarisch beschlagen, philosophisch interessiert. Auch wenn der OKW-Chef später, nach dem dramatischen Bruch mit Blomberg, erklärte, er sei ihm menschlich nie richtig nahegekommen, verband die beiden Militärs gleichwohl lange mehr als nur die gleiche Uniformfarbe. Im Sog des älteren Kameraden ging es mit Keitels Karriere weiter voran, und als Blombergs Tochter Dorothee den Keitel-Sohn Karl-Heinz 1938 ehelichte, galten die beiden Familien in Berliner Kreisen endgültig als eng befreundet.

Das Kriegsende im kalten Herbst 1918 kam für die Deutschen wie ein Erdbeben. Die meisten konnten nicht verstehen, warum sie sich nach den ständigen Siegesmeldungen auf einmal mit einer Niederlage abfinden mußten. Standen nicht die Truppen immer noch tief in Flandern, weit in der Ukraine und die Feinde nirgends auf deutschem Boden? Hatten nicht die Zeitungen stets von neuen Offensiven berichtet, von der bevorstehenden »Entscheidungsschlacht«? Die Wahrheit über den Zustand des deutschen Heeres und der kaiserlichen Kriegswirtschaft kannten nur wenige. So konnte Erich Ludendorff, nach 1916 de facto mit der Macht eines Militärdiktators versehen, um Waffenstillstand bitten lassen und gleichzeitig die Legende von der verratenen Front, vom »Dolchstoß«, in die Welt setzen. Die Revolution, in Wahrheit eher Folge des verlorenen Krieges, erklärte der Generalissimus auf diese Weise flugs zur Ursache. Hauptmann Keitel, der in den letzten Tagen des Krieges Dienst im Generalkommando des Marinekorps in Flandern tat, wußte ziemlich genau von der erdrückenden Überlegenheit des Gegners, von den ersten schweren Durchbrüchen in der deutschen Front und vor allem von den enormen Nachschubproblemen. Dennoch fabulierte auch er schon früh vom »Dolchstoß«. Dem Schwiegervater erklärte er am 10. Dezember, »die von der Heimat aus geschleuderte rote Brandfackel« sei schuld daran gewesen, daß »die gewaltigen siegreichen Schlachten« umsonst geschlagen worden seien. »Wie die Zustände bei uns waren«, klagte Keitel weiter, »wirst Du ermessen können, wenn ich Dir nur erzähle, daß ich zur Ausübung meines Dienstes eines Schutzausweises des Soldatenrats bedurfte und mich entschließen mußte, an meinem Auto die rote Fahne zu setzen, sonst wäre ich entwaffnet, der Kokarde und Achselstücke beraubt und aus meinem Auto entfernt worden.«

Es war seine politische Naivität, die ihn anfällig machte für die Parolen der Gegenrevolution. Unfähig, sein militärisches Fachwissen um den sich abzeichnenden Zusammenbruch der Heeresversorgung in politische Kenntnis umzumünzen, grub sich der Eindruck rebellierender Untergebener bei ihm um so nachhaltiger ein. Eine rote Fahne hatte er sich an seinen Wagen binden müssen! Die Revolution wurde zum prägenden Trauma – nicht nur bei ihm. Für alle konservativen Republikgegner konnte die Konsequenz nur heißen: abwarten, bis die Zeit zum Gegenangriff gekommen war. »Wir sind aber Gott sei Dank noch gesund und jung genug«, tröstete sich der enttäuschte Keitel, »um durch ernste und redliche Arbeit wieder aufzubauen, was in sinnloser Torheit in wenigen Tagen zerstört wurde.«

Seine Frau Lisa war da realistischer. Sie sprach offen über die »ungeheuerlichen Fehler« des Kaisers und bekannte, daß sie »der demokratischen Regierung« durchaus Sympathie entgegenbrachte. Den Kontrast zu den Ansichten ihres Mannes empfand sie dabei deutlich: »Überhaupt das Ganze ist für das Militär ja besonders deprimierlich«, schrieb sie am 5. November 1918 süffisant, »vor allem, wenn jemand so ganz altpreußische Ansichten hat.« Diese »altpreußischen Ansichten« des Gatten freilich spiegelten die überwiegende Haltung des Offizierskorps wider. Um das Scheitern auf dem Schlachtfeld zu »bewältigen«, projizierten die hohen Militärs die Schuld auf die neue Staatsform, die Republik. Sie wurden damit zum Opfer ihres eingeengten politischen Horizonts – und leichte Beute Ludendorffs, der es mit sicherem Instinkt für Symbolik verstanden hatte, den Waffenstillstand von Zivilisten und nicht von Generälen unterzeichnen zu lassen. Die Friedensbedingungen der Sieger verhärteten die innenpolitischen Fronten bald vollends, und im Zorn auf die »Schande von Versailles« und die Revolution der »Novemberverbrecher« war schon der Sprengsatz erkennbar, der die erste deutsche Republik zum Einsturz bringen würde. Bis es soweit war, zog sich das Offizierskorps in eine verhängnisvolle Wagenburgmentalität zurück. Nach außen gab man sich unter der Parole vom »unpolitischen Soldaten« betont neutral, während in den Kasernen und Kasinos haßerfüllte Hetztiraden gegen die Republik kursierten. Keitel räsonierte gar über das »geisteskranke deutsche Volk«.

100 000 Mann durfte das Heer der Republik nach den Bestimmungen des Friedensvertrags von Versailles unter Waffen haben. Nur 4000 Offiziere waren gestattet. Selbst Belgien oder Polen verfügten über mehr Soldaten. Neben dem Gefühl der tiefen Demütigung ergab sich daraus für Zehntausende Berufsoffiziere das Problem drohender »Erwerbslosigkeit«. »Was aus unsereiner wird«, schrieb auch der Hauptmann Keitel sorgenvoll, »ist noch unklar.« Als Ausweg suchte er zunächst Anschluß an ein Freikorps, das im Osten Grenzscharmützel gegen Polen ausfocht. Der unselige Geist jener politisierten Landsknechtstruppen, den er hier wie so viele spätere Funktionsträger aus Hitlers Wehrmacht kennenlernte, kam auch in seinen Briefen zum Ausdruck. Von »unverschämtem Polenpack« ist da die Rede und von einem »gewaltigen Maß an Selbstverleugnung«, das der Dienst bei den mitunter undisziplinierten Freikorps verlange. Der alte Wunsch, »dem Offiziersberuf in absehbarer Zeit Lebewohl für immer zu sagen«, wurde wieder akut. Doch dann erhielt er das Angebot, in der Reichswehr zu bleiben. Ohne langes Zögern sagte er ja. Ob die Freude den Ausschlag gab, zu den wenigen »Auserwählten« zu gehören, oder die Weigerung der Gattin, auf den Bauernhof zu ziehen, bleibt offen.

Schon im Februar 1919 zeichnete sich ab, warum gerade Keitel »dabeibleiben« sollte. Mit dem Kommandeur seiner Einheit wurde er ins Reichswehrministerium zu einer Diskussion »über das Zukunftsheer« eingeladen. Seine Fähigkeit als Planer und Verwalter war offenbar in guter Erinnerung geblieben. Doch erst 1925, nachdem sich mit der Wahl des alten Feldmarschalls Hindenburg zum Reichspräsidenten der allmähliche Rechtsrutsch der Republik angekündigt hatte, durfte Keitel an die Schalthebel der heimlichen Aufrüstung. Im »Truppenamt«, das nichts anderes war als der unter falschem Namen operierende verbotene Generalstab des Heeres, koordinierte er Ausbildung und Ausrüstung des »Grenzschutzes Ost«, einer schwerbewaff-

*»Sie trug ihre Nase etwas höher...«
Wilhelm und Lisa Keitel, 1938.*

Wilhelm redet immer von seinem Abtransport ins Gefängnis, damit meint er das Reichswehrministerium.

Lisa Keitel, Brief an ihre Mutter

... Wilhelm kehrte gestern früh sehr angetan von Reichenhall, der großen SA-Führertagung, heim. Er war richtig verjüngt und so energisch. Er hat länger mit Hitler gesprochen, war oben bei seinem Häuschen und ist direkt begeistert von Hitler. Die Augen wären fabelhaft, und wie der Mensch redete...

Lisa Keitel, Brief an ihre Mutter

neten Milizeinheit, die de facto eine illegale Vergrößerung der Reichswehr darstellte. In den geheimen Waffenlagern dieser und anderer Schattenarmeen stapelten sich schon 1927 fünfmal so viele Gewehre und sechsmal so viele Geschütze, wie die Sieger gestattet hatten, hielt ein Bericht an die Regierung fest. Vermutlich waren diese Zahlen noch weit untertrieben. Denn Umfang und Stärke der »schwarzen Reichswehr« wurden »auch vor der eigenen Regierung geheimgehalten«, wie sich Keitels Sekretärin erinnert. Ihr Chef, mittlerweile zum Major befördert, frischte in jenen Jahren am Rande der Legalität seine Kontakte aus Freikorpszeiten wieder auf. Im »Grenzschutz« tummelten sich viele unruhige Ex-Offiziere, die inzwischen im deutschnationalen »Stahlhelm«, in Hitlers SA oder in solch obskuren Vereinen wie dem »Jungdeutschen Orden« und dem »Werwolf« eine neue Heimat gefunden hatten. Keitel hielt zwar vorsichtig Distanz zu den politisierenden Abenteurern, doch erkannte er das »prächtige Menschenmaterial« für eine neue Armee.

Die neue, verantwortungsvolle Stelle weckte allerdings auch wieder alte Versagensängste. Keitels Frau berichtete von Schlafstörungen und »fixen Ideen«. Ihr Gatte hatte »zu nichts Zeit«, arbeitete fast täglich bis in die Nacht hinein und machte auf seine Mitarbeiter ständig einen nervösen Eindruck. »Er schimpft furchtbar«, klagte Lisa im Januar 1926, »ist sehr schlechter Laune.« Der Vierundvierzigjährige litt unter erheblichen gesundheitlichen Schwierigkeiten. Im Büro des Reichswehrministeriums war er zum Kettenraucher geworden und hatte beträchtliches Übergewicht angesetzt. Venenentzündungen und Herzschmerzen führte er auf mangelnde Bewegung und die Einsicht zurück, »völlig überlastet« zu sein. Ein übersteigertes Pflichtbewußtsein begann, die gesamte Persönlichkeit zu dominieren.

Protegiert von seinem alten Freund Blomberg, der als Chef des Truppenamts aus seiner Feindschaft gegen die wechselnden Reichsregierungen kaum noch ein Hehl machte, stieg Keitel 1929 zum Leiter der Heeres-Organisationsabteilung auf. Mittlerweile trug er die Rangabzeichen eines Oberstleutnants. In seiner neuen Position geriet er mit einem weiteren illegalen Ausweg aus den Bestimmungen des Versailler Vertrags in Berührung: der Rüstung auf fremdem Territorium. In Spanien, Schweden und den Niederlanden entwickelten deutsche Experten modernstes Kriegsgerät: Flugzeuge, Panzer und andere verbotene Waffengattungen. Auf japanischen Werften entstanden nach Plänen der Reichsmarine neue U-Boot-Typen. Sogar mit der Roten Armee Stalins arbeitete die Reichswehr zusammen. Heimlich trainierten sowjetische und deutsche Panzerbesatzungen auf Truppenübungsplätzen in Rußland den modernen Bewegungskrieg. Ziel dieser Auslandsaktivitäten war nicht die Aufstellung von nennenswerten Streitkräften außerhalb der deutschen Grenzen, sondern vor allem die technologische Fortentwicklung der Rüstungsindustrie. Sogar die Vorbereitung eines »modernen« Gaskriegs gehörte dazu, wie geheime Akten aus dem Ministerium belegen. Als Nutznießer all dieser Planspiele sollte sich am Ende Hitler erweisen. Es ist kein Zufall, daß die Gliederung der Wehrmacht vor dem Überfall auf Polen ziemlich genau den Planungen entsprach, die in der Weimarer Republik unter Mithilfe Keitels entworfen worden waren.

1931 reiste Wilhelm Keitel selbst nach Rußland, um sich ein Bild von der Zusammenarbeit mit der Roten Armee zu machen. Einer seiner Begleiter war Walther von Brauchitsch, der zehn Jahre darauf, beim Überfall der Wehrmacht auf die Sowjetunion, Hitlers Heereschef sein sollte. Obwohl die Reise im Hochsommer stattfand, herrschte ein frostiges Klima. Gesellige oder kameradschaftliche Kontakte mit dem Klassenfeind ließ die sowjetische Armeeführung nicht zu. Ein deutscher Offizier erinnerte sich, daß »private Kontakte von der anderen Seite ganz verboten waren«. Statt dessen wurde den Gästen auf Besuchstouren die »Leistungsfähigkeit« des Kommunismus demonstriert. Die Reisegruppe aus dem Reichswehrministerium besichtigte gleich mehrere Kolchosen und Kombinate. Zwölf Jahre war es her, daß Keitel die rote Fahne an seinem Dienstwagen als Fanal für den Untergang der Heimat betrachtet hatte. Jetzt empfand er Bewunderung für die Leistungen der »Bolschewisten«. Besonders die industrialisierte Landwirtschaft beeindruckte den Bauernsohn tief. Begeistert schilderte er dem Vater seine Beobachtungen: »Nur wer arbeitet, hat ein Recht zu leben«, schwärmte Keitel, »die Rote Armee ist der Kern des Staatswesens und Sprungbrett zu den höchsten Ämtern im Staat.« Der Antikommunist aus den Freikorps als Bewunderer des Sowjetreichs? Nein, Keitel hatte sich keineswegs über Nacht zum Sozialisten gewandelt. Was ihn faszinierte, waren nicht die Lehren Lenins, sondern die »Möglichkeiten«, die er in der totalitären Diktatur erblickte. Mit dem alljährlichen Reichstagsgezänk über den deutschen Militärhaushalt konfrontiert, konnten die Planer aus der Reichswehr angesichts der scheinbar unerschöpflichen Ressourcen der Roten Armee nur vor Neid erblassen. Diese Armee und dieser Staat schienen offenbar in der Lage zu sein, jenen »totalen Krieg« zu führen, den Ludendorff für die Zukunft vorhergesagt hatte – einen Krieg, für den die gesamte Gesellschaft eines Landes mobil gemacht werden müsse. Die Diktatur schuf dafür anscheinend die idealen Voraussetzungen. Auch Blomberg, der Freund und Gönner, kehrte beeindruckt von einer Rußlandreise zurück. »Es fehlte nicht viel«, gestand er später, »und ich wäre als vollendeter Bolschewist nach Hause gekommen.«

Als sich auch in Deutschland ein Diktator anschickte, die Macht an sich zu reißen, weilte Wilhelm Keitel gerade zur Kur in der Hohen Tatra. Eine Thrombose am rechten Unterschenkel und wiederholte Herzattacken hatten ihn dazu gezwungen. Zunächst schien der inzwischen zum Oberst beförderte Rekonvaleszent den Nationalsozialisten skeptisch gegenübergestanden zu haben. Er hatte die »Anmaßungen der SA« noch gut in Erinnerung, die begann, der Reichswehr als zweite bewaffnete Gewalt im Staate Konkurrenz zu machen. Wie die Mehrheit seiner nationalkonservativen Standesangehörigen schätzte er Hitler nur als »Trommler« ein, der zwar für eine breite Massenbasis sorgen könne, aber nicht das Format zum Staatslenker besaß. Diese Fehleinschätzung war 1933 kein Einzelfall. Tatsächlich wurde die Ernennung des Chefs der NSDAP zum Reichskanzler von den meisten Zeitgenossen nicht als jene verhängnisvolle Zäsur in der deutschen Geschichte erkannt, als die sie sich später erweisen sollte. Er war immerhin schon der 21. Reichskanzler seit 1919.

Bald aber fand Keitel Gefallen an Hitler. Daß sein alter Kamerad Blomberg gleich am 30. Januar 1933 zum neuen Reichswehrminister ernannt worden war, trug gewiß dazu bei. Werner von Blomberg, der Hitler seit einem Treffen im August 1930 kannte und bewunderte, stellte sofort in den ersten Wochen seiner Amtszeit Weichen für die Zukunft. Er wies die Reichswehrsoldaten an, Uniformen und Fahnen der NSDAP zu grüßen, führte den Hoheitsadler der Partei als Bestandteil der Heeresuniformen ein und befahl seinen Offizieren, an Wochenenden Ausbildungskurse für SA und Parteimitglieder durchzuführen. Vorbei war es mit der Zurückhaltung der »unpolitischen« Soldaten. Auch Keitel wirkte bei Fortbildungsmaßnahmen für Braunhemden mit. Am 17. Mai hielt er eine »große Rede an alle Nazi- und Stahlhelmoberführer«, wie seine Gattin berichtete, und Anfang Juli traf er auf einer »SA-Führertagung« in Bad Reichenhall zum ersten Mal mit Hitler zusammen. Wie Blomberg drei Jahre zuvor kehrte er fasziniert von der ersten Begegnung mit dem ehemaligen Gefreiten zurück. Lisa berichtete über seine Wandlung in einem Brief an die Mutter: »Er war richtig verjüngt und so energisch. Er hat länger mit Hitler gesprochen, war oben bei seinem Häuschen (auf dem Obersalzberg) und ist direkt begeistert von Hitler. Die Augen wären fabelhaft, und wie der Mensch redete.« Es war das Schlüsselerlebnis im Leben des Wilhelm Keitel. Hitlers suggestive Kraft, von vielen Augenzeugen beschrieben, wirkte auf den politisch vergleichsweise naiven Offizier vom ersten Augenblick an verheerend. Keitel selbst, eigentlich ein betont nüchtern formulierender Mann, benutzte rückblickend Begriffe wie »Dämon« und »machtloses Werkzeug«, um sein Verhältnis zu Hitler zu charakterisieren.

Am 1. April 1934 wurde er zum Generalmajor befördert und als stellvertretender Divisionskommandeur nach Potsdam versetzt. Es war eine seinem Dienstalter entsprechende Beförderung, die ihn von der aufreibenden Schreibtischarbeit im Ministerium vorerst befreite. Wie die meisten Offiziere begrüßte er das Ende der parlamentarischen Demokratie und die ersten Schritte Hitlers, die »Fesseln von Versailles« zu sprengen. Über die Schattenseiten des »Führer«-Staates ließ sich dabei aus der Kasernenperspektive leicht hinwegsehen. Die Verhaftung von politischen Gegnern, die Ausschaltung der Gewerkschaften oder die ersten antisemitischen Aktionen der Regierung gingen in der Freude über die »Wiederauferstehung« der Armee nahezu unter. Auch die schrittweise Einstimmung der Soldaten auf die Judenverfolgung weckte kaum Widerspruch. Am 8. Dezember 1933 befahl Reichswehrminister Blomberg die rigorose Beachtung des Boykotts gegen jüdische Geschäfte. Bald wurden alle Juden aus der Reichswehr ausgestoßen und die Eheschließungen von Soldaten mit »nichtarischen« Frauen verboten. Nein, die Reichswehr war beileibe keine unangetastete Insel im braunen Sumpf, wie dies manche Militärs im nachhinein behaupteten. Sie nahm fast kommentarlos hin, daß jüdische Soldaten und Offiziere, die oft noch Tapferkeitsauszeichnungen aus dem Weltkrieg trugen, von heute auf morgen keine Kameraden mehr waren. Hier schon begann der lange Weg der Verstrickung in die Verbrechen des Regimes.

Hitler entlohnte das Schweigen der Armeeführung mit besonderer Zuwendung. Seine Proklamationen von den »zwei Säulen« des Staates, Armee und Partei, hob sich aus Sicht der Militärs wohltuend vom Aschenputteldasein in den Weimarer Jahren ab. Schon am 3. Februar 1933 hatte der neue Reichskanzler führenden Generälen jenen Pakt angeboten, der am Ende in den Zweiten Weltkrieg führte: Die Reichswehr werde einziger Waffenträger der Nation bleiben, wenn sie ihm half, seine expansive Außenpolitik zu verwirklichen. Ein Teilnehmer der Sitzung notierte etwas ungläubig, Hitlers Ziel sei »Lebensraum im Osten und dessen rücksichtslose Germanisierung«. Am 30. Juni 1934 wurde dieser Pakt mit Blut besiegelt. Die Machtansprüche der SA-Führung um seinen Duzfreund Ernst Röhm, der statt der alten Reichswehr ein milizartiges Volksheer aufstellen wollte, beendete Hitler mit dem ersten Massenmord des Regimes. Mit Waffen der Reichswehr ausgerüstet und unter dem Vorwand angeblicher Putschpläne Röhms schwärmten SS-Kommandos aus und ermordeten mehr als 100 SA-Führer. Röhm wurde in Bad Wiessee von Hitler persönlich verhaftet und wenig später erschossen. Die Reichswehr stand bei dieser Bartholomäusnacht Gewehr bei Fuß und hielt auch still, als die Morde später öffentlich für rechtens erklärt wurden. Minister Blomberg nahm trotz heftiger Proteste aus dem Offizierskorps sogar hin, daß die SS bei der Begleichung alter Rechnungen auch zwei Armeegeneräle, Schleicher und Bredow, liquidiert hatte. Keitel glaubte noch 1946, daß der Ex-Reichskanzler Schleicher, eine »Katze, die das politische Mausen nicht lassen konnte«, persönlich für sein blutiges Ende verantwortlich sei.

Der Tod seines Vaters am 10. Mai 1934 stellte ihn noch einmal vor eine Zukunftsentscheidung. Am 1. Oktober reichte er beim Heerespersonalamt sein Abschiedsgesuch ein, um das Erbe in Helmscherode anzutreten. Doch Gattin Lisa und auch der Oberbefehlshaber des Heeres, Werner von Fritsch, legten entschiedenen Widerspruch ein. »Meine Frau und ich überlegten hin und her«, erinnerte er sich in der Nürnberger Zelle. »Mich zog es mit

»Der Führer kann nicht irren...« Hitler und Keitel im »Führer«-Hauptquartier, Frankreich 1940.

Er hat dahintergestanden, auch hinter Hitler, der ja angeblich der größte Feldherr aller Zeiten war, und das hat dem gefallen.

Hubertus von Humboldt, Generalstabsoffizier

Der Keitel selber hat überhaupt keine strategische Veranlagung gehabt.

Günter Reichelm, Oberst im Generalstab

Gegenüber Hitler konnte er nur Ordonnanz sein und Befehle von ihm aufnehmen.

Karl Böhm-Tettelbach, Offizier bei Keitel

Keitels Unglück wurde, daß er die Kraft zum Widerstand gegen die völkerrechtlich und moralisch anfechtbaren Befehle Hitlers nicht fand.

Heinz Guderian, Panzergeneral

allen Fasern des Herzens nach Helmscherode, aber mit meiner Stiefmutter und mit meiner Schwester konnte meine Frau nicht zusammen wirtschaften, und ich konnte das Problem nicht lösen.« Was am Ende den Ausschlag gab – das Drängen der Gemahlin, der Familienzwist oder das Werben des obersten Befehlshabers –, bleibt offen. Schließlich aber nahm Keitel sein Gesuch zurück und zog mit der erleichterten Lisa als Divisionskommandeur nach Bremen. »So entscheiden sich menschliche Schicksale«, kommentierte er später die nicht ganz freiwillige Wahl.

In Bremen stellte er mit der 22. Infanteriedivision eine der neuen Einheiten auf, die Hitler nach der umjubelten Kündigung des Versailler Vertrages als künftige Garanten von »Deutschlands Freiheit« bezeichnet hatte. Sieben Jahre später gehörte die Division zu den Eroberern Sewastopols und erlitt dabei schwere Verluste. Als Kommandeur in Bremen empfahl sich Keitel vor allem durch seine offen zur Schau gestellte Regimetreue für höhere Aufgaben. Im März 1935 etwa hielt der nur durchschnittlich begabte Redner eine Ansprache vor örtlichen Parteigrößen, die in »vielfachen Heil-Rufen« endete. Darüber hinaus fiel er vor allem durch die penible Einhaltung der Dienstvorschriften auf. Wenn er mit seinem Dienstwagen zu einem offiziellen Empfang in die Hansestadt aufbrach, so eine der wenigen Anekdoten aus jener Zeit, mußte die Gattin mit der Straßenbahn hinterherfahren. Sie im Wagen mitzunehmen wäre ihm »höchst unkorrekt« erschienen.

Im September 1935 erreichte ihn eine Einladung des alten Freundes Blomberg, er möge den Minister doch zum Reichsparteitag begleiten. »Ich muß sagen«, schilderte Keitel noch nach Kriegsende seine Gefühle, »daß ich von der Veranstaltung geradezu überwältigt war, so beeindruckten mich die verschiedenen Aufmärsche auf dem Märzfeld, die Massenaufgebote der Partei und ihrer Gliederungen.« Besonders hatten es ihm die nächtlichen »Lichteffekte« und die »Scheinwerfer-Glocke« angetan. Kein Zweifel, bei Wilhelm Keitel hinterließ die ausgeklügelte Inszenierung von Massenaufmärschen, Fahnenparaden und Fackelzügen die erwünschte Wirkung. Es wirft ein bezeichnendes Licht auf den Herausgeber seiner Erinnerungen, daß er die verzückte Beschreibung des Parteitags nur gekürzt veröffentlicht hat – was sonst ausschließlich mit Passagen privaten Inhalts geschehen ist. Kein Wort findet sich freilich weder in den veröffentlichten noch in den unveröffentlichten Teilen über die

Verkündung der »Rassegesetze«, die in ebenjenen Nürnberger Tagen erfolgte.

Seine systemkonforme Haltung ließ ihn schon am 1. Oktober 1935 zum neuen Chef des Wehrmachtamts im Berliner Ministerium avancieren, das inzwischen nicht mehr »Reichswehr-«, sondern durchaus treffender »Reichskriegsministerium« hieß. Wieder scheint Gattin Lisa die treibende Kraft hinter den Kulissen gewesen zu sein, denn auf die erste Fühlungnahme Blombergs hatte Keitel mit der Begründung, er »wolle mit der Politik nichts zu tun haben«, noch ablehnend reagiert. Mit dem Argument, »gesundheitlich sei es ihr nie so gut gegangen als im Berliner Klima«, konnte Lisa jedoch ihren Mann zur Annahme der neuen Stelle überreden, von der sie vor allem bessere Karrierechancen für ihn erwartete – zu Recht, wie sich bald herausstellte. Schon im Januar 1936 wurde Keitel Generalleutnant. Jene offenkundige Entscheidungsschwäche, die ihn zum Spielball anderer Interessen machte, sollte seinen Weg auch weiterhin wie ein roter Faden begleiten.

Als Chef des Wehrmachtamts hatte Keitel zumindest auf dem Papier eine Schlüsselstellung innerhalb der Truppe inne. Seine Dienststelle war zuständig für den gesamten militärischen Nachrichtendienst, für das Fernmeldewesen und die administrativen Aufgaben des Reichswehrministers. Tatsächlich aber führten die drei Teilstreitkräfte, das Heer, die Luftwaffe und die Marine, ein vom Ministerium weitgehend unbehelligtes Eigenleben. Die Wehrmacht befand sich mitten in einer Umbruchphase, die alle Armeen der Welt damals durchliefen. Hatten noch im Ersten Weltkrieg die Heeresoperationen zu Lande den Kern jeder operativen Führung ausgemacht, so drängte jetzt mit den Fortschritten der Rüstungstechnologie immer mehr die Notwendigkeit einer kombinierten Führung aller Waffengattungen in den Vordergrund. Vor allem die Luftwaffe, bis 1918 eher exotisches Beiwerk der Landstreitkräfte, war zum entscheidenden Faktor geworden.

Doch die Einrichtung eines gemeinsamen Oberbefehls über Land-, See- und Luftstreitkräfte stieß im Kompetenzgerangel des »Dritten Reiches« auf hartnäckigen Widerstand. Der Generalstab des Heeres unter seinem später in den 20. Juli verwickelten Kommandeur Ludwig Beck verteidigte verbissen jedes Jota Eigenständigkeit gegen die Modernisierer aus dem Wehrmachtamt. Ganz unverblümt bezeichnete man die Reformer im internen Sprachgebrauch als »Feindseite«. Auch die Luftwaffe dachte nicht daran, ihre Autonomie aufzugeben. Ihr Chef, Hitlers »zweiter Mann« Hermann Göring, spöttelte bissig, es sei ihm gleichgültig, ob unter einem Befehl »Feldwebel Meier« oder »General Wilhelm Keitel« stünde; er nehme nur von Hitler persönlich Weisungen entgegen. Keitel, Blomberg und auch der strategisch begabte Oberst Alfred Jodl fochten deshalb einen einsamen Kampf um eine einheitliche Kommandostruktur aus, der neben militärischen Notwendigkeiten auch ideologischen Kriterien folgte. »Der Begriff des Führerstaates bedeutet«, erklärte Keitel, »daß der Staatschef aufgerufen ist, das Kommando zu führen. Dieser Grundsatz erstreckt sich auf sämtliche Gebiete, und es ist ganz natürlich, daß er auf militärischem Gebiet ganz besondere Geltung hat.«

Tatsächlich gab es ein vereintes Kommando über die Wehrmacht erst in den letzten Kriegsmonaten – aus der Not geboren. Bis dahin blieb das Nebeneinander von Zuständigkeiten in ungezählten Fällen verantwortlich für verzögerte oder oft genug auch falsche Befehle. Eine wirklich vereinte oberste militärische Instanz, wie etwa das amerikanische »joint chiefs of staff«, hat in Hitlers Wehrmacht nie existiert. Die Ursachen hierfür lagen jedoch nicht, wie Keitel bis zuletzt glaubte, nur in der anhaltenden Renitenz der Teilstreitkräfte. Verantwortlich war vor allem Hitler selbst. Wie auf allen Gebieten des Staates und der Verwaltung vermied es der Diktator auch in der Armee, klare Machtstrukturen aufzubauen. Ein »starker Wille« schien ihm leistungsfähiger als festgelegte Hierarchien. Daneben unterstrich die Rivalität seiner Satrapen natürlich die eigene Machtstellung. Was Görings Bemerkung vom »Feldwebel Meier« illustrierte, galt bald für alle Äste im Wildwuchs der NS-Mächte: Nur der »Führer« selbst traf die letzte Entscheidung – als Schiedsrichter und einzig verbindliche Instanz für sämtliche Paladine und Organe seiner Diktatur. Auf militärischer Ebene sollte das die Ausschaltung des »Sachverstands« und ungeheure Verluste an der Front mit sich bringen.

Als Chef des Wehrmachtamts erwarb sich Keitel schon bald den Ruf des »Jasagers« und Parteimilitärs. Gemeinsam mit Blomberg arbeitete er 1936 einen Befehl aus, »politisch unzuverlässige« Soldaten aus der Wehrmacht auszustoßen und umgehend der Gestapo zu melden. Die ideologische Durchdringung der Truppe galt den beiden alten Vertrauten als Voraussetzung für eine »einheitliche Kriegsvorbereitung«. 1937 umriß der Kriegsminister gegenüber seinen Offizieren mit der Andeutung eines baldigen »Krieges im Osten« schon mal vage, wohin die Reise gehen sollte. Keitel war in seiner Stellung auch für die Kontaktpflege zur Partei zuständig und pflegte einen regen Meinungsaustausch mit dem verschrobenen »Stellvertreter des Führers«, Rudolf Heß. Im Dezember 1937 starteten die beiden eine regelrechte PR-Kampagne für bessere Beziehungen zwischen NSDAP und Armee, die nach einigen zum Teil handgreiflichen Auseinandersetzungen zwischen Braunhemden und Soldaten nötig geworden schien. Zum Lohn für diesen Schmusekurs erhielt Keitel als einer der ersten hohen Militärs das goldene Parteiabzeichen, das eigentlich nur »alten Kämpfern« der Bewegung vorbehalten war. Jetzt gehörte er endgültig dazu.

Nur wenig später sollte ihn die erwiesene Linientreue in unmittelbare Nähe des Diktators katapultieren. Zum Auslöser wurde eine Liebesaffäre, die Hitler das Tor zur endgültigen Machtübernahme öffnete. Eines Septembermorgens 1937 hatte der tägliche Ausritt des Kriegsministers ausfallen müssen, weil sein Pferd lahmte. Als sich Blomberg daraufhin zu einem Spaziergang entschloß, traf auf einer Parkbank den sechzigjährigen Witwer dann sein Schicksal – in Gestalt der dreiundzwanzigjährigen Erna Gruhn. »Der verdammte Gaul war an allem schuld«, kommentierte sein Adjutant Böhm-Tettelbach den trivialen Anlaß später sarkastisch. Zwischen der jungen Frau und dem Feldmarschall entbrannte ein heftiges Verhältnis. Weihnachten 1937 erfuhr Keitel von seiner künftigen Schwiegertochter Dorle Blomberg, daß ihr Vater wieder heiraten wolle. Die Umstände allerdings blieben dubios. Der Minister verschwand mit seiner Braut für mehrere Tage in einem abgelegenen Hotel in Oberhof, und die Hochzeit, die am 12. Januar stattfand, wurde wie eine »geheime Reichssache« behandelt. Außer den Trauzeugen Hitler und Göring waren nur die Adjutanten bei der schlichten Zeremonie in der Reichskanzlei zugegen. Görings zweite Hochzeit mit der Schauspielerin Emmy Sonnemann war nicht allzulange Zeit zuvor mit Truppenparade und Böllerschüssen vor dem Berliner Dom gefeiert worden, die Vermählung Blombergs dagegen blieb jetzt dem Volk verborgen – bis auf eine kleine Anzeige in einer Berliner Zeitung.

Am 23. Januar erschien der Berliner Polizeipräsident Graf Helldorf im Büro Keitels. Der Beamte hatte der Erinnerung des Generals zufolge »sehr aufgeregt« das Ministerium durch einen Nebeneingang betreten und »stellte Fragen nach dem Aussehen der jungen Ehefrau«. Zu seinem Erstaunen mußte Helldorf feststellen, daß Keitel, der ja nach der Verlobung seines Sohnes mit Blombergs Tochter »fast zur Familie« gehörte, sie noch gar nicht gesehen hatte. Dann zog Helldorf eine Akte der Berliner Sittenpolizei aus seiner Tasche, legte sie Keitel auf den Tisch und eröffnete ihm, daß das Fräulein Erna Gruhn, »die sich als Gattin Blombergs in ihrem Wohnbezirk abgemeldet hatte, vorbestraft sei aus Gründen eines losen Lebenswandels«. Einer seiner Sachbearbeiter war durch den Namen Gruhn in der Vermählungsanzeige stutzig geworden.

Die Polizeiakte ist bis heute erhalten und liegt in einem Büro der Berliner Staatsanwaltschaft unter Verschluß. Sie beinhaltet neben einer Befragung wegen »Kuppelei« aus dem Jahre 1932 auch mehrere pornographische Fotos der Delinquentin. Angesichts der obszönen Posen erscheint Keitels aufgeregte Reaktion verständlich. Hatte der Feldmarschall ein Freudenmädchen geehelicht? Keitel versuchte sofort, Blomberg zu erreichen. Doch der Minister war nicht im Hause. Dann verlangte er von Helldorf die Herausgabe der Akte, was der Polizeipräsident ablehnte. Schließlich rief er bei Göring an, der ja als Trauzeuge die junge Frau gesehen hatte, um ihn zu bitten, die delikaten Fotos zu prüfen. Helldorf machte sich unverzüglich auf den Weg zum Luftwaffenchef, der die neue Frau von Blomberg auf den Fotos erkannte und den Stein ins Rollen brachte.

Vier Tage später mußte Blomberg zurücktreten. Doch die Aufregung über den Verstoß gegen den strengen Sittenkodex des preußisch-deutschen Offizierskorps war nur ein Vorwand. In Wahrheit wollte Hitler den Minister ohnehin loswerden, weil er ihn – nicht ganz zu Unrecht – als Hemmschuh auf dem Weg in den Krieg empfand. Tatsächlich hatten der Feldmarschall sowie der Heeresbefehlshaber Fritsch noch immer eine gewisse Unabhängigkeit behaupten können und anläßlich einer Hitler-Rede über zukünftige Kriegsziele auch heftig opponiert. Der Skandal infolge der unstandesgemäßen Vermählung kam da gerade recht. Hitler spielte den zutiefst Enttäuschten, machte Blomberg bittere Vorwürfe und verlangte die augenblickliche Annullierung der Ehe. Blomberg aber, der offenbar wirklich eine späte

...am 11. November 1918 fing... die Leidenszeit des deutschen Volkes an. Was an Entehrung und Erniedrigung, was an menschlichem und materiellem Leid einem Volke zugefügt werden konnte, nahm von hier seinen Ausgang. Am 3. September 1939, 25 Jahre nach dem Ausbruch des Weltkrieges, haben England und Frankreich wieder ohne jeden Grund an Deutschland den Krieg erklärt. Nun ist die Entscheidung der Waffen gefallen. Frankreich ist besiegt.

Keitel bei der Waffenstillstandsunterzeichnung im Salonwagen von Compiègne am 22. Juni 1940

»...der Höhepunkt meines Lebens als Soldat.« Keitel bei der Unterzeichnung der französischen Kapitulation in Compiègne, 1940.

Ich möchte einen Mann wie Keitel gar nicht mit einem tieferen historischen Sinn verknüpfen.

Ewald von Kleist, Offizier bei Stauffenberg

Leidenschaft erlebte, weigerte sich, woraufhin sich der Diktator, dessen einstige Affäre mit der eigenen Nichte Geli Raubal unter Eingeweihten längst die Runde machte, vollends zum Moralisten aufspielte und dem Minister signalisierte, daß er unter diesen Umständen gehen müsse.

Blomberg selbst hat später Keitel für seinen Sturz verantwortlich gemacht und die Anklage in die Welt gesetzt, von dem Untergebenen aus Karrieresucht »verraten« worden zu sein. Anstatt die Akte verschwinden zu lassen oder wenigstens bis zu seiner Rückkehr zu warten, habe Keitel den Vorgang an den ehrgeizigen Göring geleitet, von dem bekannt gewesen sei, daß er selbst auf den Posten des Kriegsministers erpicht gewesen sei. Viele Historiker sind dieser Version gefolgt. Die Wahrheit aber sieht anders aus. Keitels Entschluß, Göring einzuschalten, entsprach durchaus dem hohen Ansehen, das der Chef der Luftwaffe damals noch in der Wehrmacht genoß, und Ansprüche auf den Ministerposten hat der prunksüchtige Paladin erst nach der Verabschiedung Blombergs geäußert. Außerdem nahmen sowohl Helldorf als auch Keitel an, Blomberg persönlich sei gewiß ahnungslos über die Vergangenheit seiner jungen Gattin – ganz zu schweigen von Keitels Naturell, das mit einem intriganten Karrieristen nichts gemeinsam hatte. Nein, Keitels Verhalten war nicht der Auslöser der Krise. Viel mehr war es die Blauäugigkeit Blombergs, der in der Tat vom Vorleben der Gemahlin wußte und wohl darauf spekulierte, daß man die Angelegenheit ebenso diskret wie die Durchführung der Hochzeit behandeln könne. »Diese alten Männer mit ihren jugendlichen Gefühlen«, kommentierte Lisa Keitel spitz und erinnerte an das Schicksal des ebenfalls durch ein Jawort um Amt und Würden gebrachten »Königs von England«.

Für ihren Gatten war es die entscheidende Zäsur seines Lebens. Unmittelbar nach dem erzwungenen Rücktritt des Ministers erhielt er den Befehl, sich am 27. Januar 1938 um 13 Uhr bei Hitler zu melden – in Zivil. Wie es zu diesem Termin gekommen war, hat Blomberg im Nürnberger Prozeß geschildert. Anläßlich seiner Verabschiedung habe ihm Hitler erklärt, er wolle als eine Art militärischen Stab für sich ein »Oberkommando der Wehrmacht« einrichten. Das klang zunächst so, als habe der Diktator auf einmal vor, all die vielen Vorschläge nach einer übergeordneten Befehlsinstanz für die gesamte Wehrmacht endlich umzusetzen, entpuppte sich bei näherem Hinblick aber als nichts anderes als eine gehobene Adjutantur. Auf die Frage, wer denn die Leitung einer solchen Stelle übernehmen könne, habe Blomberg keine Antwort gewußt. Hitler aber insistierte. Wen er denn bisher »bei sich« gehabt habe. Blomberg wiegelte ab: »Ach, Keitel, der ist nur Vorsteher meines Büros gewesen.« Daraufhin habe der Diktator spontan gerufen: »Aber das ist ja genau der Mann, den ich suche.« Anscheinend war der Erwünschte bis zu diesem Zeitpunkt kein Begriff für Hitler, denn umgehend wandte er sich an sein Vorzimmer, man solle den »General von Keitel« bestellen.

Man wird bei aller Sprunghaftigkeit, für die der Diktator berüchtigt war, voraussetzen dürfen, daß der Besetzung des Oberkommandos der Wehrmacht (OKW) eine etwas eingehendere Prüfung vorausging als nur ein hingeworfener Name – zumal Blomberg im Nürnberger Prozeß eine zweite Version zum besten gab, nach der er selbst Keitel vorgeschlagen habe. Doch die Geschichte des Ex-Vorgesetzten, der den vermeintlichen Verrat des Untergebenen nie mehr verziehen hat, beruht auf einem wahren Kern. Es war in der Tat vor allem Keitels Schwäche, die ihn für den Diktator interessant machte. Was Hitler suchte, war kein profilierter Mann aus der Tradition des Generalstabs, mit dem er sich dauernd würde herumstreiten müssen. Erste Tugenden des neuen OKW-Chefs mußten Verläßlichkeit und Fügsamkeit sein. Keitel war sich auch durchaus bewußt, daß ihm »Begabung« und »generalstabsmäßige Vorbildung« fehlten, und schlug als Titel seines neuen Amtes »Chef des Stabes des Oberkommandos der Wehrmacht« vor, was seiner späteren Tätigkeit sicher näher gekommen wäre. Doch Hitler sei dies »zuwenig« gewesen. So begann die Geschichte des OKW mit einem Etikettenschwindel, der dem Träger des Titels »Chef des Oberkommandos der Wehrmacht« wohl einen Sitz auf der Anklagebank der Hauptkriegsverbrecher eingehandelt hat.

Beim Antrittsbesuch Keitels in der Reichskanzlei spielte Hitler wie so oft, wenn er Menschen erst einschätzen mußte, den höflichen und freundlichen Gastgeber. »Sie sind mein Vertrauter und einziger Berater in den Fragen der Wehrmacht«, umschmeichelte er den General in Zivil, der noch an diesen vermeintlichen Gunstbeweis glauben sollte, als Hitler in vertrautem Kreis längst davon sprach, Keitel habe das »Gehirn eines Kinoportiers«. Die erste Frage, die Herr und Gehilfe nun angingen, war die Nachfolge Blombergs. Keitel schlug Göring vor – was zeigt, wie wenig er vom Herrschaftsprinzip Hitlers damals verstanden hat. Der Diktator lehnte mit der Begründung ab, der Luftwaffenchef habe mit dem Vierjahresplan schon genug zu tun. Dann brachte Keitel den Heereschef Fritsch ins Spiel. Doch Hitler ging zum Tisch und holte ein Dossier des Justizministers hervor, in dem Fritsch ein Verstoß gegen den Paragraphen 175 – der Homosexualität unter Strafe stellte – vorgeworfen wurde. »Ich war entsetzt über diese Anzeige«, erinnerte sich Keitel später, wobei bemerkenswert ist, daß er gegenüber seinen Mitarbeitern behauptete, »schon seit zwei Jahren von diesen Dingen zu wissen«, wie Jodl in seinem Tagebuch notierte.

Tatsächlich war die Anschuldigung gegen den Oberbefehlshaber des Heeres von der Gestapo lanciert worden. Ein angeblicher »Zeuge« aus dem Milieu der Berliner Strichjungen hatte den General belastet, bei ihm Kunde gewesen zu sein. In Wahrheit hatte er zwar lediglich mit einem unbedeutenden Rittmeister ähnlichen Namens (von Frisch) geschäftliche Beziehungen gepflegt, doch der hochnotpeinliche Vorwurf, von der Gestapo durch eine »Gegenüberstellung« in der Reichskanzlei kurz darauf wie eine Schmierenkomödie in Szene gesetzt, genügte, um auch Fritsch abzuservieren. Ob Hitler selbst der Drahtzieher der Affäre war oder nur Nutznießer einer Gestapo-Panne, ist unklar. Nach außen gab er sich wie im Fall Blomberg geschockt: »Wenn so etwas mit preußischen Generälen möglich ist«, empörte sich der österreichische Kleinbürgersohn, »dann ist auf dieser Welt alles möglich.« Doch der Aufregung folgte berechnendes Handeln: Ohne Gegenwehr der paralysierten Armeespitze installierte sich der Diktator jetzt selbst als Oberbefehlshaber der Wehrmacht und setzte an die Stelle von Fritsch den blassen und fügsamen Walther von Brauchitsch. Es war der wirkliche Abschluß der »Machtergreifung«, erst jetzt verfügte der Diktator über die volle totalitäre Gewalt – und die nötigen Erfüllungsgehilfen.

Einen Kriegsminister gab es fortan nicht mehr. Für die administrativen Aufgaben des Ministeriums war ab sofort Keitels OKW zuständig. Dazu gehörten neben seinem alten Wehrmachtamt, das Jodl übernahm, die Militärspionage unter Canaris, das Personalwesen, die Kriegsgefangenen, die Wehrmachtsjustiz sowie das besonders wichtige Wehrwirtschafts- und Rüstungsamt. Es war ein gewaltiges Verwaltungsimperium, das

»...die Vernichtung einer Weltanschauung.« Generalfeldmarschall Keitel und Reichsführer SS Himmler im Gespräch.

Er war ein kräftiger, bäuerlicher Typ, denn er stammte ja letzten Endes aus einer Landwirtschaft. Er wäre gern Landwirt geworden und nicht General.

Karl Böhm-Tettelbach, Offizier bei Keitel

Er hat kein martialisches Auftreten gehabt. Er war eher wie ein mittlerer Bürger, Regierungsrat, Oberregierungsrat.

Wolfgang Brocke, Kraftfahrtoffizier bei Keitel

im Krieg noch einmal expandieren sollte. Doch de facto standen dem Chef des OKW außer dem reinen Verwalten kaum Spielräume für eine eigene Politik zur Verfügung, weil sich Hitler alle Fragen von Bedeutung selbst vorbehielt. Keitel blieb nur, die Vorgaben von »allerhöchster Stelle«, wie er bald über Hitler sprach, in Befehle und Weisungen umzusetzen – zu vollstrecken.

Schon kurze Zeit nach seinem Amtsantritt hätte er einsehen können, wie sehr er zum Werkzeug eines Hasardeurs geworden war. Am 12. Februar wurde er »ohne Angabe von Gründen« zusammen mit den Generälen Reichenau und Sperrle auf den Berghof bestellt – diesmal in Uniform. Als sich die Militärs bei Hitler meldeten, wurde ihnen eröffnet, daß ein Besuch des österreichischen Kanzlers Schuschnigg bevorstehe und sie gleichermaßen als »Drohkulisse« nötig seien. Hitlers Luftwaffenadjutant von Below hatte den Auftrag gehabt, Generäle herbeizuzitieren, die »besonders martialisch« aussahen. Als sich die österreichische Delegation am Nachmittag zu einer internen Besprechung zurückgezogen hatte, brüllte Hitler plötzlich aus Leibeskräften: »General Keitel! Keitel soll sofort kommen!« Der OKW-Chef stürzte außer Atem in den Raum und fragte, was Hitler zu befehlen habe. Doch er hörte nur: »Gar nichts! Setzen Sie sich.« Der Zweck dieser Aufführung freilich wurde erfüllt. Schuschnigg reiste, eingeschüchtert durch Hitlers Drohungen, vom Berghof wieder ab.

Am 12. März 1938 erntete der Diktator die Früchte seines Theaterspiels und fuhr an der Spitze der Wehrmacht in Österreich ein. Keitel, der im Gefolge dabei war, blieb neben dem Anblick von »Tränen der Freude« im Gesicht des Ex-Österreichers vor allem eine Erfahrung aus der vorausgegangenen Nacht unvergeßlich. Immer wieder hatten der Oberbefehlshaber des Heeres, Brauchitsch, und einige seiner wichtigsten Offiziere bei ihm angerufen und ihn bestürmt, Hitler doch noch vom Befehl zum Einmarsch abzubringen. »Ich dachte gar nicht daran, den Führer auch nur ein einziges Mal zu fragen«, schilderte Keitel später die Situation. »Der Führer hat hiervon nie etwas erfahren, sein Urteil über die Führung des Heeres wäre sonst vernichtend gewesen, und das wollte ich beiden ersparen.« Es war das erste Mal, daß der OKW-Chef die Funktion eines Scharniers zwischen dem Heer und Hitler ausübte. Bis Kriegsende sollte er diese Rolle nicht mehr loswerden. Zwei Grundmuster zeichneten sich dabei schon am Vorabend des »Anschlusses« ab: Einerseits verzichteten die Heeresgeneräle aus leidvollen Erfahrungen auf eine direkte Vorsprache bei Hitler und vertrauten – meist vergeblich – auf die Vermittlungskünste Keitels; andererseits schirmte der OKW-Chef Hitler von allen Nachrichten ab, die er – meist zu Recht – als Auslöser von Wutanfällen einschätzte. Der Einmarsch in Österreich schien diese Taktik zu bestätigen. Weder kam es zu blutigen Zwischenfällen, noch waren ernste Anzeichen einer internationalen Krise, wie von der Heeresführung befürchtet, zu erkennen.

Nur zwei Monate später, am 20. Mai, legte Keitel befehlsgemäß einen Entwurf für den nächsten Beutezug vor, den »Fall Grün« – mit der ausdrücklichen Bemerkung, er habe noch nicht mit den Oberbefehlshabern der Wehrmachtsteile gesprochen. In dem Papier war von einer »besonders günstigen Situation« und von »blitzschnellem Handeln« gegen die Tschechoslowakei die Rede. Keitel gehörte jetzt zu den ersten in Hitlers Umgebung, die von neuen Zielen der Aggressionspolitik hörten. Er erfuhr, daß der Diktator die strategische Lage Deutschlands für die »große Auseinandersetzung im Osten« als »unhaltbar« ansehe und daß die Entscheidung noch zu Lebzeiten Hitlers gesucht werden müsse. Einwände erhob er keine. Zwar habe er die Direktiven »nicht ohne Sorge« entgegengenommen, erinnerte er sich später, jedoch sei er dann mit Jodl an die Ausarbeitung der Aufmarschpläne gegangen.

Aber erneut wurde aus dem Hauptquartier des Heeres Widerspruch laut. Generalstabschef Ludwig Beck legte eine Denkschrift vor, in der er hellsichtig genau den Kriegsverlauf vorhersagte, wie er schließlich eintreten sollte: Gewaltsame Expansion im Osten würde automatisch in einen neuen Weltkrieg münden, den Deutschland aufgrund seiner unterlegenen materiellen Basis nur verlieren könne. Keitel empfahl, Hitler lediglich den zweiten Teil der Denkschrift vorzulegen, der Angaben über das militärische Potential der europäischen Nationen enthielt. Den ersten Teil mit seinen strategischen Überlegungen würde der »Führer« sofort ablehnen, glaubte er. Abermals betätigte sich der OKW-Chef damit als Filter und sorgte dafür, daß es mit den widerstrebenden Heeresgenerälen nicht zum endgültigen Bruch kam. Tatsächlich verwarf Hitler auch den zweiten Teil der Denkschrift Becks und steigerte sich einmal mehr in wüste Beschimpfungen der Generalität. Von diesem Zornesausbruch aufgeschreckt, wandte sich Keitel nun selbst an die Amtschefs des OKW und klagte, eine Entwicklung habe »schon begonnen, die Anklagen beim Führer wegen Miesmachens auch auf das OKW auszudehnen«. Er werde »keinen Offizier im OKW dulden, der sich in Kritik, Bedenken und Miesmachen« ergehe. Von den Putschplänen Becks, Goerdelers und seines eigenen Amtschefs Canaris, die in jenem Sommer zwischen Krieg und Frieden heranreiften, wußte er bezeichnenderweise auch noch in Nürnberg so gut wie nichts.

Keitel war in der Zeit vor Ausbruch des Zweiten Weltkriegs zum festen Bestandteil des Hofstaats geworden. Es gibt Hunderte von Fotos und Filmaufnahmen, die ihn in unmittelbarer Nähe Hitlers zeigen: meist schweigend, aber stets auf dem Sprung, seinem Meister beizustehen. Allein die devote Körpersprache dieser Aufnahmen verrät viel über den OKW-Chef. »Lakeitel« spottete bald das Offizierskorps treffend. Doch seine Rolle war nach und nach über die eines »Büroleiters«, wie Blomberg noch formuliert hatte, hinausgewachsen. Hitler hatte wohl erkannt, daß der »Bauer in Generalsuniform« aus seiner Sicht die Idealbesetzung auf diesem Posten war. Folgerichtig gehört Keitel zu der Handvoll hoher Militärs, die von Anfang bis Ende des Krieges in Amt und Würden blieben. Mit seiner Willfährigkeit und seinem grenzenlosen Gehorsam war er nicht nur ein Produkt des Systems, sondern er erfüllte für dessen reibungsloses Funktionieren auch zunächst eine wichtige Voraussetzung – die Überwindung von Skrupeln und Bedenken zugunsten der bedingungslosen Ausführung des »Führer«-Willens.

Der OKW-Chef versah seinen Posten in der Nähe des Diktators mit unübersehbarem Stolz. Ein Bekannter erinnerte sich, wie er ihn mit seinen beiden Söhnen »in Uniform über den Kurfürstendamm flanieren« sah. Der General und die beiden jungen Offiziere hätten wie »echte preußische Offiziere« auf ihn gewirkt. Gattin Lisa genoß die zahlreichen Empfänge in der Berliner Gesellschaft. Keitel betonte noch in den Nürnberger Erinnerungen, wie oft ihn Hitler zu sich gerufen habe: »Selbst die kurzen Urlaube nach Helmscherode zum Wochenende oder für einige Jagdtage in Pommern habe ich unerwartet mehrfach plötzlich abbrechen müssen, um bisweilen sogar mehr um einer Laune willen als aus gerechtfertigtem Grunde mich ihm zur Ver-

»...der Mann, den ich suche.« Hitler und Keitel im »Führer«-Hauptquartier »Wolfsschanze«, 1941.

Er mußte auf Draht sein, denn plötzlich hörte er: »Erteilen Sie doch einen Befehl« oder: »Veranlassen Sie das, daß sie mehr, mehr Waffen kriegen oder mehr bekommen.« Da mußte er aufpassen. Er mußte also zuhören. Aber er hat da nicht eingegriffen.

Karl Böhm-Tettelbach, Offizier bei Keitel

Einen Mann mit dem Gehirn eines Kinoportiers kann ich nicht gebrauchen.

Hitler im Januar 1942 über Keitel zu Goebbels

fügung zu stellen.« Die Genugtuung über das Erreichte ließ ihn um so leichter die Schattenseiten des Regimes verdrängen. So wollte er seine Beförderung zum Generaloberst am 10. November 1938 nicht von den brennenden Synagogen am Abend zuvor überschattet wissen und wies einen Bericht des Admirals Canaris ärgerlich ab, in dem Mord und Brandschatzung des Nazi-Pöbels detailliert aufgelistet waren. Überhaupt las er die regelmäßigen Berichte des Amtes Ausland/Abwehr über den Terror der Gestapo nur sehr widerwillig. Statt dessen beschäftigte sich Keitel lieber mit dem »Geist« der Truppe, den der einstige Leutnant des Kaisers etwa mit einem Verbot der Teilnahme an sämtlichen Feierlichkeiten zum 80. Geburtstag Wilhelms II. formen helfen wollte.

Nachdem das Sudetenland und im Frühjahr 1939 ebenfalls der Rest der Tschechoslowakei ohne einen einzigen Schuß in Hitlers Hand gefallen waren, begann das OKW, den Überfall auf Polen vorzubereiten. Trotz unmißverständlicher Warnungen aus Paris und London glaubten Hitler und auch Keitel fest daran, daß die Westmächte diesmal ebenfalls ihren Partner opfern würden. »England ist dekadent, Frankreich pazifistisch«, äußerte sich der OKW-Chef gegenüber General Thomas und gab damit offenkundig die Einschätzung seines Herrn wieder. »Sie werden drohen«, so Keitel weiter, »und sich dann doch wieder mit den vollendeten Tatsachen abfinden.« Vorschläge der Heeresführung, in einem hypothetischen »Kriegsspiel« den voraussichtlichen Verlauf von Kampfhandlungen im Westen zu erörtern, um den Diktator von seinen Angriffszielen abzubringen, blockte er ab. Der Diplomat Ulrich von Hassell war nach einem Gespräch mit ihm über die außenpolitischen »Milchmädchenrechnungen« entsetzt, aus denen offenbar nur Worte aus Hitlers Mund echoten. Wie oberflächlich Keitel aber tatsächlich in die politischen Pläne seines Kriegsherrn eingeweiht war, zeigt seine Reaktion nach der Meldung, auch die Rote Armee werde jetzt marschieren, als er irritiert fragte: »Gegen wen denn?«

Mit dem Überfall auf Polen setzte sich die Verstrickung der Wehrmacht in die Verbrechen des Regimes fort. Schon nach den ersten Tagen des Feldzugs häuften sich bei der Armeeführung empörte Berichte über das blutige Vorgehen von Einsatzgruppen der SS, die im rückwärtigen Frontgebiet systematisch Jagd auf Juden, Adlige und auch katholische Geistliche machten.

Doch die Ablehnung dieser Greueltaten durch die Mehrheit der Truppe zeitigte keine Folgen – im Gegenteil: Aufgrund ihrer Tatenlosigkeit machten sich die Oberbefehlshaber zu stummen Komplizen des Massenmordes. Als Canaris am 12. September im »Führer«-Zug hinter der Front bei Keitel Klage gegen die begangenen Verbrechen der SS erhob, wies ihn der OKW-Chef schroff mit der Bemerkung ab, »wenn die Wehrmacht hiermit nichts zu tun haben« wolle, müsse sie es hinnehmen, »daß SS und Gestapo neben ihr in Erscheinung treten«. Keitel hatte offenbar die Deckungsgleichheit von militärischen Zielen mit den verbrecherischen Ausrottungsplänen schon voll akzeptiert und sich zu eigen gemacht, desgleichen die Ganovensprache Hitlers. Gegenüber dem Generalquartiermeister des Heeres sprach er davon, daß die besetzten Gebiete in Polen von »Juden, Polacken und Gesindel gesäubert« werden müßten. Daß er dabei durchaus eigene moralische Bedenken zu überwinden hatte, offenbarte ein weiteres Gespräch mit Canaris. Während der Vorbereitung des als Kriegsanlaß vorgesehenen SD-Angriffs auf den Sender Gleiwitz erklärte er: »Ich persönlich halte von solchen Dingen ja nichts. Aber es ist nun mal der Wille des Führers.« Seine einzige Initiative in den Tagen des Polenfeldzugs galt dem Bemühen, dem Feind doch wenigstens nachträglich formell den Krieg zu erklären.

Noch blieben zwar in den Befehlen an die Truppe die Grenzen des Völkerrechts weitgehend unangetastet, doch im Verhalten der Soldaten begannen sich schon die verhängnisvollen Folgen von sechs Jahren nationalsozialistischer Propaganda abzuzeichnen. Zahlreiche Übergriffe gegen die Zivilbevölkerung, wie sie die Akten der Wehrmachtsjustiz aufweisen, blieben ungeahndet. Besonderes Aufsehen erregte der Fall des Majors Salah. Der Offizier hatte fünf polnische Frauen ermordet und war von einem Kriegsgericht zum Tode verurteilt worden. Der Oberbefehlshaber des Heeres, Brauchitsch, hatte sich für die Vollstreckung des Urteils eingesetzt. Nach mehrmaligem Hin und Her hatte dann jedoch Hitler persönlich verfügt, dem Mann nur eine Gefängnisstrafe aufzuerlegen. Der richtungweisende Charakter solcher und ähnlicher Entscheidungen verfehlte seine Wirkung nicht. Der »Herrenmensch« sollte sich auf seinem Siegeszug nicht an Gesetze und Moral gebunden fühlen.

Keitel profilierte sich innerhalb der Wehrmacht immer mehr als Exponent der Unmoral. Hatte Halder zu Beginn des Polenfeldzugs noch mitleidsvoll bemerkt, der OKW-Chef sei »seiner Aufgabe nicht mehr gewachsen«, so zog er mit seiner unverhüllten Unterstützung Hitlerscher Gewaltmethoden und mit seiner demonstrativen Servilität immer mehr Haß auf sich. Als der Heereschef Brauchitsch sich weigerte, für einen Bildband »*Mit Hitler in Polen*« das Vorwort zu verfassen, sprang Keitel sofort in die Bresche und verhinderte so eine Brüskierung des Diktators. Von Hassell notierte, Keitel sei »hörig«, und der als besonders regimetreu geltende General Reinicke handelte sich den Spitznamen »der kleine Keitel« ein. Als der Militärbefehlshaber in Polen, General von Gienath, im Juli 1940 noch einmal eindringlich die Greueltaten von Polizei und SS gegen Juden in Polen auflistete, erhielt er vom OKW-Chef einen »groben Brief« zurück, er solle »endlich aufhören, sich um Dinge zu kümmern«, die ihn nichts angingen.

Unmittelbar nach der Siegesparade in Warschau kam es erstmals zum Krach zwischen Hitler und seinem Gehilfen. Dabei ging es freilich nicht um Fragen der Moral, sondern nur darum, ob die Truppe schon wieder erholt genug für den nächsten Raubzug sei. Keitel hatte sich der Meinung des OKH-Chefs Brauchitsch angeschlossen, daß die Verbände dringend Ruhe zur Auffrischung brauchten. Hitler dagegen wollte bereits im Winter gegen Frankreich losschlagen – wovon er erst später wieder Abstand nahm. Noch in den Erinnerungen klingt das Donnerwetter nach, das der Diktator über Keitel hereinbrechen ließ. Hitler habe ihm »heftigste Vorwürfe« gemacht, sei »ausfallend« geworden und habe die »schwer verletzende Anklage der Unterstützung einer Opposition in der Generalität« erhoben. Als Keitel daraufhin beleidigt schriftlich um ein Frontkommando bat, scheint es dem Diktator nicht schwergefallen zu sein, mit ein paar netten Worten und der Mahnung, es sei nicht die Zeit für »Überempfindlichkeit«, den OKW-Chef zum Bleiben zu bewegen. Wieder einmal fügte sich Keitel einem stärkeren Willen. Nach dem Krieg räumte er ein, er sei Hitlers »Persönlichkeit nicht gewachsen gewesen«.

Der kurze Skandinavienfeldzug im Frühjahr 1940 sollte für das OKW eine Art Feuertaufe werden. In Polen hatte das Oberkommando des Heeres unter Brauchitsch noch weitgehend die Operationen geleitet; bei der in Dänemark und Norwegen nötigen kombinierten Kampfführung von Heer, Luftwaffe und Marine mußte diesmal das OKW die Leitung übernehmen. Daß

»Ein guter Wachtmeister, aber kein Feldmarschall...«
Wilhelm Keitel, 1942.

Ein richtiger Kasinooffizier aus der Kaiserzeit, verknöchert, so wie man eigentlich im Ausland den deutschen Offizier darstellt, das war Keitel, eine bessere Figur hätte man nicht haben können.

Fritz Buchner, Ordonnanz im »Führer«-Hauptquartier

Er war eine durchaus imponierende Erscheinung. Kerzengrade, groß, ernst, gutaussehend. Rein äußerlich war er wirklich ein preußischer General.

Bernd Freytag von Loringhoven, Generalstabsoffizier

dies am Ende erfolgreich gelang, war vor allem das Verdienst Alfred Jodls, des Mannes hinter Keitel. Als die Gebirgsjäger des Generals Dietl in Narvik in Bedrängnis gerieten, verloren sowohl Hitler als auch Keitel die Nerven. Hitler wollte Narvik räumen lassen und Dietl den Marsch in die schwedische Internierung befehlen. Jodls Tagebuch verzeichnet am 19. April 1940: »Erneute Krise. Chef OKW verläßt den Saal, es droht erneut ein Führungschaos, da von Hitler in alle Einzelheiten hineindisponiert wird.« Nur Jodls Drängen, Dietl den Befehl zum Halten zu erteilen, rettete schließlich den Sieg im Norden Norwegens – wobei die Lehre, die Hitler aus dem erfolgreichen »Haltebefehl« für sich zog, später vor allem an der Ostfront noch verhängnisvolle Folgen haben sollte. Alfred Jodl, der Chef des »Wehrmachtführungsstabes« im OKW, rückte jetzt immer mehr in die Rolle des strategischen Beraters des Diktators, die ihm Keitel auch bereitwillig überließ. Der OKW-Chef beschränkte sich bei Lagebesprechungen zunehmend aufs Zuhören und darauf, den Ausführungen Hitlers beizupflichten.

Mit dem Beginn des Frankreichfeldzugs, den Keitel genauso pflichtgetreu mit vorbereiten half wie alle Angriffskriege des Diktators, bezog die engere Umgebung Hitlers zum ersten Mal ein eigens eingerichtetes »Führer«-Hauptquartier. Tausende Kubikmeter Beton waren auf einem linksrheinischen Bergrücken bei Bad Münstereifel zu einer bedrückenden Bunkerwelt zusammengefügt worden, in der Hitler samt Gefolge am Morgen des ersten Feldzugstages Einzug hielt. In seiner stets etwas nach Karl May klingenden Terminologie hatte er der Anlage den Namen »Felsennest« gegeben. Die Wochen in diesem Hauptquartier erwiesen sich als Vorgeschmack auf das ständige Leben in Bunkern, das schon in weniger als einem Jahr beginnen sollte – ein Leben in einer gleichermaßen spartanischen wie martialischen Umgebung. Jodl hat es später als eine »Mischung aus Kloster und Konzentrationslager« beschrieben. Die stundenlangen Lagebesprechungen, bei denen sich Hitler oft bis auf Kompanieebene in die Operationen einmischte, begannen gegen Mittag und zogen sich in der Regel bis tief in die Nacht hin. Keitel paßte sich dabei als einziger aus der unmittelbaren Entourage auch später nicht dem Tagesrhythmus des Diktators an, sondern stand früh auf und setzte sich morgens um neun an seinen Schreibtisch. Obwohl er mit über 60 Jahren der älteste

Offizier im »Führer«-Hauptquartier war, schlief er wohl am wenigsten. Es war das alte Muster. Mit Fleiß und übersteigertem Pflichtbewußtsein versuchte er das Gefühl loszuwerden, seiner Aufgabe nicht gewachsen zu sein. Jodl analysierte im Zeugenstand von Nürnberg, vor allem nach Auseinandersetzungen mit Hitler sei Keitel regelrecht »in die Arbeit geflüchtet«.

Der Westfeldzug freilich gab kaum Anlaß zu Streitigkeiten. In nur sechs Wochen war der Angstgegner Frankreich bezwungen, gegen den das deutsche Heer im Ersten Weltkrieg vier Jahre lang vergebens angerannt war. Alle Warnungen des Generalstabs des Heeres vor der zahlenmäßigen Überlegenheit der Franzosen hatten sich als unbegründet erwiesen. Wie so viele Offiziere konnte sich auch Wilhelm Keitel diesen Sieg nur mit den außergewöhnlichen Gaben seines Kriegsherrn erklären. Die Wendung vom »größten Feldherrn aller Zeiten«, in diesen Tagen von Keitel in die Welt gesetzt, entsprach für ihn wohl einer tiefen Überzeugung. Zudem ist es bezeichnend, daß es Keitel war, der die ausdrückliche Nennung des Oberbefehls durch Hitler im ersten Wehrmachtsbericht durchgesetzt hatte.

Zum Dank für seine byzantinischen Lobpreisungen durfte er die Waffenstillstandszeremonie mit den französischen Delegierten im Wald von Compiègne leiten, in genau demselben Eisenbahnwagen, in dem das Kaiserreich 1918 um Frieden bitten mußte. Für Keitel war es der »Höhepunkt meines Lebens als Soldat«. Unter den Klängen der Nationalhymne schritten Hitler und die führenden Männer des Reiches auf den Salonwagen der französischen Eisenbahn zu. Unmittelbar in der Reihe hinter dem Diktator, neben Göring und Brauchitsch, ging Wilhelm Keitel, der in diesem Moment wohl nicht mehr davon träumte, als Landwirt die Äcker von Helmscherode zu bestellen. Seine Ansprache vor dem französischen Unterhändler, General Huntziger, ist damals aufgezeichnet worden und eine der wenigen erhaltenen Reden Keitels. Auf der alten Schellackplatte hört man die abgehackte Stimme eines Mannes, der seine Aufregung nur mühsam im Zaum halten kann.

»In diesem Zuge«, belehrte er seine Zuhörer nach einem Manuskript, an das Hitler letzte Hand angelegt hatte, »fing die Leidenszeit des deutschen Volkes an. Was an Entehrung und Erniedrigung, was an menschlichem und materiellem Leid einem Volke zugefügt werden konnte, nahm von hier seinen Ausgang. Wortbruch und Meineid hatten sich gegen ein Volk verschworen, das nach einem über vierjährigen heldenhaften Widerstand nur der einzigen Schwäche verfallen war, den Versprechungen demokratischer Staatsmänner Glauben zu schenken.« Das war natürlich reinste »Dolchstoß«-Rhetorik, wie sie der »Führer« in ungezählten Reden verbreitet hatte – die falsche, aber für viele Deutsche verführerische These, daß erst der »Verrat der Heimat« zur Niederlage im Weltkrieg geführt habe. Doch auch über die Hintergründe des aktuellen Krieges gab Keitel als Herold des Diktators eine erstaunliche Erklärung zum besten: »Am 3. September 1939, 25 Jahre nach dem Ausbruch des Weltkrieges, haben England und Frankreich, wieder ohne jeden Grund, an Deutschland den Krieg erklärt. Nun ist die Entscheidung der Waffen gefallen. Frankreich ist besiegt.« In den Ohren der Geschlagenen mögen diese Worte wie Verhöhnung durch den Sieger geklungen haben. Doch vermutlich glaubte Keitel selbst an die Formulierung »ohne jeden Grund«. Als ständiger Zuhörer von Hitlers suggestiven Wortkaskaden hatte der OKW-Chef längst einen beträchtlichen Wirklichkeitsverlust erlitten. Bisweilen gab er schon wortwörtlich Gedankengänge seines »Führers« wieder. Selbst seine Memoiren lassen noch Phraseologie und Wortwahl Hitlers erkennen, etwa wenn die deutschen Vorbereitungen für den Überfall auf Polen mit »rein defensiven Zwecken« verbrämt werden oder wenn der Verfasser allen Ernstes behauptet, Holland und Belgien hätten ihre Neutralität vor dem deutschen Überfall durch die Vergabe von Überflugrechten für britische Flugzeuge »aufgegeben«.

Nach der Unterzeichnung der französischen Kapitulation fand am Abend noch eine Feierstunde im »Führer«-Kasino statt. Am Ende sangen die Eroberer ergriffen den Choral »Nun danket alle Gott«. Hitler reichte seinem Gehilfen zum Abschluß die Hand und verließ wortlos den Raum. Wenig später, am 19. Juli 1940, gehörte Keitel zu den 19 Generälen, die sich mit den Insignien und dem Stab eines Feldmarschalls schmücken durften. »Im Felde« hatte sich der OKW-Chef zwar nicht bewährt, wie Truppenkommandeure anläßlich seiner Beförderung monierten, doch im allgemeinen Siegesrausch wurde die Inflation von Marschällen überwiegend bejubelt. In dem Moment allerdings, als Keitel zum ersten Mal mit seinem Marschallstab grüßte, gehörte er schon zu den wenigen Eingeweihten des nächsten Kriegsziels seines Herrn. Wenige Tage zuvor hatte Hitler ganz beiläufig bemerkt: »Jetzt haben wir gezeigt, wozu wir fähig sind.

Keitel war sehr konziliant und offenbar stärker noch als mein Mann unter Hitlers Einfluß.

Luise Jodl, Frau von Alfred Jodl

Der Ausstrahlung nach könnte er Frühstücksdirektor sein oder vielleicht in einem Museum Museumsdirektor.

Wolfgang Brocke, Kraftfahrtoffizier bei Keitel

Ich bestreite nicht, daß ich von allen diesen Befehlen, gleich ob sie meine Unterschrift tragen oder nicht, Kenntnis hatte, daß Hitler hierüber mit Generaloberst Jodl und mir gesprochen hat, daß ich sie an die Wehrmachtsteile, die davon betroffen wurden, weitergegeben habe und ihre Ausführungen überwachte.

Keitel in seinen »Erinnerungen« 1946

»Mir fehlen Abc und 1x1..«
Göring, Jodl und Keitel im »Führer«-Hauptquartier »Wolfsschanze«, 1943.

Glauben Sie mir, Keitel, ein Feldzug gegen Rußland wäre dagegen nur ein Sandkastenspiel.« Ende Juli 1940 zählte der OKW-Chef zu den Auserwählten, denen Hitler auf dem Berghof seinen »bestimmten Entschluß« verkündete, baldigst die »Lebenskraft Rußlands zu vernichten«. Keine Rede war in diesen Besprechungen davon, Stalin zuvorkommen zu müssen. Gegen die später auch von Keitel erhobene These vom Präventivkrieg spricht zudem, daß die Spitzenmilitärs im Überschwang des Sieges über Frankreich in der Roten Armee keinen ebenbürtigen Gegner erblickten. Die offenkundigen Führungsmängel und schweren Verluste der Sowjettruppen im Winterkrieg gegen Finnland waren noch in aller Munde, und dazu war bekannt, daß Stalin in einer blutigen »Säuberungswelle« nur wenige Jahre zuvor Tausende seiner besten Generalstabsoffiziere hatte liquidieren lassen. Im übrigen: Hatte man nicht im Ersten Weltkrieg schon einmal dem russischen Heer eine Niederlage zugefügt, während Frankreich damals noch nicht besiegt werden konnte?

Tatsächlich schloß sich die Mehrzahl der höheren Offiziere Hitlers Ansicht an, die Sowjetunion sei »ein Koloß auf tönernen Füßen«. Nur wenige Weitsichtige, darunter Männer wie Beck, Halder und Canaris, sahen die Katastrophe wirklich klar voraus. Erstaunlicherweise aber gehörte auch der OKW-Chef zu den anfänglichen Gegnern des Ostfeldzugs. Seine Sorge galt freilich vor allem der Zersplitterung der deutschen Kräfte, die schon vom Nordkap bis zum Mittelmeer gebunden waren. Grundsätzlich hatte er wohl nichts gegen eine Auseinandersetzung mit den noch immer verhaßten Kommunisten einzuwenden, doch solange England nicht besiegt war, sollte man aus seiner Sicht wohl besser damit warten. Er verfaßte eine warnende Denkschrift, die er Hitler zukommen ließ, und fand sogar in Außenminister Ribbentrop einen Verbündeten, der ihm zusicherte, er sei ebenfalls gegen einen neuen Kriegsschauplatz im Osten. Es war freilich nicht gerade ein schlagkräftiges Bündnis, das der devote Keitel und der im Grunde genommen schon entmachtete Außenminister da eingingen. Auch ihr Alternativvorschlag an Hitler, er möge sich doch einmal mit Stalin persönlich treffen und die Differenzen besprechen, klang nicht unbedingt so, als würde er Gehör finden. Tatsächlich fegte der Diktator dann mit einer Handbewegung die Bedenken seiner beiden Jasager hinweg. Keitel mußte sich wieder eine wütende Strafpredigt anhören, bat vergebens um eine Versetzung und fügte sich anschließend wieder brav in seine Rolle. Immerhin durfte er für einige Wochen Urlaub nehmen. Es sollte sein letzter sein.

Wieder zurück im Amt, ging er nun um so eifriger daran, den neuen Feldzug vorzubereiten. Vielleicht erleichterte ihm die großzügige »Dotation« Hitlers, eine »für militärische Dienste« überwiesene Geldsumme in Höhe von mehr als einer Million Reichsmark, die Wiederaufnahme seiner Tätigkeit. Dabei überschritt Keitel jetzt mittels einer ganzen Reihe von schriftlichen Weisungen, die nichts anderes als einen Vernichtungsfeldzug zur Folge haben mußten, vollends die Grenze zum Mittäter. Es war der Moment, in dem Befehle, die mit Keitels Unterschrift versehen waren, die Wehrmacht endgültig in den Strudel des Verbrechens mitrissen. »Im Osten ist Härte mild für die Zukunft«, hatte der Kriegsherr seinen Planern im OKW mit auf den Weg gegeben. Am 13. Mai 1941 trat mit dem »Erlaß über die Ausübung der Kriegsgerichtsbarkeit« eine erste Anweisung in Kraft, die diese Aufforderung in die Tat umsetzte. »Für Handlungen, die Angehörige der Wehrmacht«, so hieß es da, »gegen feindliche Zivilpersonen begehen, besteht kein Verfolgungszwang, auch dann nicht, wenn die Tat zugleich militärisches Verbrechen oder Vergehen ist.« Im Klartext hieß das: Egal ob deutsche Soldaten raubten, mordeten oder vergewaltigten – kein Militärgericht war verpflichtet, solche Verbrechen zu bestrafen. Am 6. Juni folgte dieser Aufhebung sämtlicher zivilisierter Regeln mit den »Richtlinien für die Behandlung politischer Kommissare« ein aktiver Mordbefehl: »Die Urheber barbarisch asiatischer Kampfmethoden sind die politischen Kommissare. Gegen diese muß daher sofort und ohne weiteres mit aller Schärfe vorgegangen werden. Sie sind daher, wenn im Kampf oder Widerstand ergriffen, grundsätzlich sofort mit der Waffe zu erledigen.« Bezeichnend bei diesem und allen weiteren Befehlen zur Liquidierung der sowjetischen Politoffiziere ist, daß sich nirgends genaue Anweisungen fanden, wie denn ein »Kommissar« unter den zu erwartenden Kriegsgefangenen zu erkennen sei. Allein der Verdacht genügte. Schließlich gab Keitels OKW am 23. Juni mit den »Richtlinien für das Verhalten der Truppe in Rußland« noch einmal den unmißverständlichen Auftrag mit ins Marschgepäck der Soldaten, »rücksichtslos« gegen »bolschewistische Hetzer, Freischärler, Saboteure und Juden« vorzugehen. Es war das erste Mal, daß in einem militärischen Befehl Maßnahmen gegen Juden angeordnet wurden.

Welcher Rubikon mit diesen Befehlen überschritten wurde, war auch Zeitgenossen außerhalb der Truppe bewußt. Ulrich von Hassell notierte am 16. Juni, die Wehrmachtführung habe »sich bereits auf das Hitlersche Manöver eingelassen, das Odium der Mordbrennerei der bisher allein belasteten SS auf das Heer zu übertragen. Hoffnungslose Feldwebel!«. Die Tatsache, daß kein höherer Offizier Konsequenzen zog, zurücktrat oder wenigstens energisch protestierte, veranschaulicht, wie tief sowohl das OKW als auch die Spitzen des Heeres schon im Sumpf des Verbrechens steckten. Wer wie in Polen das Morden tolerierte, für den war der Schritt zur aktiven Teilnahme nicht mehr so weit. Gewiß gab es ein Unrechtsbewußtsein, etwa bei Halder, der davon träumte, das System von innen zu reformieren und dabei zwar nicht Hitler selbst, aber die Träger des Terrors, SS und Gestapo, zu eliminieren. Auch bei den mittleren und unteren Befehlshabern fanden sich später unzählige Mutige, die verbrecherische Befehle von oben schlicht ignorierten oder zumindest abschwächten. Doch allzuoft wurden sie auch ausgeführt. Zwar wurde damit nur ein Bruchteil der Wehrmacht zu Mördern, doch sämtliche Soldaten sahen sich von nun an der Tatsache gegenüber, daß sie Seite an Seite mit Mördern kämpften.

Verantwortlich für die barbarischen Befehle an deutsche Soldaten war natürlich in erster Linie ihr oberster Kriegsherr, Hitler. Hier führte er endlich den Krieg, den er immer gewollt hatte – den Kampf um »Sein oder Nichtsein«, um »Sieg oder Vernichtung«, wie er auch ganz offen formulierte. All die hohen Militärs aber, die ihm dazu die Hand reichten, wurden zu Komplizen. Wer sich wie Keitel hinterher auf seinen Eid und auf die Zwänge militärischen Gehorsams berief, der vergaß, daß gerade in der alten Preußenarmee, die Hitler der Wehrmacht so gern als Vorbild präsentierte, die Befolgung unmoralischer Befehle als schweres Vergehen galt. Die Ausfertigung und Herausgabe von verbrecherischen Weisungen hatte mit alten soldatischen – oder gar preußischen – Traditionen nun wirklich nichts mehr zu tun. Im Gegenteil, den Boden der Militärtradition hatten Offiziere wie Keitel längst verlassen. Der OKW-Chef hatte Hitlers Weisung vom »Vernichtungskampf« sogar so weit verinnerlicht, daß er auch entsprechend handelte, wenn er nicht einen direkten Befehl des »Führers« ausführte. Als ihm Canaris ein Dokument vorlegte, in dem er sich gegen das Massensterben der mehr als

Keitel ist immer sehr ruhig aufgetreten... Er war ein feiner Mann.

Kurt Salterberg, Wache im »Führer«-Hauptquartier

Mit Sicherheit war er kein Oberbefehlshaber der Wehrmacht in Dingen der Führung. Er hat sich auch nicht so gefühlt. Er hat sich dann immer an seinen Boß gelehnt. Der hat das in der Führerlage so bestimmt, mit den Herren so besprochen, und er hat das dann in die schriftliche Fassung gebracht oder bringen lassen und dann sein Keitel druntergesetzt.

Hubertus von Humboldt, Generalstabsoffizier

»Der Führer hat ganz recht...« Imbißpause auf einer Fahrt durch das besetzte Eger, Oktober 1938: Keitel, Henlein, Hitler, von Reichenau, Himmler und Kluge (von links nach rechts).

drei Millionen sowjetischen Kriegsgefangenen wandte, notierte der OKW-Chef am 23. September handschriftlich – und ohne Absprache mit Hitler – an den Rand des Schreibens: »Die Bedenken entsprechen den soldatischen Auffassungen vom ritterlichen Krieg. Hier handelt es sich um die Vernichtung einer Weltanschauung. Deshalb billige ich die Maßnahmen und decke sie.« Auch die Operationen der Einsatzgruppen hinter der Front, für die Wehrmachtssoldaten Transport und Absperrungsaufgaben übernahmen, bezeichnete er als »sehr zweckmäßig«. Änderungen im mörderischen Umgang mit den Kriegsgefangenen, von denen während des ersten Kriegsjahres über zwei Millionen in deutschen Lagern umkamen, wurden erst angeordnet, als sich herausstellte, daß im Osten kein schneller Sieg mehr möglich war und daß die Gefangenen als Arbeitskräfte gebraucht würden. Ebenso wurde der Kommissarbefehl erst 1942 aufgehoben, als sich erwiesen hatte, daß die Moral der Roten Armee durch ihn nicht unterminiert, sondern statt dessen gestärkt worden war.

Es sind keinerlei Anzeichen überliefert, denen zufolge Wilhelm Keitel Skrupel oder ein schlechtes Gewissen wegen der von ihm unterzeichneten Befehle gehabt hätte. In seinen Lebenserinnerungen schob er die Verantwortung auf Hitler ab und zitierte bedeutungsschwer den Ausspruch des Diktators: »Ich verlange nicht, daß die Generäle mich verstehen, aber ich fordere, daß sie meinen Befehlen gehorchen.« Selbst in den Verhören nach dem Krieg, als er zumindest eine gewisse Mitverantwortung einräumte, findet sich kein Satz des Bedauerns über das Schicksal der Opfer. Wenn Jodls Beschreibung stimmt, nach der Keitel ein »empfindsamer und sensibler Mensch« gewesen sein soll, dann muß er auch ein Meister der Verdrängung gewesen sein.

Wirklich erschüttert zeigte sich der OKW-Chef nur, wenn er Opfer Hitlerscher Zornesausbrüche geworden war. Ende 1941 war es wieder einmal soweit. Nachdem der Kriegsherr schon im Spätsommer die deutsche Rüstungsproduktion angesichts des vermeintlich kurz bevorstehenden Sieges über die Sowjetunion gedrosselt hatte, geriet zum ersten Mal ein Großangriff seiner Wehrmacht ins Stocken. Kurz vor den Toren Moskaus hatten die Grenadiere der Heeresgruppe Mitte in Schnee und Eiseskälte eine schwere Niederlage einstecken müssen. Hitler suchte die Schuld für dieses erste Debakel, das mit einem Schlag das gesamte Gelingen des Ostkrieges in Frage stellte, bei seinen Generälen. Als erster wurde Feldmarschall von Brauchitsch mit dürren Worten entlassen, und der Diktator selbst übernahm den Posten des Oberbefehlshabers des Heeres. Keitel fühlte sich danach berufen, ungefragt eine Art Treuegelöbnis für »alle Mitarbeiter des OKW« abzulegen. Doch auch der devote OKW-Chef, der mit den strategischen Fehlschlägen gar nichts zu tun hatte, mußte als Blitzableiter herhalten und wurde zur Zielscheibe eines lautstarken Wutanfalls des Diktators. Der Anlaß ist nicht überliefert. Doch war das Zerwürfnis offenbar so heftig, daß selbst Ulrich von Hassell in Berlin davon Wind bekam. »Zwischen Hitler und Keitel war ein großer Krach«, notierte er in sein Tagebuch, »bei dem Hitler dem Keitel in toller Form Vorwürfe gemacht hat, so daß Keitel höchst deprimiert von Selbstmord gefaselt hat... Bedeutung hat die Sache nicht, höchstens symptomatische.« Auch Jodl erinnerte sich im Nürnberger Prozeß an die Folgen der Szene. Er habe den Feldmarschall an seinem Schreibtisch angetroffen, wo er ein Abschiedsgesuch formuliert habe. Neben ihm habe seine Dienstpistole gelegen, die ihm Jodl aber »weggenommen« habe.

In seinen Lebenserinnerungen gab Keitel an, er habe vor der Frage des Selbstmordes »mehrfach gestanden« und sich schließlich dagegen entschieden, weil er fürchtete, »der Fahnenflucht und der Feigheit« beschuldigt zu werden. Hitlers späterer Selbstmord im Berliner »Führer«-Bunker sei ihm »ewig unbegreiflich und die letzte Enttäuschung« geblieben. Doch der Moment, an dem er selbst deprimiert und mit geladener Pistole am Schreibtisch saß, hat sich tief eingeprägt in die Psyche des Wilhelm Keitel. Über seine Gedanken an diesem Abend hat er sich nie geäußert. Der einzige Hinweis ist ein Gespräch mit General Warlimont, den Keitel fragte, ob er meine, man könne es noch »mit seiner Selbstachtung vereinen«, im Amt zu bleiben. Waren das alles nur die Folgen der Kränkung durch Hitlers Tirade, oder war es auch ein Hilferuf des Gewissens, das angesichts der Massenverbrechen keine Ruhe mehr gab?

Kein Zweifel, Keitel gehörte zu den »Wissenden« in Hitlers Reich. Seine Ausrede in Nürnberg, »für nicht erkennbare Absichten« mißbraucht worden zu sein, entspricht nicht den Tatsachen. Die logistische Hilfe des Heeres für die Einsatzgruppen wurde mit seiner Hilfe gewährleistet. Der gesamte Befehlskomplex, der die Wehrmacht auf den Vernichtungskrieg im Osten einstimmte, trug seine Unterschrift. Zudem informierte ihn noch immer regelmäßig Admiral Canaris über den Kenntnisstand der Abwehr, legte Berichte über Massenerschießungen und ab 1942 auch über Gaskammern vor. Zum Teil deklarierte der Abwehrchef dabei trickreich seine Meldungen als erbeutete Papiere ausländischer Agenten, weil er wußte, wie widerwillig der Feldmarschall Anklagen aus den eigenen Reihen las. Galt für die allermeisten »Landser« an der Front noch immer der »Führerbefehl Nr. 1«, laut dem jeder nur das wissen mußte, was er für seine unmittelbare Aufgabe brauchte, so war der OKW-Chef schon aufgrund seiner Stellung einer der am besten informierten Soldaten der Wehrmacht.

Auf die schwere Krise während der Winterschlacht um Moskau reagierte er mit noch mehr »Führer«-Glauben als zuvor. Bei Lagebesprechungen konnte es jetzt vorkommen, daß sich der Feldmarschall in eine Debatte mit den Worten »Der Führer hat ganz recht« einschaltete, ohne überhaupt den Inhalt des Gesprächs mitbekommen zu haben, wie sich der Generalstabsoffizier Graf Kielmansegg erinnert. Auch der Keitel-Ausspruch »Der Führer kann sich nicht irren« stammt aus diesen Wochen, als im Hauptquartier die fehlende Winterbekleidung für die Fronttruppen Anlaß zu heftigen Streitigkeiten bot. Den Haltebefehl im Schneesturm vor der russischen Hauptstadt, der Zehntausende deutscher Soldaten das Leben gekostet hat, pries der OKW-Chef als Beleg für die »eiserne Energie des Führers«. Noch in seinen Memoiren war er ganz von diesem Geist umfangen, als er behauptete, ohne Hitlers persönliches Eingreifen »hätte das deutsche Heer 1941 unentrinnbar und unweigerlich das Schicksal von 1812«, also die Niederlage Napoleons, erlitten. Selbst die unerzwungene Kriegserklärung an die USA nach dem Angriff Japans auf Pearl Harbor feierte er noch als Geniestreich und erinnerte sich, er habe sich »wie von einem Alb befreit« gefühlt.

Mit dem Ende des Nimbus der »Unbesiegbarkeit« der Wehrmacht setzte in den besetzten Gebieten an vielen Orten der Widerstand von Partisanen und Sabotagetrupps des Gegners ein. Die Bekämpfung dieses Feindes »hinter den Linien« löste im OKW wieder eine Befehlslawine aus, die in ihrer Brutalität den Weisungen aus dem Vorfeld von »Barbarossa« in nichts nachstand. Am Anfang dieser zweiten Welle von Terrorbefehlen mit der Unterschrift Keitels stand der »Nacht-und-Nebel-Erlaß« vom 7. Dezember 1941, dem zufolge einer »Straftat gegen das Deutsche Reich« Verdächtige, sofern sie nicht sofort durch ein Kriegsgericht abgeurteilt worden waren, ohne Nachricht an die Angehörigen in ein deutsches Lager zu verbringen waren – bei »Nacht und Nebel« eben. Mehr als 7000 Frauen und Männer allein aus Frankreich verschwanden infolge dieses Befehls zunächst spurlos. Nach dem Krieg rechtfertigte der Feldmarschall einen derartigen Menschenraub mit der Begründung, die Résistance sei nun mal von »lichtscheuem Gesindel« begonnen worden und werde erst nachträglich jetzt als »das Heldenwerk von Patrioten« glorifiziert. 1942 folgten dann immer radikaler formulierte Anweisungen zur »Bandenbekämpfung«, in denen es etwa hieß, die Truppe sei »verpflichtet, in diesem Kampf ohne Einschränkung auch gegen Frauen und Kinder jedes Mittel anzuwenden«. Als Begründung ließ Keitel den Frontkommandeuren einschärfen, »ein Menschenleben« gelte in den besetzten Ländern nicht viel, weshalb »ungewöhnliche Härte« angebracht sei. »Als Sühne für ein deutsches Soldatenleben«, so hieß es in den OKW-Befehlen, »muß in diesen Fällen im allgemeinen die Todesstrafe für 50 bis 100 Kommunisten als angemessen gelten.« Wie »Kommunisten« von anderen Bewohnern der besetzten Gebiete zu unterscheiden seien, verschwieg der Befehl.

Besonders hinter der Ostfront hinterließ die zweite Welle von Terrorbefehlen eine grauenhafte Blutspur. Weil die viel zu schwachen Wehrmachtseinheiten bei der Partisanenbekämpfung fast nie echte Partisanen aufspüren konnten, wurden als »Sühnemaßnahmen« ganze Dörfer in Brand gesteckt und immer wieder unschuldige Geiseln ermordet. Die von Hitler über Keitel angeordnete Brutalisierung des Krieges führte zu ungeheuren Opfern vor allem der Landbevölkerung. Etwa ein Fünftel der Einwohner Weißrußlands kam während des »Unternehmens Barbarossa« um: durch direkte Kampfhandlungen, Hungersnöte und den Terror der Besatzer. Insgesamt 20 Millionen Bürger der Sowjetunion ließen zwischen 1941 und 1945 ihr Leben. Am Ende schlug der gesäte Haß auf das Volk der Verursacher zurück. Die Racheakte sowjetischer Soldaten beim Einmarsch in Deutschland gehören zum nie verheilten Trauma der Nachkriegsgeneration.

In seinen Erinnerungen und auch im Prozeß von Nürnberg verteidigte sich Keitel mit dem Argument, vielen Terrorweisun-

»Haltung bewahren...« Keitel auf dem Weg zur Kapitulationsunterzeichnung am 8. Mai 1945 in Berlin-Karlshorst.

Er ist der einzige, der von Anfang bis Ende auf seinem Stuhl geblieben ist.

Johann Adolf Graf Kielmansegg, Generalstabsoffizier

Zweifellos verkörperte Feldmarschall Keitel eine Haltung, die man als Haltung großer Würde beschreiben kann, aber doch sehr starr, sehr streng. Daß er seine große Uniform mit den roten Streifen trug, bestärkte diesen Eindruck noch. Als er in den Kapitulationssaal eintrat, da grüßte er mit dem Marschallstab. Das verlieh ihm ohne Zweifel die Statur eines arroganten, sehr hochmütigen Mannes.

René Bondoux, französische Delegation in Karlshorst

Er sah wirklich nicht so aus, als wenn er den Krieg verloren hätte... Er war zu sehr ein Soldat, um seine Gefühle zu zeigen.

Howard Smith, US-Beobachter in Karlshorst

Der Marschallstab, das war sein schlimmster Verlust; er hat immer wieder verlangt, seinen Marschallstab wiederzubekommen.

Lion Tanson, Dolmetscher in Bad Mondorf

Er war eine Art Symbol für das Oberkommando der Wehrmacht. Man wollte für die Unterschrift den Mann haben, der der Soldat Nummer eins im Oberkommando der Wehrmacht war. Ich glaube, das war sehr eindrucksvoll.

Howard Smith, US-Beobachter in Karlshorst

»...als hätte er einen Besen verschluckt.« Keitel bei der Unterzeichnung der Kapitulationsurkunde in Berlin-Karlshorst am 9. Mai 1945.

gen sei ein langes Tauziehen mit Hitler vorausgegangen, das er durch einleitende Sätze in den Befehlstexten wie »Es ist der lang erwogene Wille des Führers« dokumentiert haben wollte. Die erhaltenen Protokolle der Lageerörterungen reden allerdings eine andere Sprache. Am 1. Dezember 1942 etwa ist von einem Widerstand Keitels gegen Hitlers Forderung, auch in Frauen und Kinder »rücksichtslos hineinzuschießen«, nichts zu lesen. Lediglich Jodl bemerkte sarkastisch, die deutschen Soldaten hätten durch die Befehle jetzt die Handhabe, zu kämpfen, wie sie wollten: »Sie dürfen sie aufhängen, verkehrt aufhängen oder vierteilen.« Keitel dagegen lobte, daß hinter der Front schon »jetzt alles so gut zusammenarbeitet«. Von Widerspruch, auch in dezentester Form, vermerkt das Protokoll nichts. Albert Speers Beobachtung, nach der Keitel »jede eigene Meinung« aufgegeben habe und nur noch ein »schmeichlerischer, unaufrichtiger, instinktloser Diener« war, traf wohl zu.

Während die Katastrophe von Stalingrad ihren Lauf nahm, zeigte sich ein weiteres Beispiel für seine innere Erosion. Im Gespräch mit dem neuen Generalstabschef des Heeres, Zeitzler, der Hitler wie auch Manstein davon überzeugen wollte, daß die eingeschlossene Sechste Armee nur noch durch einen Ausbruchversuch gerettet werden konnte, versprach Keitel »feierlich«, sich beim »Führer« für diesen Plan einzusetzen. In der entscheidenden Lagebesprechung aber »fiel« der OKW-Chef schon nach wenigen Minuten Diskussion »um«. Aufgeregt sei er auf den Kartentisch zugetreten, erinnerte sich ein Augenzeuge, habe auf die von roten Ringen umgebene Position der Sechsten Armee gezeigt und gesagt: »Mein Führer, das halten wir!« Für die Tragödie, die sich in den folgenden Tagen für eine Viertelmillion deutscher Soldaten abspielte, trug Keitel also Mitverantwortung. Fortan gab es keinen »Durchhaltebefehl« Hitlers mehr, den der OKW-Chef nicht verteidigte. Ob Rommels Armee in Afrika um Rückzug bat, die gesamte Heeresgruppe Mitte 1944 von der Vernichtung bedroht war oder Models Divisionen 1945 im Ruhrgebiet kurz vor der Einkesselung standen – Hitler befahl: »halten«, Keitel stimmte zu, und die Armeen wurden aufgerieben. Die entscheidenden Lagebesprechungen verliefen dabei stets nach dem gleichen Muster. Hitler widersprach allen Vorschlägen bezüglich einer flexibleren Kriegführung mit ideologischen Argumenten und fragte dann in kritischen Momenten den OKW-Chef nach seiner Meinung. Keitels Ansichten, »urteilslose Rederei«, wie Halder notierte, wichen nie von denen des »Führers« ab. Statt dessen unterstützte der Feldmarschall seinen Kriegsherrn bei der sinnlosen Suche nach Sündenböcken. Das häufige Muster, nach einer verlorenen Schlacht als erstes den Befehlshaber der betroffenen Armee abzusetzen, sorgte für erhebliche Führungsschwächen im langen Rückzug der deutschen Truppen. Nach der überraschenden Landung der Alliierten in Italien bei Anzio befahl Keitel gar 15 junge Offiziere aus den geschlagenen Divisionen auf den Berghof, die dann ihm und Hitler drei Tage lang in regelrechten Verhören über die Ursachen der Katastrophe Auskunft geben mußten.

Wie Hitler verfiel auch Keitel mit den sich zunehmend verschlechternden Nachrichten von der Front stetig irrwitzigeren Hoffnungen, denen er mit nach außen zur Schau getragener Härte Nachdruck verlieh. Innerhalb des OKW, wo natürlich immer noch viele Offiziere arbeiteten, die ihre Augen nicht verschließen wollten, führte Keitel bis dahin ungewohnt fanatische Töne ein. »Für Pessimisten und Defätisten« sei »kein Platz« im Oberkommando der Wehrmacht, platzte es ihm auf einer Besprechung heraus, nur weil seine Mitarbeiter über strategische Alternativen zu Hitlers »Haltetaktik« debattieren wollten. Im Frühjahr 1944, als sich der Zusammenbruch im Osten schon genauso klar abzeichnete wie die Unvermeidlichkeit einer Invasion im Westen, erklärte er Offiziersanwärtern in Sonthofen allen Ernstes, es komme jetzt nur noch darauf an, »auszuhalten«, bis die Front der Feinde »auseinanderbreche«. Gelinge dies nicht, dann werde es für das »deutsche Volk nichts anderes geben als die ihm angedrohte Vernichtung«. Der Gedanke, daß eine Befreiung auch »von innen« her durch einen Staatsstreich möglich sein könnte, ist dem Feldmarschall nie gekommen – er hätte ihn augenblicklich als Hochverrat eingestuft.

Es ist daher wohl eine besonders feine Ironie der Geschichte, daß ausgerechnet Keitel das Attentat am 20. Juli 1944 erst möglich gemacht hat – wenn auch unwissentlich. Der Attentäter, Oberst Claus Graf Schenk von Stauffenberg, war mit seinem Aktenkoffer voller Sprengstoff zwar bis in den Sperrkreis II des »Führer«-Hauptquartiers »Wolfsschanze« vorgedrungen, hatte aber die Kontrollen, um in den Sperrkreis I zu gelangen, noch vor sich. Er wußte, daß das Gepäck von Offizieren, die nicht Angehörige des engsten Zirkels um Hitler waren, aus Furcht vor

Anschlägen kontrolliert wurde. Doch Stauffenberg hatte schon eine Lösung parat: Er mußte jemanden finden, der ihn ans Ziel eskortierte. Kurt Salterberg, damals Wachsoldat am Sperrkreis I, hat noch genau in Erinnerung, wie der junge Oberst mit der Augenklappe dann »in Begleitung Keitels« in Richtung der Baracke ging, in der die Lagebesprechung an diesem Tag ausnahmsweise stattfinden sollte – der OKW-Chef als Vehikel für die Bombe, die Deutschland erlösen sollte! »Bei uns bestand die Vorschrift«, so Salterberg weiter, »alle Personen, die in Begleitung von Keitel kamen und in den Sperrkreis eintreten wollten,... nicht zu kontrollieren.«

Doch der explosive Aktenkoffer Stauffenbergs verfehlte sein Ziel. Die kurzfristige Verlegung der Lagebesprechung in die Baracke rettete den meisten Anwesenden das Leben. Wäre die Bombe im Bunker explodiert, hätte wohl niemand überlebt. »Mein Führer, Sie leben«, waren die ersten Worte Keitels nach der Detonation. Jodl erinnerte sich, daß es der Feldmarschall war, der dann »Hitler in die Arme nahm und ihn in völliger Ruhe, behutsam wie ein Kind, ins Freie führte«. Anschließend stürzte der OKW-Chef zum Telefon und beschwor die einzelnen Wehrkreisbefehlshaber, keinen Befehlen der Verschwörer in Berlin zu gehorchen. Der am Kopf verletzte Alfred Jodl glaubte später, Keitel habe dies mit so energischem Eifer getan, daß die Entwicklung in Berlin vielleicht anders verlaufen wäre, hätte der OKW-Chef selbst ernste Verletzungen davongetragen. Für die Motive der Männer des 20. Juli vermochte Keitel bezeichnenderweise auch nach dem Krieg keinerlei Verständnis aufzubringen. Stauffenberg nannte er einen »hemmungslosen religiösen Fanatiker«. Feldmarschall von Kluge, der nicht einmal zum engen Kreis der Verschwörer zählte, blieb für ihn »der überhebliche Kadett bis zum Tode«. Für die vielen anderen, die der Welt beweisen wollten, daß es noch ein anderes Deutschland gab, lautete das ebenso knappe wie ignorante Urteil des Feldmarschalls, sie seien nichts als »pessimistische Meckerer«.

Noch am 20. Juli begann er, Hitlers Gegenschlag in Szene zu setzen. Den am Putschversuch beteiligten General Fellgiebel verhaftete er persönlich an Ort und Stelle. Am Abend einigte er sich mit SS-Chef Himmler über die Modalitäten des Rachefeldzugs. Die Wehrmacht richtete daraufhin einen »Ehrenhof« ein, der alle der Verschwörung Verdächtigen aus der Armee ausstoßen sollte, um sie vor den Volksgerichtshof stellen zu können.

55 Offiziere, darunter elf Generäle, überantwortete dieses alles andere als »ehrenhafte« Tribunal, dem Keitel persönlich angehörte, Freislers Blutgericht. »Mißgriffe«, so verteidigte der OKW-Chef später seine Arbeit als Ehrenhof-Richter, seien »erwiesenermaßen nicht vorgekommen«. Die Fotos der am Galgen hingerichteten Verschwörer wurden auf den Lagebesprechungen herumgereicht. Am 24. Juli führte Keitel gemeinsam mit Göring für alle Soldaten der Wehrmacht verbindlich den »deutschen Gruß« ein – als Zeichen »unverbrüchlicher Treue« gegenüber dem »Führer«: Es hat den Anschein, als sei seine große Aktivität nach dem Attentat auch auf die alte Aversion gegen die »hochnäsigen« Offizierskameraden aus den Kadettenanstalten zurückzuführen. Jetzt wollte er beweisen, daß er, der Aufsteiger Wilhelm Keitel, ein besserer »Soldat des Führers« war.

Tatsächlich stieg der Feldmarschall in Hitlers Gunst merklich nach oben. Erst jetzt sei er ganz von der »Treue« des Feldmarschalls überzeugt, bemerkte der Diktator wenige Tage nach dem 20. Juli. Am 1. September fügte er das Lob hinzu, Deutschland habe »eine Einrichtung, um die uns alle Staaten der Welt beneidet haben, das Oberkommando der Wehrmacht«. Solche Elogen ermöglichten es dem OKW-Chef nun wohl auch, Befehle zu erlassen, die sich gegen die eigene Truppe richteten. Die mit Keitels Unterschrift versehenen »Bestimmungen über das Verhalten von Offizier und Mann in Krisenzeiten« von Ende Januar 1945 richteten sich gegen »Deserteure« und »Defätisten« in der Wehrmacht. Standgerichten war von nun an erlaubt, auch gegen Offiziere Todesurteile zu erlassen. Vorgesetzte wurden aufgefordert, bei »Feigheit vor dem Feind« unverzüglich von »der Waffe Gebrauch zu machen«. »Sofort festzunehmen und nötigenfalls augenblicklich umzulegen« waren nach diesen Amok-Weisungen auch alle Offiziere, die unberechtigterweise Befehle zum Rückzug erteilten. Sogar vor der Auslobung von Kopfgeldern »in Höhe bis zu 500 Mark« für die Denunzierung von Deserteuren schreckte Keitel nicht zurück, ebensowenig wie vor der Androhung von »Sippenhaft« für die Familien all jener, die nicht mehr bereit waren, dem Wahn Hitlers ihr Leben zu opfern: »Wer in Gefangenschaft gerät«, drohte der Feldmarschall, »ohne verwundet zu sein oder nachweisbar bis zum Äußersten gekämpft zu haben, hat seine Ehre verwirkt... Seine Angehörigen haften für ihn. Jede Zahlung von Gebührnissen oder Unterstützungen an die Angehörigen fällt fort. Dies ist sofort bekanntzugeben.«

»Man ist solch ein Lump geworden...« Keitel in seiner Zelle im Nürnberger Gefängnis, 1945/46.

Mein Schicksal wirst Du kennen, der Prozeß wird noch Wochen dauern, es ist eine harte Nervenprobe und meine letzte Aufgabe vor Volk und Geschichte.

Keitel, Brief an seinen Sohn Karl-Heinz vom 12. Januar 1946

Er war ein »Jasager«. Er stimmte eilfertig allem zu, um seine eigene Position zu schützen.

John E. Dolibois, Keitels Vernehmungsoffizier in Bad Mondorf

Nein, er hatte kein Schuldbewußtsein, er hatte immer wieder behauptet, die Wehrmacht weiß nicht davon, das war die Waffen-SS, das waren nicht wir.

Lion »Le« Tanson, Dolmetscher in Bad Mondorf

Wir bedauerten damals Keitel, der so restlos unter seinem [Hitlers] Einfluß stand, daß er nur noch ein willfähriges Instrument ohne eigenen Willen war.

Albert Speer während des Nürnberger Prozesses

»Ich habe geglaubt, ich habe geirrt...«
Keitel während des Nürnberger Prozesses.

Nur so war zu erklären, daß Befehle wie der Kommissarbefehl, der Erlaß über die Behandlung der Kriegsgefangenen und Einwohner des feindlichen Landes und andere an die Truppe ausgegeben werden konnten. Für diese Schwäche mußte er in Nürnberg mit dem Tode büßen.

Heinz Guderian, Panzergeneral

Es ist tragisch, einsehen zu müssen, daß das Beste, was ich als Soldat zu geben hatte, Gehorsam und Treue, für nicht erkennbare Absichten ausgenutzt wurde und ich nicht sah, daß auch der soldatischen Pflichterfüllung eine Grenze gesetzt ist. Das ist mein Schicksal.

Keitel in seinem Schlußplädoyer in Nürnberg

Schlimmster Tiefpunkt war der Befehl, Flüchtlingstrecks »wenn nötig, mit Waffengewalt« zur Umkehr zu zwingen. Die Folge dieser menschenverachtenden Todeszuckungen des »Tausendjährigen Reiches« waren weitere ungeheure Verluste. Zu den Abertausenden, die nur mit Panzerfaust und Karabiner bewaffnet im Kampf gegen Panzerrudel und Tieffliegerschwärme starben, kamen noch einmal die Opfer der Feldjäger und fliegenden Standgerichte. 25 000 Soldaten der Wehrmacht, so schätzen Militärhistoriker, wurden als »Deserteure« oder »Wehrkraftzersetzer« hingerichtet – mehr als in allen alliierten Armeen zusammen.

Diesem Blutrausch wäre beinahe noch ein Massensterben durch die letzte »Wunderwaffe« im Arsenal der Wehrmacht gefolgt. »Tabun« lautete die Bezeichnung für das wirksamste Nervengas, das während des Zweiten Weltkriegs produziert wurde. Keine der damals gebräuchlichen Gasmasken half gegen diesen farb- und geruchlosen Killer, der weit mörderischer war als alle Giftgase der Kriegsgegner, wie man seit Tests an sowjetischen Kriegsgefangenen in einem Wehrmachtslabor in der Spandauer Zitadelle wußte. 12 000 Tonnen lagerten bei Kriegsende in den Depots. Als die ersten dieser Lager in Frontnähe gerieten, entschied Keitel nach Rücksprache mit Hitler, daß kein »Tabun« in Feindeshand gelangen durfte. Wollten die untergehenden Kriegsherrn ihren letzten Trumpf im Ärmel behalten? Immerhin wußte Albert Speer von einer Besprechung im »Führer«-Bunker unter der Berliner Reichskanzlei zu berichten, in der Goebbels und Ley vehement für einen »Tabun«-Einsatz plädierten. Statt einer Übergabe der Arsenale an die vorrückenden Alliierten sollten die Granaten voller Nervengas jetzt mit Lastwagen ins Reichsinnere transportiert werden – trotz der Gefahr, daß ein Tieffliegerangriff eine Katastrophe auslösen konnte. Tatsächlich ist es wohl allein deshalb nicht mehr zur Apokalypse gekommen, weil den Befehlen des OKW-Chefs wegen der schnell vorrückenden Gegner nicht mehr Folge geleistet werden konnte.

Am letzten Geburtstag des »Führers« hatten sich noch einmal alle Paladine in der Katakombenwelt des Berliner Bunkers versammelt. Ihre Glückwünsche wurden im Ton von Beileidsbekundungen vorgetragen. Keitel will an diesem Tag von Hitler endlich verlangt haben, die »unaufschiebbaren Entschlüsse« zu fassen. In seinen Erinnerungen gibt er die ablehnende Antwort wieder: »Keitel, ich weiß, was ich will, ich werde mich vor, in oder hinter Berlin schlagen.« Doch selbst diese späte Anwandlung von Vernunft, den Diktator um »Entschlüsse« zu bitten, scheint eine nachträgliche Erfindung des Feldmarschalls zu sein. Wie sonst ist es zu erklären, daß er gerade in den letzten Tagen des Hitler-Reiches noch einmal geradezu fanatische Energien aufbrachte? Daß er gemeinsam mit Jodl überlegte, den offenbar resignierenden »Führer« nötigenfalls mit Gewalt von Berlin nach Berchtesgaden zu evakuieren? Daß er wie ein letzter Herold des Kriegsgottes die versprengten Reste deutscher Divisionen aufsuchte, um die längst Geschlagenen zur »Befreiung« der eingeschlossenen Reichshauptstadt zu bewegen? Hubertus von Humboldt, Generalstabsoffizier bei der von Hitler und Keitel hoffnungslos überschätzten »Armee Wenck«, erinnert sich an den zackigen Auftritt des Feldmarschalls in der Waldförsterei, dem letzten Feldlager seiner Armee: »Wenck hat sich das angehört und hat sich gesagt, laß den nur quatschen. Das hat gar keinen Sinn.«

Kein Zweifel, der Wirklichkeitsverlust Keitels hatte in den letzten Tagen des Krieges endgültig wahnhafte Züge angenommen. Das Scheitern der »Befreiung« Hitlers aus Berlin durch die desolaten Reste der »Heeresgruppe Weichsel« erklärte er allen Ernstes mit »mangelndem Willen«. Nachdem er am 28. April vergeblich auf eine Landeerlaubnis auf der schon stark umkämpften Berliner Heerstraße gehofft hatte, um Hitler noch einmal persönlich Meldung zu machen, funkte er am 30. April – sowjetische Soldaten drangen bereits in das Regierungsviertel ein – noch einmal pflichtversessen einen Lagebericht an den Mann, der sein Schicksal bestimmt hatte. Kurz nach ein Uhr nachts meldete er von außerhalb des Kessels, »die Angriffe auf Berlin seien an keiner Stelle mehr fortgeschritten«. Es war der letzte Rapport des Feldmarschalls – und seit langem der wahrheitsgetreuste. Keitel wußte freilich nicht, daß Hitler in einem seiner letzten Zornesausbrüche auch ihn, den willfährigsten Gefolgsmann, des Verrats bezichtigt hatte. Seinem Flugkapitän Baur sagte der Diktator zum Abschied verbittert: »Man müßte mir auf meinen Grabstein setzen: ›Er war das Opfer seiner Generäle!‹« Am 1. Mai 1945 meldete der Reichsrundfunk, Hitler sei in Berlin im Kampf »gefallen«. Selbst dieser Epilog war noch eine Lüge. In Wahrheit hatte sich der Diktator mit Eva Braun im Bunker das Leben genommen.

Wilhelm Keitel meldete sich nach der Rundfunknachricht, die von den meisten Deutschen angesichts ihrer eigenen Sorgen ohne sichtliches Bedauern hingenommen wurde, pflichtgemäß wie immer beim vom »Führer« ernannten Nachfolger, dem neuen Reichspräsidenten Dönitz, in Flensburg. Doch wie wenig Gewicht der Gehilfe ohne seinen Herrn besaß, mußte er schon bei der Ankunft im Hauptquartier des Großadmirals feststellen. Jodl wurde mit den Kontakten zu den noch kämpfenden Einheiten betraut und zu Besprechungen gerufen, er nicht. Ein Versuch von Dönitz, den Feldmarschall abzusetzen, scheiterte knapp. Auch die Unterzeichnung der deutschen Kapitulation in Reims legte der Reichspräsident lieber in die Hände Jodls. Am 7. Mai setzte der Generaloberst in einer Schule der alten französischen Königsstadt den Schlußstrich unter Hitlers gescheiterten Griff nach der Weltherrschaft. Am 8. Mai sollten die Waffen in Europa schweigen. Doch Stalin wollte sich damit nicht zufriedengeben. Er war der Meinung, die Rote Armee habe die Hauptlast des Kampfes getragen, und bestand auf einer Wiederholung der Kapitulation im sowjetischen Befehlsbereich. Als Ort der Neuaufführung wurde das ehemalige Kasino einer Pionierkaserne der Wehrmacht in Berlin-Karlshorst ausgewählt.

Für diese Zeremonie mit nur noch symbolischem Wert schickte Dönitz den OKW-Chef als Vertreter. Am Ende war der Feldmarschall wieder nur Statist auf der Bühne der Weltpolitik – wie einst auf Hitlers Berghof als Schreckgestalt für Schuschnigg. Am Morgen des 8. Mai landete Keitel in einer britischen Militärmaschine in Berlin-Tempelhof. Doch die »Stunde Null« begann mit Verspätung. Das Gezerre der Sieger um protokollarische Einzelheiten verschob den Start des historischen Aktes bis nach Mitternacht. Kurz nach Anbruch des 9. Mai wurden Keitel und seine Begleiter nach stundenlangem Warten in den Saal gerufen. »Wir hörten ein seltsames Geräusch«, erinnerte sich der sowjetische Korrespondent Anatolij Mednikow, »und konnten uns nicht erklären, woher es kam. Es hörte sich an, als ob jemand mit dem Hammer Nägel einschlug.« Es waren die Stiefel Keitels und seiner Adjutanten. Der Feldmarschall hatte die Parole ausgegeben, »Haltung bewahren«. Wie vorher vereinbart, würdigten die Alliierten am grünen Präsidiumstisch den militärischen Gruß des OKW-Chefs mit seinem Marschallstab nicht mit der geringsten Reaktion. Die schmissige Geste erstarrte zur steifen Gebärde. So prägte sich der Eindruck Keitels bei seiner letzten

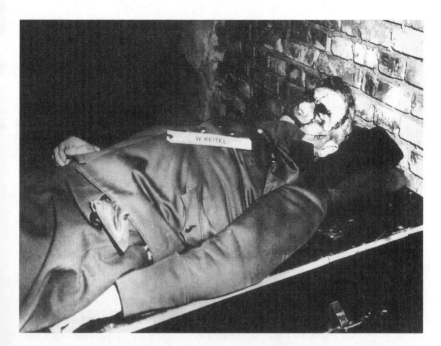

Das Todesurteil hat mich nicht überrascht, die Art der Vollstreckung aber schwer getroffen. Ich bitte Sie,... mir bei einem Gnadengesuch zu helfen, das die Umwandlung der Vollstreckung in einen Soldatentod durch Erschießen zum Ziel hat.

Keitel, Brief an seinen Verteidiger Otto Nelte vom 1. Oktober 1946

»*Das ist meine Schuld...*« *Keitel nach seiner Hinrichtung, 1946.*

Er diente gut und wurde gut bedient.

Nikolaus von Below, Adjutant bei Hitler

Alles für Deutschland.

Keitels letzte Worte vor seiner Hinrichtung am 16. Oktober 1946

Amtshandlung vor den Wochenschaukameras ganz nach dem Weltbild der Sieger ein: ein borniertier preußischer Kommißkopf. Nach der Unterzeichnung wartete der Feldmarschall schicksalsergeben auf Anweisungen der Sieger. »Wie wird es jetzt weitergehen?« fragte er seinen Luftwaffenoffizier Karl Böhm-Tettelbach. »Sie werden uns jetzt gefangennehmen und erschießen«, mutmaßte der Gefragte.

Tatsächlich wurde Keitel erst fünf Tage darauf in Flensburg auf amerikanisches Drängen hin festgenommen. Die Möglichkeit, seinem Leben ein Ende zu setzen, wie es so viele der Hauptverantwortlichen vorgezogen hatten, hat er nicht genutzt. Seinem Sohn schrieb er, er wolle als Angeklagter in Nürnberg »diese letzte Aufgabe vor Volk und Geschichte« erfüllen. Trotz aller Verdrängung und Beschönigung der eigenen Rolle im Zeugenstand hinterließ Keitels offenes Eingeständnis, er stehe für alles gerade, was er unterschrieben habe, bei vielen Beobachtern einen nachhaltigen Eindruck. Im Gegensatz zu den meisten anderen kämpfte er nicht mehr darum, »seinen Kopf zu retten«, wie sein Verteidiger festhielt, sondern nur noch »um sein Gesicht«. Auch wenn er sich von einem Geständnis durch Görings Veto doch noch abbringen ließ, so gehört sein Schlußwort im Prozeß wohl zu den bemerkenswertesten Erklärungen deutscher Offiziere nach dem Krieg: »Ich habe geglaubt, ich habe geirrt und war nicht imstande zu verhindern, was hätte verhindert werden müssen. Das ist meine Schuld... Möge aus der klaren Erkenntnis der Ursachen, der unheilvollen Methoden und der schrecklichen Folgen dieses Kriegsgeschehens für das deutsche Volk die Hoffnung erwachsen auf eine neue Zukunft in der Gemeinschaft der Völker.« Seiner Bitte, durch die Kugel gerichtet zu werden, entsprachen die Richter nicht. Am 16. Oktober 1946 bestieg Keitel als zweiter, nach Ribbentrop, den hölzernen Galgen von Nürnberg. »Alles für Deutschland! Deutschland über alles!« lauteten seine letzten Worte.

Der Stratege

In Treue fest

Die Umwelt in der ich aufwuchs, war die Welt preußischen Soldatentums

Ein Krieg ist nur verloren, wenn man ihn verloren gibt

Wenn jeder Befehlshaber, der seine Lage für aussichtslos hält, kapitulieren wollte, so würde man niemals einen Krieg gewinnen

Mein Führer, Sie als Meldegänger des 1. Weltkrieges müßten doch eigentlich wissen, wie lange ein Befehl braucht, um die vorderste Truppe zu erreichen!

Ich bin fest entschlossen, die Ehre der deutschen Armee zu verteidigen

Der Feldmarschall von Manstein wird stets der legalen Staatsführung loyal zur Verfügung stehen

Preußische Feldmarschälle meutern nicht

Manstein

Loyalität – alle haben sie immer im Munde geführt, auch die Mansteins und Kluges haben alle ihre Zweifel damit totgeschlagen.

Albert Speer

Was immer Manstein eingewendet hat, es war nicht die Antwort eines Feldmarschalls.

Claus Schenk Graf von Stauffenberg

Mein Vater hat Hitlers wahre Natur verkannt. Er glaubte, durch Argumentation einen nachhaltigen Einfluß ausüben zu können.

Rüdiger von Manstein

Manstein war ein Nur-Soldat und hatte für den politischen Bereich einfach kein Gespür.

Georg Lindemann, Widerständler

Mansteins Versagen und seine Schuld liegen darin, daß er in den Jahren 1933–1945 nicht über das hinausgewachsen ist, was eine konservativ-preußisch-deutsche Tradition gebot.

Andreas Hillgruber, Historiker

Er war eine souveräne Autorität mit großer militärischer Erfahrung, und so wurde er von den Mitgliedern des Verteidigungsausschusses auch angesehen.

Ulrich de Maizière, Generalinspekteur der Bundeswehr

Manstein hat alles nur denkbar Mögliche getan, um dem Unternehmen zum Erfolg zu verhelfen. Er war auch bereit, dabei gegen Hitler zu handeln.

General Walther von Seydlitz

Er war eine soldatische Persönlichkeit von außergewöhnlichem Format. Hohe Intelligenz, enormes strategisches Können, kühne Entschlußkraft, großer Weitblick und sofortiges Erfassen des Wesentlichen zeichneten ihn aus.

Hans-Adolf von Blumröder, Generalstabsoffizier unter Manstein

Wir hielten den verhaßten von Manstein für unseren gefährlichsten Gegner. Seine technische Beherrschung aller, aber auch aller Situationen sucht ihresgleichen. Es wäre vielleicht schlecht um uns bestellt gewesen, wenn alle Generale der deutschen Wehrmacht sein Format besessen hätten.

Marschall Rodion Malinowski

Manstein war immer der Typ des Junkers und Militaristen, dem Ludendorffs Brutalität und Wahllosigkeit in den Mitteln Vorbild und inneres Gesetz war.

Franz Halder, 1946

In Wirklichkeit steckte im Menschen Manstein ein gutherziger und menschlich sehr empfindsamer Kern, den er mitunter durch eine etwas schroffe Art zu überspielen versuchte.

Rudolf Graf, Generalstabsoffizier unter Manstein

Manstein ist alles andere als ein Anhänger des nationalsozialistischen Regimes. Aber wir können im Augenblick nichts gegen ihn unternehmen, weil wir ihn nötig haben; wenigstens behauptet der Führer das.

Joseph Goebbels

Mansteins Gedanken bewegten sich natürlich häufig rückwärts. Denn wenn ich Leute sparen und Erfolg haben will, muß ich mich hin und her bewegen. Da sagte der Hitler häufig: Da wollen wir gar nicht darüber reden.

Hans-Georg Krebs, Generalstabsoffizier unter Manstein

Es gibt keinen Oberbefehlshaber, der sich so mit Hitler angelegt hat wie Manstein.

Johann Adolf Graf von Kielmansegg,
Offizier in der Operationsabteilung des OKH

Als unbequemer operativer Kopf ist von Manstein durch Hitler bewußt an seiner Entfaltung gehindert worden.

General Adolf Heusinger

Der Mann in Zivil war zweifellos vom Fach. Militärisch knapp und sachlich brachte der etwas ältere Herr am Rednerpult seine Meinung auf den Punkt. Auftreten und Wortwahl verrieten, aus welcher Tradition dieser Experte mit den scharf geschnittenen Gesichtszügen, der markanten Nase und dem graumelierten Haar stammte. Selbstbewußt und mit der Präzision eines preußischen Offiziers klärte er den Bundestagsausschuß für Verteidigung darüber auf, wie er zu einer der kontroversen Fragen der Nachkriegszeit stand: Wehrpflicht oder Berufsheer?

Elf Jahre nach Kriegsende hatte der Streit um das Wehrpflichtgesetz tiefe Gräben aufgeworfen – quer durch Parteien und Bevölkerung der jungen Republik. Wozu Wehrpflicht im Zeitalter der Atombombe? fragten die einen. Ein Berufsheer drohe zum Staat im Staate zu werden, befürchteten die anderen. Fest stand nur, daß die Bundesrepublik im Rahmen der NATO einen Verteidigungsbeitrag zu leisten hatte – auf welche Weise auch immer. In dieser heiklen Frage erhofften sich Bonns Politiker Antworten von militärischen Fachleuten, die früher selbst Berufssoldaten gewesen waren – in Hitlers Wehrmacht.

Gespannt hörten die Bonner Abgeordneten an diesem 20. Juni 1956, welche Marschrichtung der Gutachter vorschlug, den Hitler für den »besten Kopf« unter seinen Generälen gehalten hatte. Der Experte begann mit einer längeren sicherheitspolitischen Analyse, sprach über strategische Mächtekonstellationen im westlichen Bündnis, nannte die Bundesrepublik das am meisten bedrohte Land der NATO und kam zu dem Schluß: An der Wehrpflicht führe kein Weg vorbei. Sie müsse nur von ausreichender Dauer sein – mindestens 18, besser noch 24 Monate.

Damit lag Feldmarschall Erich von Manstein auf einer Linie mit den Plänen der »Dienststelle Blank«, des Vorläufers des Verteidigungsministeriums, die seinen Rat – auch in anderen militärischen Fragen – dankbar entgegennahm. Mit 69 Jahren wollte Manstein in der Führung der Bundeswehr zwar keine aktive Rolle mehr spielen, doch hielt er es für seine Pflicht, Wissen und Erfahrung in den Dienst der neuen Armee zu stellen – einer Streitmacht, die einen demokratischen Staat verteidigen und nie mehr für eine kriminelle Diktatur einen Angriffskrieg führen sollte. Erst zwölf Jahre waren vergangen, seit Hitler den Feldmarschall auf dem Zenit des Krieges entlassen und zur Untätigkeit verurteilt hatte. Dabei verdankte der Diktator diesem preußischen Feldherrn bedeutende Erfolge: den Triumph über Frankreich 1940 etwa, den größten militärischen Erfolg der deutschen Militärgeschichte; oder die Eroberung der Krim; oder die Stabilisierung der Ostfront nach der Katastrophe von Stalingrad. Es waren kriegerische Leistungen, denen selbst der Gegner Respekt zollte. Marschall Rodion Malinowski, Oberbefehlshaber der sowjetischen Südfront, urteilte über seinen direkten Kontrahenten: »Wir hielten den verhaßten Erich von Manstein für unseren gefährlichsten Gegner. Seine technische Beherrschung aller, aber auch aller Situationen suchte ihresgleichen. Es wäre vielleicht schlecht um uns bestellt gewesen, wenn alle Generäle der deutschen Wehrmacht sein Format besessen hätten.« Der britische Militärhistoriker Sir Basil Liddell-Hart sah in ihm den »fähigsten unter allen deutschen Generälen«. Und das amerikanische Magazin *Time* widmete diesem deutschen Feldmarschall noch während des Krieges, am 10. Januar 1944, eine Titelgeschichte. Solcher Lorbeer nährte den Mythos um das »militärische Genie« Manstein – einen Feldherrn, dessen Leben die Schicht preußisch-konservativ geprägter Generäle repräsentiert, die dem Nationalsozialismus meist reserviert oder ablehnend gegenüberstanden und die dennoch zu funktionierenden Werkzeugen Hitlers wurden.

Es war noch sehr früh am Morgen des 31. März 1944, als Manstein in seinem Hauptquartier an der Ostfront aus dem kurzen Schlaf gerissen wurde. Demnächst, hatte das »Führer«-Hauptquartier soeben gekabelt, werde eine Condor-Maschine Hitlers bei Lemberg landen und den Befehlshaber zum »Führer« bringen. Manstein wußte, was das hieß. Schon seit längerem hatte er geahnt, daß es irgendwann soweit sein würde. Jeder rechnete damit – die Offiziere in seinem Stab, die Generäle im Oberkommando des Heeres (OKH). Es lag in der Luft. Jetzt war der Moment gekommen.

Erst am Abend zuvor hatte das OKH per Fernschreiben der Heeresgruppe Süd mitgeteilt, ihr Oberbefehlshaber, Feldmarschall Erich von Manstein, werde »zur Wiederherstellung der Gesundheit« beurlaubt. Krankheit als Entlassungsgrund? Manstein litt an grauem Star, hatte die längst fällige Augenoperation immer wieder aufgeschoben. Doch so schlecht war es um seine Gesundheit auch wieder nicht bestellt, als daß er als Befehlshaber untragbar geworden wäre. Die Entlassung hatte andere Hintergründe. Sie war Tief- und Endpunkt einer langen Serie zäher Auseinandersetzungen mit Hitler.

Eigentlich hatte der »Führer« als oberster Kriegsherr diesen unbequemen Feldherrn, der aus seiner Meinung nie ein Hehl machte, schon ein Jahr früher absetzen wollen – damals, als in Stalingrad eine ganze Armee verblutet war und die südliche Front im Osten zusammenzubrechen drohte. Doch er zögerte. Noch meinte er, nicht auf den Mann verzichten zu können, der so viele Schlachten siegreich geschlagen hatte, der mit »Feldherrnkunst« auch scheinbar aussichtslose Situationen zum Besseren wenden konnte. Mit Manstein hatte Hitler große Offensiven führen wollen, Palästina erobern, nach Indien vorstoßen, ein Weltreich erkämpfen – wahnhafte Illusionen, von denen auch er im März 1944 längst nicht mehr sprach. Auf den Schlachtfeldern im Osten zerrieb sich Deutschlands Heer in schweren Rückzugsgefechten. Die Zeit großer Offensiven war endgültig vorüber – und damit, meinte Hitler, auch die Zeit eines Feldmarschalls, der ihm nach außen hin loyal geblieben war, wenn auch nicht gesinnungstreu ergeben. Feldmarschall Erich von Manstein war Hitler lange genug nützlich gewesen.

Den Schlußpunkt setzte ein erneuter Streit am Kartentisch. Wieder war ein großer Heeresverband eingekesselt worden, diesmal die Erste Panzerarmee bei Kamenez-Podolsk. Wieder forderte Hitler, keinen Fußbreit zurückzuweichen. Wieder forderte Manstein, den Ausbruch zu genehmigen. Nur in den seltensten Fällen war Hitler bereit, auf solches Drängen überhaupt einzugehen. Doch diesmal ließ sich Manstein nicht länger mit fadenscheinigen Argumenten abspeisen. Er drohte mit Rücktritt – und hatte Erfolg. Hitler lenkte ein. Es war Mansteins letzter der »verlorenen Siege«, wie er später alle seine Erfolge nennen sollte. Denn Hitler hatte von der Zusammenarbeit mit diesem begabten und eigensinnigen Militär endgültig genug.

Am 31. März empfing der »Führer« Manstein in der großen Halle seines Berghofs, wo ein überdimensionales Panoramafenster bei guter Sicht den Blick bis auf Salzburg freigab. Der

»Er ist ein ›Herr‹ und etwas schwierig...« Manstein nach seiner Ernennung zum Feldmarschall, Juli 1942.

Ich bin in erster Linie Soldat.

Manstein

Der fähigste deutsche General war Feldmarschall Erich von Manstein.

Basil Liddell-Hart, britischer Militärhistoriker

Er war kein politischer General.

Hans-Adolf von Blumröder, Generalstabsoffizier unter Manstein

Kriegsherr schien in aufgeräumter Stimmung zu sein. Trotz aller Differenzen hatte er Manstein gegenüber stets die Haltung bewahrt, war nie ausfällig oder beleidigend geworden. Er schätzte die Fähigkeiten dieses preußischen Militärs ebenso, wie er ihm mißtraute. Davon war aber bei diesem Empfang nichts zu spüren – im Gegenteil: Hitler fand verbindliche Worte, lobte Mansteins Leistungen und verlieh ihm eine der höchsten militärischen Auszeichnungen, die Schwerter zum Eichenlaub des Ritterkreuzes. Dann kam der Diktator zur Sache.

Hitler habe ihm erklärt, notierte Manstein in sein Tagebuch, »er habe sich entschlossen, die Heeresgruppe anderweitig (mit Model) zu besetzen. Im Osten sei die Zeit der Operationen größeren Stils, für die ich besonders geeignet gewesen sei, abgeschlossen. Es komme jetzt hier nur noch auf starres Festhalten an.« Von einer Vertrauenskrise zwischen ihm und Manstein könne keine Rede sein. Nein, er habe noch immer »vollstes Vertrauen« und werde nie vergessen, daß es Manstein gewesen war, der den Operationsplan für den siegreichen Frankreichfeldzug entworfen und die Krim erobert hatte. Manstein mußte es vorkommen, als hörte er seinen eigenen Nachruf. Dann wünschte Hitler seinem Gast das Beste für die beabsichtigte Augenoperation und versicherte, ihn bald wieder verwenden zu wollen – als »Oberbefehlshaber West«. Manstein war entlassen, ein Feldmarschall ohne Aufgabenbereich.

Dabei sah Manstein noch immer, auch in der aussichtslosen Kriegslage des Frühjahrs 1944, Chancen für ein militärisches Remis, wenn nur die Ostfront lang genug hielte. Mehrmals hatte Manstein mit dem Gedanken gespielt, Hitlers Entscheidung zuvorzukommen. Zu verschieden waren die Ansichten beider Feldherren, wie der Krieg geführt werden müsse: mit beweglichen Operationen, wie Manstein es wollte, oder mit sturem Halten, worauf Hitler beharrte. Die Kluft ließ sich nicht mehr überbrücken, doch bis zuletzt hielten Pflichtgefühl und Gehorsam diesen tief mit Preußens Tradition und Tugenden verbundenen Soldaten davon ab, die Konsequenzen zu ziehen, als Befehlshaber zurückzutreten oder gar einen Staatsstreich gegen den Tyrannen aktiv zu unterstützen. Hitler verkörperte für Manstein die »legale« Staatsführung, der er sich als »unpolitischer Soldat« zu Gehorsam und Loyalität verpflichtet sah. So hatte man es ihn als Kadett im Kaiserreich gelehrt. So handelte er als Befehlshaber einer Heeresgruppe an der Ostfront: Als Soldat habe er

»…von Lewinski genannt von Manstein.« Der zweijährige Erich von Manstein mit seiner Adoptivmutter und Adoptivschwester.

Wie ich mit Spreewasser getauft bin, so sollte auch später Berlin meine Heimat werden, und sicherlich kommt in meinem Wesen auch ab und an der Berliner zum Vorschein.

Manstein

Ich bin eine glückliche Natur, weil ich unermüdlicher Optimist bin und keine Komplexe habe.

Manstein

seine Pflicht zu erfüllen, nichts weiter – frei nach Bertolt Brecht: Erst kommt der Gehorsam, dann die Moral.

Das Soldatische war Manstein in die Wiege gelegt, seine Erziehung tat ein übriges. Geboren am 24. November 1887 in Berlin, war er das zehnte Kind der Lewinskis, einer alten preußischen Offiziersfamilie, und wurde bei der Taufe von den Mansteins adoptiert. Die Damen Lewinski und Manstein waren Schwestern, und da Hedwig von Mansteins Ehe kinderlos geblieben war, beschlossen sie, daß das zehnte Kind der Lewinskis, wenn es denn ein Junge war, den Namen Manstein tragen sollte. Am 24. November 1887 las in Rudolstadt das Ehepaar von Manstein in einem Telegramm aus Berlin: »Euch ist heute ein gesunder Junge geboren. Mutter und Kind wohl. Herzlichen Glückwunsch. Helene und Lewinski.« Fortan hieß das Kind »von Lewinski genannt von Manstein«.

Die Mansteins, preußischer Uradel, stellten Offiziere seit der Zeit des Großen Kurfürsten und boten ihrem Adoptivsohn eine Erziehung in der Tradition des preußischen Offizierskorps. Von frühester Jugend an wünschte sich Erich von Manstein, wie seine Vorfahren als Soldat dem preußischen König zu dienen. Ihm sei, wie er es nannte, »ein gewisses soldatisches Erbgut zuteil geworden«. Nach der Schulzeit in Straßburg – »bei mehr Fleiß«, so ein Lehrer, »könnte er weit Besseres leisten« – begann Mansteins Soldatenkarriere 1900 mit der strengen Zucht des kaiserlichen Kadettenkorps in Plön und der Hauptkadettenanstalt Berlin-Lichterfelde. Gehorsam, Ehrgefühl, Kameradschaft – gedrillt unter diesen Maximen, trat Manstein 1906 als Fähnrich ins 3. Preußische Garderegiment zu Fuß ein. Es war eine Eliteschmiede, aus der auch der spätere Reichspräsident Generalfeldmarschall Paul von Hindenburg, ein angeheirateter Verwandter Mansteins, und der letzte Reichskanzler der Weimarer Republik, General Kurt von Schleicher, hervorgegangen waren. Bilder aus dieser Zeit zeigen einen schmächtigen, klein gewachsenen Jungen, dem, wie er später seinen Kindern schmunzelnd erzählte, beim Tanzunterricht und bei Theateraufführungen immer die Rolle der »Dame« zugewiesen worden sei.

Kadetten aus Lichterfelde erfreuten sich hohen Ansehens, und es gehörte zu den Höhepunkten von Mansteins Jugend, 1905 als Leibpage der russischen Großfürstin Wladimir die Hochzeit des Kronprinzen Wilhelm und im folgenden Jahr die

»Erziehung zum preußischen Offizier...« Manstein als Leibpage der russischen Großfürstin Wladimir bei der Hochzeit des Kronprinzen Wilhelm, Juni 1905.

Mir ist ein gewisses soldatisches Erbgut zuteil geworden.

Manstein

Er wollte was werden, er wollte was sagen, wollte was darstellen.

Johann Adolf Graf von Kielmansegg,
Offizier in der Operationsabteilung des OKH

Silberne Hochzeit des Kaiserpaars mitzuerleben. Die Kriegsakademie in Berlin mußte der junge Leutnant Manstein vorzeitig abbrechen, als im August 1914 der Krieg ausbrach. Der im Zweiten Weltkrieg »gefährlichste Gegner der Alliierten« verfügte über keine ordnungsgemäß abgeschlossene Generalstabsausbildung. Doch schon als Adjutant in einem Füsilierbataillon bewies er, wie ausgeprägt seine militärische Begabung war. Er sei, lobte sein Kommandeur, der »beste Adjutant, den ich je hatte«.

Begeistert zog Manstein in den Krieg, nahm an der Eroberung der Festung Namur, an den Schlachten an den Masurischen Seen, an der Somme, bei Soissons und Reims, zwischen Marne und Vesle teil – und wurde einmal, beim Herbstfeldzug in Polen, schwer verwundet. Am 17. November 1914 trafen ihn im Nahkampf bei Kotowice zwei Gewehrkugeln: in die Schulter und den Ischiasnerv. Seither war Mansteins rechtes Bein taub. Nach sechs Monaten Lazarett in Wiesbaden erlebte er den Krieg in verschiedenen Generalstabsstellen, kämpfte bei den letzten deutschen Offensiven im Juli 1918, bis ihm der Zusammenbruch im November desselben Jahres einen schweren Schock versetzte. Kaiserdämmerung – das bedeutete für Manstein den traumatischen Verlust eines mit der Monarchie unzertrennlich verbundenen Wertesystems. »Als am 9. November 1918 der Kaiser auf seine Krone verzichtete, war dies für die Soldaten der Zusammenbruch der Welt.« Wie seine Vorfahren hatte er auf Preußens König den Eid geleistet. Die Armee war in seinen Augen »königlich«, ohne den Monarchen »nicht mehr denkbar«. Der Verlust der alten Welt wog um so schwerer, als die neue Chaos und Unordnung verhieß. »Mit Revolution und Waffenstillstand«, schrieb Manstein, »ging meine militärische Jugendzeit zu Ende. An die Stelle des Kaisers und Königs, dem wir verpflichtet waren, trat der Begriff des ›Reichs‹, ein abstrakter, man könnte sagen, ein mythischer Begriff.«

Noch abstrakter wirkte aus seiner Sicht die neue Staatsform, die Republik. Wie die meisten Offiziere seiner Herkunft stand ihr Manstein, als Hauptmann in die Reichswehr übernommen, mit ablehnender Skepsis gegenüber. Doch hielt er sich an die Maxime von Generaloberst Hans von Seeckt, der als Chef der Heeresleitung die Armee als unpolitisch und, wie er sich ausdrückte, im »Geist schweigender, selbstloser Pflichterfüllung« verstanden wissen wollte. Gehorsam, Treue, Pflichterfüllung

»Gehorsam, Treue, Pflichterfüllung...« Manstein als Hauptmann im Generalstab, 1917.

Der beste Adjutant, den ich je hatte!

General von Schulzendorff über Manstein

Manstein war ein großzügiger Vorgesetzter, ein vollkommener Gentleman, aber ein unbequemer Untergebener. Unter seinen Altersgenossen hatte er nicht allzu viele Freunde.

General Siegfried Westphal

Als am 9. November 1918 der Kaiser auf seine Krone verzichtete, war dies für die Soldaten der Zusammenbruch ihrer Welt.

Manstein

blieben für Manstein zeit seines Lebens Primärtugenden. Gleichwohl ließ er von Beginn seiner Laufbahn keinen Zweifel daran, daß er sich für höhere Posten berufen fühlte – aus Prestigegründen und aus dem Bedürfnis heraus, Verantwortung zu übernehmen. Zielstrebig hatte Manstein inzwischen auch sein Privatleben geordnet. Im Januar 1920 fiel ihm bei Verwandten in Schlesien eine junge Frau namens Jutta Sibylle von Loesch auf. Drei Tage später ersuchte er um ihre Hand. Die Ehe, aus der drei Kinder hervorgingen, hielt ein Leben lang.

An Selbstbewußtsein und Durchsetzungsvermögen hatte es Manstein nie gefehlt. Als junger Offizier mochte er zwar in den Augen älterer Kameraden etwas vorlaut und respektlos wirken, aber gerade diese Eigenschaften verhalfen ihm zum Durchbruch im Offizierskorps. Im Herbst 1929, als Major ein Neuling in der Operationsabteilung des Generalstabs, dem Herzstück der Reichswehr, nahm sich Manstein sogleich den ersten Mobilmachungsplan der Armee vor. Akribisch rechnete er alle Positionen nach – und entdeckte eklatante Schwächen. Sein Gegenvorschlag überzeugte die Vorgesetzten auf Anhieb. Das Nachsehen hatte Oberstleutnant Wilhelm Keitel, später Chef des Oberkommandos der Wehrmacht, aus dessen Abteilung der verworfene Plan stammte. Keitel mußte nacharbeiten, was dem jungen, ehrgeizigen Major von Manstein neben dem Respekt der Souveränen auch den lebenslangen Neid der Mittelmäßigen einbrachte. Bis zu seiner Entlassung und darüber hinaus verband Manstein mit Keitel ein Verhältnis gegenseitiger Abneigung.

Bei manchen seiner Altersgenossen und vielen Ranghöheren im Offizierskorps war der fachlich überlegene Manstein nie sonderlich beliebt gewesen. Er galt als arroganter Besserwisser, der tatsächlich vieles wirklich besser wußte, schneller erkannte, präziser formulierte. Immer wieder bewies er, daß mit ihm als einem kommenden Mann zu rechnen war. »Fortan«, schrieb Manstein nach dem Krieg, »gewann meine Ansicht als Mitglied der Operationsabteilung ein gewisses Gewicht.« Die jüngeren Offiziere bewunderten das »operative Wunderkind«: »Der braucht gar nicht nachzudenken, er schüttelt es aus dem Ärmel.«

Zweifellos hatte er sich mit der fundierten Analyse des Mobilmachungsplans für höhere Aufgaben im Generalstab empfohlen. Doch die Tradition der Reichswehr sah vor, daß Offiziere immer wieder auch Dienst in der Truppe zu verrichten hatten. Von Oktober 1932 bis Januar 1934 kommandierte Manstein in Kolberg ein Bataillon. Im gepflegten Städtchen an der Ostsee erlebte er »die schönsten und die sorgenlosesten Jahre« seiner Laufbahn. Es bekümmerte ihn auch kaum, was am 30. Januar 1933 im fernen Berlin vor sich ging. Hitlers Machtübernahme sah der preußisch-konservative Bataillonskommandeur weniger als Bedrohung denn als Chance, Deutschland wieder »zu alter Größe« zu verhelfen – mit einer starken Armee. Vor allem Hitlers Versprechen, den Versailler Vertrag revidieren zu wollen, nahm ihn für den neuen Machthaber ein. Kaum etwas hatte Manstein in jenen Jahren mehr Sorgen bereitet als das Schreckgespenst eines Angriffs der Nachbarländer auf das nahezu wehrlose Reich. Der Abschied von der Republik fiel ihm auch deshalb nicht allzu schwer. Als Besucher einiger Reichstagssitzungen hatte ihn das »unwürdige Gezänk« der Parteien »angewidert«. Seine vernichtende Bilanz nach 14 Jahren Republik: »Ohnmacht nach außen und Zerrissenheit im Inneren«. »Es blieb nur der Ausweg einer vorübergehenden Diktatur durch den Führer der stärksten Partei. Wenn im übrigen der alte Hindenburg diese Lösung annahm, dann war für uns Soldaten die Sache in Ordnung.« So einfach erschien das. »Demokratie« war ein Schimpfwort.

Zwar mißfiel Manstein, laut Selbstbekundung einem »wirklichen ›Herrn‹ im guten Sinne dieses Wortes«, wie ungehobelt Hitlers Partei auftrat, doch wollte er zunächst nur wahrhaben, was sich zum vermeintlich Besseren wandelte: der Rückgang der Arbeitslosigkeit etwa oder Hitlers außenpolitische Erfolge. Und die Konzentrationslager, die Verfolgung von Juden und allen, die anders dachten als die neuen Machthaber? Manstein behauptete 1949: »In annähernd vollem Umfang ist mir das alles nicht bewußt geworden.« Wie tief die Kluft zwischen seinem preußischen Konservativismus und Hitlers Nationalsozialismus war, blieb Manstein lange verschlossen, obwohl er früh in Konflikt mit der Rassenpolitik des NS-Regimes geriet und offen gegen einen Beschluß des Reichswehrministeriums protestierte. Am 28. Februar 1934 hatte Minister Werner von Blomberg verfügt, den »Arierparagraphen« auch im Heer anzuwenden. Manstein, seit Februar 1934 Chef des Stabes des Wehrkreiskommandos III in Berlin, war empört. Am 21. April protestierte er dagegen in einer Denkschrift an seinen Vorgesetzten Generalleutnant Ludwig Beck, den Chef des Truppenamtes, also des Generalstabs. Kein zweiter deutscher Offizier wagte es, gegen den »Arierparagraphen« anzugehen. Ein Akt des Widerstands?

Es gehörte Zivilcourage dazu, sich dem Paragraphen zu widersetzen, und der Stratege wußte, daß ein frontaler Angriff in diesem Fall kaum Aussicht auf Erfolg bot. Seinen Protest kleidete er deshalb in Phrasen, die an seiner ideologischen Loyalität keinen Zweifel lassen sollten: »Daß wir alle Nationalsozialismus und Rassegedanken restlos bejahen, steht außer Zweifel. Wir dürfen aber meines Erachtens nicht die Soldatenehre vergessen, die uns bisher unlöslich aneinander gekettet hat.« Ausdrücklich wandte sich Manstein nur gegen die *rückwirkende* Anwendung des Paragraphen. Daß er in Zukunft gelten sollte, schien ihm weniger problematisch zu sein. Kein Wort davon in dem Schreiben, das dennoch genug Brisanz enthielt, um Blomberg die Zornesröte ins Gesicht zu treiben. Ein preußischer Offizier, der sich gegen den Minister wendet: Blomberg war so verärgert, daß er den aufsässigen Manstein disziplinarisch bestrafen wollte. »Nur Fritsch [der Oberbefehlshaber des Heeres] hat das verhindert«, so Manstein 1949.

Die treibende Kraft hinter dieser »rassenpolitischen« Maßnahme sah und hörte Manstein zum ersten Mal im Frühjahr 1934, als die Spannungen zwischen der Reichswehr und der SA unter Ernst Röhm, der eine »Volksarmee« anstrebte, zu eskalieren drohten. Hitler hatte den sich verschärfenden Konflikt lange tatenlos beobachtet. Jetzt, Ende März 1934, sah er die Zeit gekommen, ein Machtwort zu sprechen. Im Berliner Reichswehrministerium versammelte er Spitzenvertreter von Reichswehr, SA und SS, um klarzustellen, wer einziger »Waffenträger der Nation« sei und es auch bleiben werde: die Reichswehr. Es folgte der übliche Monolog vom Unrecht von Versailles, von notwendiger Aufrüstung, vom Lebensraum für das deutsche Volk.

Hitlers Rede verfehlte auch bei Manstein ihre Wirkung nicht. »Ich kann nicht umhin zu sagen, daß sie einen starken Eindruck auf mich machte.« Trotz Hitlers Schiedsspruch blieben die Spannungen zwischen SA und Reichswehr bestehen. Die Armee fühlte sich weiter von der SA bedroht, und auch Manstein rechnete mit »dem Schlimmsten«: einem Staatsstreich der Parteigarde. Vorsorglich schickte er seine drei Kinder Gisela, Gero und Rüdiger in die Ferien zur Großmutter nach Schlesien. »Er rechnete jeden Tag mit seiner Verhaftung«, erinnert sich Mansteins Tochter Gisela. Die SA hatte im Haus gegenüber Mansteins Büro MG-Stände errichtet.

Am 30. Juni 1934 setzte Hitler der Krise mit der ersten großen Mordaktion seiner Herrschaft ein blutiges Ende. Wenngleich bei vielen Offizieren der Reichswehr Genugtuung darüber herrschte, den Konkurrenten SA nun endlich losgeworden zu sein, war man doch empört über den gleichzeitig erfolgten Mord an den Generälen von Bredow und von Schleicher. Manstein unterstützte den Versuch, seinen kommandierenden General zu einem Protest bei Reichswehrminister von Blomberg zu bewegen. Doch die Initiative verlief im Sande. Ohnehin hatte sich die Aufregung rasch wieder gelegt. So schwerwiegend die Verbrechen in Mansteins Augen auch waren, ein Staatsstreich der Reichswehr kam für ihn dennoch nicht in Frage:»Eine nachträgliche gewaltsame Auflehnung der Reichswehr gegen den Rechtsbruch Hitlers hätte den Bürgerkrieg bedeutet.« Ein Eingreifen der Armee hätte »der bewaffneten Macht das Recht der Kontrolle über die Staatsführung zugestanden«. Heer und Politik hätten eben nichts miteinander zu tun. So wagten es die Offiziere der Reichswehr nicht einmal, gegen die Ermordung zweier Kameraden zu protestieren. Sie schwiegen – und nahmen es wortlos hin, daß sie nach dem Tod des Reichspräsidenten Paul von Hindenburg am 2. August 1934 den Eid auf Hitler persönlich zu leisten hatten.

Zur NS-Ideologie wahrte Manstein Distanz. Karriere machte er dennoch. Hitler rüstete auf, da waren Experten gefragt. Am 1. Juli 1935 rückte Manstein an die Spitze der Operationsabteilung vor und wurde am 1. Oktober 1936 zum Generalmajor befördert. Als Oberquartiermeister I wirkte er nun im innersten Führungszirkel des Heeres – mit der Aussicht, einst den von ihm verehrten General Ludwig Beck als Chef des Generalstabs zu beerben.

Manstein hatte eigentlich damit gerechnet, nach den zahlreichen Versetzungen nun in Berlin seßhaft zu werden. Er kaufte sich und seiner Familie ein Haus am Thielpark. Die Mansteins waren fest etabliert – gehobenes Bürgertum mit illustrer Nachbarschaft aus der Film- und Finanzwelt. Die Berliner Idylle währte jedoch nur wenige Jahre. »Eines Morgens«, schildert Mansteins Tochter, »wurde mein Vater angerufen. Er sei mit sofortiger Wirkung in Berlin abgelöst und nach Liegnitz versetzt.«

Das war im Februar 1938, und der Schock saß tief. Vor allem die Hintergründe seiner Versetzung bestürzten Manstein. Mit einem Doppelschlag hatte sich Hitler der Wehrmachtsspitze entledigt. Konnte Manstein für die Entlassung von Reichskriegsminister Werner von Blomberg, der eine Frau mit zweifelhafter Vergangenheit geheiratet hatte, noch Verständnis aufbringen, so war der Sturz des Oberbefehlshabers des Heeres, Werner Freiherr von Fritsch, für ihn ein Schlag ins Gesicht. Fritsch, den Manstein für einen »Mann von großem militärischen Können, klarem Charakter, soldatischem Auftreten und kameradschaftlicher Haltung« hielt, war in einer raffiniert eingefädelten Intrige zu Unrecht als »homosexuell« diskreditiert und abgesetzt worden. Damit stand auch Mansteins Posten zur Disposition. Als enger Mitarbeiter des entlassenen Oberbefehlshabers zählte er zum Kreis jener Militärs, die eine vom Staat unabhängige Armee befürworteten, die Hitler bis zuletzt verdächtig blieben, weil sie keine Nationalsozialisten waren, sondern konservative Preußen.

Allen voran hatte sich Wilhelm Keitel, der neue Chef des Oberkommandos der Wehrmacht, dafür stark gemacht, daß sein Konkurrent Manstein in die schlesische Provinz abgeschoben wurde. In Liegnitz sollte Manstein die neu aufgestellte 18. Infanteriedivision kommandieren. Formal war das ein Aufstieg, tatsächlich aber eine Kaltstellung. Eine eigene Division hatte er sich immer gewünscht – nur nicht eben jetzt, da er sich im Streit um die Spitzengliederung der Wehrmacht vielleicht bald gegen Keitel durchgesetzt hätte. Nicht jetzt, da er als sicherer Nachfolger Becks galt. »Damit war es nun vorbei. Die für jeden Generalstabsoffizier ehrenvollste Aufgabe, einmal den Platz einnehmen zu dürfen, auf dem ein Moltke, Schlieffen und ein Beck gewirkt hatten, war für mich begraben.« Bei der Übergabe drückte Manstein seinem Nachfolger Franz Halder die Schlüssel für den Panzerschrank in die Hand, sagte schroff: »So, das können Sie sich durchlesen. Auf Wiedersehen«, drehte sich um und ließ Halder stehen.

»Die Erschütterung und Niedergeschlagenheit meines Vaters war nicht zu beschreiben«, erinnert sich Mansteins Tochter Gisela. »Es war nicht mit ihm zu reden. Meine Mutter versuchte, ihn aufzuheitern. Liegnitz sei doch in Schlesien und sicher eine hübsche Stadt. Wir kannten es bisher nur als Bahnhof, auf dem Liegnitzer Gurken und Pfefferkuchen angepriesen wurden. Mutter holte also den Baedeker-Reiseführer, und darin stand ausgerechnet: ›Liegnitz, Gartenstadt am Fuße des Riesengebirges, Aussteigen lohnt nicht!‹ Mein Vater sagte nur: ›Na siehste...‹« Zutiefst enttäuscht verkaufte Manstein das erst kurz zuvor erworbene Haus in Berlin an einen Direktor der AEG. »Mein Vater«, so seine Tochter, »hatte sich geschworen, nie wieder ins Ministerium, überhaupt nie wieder nach Berlin zurückzukehren.«

Doch bevor Manstein seinen neuen Posten in Liegnitz antrat, wurden seine Fähigkeiten noch einmal in Berlin gebraucht. Am 7. März 1938 bestellte Hitler Beck und Manstein in die Reichskanzlei. Der »Führer« hatte Überraschendes parat: Er wolle in Österreich einrücken. Schon nach fünf Stunden hatte Manstein die Aufmarschbefehle ausgearbeitet. Am 12. März marschierte die Wehrmacht in Österreich ein, tags darauf flog Manstein nach Wien, um die Eingliederung der österreichischen Truppen vorzubereiten. Es war seine letzte Tat im Oberkommando des Heeres.

Von Liegnitz aus beobachtete Manstein, wie Hitler immer aggressiver auf Kriegskurs ging und wie sein ihm freundschaftlich verbundenes Vorbild, Generalstabschef Beck, zusehends mehr in Konflikt damit geriet. In einer Reihe von Denkschriften warnte Beck, ein Vorgehen gegen die Tschechoslowakei könne Krieg in Europa bedeuten. Er hielt Hitler für einen Mann ohne Skrupel und schlug Generaloberst Walther von Brauchitsch, dem Oberbefehlshaber des Heeres, einen kollektiven Rücktritt der Wehrmachtsspitze vor, falls der »Führer« auf seinen Kriegsabsichten beharren sollte. »Es ist ein Mangel an Größe und Erkenntnis der Aufgabe«, versuchte er Brauchitsch ins Gewissen zu reden, »wenn ein Soldat in höchster Stellung in solchen Zeiten seine Pflichten und Aufgaben nur in dem begrenzten Rahmen seiner militärischen Aufträge sieht, ohne sich der höchsten Verantwortung vor dem gesamten Volk bewußt zu werden. Außergewöhnliche Zeiten verlangen außergewöhnliche Handlungen.« In dieser Situation scheute Beck auch vor dem Gedanken an einen Staatsstreich nicht zurück. Manstein aber beschwor ihn, im Amt zu bleiben – trotz unterschiedlicher Meinungen über die »politische Führung«. Gerade in diesen Zeiten brauche man Männer seines Schlages. Beide Militärs blieben sich treu: Beck trat zurück, als ihm im Kampf gegen den Krieg kein General folgen wollte. Manstein harrte gehorsam auf seinem Posten aus, obwohl auch er Hitlers Kriegskurs bedenklich fand. Ein Soldat, so seine Grundhaltung, müsse sich unterordnen, habe nicht am Primat der Politik zu rütteln.

Beflissen tat Manstein seine Pflicht, führte beim Einmarsch ins Sudetenland die Truppen südlich von Budweis. Nun fand er nur noch selten Zeit für seine Familie in Liegnitz. Die Karriere forderte ihren Tribut. Kam er nach Hause, so suchte er bei seinen Hobbys – klassische Musik (Mozart), Geschichte, Sprachen oder Gartenarbeit – Ausgleich vom Soldatenleben. »Wenn Vater vom Dienst kam«, erinnert sich Mansteins Tochter Gisela heute, »zog er sich sofort um, noch ehe er uns ›Guten Tag‹ sagte. Er redete nie vom Dienst, das war tabu. Überhaupt mochte er Leute nicht, die ständig vom Kommiß redeten, oder alte Exzellenzen, die vom Krieg 1870/71 erzählten.«

Alte Kriege interessierten nicht, und an einen neuen wollte Manstein nach all den unblutigen »Blumenkriegen« nicht glauben. »Wir wußten, daß Hitler seit 1938 verhandelte, um die polnisch-deutsche Grenzfrage aus der Welt zu schaffen. Über den Verlauf erfuhren die Generäle nichts. Dagegen war die Garantie Großbritanniens bekannt. Keiner war so kurzsichtig, um nicht eine tödliche Warnung zu erkennen. Aus diesem Grund waren wir überzeugt, daß es doch keinen Krieg geben würde. Wir erinnerten uns einer Erklärung Hitlers, daß er niemals einen Zweifrontenkrieg entfesseln werde.«

Manstein sollte sich täuschen. Am 31. August 1939 um 17 Uhr bekam die Heeresgruppe Süd unter dem Kommando Gerd von Rundstedts den Befehl, Polen anzugreifen. Als Generalstabschef arbeitete er die Angriffspläne auf Warschau aus, und nachdem im Oktober die Kämpfe erfolgreich beendet waren, wurde die Heeresgruppe Rundstedt an die Westfront verlegt, wo Hitler auf eine Offensive drängte. Am 23. November 1939 ließ Hitler seine hohen Generäle und Admirale, darunter Manstein, bei einem »Befehlsempfang« auf dem Obersalzberg wissen, was die Stunde geschlagen hatte: »Mein Entschluß«, schleuderte Hitler den Militärs entgegen, »ist unabänderlich. Ich werde Frankreich und England angreifen zum günstigsten und schnellsten Zeitpunkt. Verletzung der Neutralität Belgiens ist bedeutungslos. Kein Mensch fragt danach, wenn wir gewonnen haben.« Dann drohte er seinen Generälen, die er gerne als »Angsthasen« mit »Heilsarmee-Methoden« schmähte: »Ich werde vor nichts zurückschrecken und jeden vernichten, der gegen mich ist.« Das

Die Gefahr eines unprovozierten Angriffs lag vorwiegend bei Deutschlands östlichen Nachbarn, in erster Linie bei Polen.

Manstein

Der Mann ist nicht mein Fall, aber können tut er was.

Hitler

Eine Abkühlung des Verhältnisses Hitler – Manstein war gar nicht möglich. Weil das immer schon kühl war.

*Johann Adolf Graf von Kielmansegg,
Offizier in der Operationsabteilung des OKH*

Manstein hat hinter meinem Rücken die Verbindung zu Hitler gesucht und gefunden.

Franz Halder, Generalstabschef a. D.

»...niemals einen Zweifrontenkrieg.« Bei einem Lagebericht während des Polenfeldzugs 1939: Reichenau, Hitler, Keitel, Rundstedt, Bormann, Manstein.

richtete sich vor allem an die Adresse der OKH-Spitze, an Franz Halder und Walther von Brauchitsch, die wie die meisten Generäle eine Offensive im Westen für bedenklich, wenn nicht fahrlässig hielten. Die Militärs wollten Zeit gewinnen, hofften auf eine politische Lösung, auf Frieden ohne Krieg. Generalleutnant von Manstein hatte es eiliger. Für ihn war ein Angriff unabdingbar, wenn die alliierten Truppen nicht selbst in die Offensive gingen. Der Schlag müsse aber spätestens im Frühjahr 1940 erfolgen, denn: »Wir konnten mit der immer ein Fragezeichen darstellenden Sowjetunion im Rücken... nicht warten, bis die Westmächte uns überlegen geworden wären.«

Wie Frankreich besiegt werden konnte, war nach dem Angriff auf Polen völlig offen. Erst am 27. September 1939 gab Hitler den Oberbefehlshabern der drei Wehrmachtsteile die Stoßrichtung für einen deutschen Angriff vor: über Belgien Richtung Kanalküste, in etwa so, wie Alfred Graf von Schlieffen es 1905 vorgesehen hatte – ein Plan, der schon einmal 1914 an der Marne gescheitert war. Gut drei Wochen später präsentierte Generalstabschef Halder seinem »Führer« die Aufmarschanweisung. Hitlers Vorstellungen waren voll berücksichtigt worden, was ihn jedoch keineswegs milder stimmte: »Das ist ja der alte Schlieffen-Plan!« Das OKH entwarf neue Pläne, Hitler ließ sie wieder ändern, bis am 10. Januar 1940 etwas geschah, das alle taktischen Theorien über den Haufen warf. Nahe dem belgischen Mechelen mußte ein deutsches Kurierflugzeug notlanden – mit dem ersten Generalstabsoffizier der 7. Fliegerdivision an Bord, der in der Aktentasche Auszüge des streng geheimen Operationsplans für den Angriff im Westen bei sich trug. In der Wehrmachtsführung beschwor der Zwischenfall Krisenstimmung herauf. Heute ist bekannt, daß die Ausbeute der Belgier nicht sehr bedeutend war. Damals aber mußte mit dem Schlimmsten gerechnet werden. Eine neue Angriffsstrategie wurde entworfen, und abermals war Hitler unzufrieden: Die Planungen des OKH seien »Gedanken eines Kriegsschülers«; die Generäle hätten zwar Clausewitz, aber zuwenig Karl May gelesen; wo bleibe der Überraschungseffekt?

Zur gleichen Zeit, als eine Schlechtwetterperiode Gelegenheit bot, die Pläne noch einmal zu überdenken, hatte Generalleutnant von Manstein, der als Chef des Generalstabs der Heeresgruppe A für die Planung der Westoffensive gar nicht zuständig war, eine völlig gegensätzliche Idee entwickelt. Schon beim Studium der ersten Aufmarschanweisung des OKH waren ihm die Schwachstellen ins Auge gefallen. Im kurfürstlichen Schloß am Koblenzer Rheinufer, dem Hauptquartier der Heeresgruppe A, begann er, eine Alternativstrategie auszuarbeiten, die das scheinbar Unmögliche möglich machen sollte: einen schnellen und endgültigen Sieg über Frankreich. Starke Panzerkräfte der Heeresgruppe A sollten dort vorstoßen, wo es der Gegner am wenigsten erwartete: durch die vermeintlich panzersicheren Ardennenwälder – in einer schnellen Bogenbewegung über Sedan Richtung Atlantikküste. Zur gleichen Zeit sollte die Heeresgruppe B die belgischen Festungen angreifen und die französischen und englischen Verbände dazu verleiten, in Belgien einzurücken. Durch den »Sichelschnitt«, wie Churchill Mansteins Plan nannte, sollten die feindlichen Heere geteilt und ihr Rückweg abgeschnitten werden. Es war das Konzept für den »Blitzkrieg«.

In sieben Denkschriften wies Manstein auf die Vorteile seines Plans hin. Doch das OKH wollte davon nichts wissen. Die Generäle Halder und von Brauchitsch hegten Bedenken. Das Konzept sei zu risikoreich – und im Grunde doch nichts anderes als ein egozentrischer Versuch der Heeresgruppe A, sich mehr Bedeutung verschaffen zu wollen. Mansteins Idee wurde nicht einmal dem Oberkommando der Wehrmacht zur Prüfung vorgelegt. Es wäre ja denkbar, befürchtete Halder, daß sich Hitler von dieser kühnen Idee beeindrucken lasse. Tatsächlich dachte auch Hitler daran, Richtung Sedan anzugreifen. Ihm war nur nicht klar, ob ein solcher Vorstoß erfolgreich sein konnte.

Mansteins Plan wurde totgeschwiegen, bis sich am 29. Januar 1940 die Gelegenheit ergab, einen Militär aus Hitlers engstem Umfeld einzuweihen. Bei einem Informationsbesuch informierten Oberst i.G. Günther Blumentritt und Major i.G. Henning von Tresckow Hitlers Chefadjutanten Rudolf Schmundt darüber, was Manstein für die bessere Angriffsvariante hielt. Am 4. Februar 1940 notierte Heeresadjutant Major Gerhard Engel in sein Tagebuch: »Schmundt war in Koblenz und kam sehr beeindruckt von einer längeren Aussprache mit v. Manstein zurück. Dieser äußerte starke Bedenken gegen den vom OKH vorgeschlagenen Operationsplan. Schmundt war sehr aufgeregt und erzählte mir, daß er bei Manstein, jedoch in bedeutend präziserer Form, die gleichen Auffassungen hinsichtlich des Kräfteschwerpunkts festgestellt habe, wie sie der Führer laufend äußere.«

Nun kam es darauf an, ein Treffen mit Hitler zu arrangieren, ohne Halders Argwohn zu wecken. Den Ausweg bot am 17. Februar 1940 ein speziell anberaumtes »Arbeitsfrühstück« mit den neuernannten kommandierenden Generälen in der Reichskanzlei. Anschließend bestellte Hitler Manstein in sein Arbeitszimmer. Auf einer großen Lagekarte erläuterte Manstein seinen Plan im Detail. Abends schrieb er in sein Tagebuch: »Verblüffende Kenntnis über militärisch-technische Neuerungen bei allen Staaten... Ich trug das Wesentliche unserer Denkschrift an das OKH vor. Fand volle Zustimmung. Überhaupt ein erstaunliches Einleben in diese Dinge von den gleichen Gesichtspunkten, die wir auch von Anfang an vertreten haben...« Hitler hatte sich schon am 13. Februar, nachdem er von Schmundt über Mansteins Vorschlag informiert worden war, dazu entschlossen, den Schwerpunkt des Angriffs nach Süden zur Heeresgruppe A zu verlegen. »Aber es fehlte dem Genie«, wie Manstein im Tagebuch festhielt, »eben die Ergänzung eines wirklich operativ geschulten und dabei vom gleichen Siegeswillen beseelten Generals.« Manstein lieferte Hitler die Argumente, um dem als übervorsichtig verspotteten Generalstab den Wind aus den Segeln zu nehmen. Die »Sichelschnitt«-Idee setzte sich durch. Später bemerkte Hitler mit olympischer Herablassung: »Von allen Generälen, mit denen ich über den neuen Angriffsplan im Westen sprach, war Manstein der einzige, der mich begriffen hat.« Bei aller Anerkennung des Könnens von Manstein erschien Hitler dieser begabte General doch auch suspekt: »Sicher ein besonders kluger Kopf von großer operativer Begabung, aber ich traue ihm nicht.«

Ähnlich dachte Generalstabschef Franz Halder über Manstein, der in Offizierskreisen schon als »Schatten-Generalstabschef« gehandelt wurde. Nun trat auch er in Aktion und schob den unliebsamen Konkurrenten ab – nach Stettin. Dort sollte Manstein als kommandierender General das 38. Armeekorps übernehmen, ein »Geisterkorps«, das erst noch aufgestellt werden mußte. Zum zweiten Mal in seiner Laufbahn war Manstein auf ein Abstellgleis befördert worden. Noch 1946 erklärte Franz Halder nachtragend: »Manstein hat hinter meinem Rücken die Verbindung zu Hitler gesucht und gefunden.«

Am 10. Mai 1940 um 5.35 Uhr begann der deutsche Angriff auf Frankreich und die Benelux-Länder. Manstein verbrachte die-

*»...vom Dienst zurück, zog er sich sofort um.«
Manstein 1940 zu Hause in Liegnitz.*

Dienst war für ihn Dienst, und das andere war dann eben das Leben zu Hause.

Gisela Lingenthal, Mansteins Tochter

Beginn der Westoffensive! Ich sitze zu Hause, nachdem ich so für ihre Durchführung in der jetzigen Anlage gekämpft habe.

Manstein, persönliches Kriegstagebuch, 10. Mai 1940

Von allen Generälen, mit denen ich über den neuen Angriffsplan im Westen sprach, war Manstein der einzige, der mich begriff.

Hitler über »seinen« Plan bezüglich des Frankreichfeldzugs sen Tag bei seiner Familie im niederschlesischen Liegnitz. Der Tagebucheintrag zeugt von seiner Enttäuschung: »Beginn der Westoffensive! Ich sitze zu Hause, nachdem ich so für ihre Durchführung in der jetzigen Anlage gekämpft habe.« Mansteins Offensivplan führte zu einem durchschlagenden Erfolg: Die deutschen Panzerdivisionen fielen über Luxemburg, Belgien und die Ardennen in Frankreich ein, durchbrachen die französischen Linien und gingen zum Bewegungskrieg über. Schon am 20. Mai 1940 standen deutsche Panzer in Abbeville, an der Sommemündung und an der Kanalküste. So blitzartig schnell stürmten die Panzer vorwärts, daß der Generalität bald schon der Erfolg der eigenen Truppen unheimlich wurde. Generaloberst Gerd von Rundstedt, Befehlshaber der Heeresgruppe A, spielte mit dem Gedanken, die Panzer anzuhalten, während das OKH für den weiteren Vormarsch plädierte. Hitler griff in den Streit ein, um seine Autorität als Oberbefehlshaber der Wehrmacht zu demonstrieren, und erteilte den Haltbefehl. Den geschlagenen britischen Streitkräften gelang die Flucht von Dünkirchen über den Kanal nach England. Es war Mansteins erster »verlorener Sieg«.

Manstein selbst befehligte während des Westfeldzugs das 38. Armeekorps und hatte zu Beginn den Auftrag, bis zu 21 Divisionen gleichzeitig durch das enge Ardennengebirge zu schleusen. Erst am 5. Juni 1940 begann für sein Korps der eigentliche Krieg mit einem »Kampfauftrag«. Seine Verbände überwanden die Somme und verfolgten den Gegner so lange, bis, wie Manstein schildert, »der endgültige Zusammenbruch erfolgte«. Während des Angriffs ließ er sich des öfteren bei den in vorderster Linie kämpfenden Infanteristen sehen. »Unser Kommandierender General«, erinnerte sich Rudolf Graf, damals Mansteins erster Ordonnanzoffizier, »liebte eine frische Antwort mehr als unterwürfige Folgsamkeit. ... Ebenso war ihm jede Schwafelei zuwider. Wer nicht sofort auf den Kern der Sache zu sprechen kam, der konnte gewiß sein, daß er etwas unsanft angefaßt wurde.«

In Frankreich bezog Manstein mit seinem Stab bevorzugt Quartier in Schlössern – und erlebte immer wieder die gleiche negative Überraschung: Die jeweiligen Besitzer waren geflohen. Dabei hätte er so gerne mit ihnen Konversation betrieben, über Geschichte philosophiert, französische Gastfreundschaft genossen. Ihm mißfiel es, offenkundig als Feind betrachtet zu werden – ausgerechnet er, der als »Herr« beste Umgangsformen zu pflegen verstand, der bestrebt war, nicht als hochmütiger Sieger zu erscheinen.

Am 25. Juli 1940 um 0.35 Uhr schwiegen die Waffen. Dank Mansteins Idee stand Hitler im Zenit seiner Macht. Im Ersten Weltkrieg hatte der Kriegsherr, der sich nun unwidersprochen »größter Feldherr aller Zeiten« nennen ließ, in Frankreich selbst das Inferno monatelanger Stellungsgefechte erlebt. Jetzt war der »Erbfeind« in nur sechs Wochen bezwungen. Die Unterzeichnung der Kapitulationsurkunde am 22. Juni 1940 im Wald von Compiègne war für Hitler der »glücklichste Tag« seines Lebens. Den zaudernden Generälen wähnte er sich nun endgültig überlegen.

Der »Sichelschnitt-Plan«, ohne den der »Blitzsieg« über Frankreich nicht denkbar gewesen wäre, begründete Mansteins Ruf als »operatives Genie« und machte ihn zeitlebens in Militärkreisen zur Legende. Doch bei aller Genugtuung über seinen Anteil am größten Triumph der deutschen Militärgeschichte blieb ihm weiterhin ein Posten versagt, der seinen strategischen Fähigkeiten gerecht wurde. Manstein bekam das 56. Panzerkorps zugewiesen – einen schnellen Verband, mit dem er beim Überfall auf die Sowjetunion in einem draufgängerischen Vorstoß binnen fünf Tagen 240 Kilometer zurücklegte und am 27. Juni 1941 Dünaburg eroberte. Wie sehr sich der Krieg im Osten von dem im Westen unterschied, konnte Manstein an einem von Hitler erlassenen Befehl sehen, von dem auch sein Korps betroffen war. Noch bevor der erste Schuß fiel, meldete Kommandeur Manstein dem Oberbefehlshaber der Heeresgruppe, Feldmarschall Wilhelm Ritter von Leeb, er könne den »Kommissarbefehl« nicht ausführen. Es sei »unsoldatisch«, Kommissare, wie vorgeschrieben, »grundsätzlich sofort mit der Waffe zu erledigen«. Dieser Befehl, sagte Manstein beim Nürnberger Prozeß aus, »war der erste Fall, in dem ich in einen Konflikt zwischen meiner Gehorsamspflicht und meiner soldatischen Auffassung kam. An sich hätte ich gehorchen müssen«. Daß der Kommissarbefehl den verbrecherischen Charakter der Kriegführung im Osten offen an den Tag legte, sah er nicht. Schon eine Woche später sei für ihn der Befehl vergessen gewesen. »Als ich zur Elften Armee kam, war er für mich bereits historisch geworden.« Manstein hielt es nicht für notwendig oder möglich, als neuer Armeechef den Befehl noch einmal zu verbieten. Zu hoch war das Risiko, seinen Posten zu verlieren. So gab er sich mit der Meldung seiner Generäle zufrieden, der Kommissarbefehl werde innerhalb der Elften Armee nicht ausgeführt. Tatsächlich wurden im Befehlsbereich von Mansteins Armee 14 Kommissare erschossen und fünf dem SD übergeben. Manstein wollte davon nie etwas gewußt haben. 1949 wurde er dafür von einem britischen Militärgericht in Hamburg verurteilt.

Seit dem 17. September 1941 befehligte Manstein als Nachfolger des tödlich verunglückten Generalobersts Ritter von Schobert die Elfte Armee. Sein distanziertes Wesen hatte sich bereits herumgesprochen. Im Kriegstagebuch der Elften Armee hieß es: »Es kommt ein neuer Oberbefehlshaber. Er ist ein ›Herr‹ und etwas schwierig. Aber man kann offen mit ihm reden.« Offizieren und Soldaten, die ihn nicht näher kannten, vermittelte Manstein mitunter einen unterkühlten, abgehobenen Eindruck. »Er wirkte nicht gerade kontaktfreudig«, erinnerte sich Hans-Adolf von Blumröder, in den Jahren 1943 und 1944 Offizier in Mansteins Stab. »Ihm fehlte die Wärme eines väterlichen Truppenführers. Seine inneren Gefühle konnte er schwer nach außen zu erkennen geben.« Auf manche wirkte er nicht nur verschlossen, sondern auch sehr von sich und seinen Fähigkeiten eingenommen. »Manstein«, sagte Adolf Graf von Kielmansegg, erster Generalstabsoffizier in der Operationsabteilung des Heeres, »ließ andere ganz gerne merken, daß er klüger war.« Seine vermeintliche Überheblichkeit mochte auch daran gelegen haben, daß er nicht besonders gut sah. »Er hatte schlechte Augen, und wenn er von Soldaten gegrüßt wurde, dann sah er das häufig nicht und hat dann auch nicht zurückgegrüßt«, beobachtete Hauptmann Günter Reichhelm, Ordonnanzoffizier von Feldmarschall Model. Mansteins Tochter Gisela hat eine andere Erklärung für die Wirkung ihres Vaters auf andere Menschen: »Er war von Natur aus sehr schweigsam, sicher zurückhaltend und auch schüchtern. Er war kein Mensch für große Gesellschaften. Bei Menschen aber, die er gut kannte, war er locker und gelöst.« Dazu gehörten die Offiziere in seinem Stab, zu denen er ein gutes, zu manchen auch freundschaftliches Verhältnis über das Kriegsende hinaus entwickelte, mit denen er abends Bridge spielte und die sich daran zu gewöhnen hatten, daß Manstein von ihnen Präzision und Schnelligkeit bei der Arbeit forderte.

Als neuer Armeebefehlshaber am äußersten Südflügel der

»...nach drei Tagen hielt er um ihre Hand an.« Manstein mit seiner Frau Sibylle, August 1940.

Ich war überrascht, wie unmilitärisch er war. Er war, obwohl eine starke Persönlichkeit, ein ganz normaler Mann, ein ganz normaler Vater, so wie man ihn als Junge erwarten würde.

Dinnies von der Osten, Mansteins Pflegesohn

Er war von Natur aus sehr schweigsam. Aber was er sagte – das war eben immer etwas, also wirklich etwas.

Gisela Lingenthal, Tochter

Ostfront hatte Manstein den Auftrag, die Krim mit der Festung Sewastopol zu erobern. Die Voraussetzungen waren ungünstig. Die Krim bot dem Bewegungskrieger Manstein keinen Raum, seine Stärken auszuspielen, die Mobilität seiner Truppen auszunutzen. Außerdem stand ihm mit der sowjetischen Krim-Front ein an Soldaten und Waffen überlegener Gegner gegenüber. War es schon schwer genug, den »Tatarenwall« zu überwinden, so forderte die Erstürmung der Festung Sewastopol noch mehr Opfer. Der erste Angriff mußte abgebrochen werden. Hinzu kam, daß Stalin mit einer Offensive begann, um die Krim zurückzuerobern. Bei Fedosia landeten starke sowjetische Verbände, was Graf Sponeck, den Kommandeur des 42. Armeekorps, dazu veranlaßte, die Halbinsel Kertsch eigenmächtig zu räumen, obwohl Hitler im Dezember 1941 jedem Soldaten verboten hatte, auch nur einen Schritt zu weichen. Manstein, erbost darüber, erst nach dem Rückzug informiert worden zu sein, enthob Graf Sponeck sofort seines Kommandos. Sponeck forderte, sich vor einem Kriegsgericht rechtfertigen zu dürfen. Doch statt Sponeck zu rehabilitieren, verurteilte ihn der Vorsitzende Hermann Göring zum Tode. Mansteins Versuche, sich für Sponeck einzusetzen, stießen bei Keitel auf Ablehnung. Von Hitler zur Festungshaft begnadigt, wurde Sponeck auf Befehl Himmlers im Juli 1944 erschossen. Der Fall Sponeck führte Manstein vor Augen, wie tragisch der Konflikt zwischen Gewissen und Gehorsam enden konnte. Mit seiner Entscheidung, Sponeck zu entlassen, gab Manstein dem Gehorsam den Vorzug.

Elf Tage hatte Manstein für den zweiten Angriff auf Sewastopol veranschlagt. Es wurde ein ganzer Monat. Dabei kam ein gewaltiges Waffenarsenal zum Einsatz, darunter die größte deutsche Waffe, das Eisenbahngeschütz »Eiserner Gustav« mit einem Kaliber von 80 Zentimetern, das sieben Tonnen schwere Granaten auf die belagerte Stadt abfeuern konnte. Am 1. Juli 1942, nach einem verheerenden Bombardement und hohem Blutzoll auf beiden Seiten, zog Manstein in Sewastopol als Sieger ein. Die Elfte Armee hatte fast 100 000 Gefangene gemacht.

Als der Großdeutsche Rundfunk den Fall Sewastopols meldete, saß Hitler mit seinen engsten Mitarbeitern im »Führer«-Hauptquartier gerade am gedeckten Tisch. »Als die Rundfunk-Sondermeldung auf unserem kleinen Volksempfänger im Speiseraum durchkam«, protokollierte Henry Picker, der die Tischgespräche bei Hitler mitschrieb, »erhob sich Hitler und mit ihm die ganze Tischgesellschaft, um der anschließend gespielten Nationalhymne grüßend zuzuhören.« Am Abend schrieb Manstein in sein persönliches Kriegstagebuch »1. Juli 1942. Sewastopol gefallen! Abends Sondermeldung und meine Beförderung zum Feldmarschall. Sehr dankbar gegen Gott und gegen alle die, die für diesen Sieg geblutet haben.« Hitler hatte ein Glückwunschtelegramm geschickt und der Elften Armee ein Ehrenzeichen gestiftet, den Krim-Schild. »Es ist schon ein einzigartiges Erleben«, heißt es in Mansteins Memoiren, »das Gefühl des Sieges auf dem Schlachtfeld zu kosten!«

Kurze Zeit später überreichte Hitler Manstein im »Führer«-Hauptquartier den Marschallstab. Es fielen lobende Worte, und doch wurde nicht nur über Siege und neue Ziele gesprochen. Beim Frühstück fragte Manstein seinen »Führer«, was mit den Juden geschehe. Während zur gleichen Zeit in Auschwitz-Birkenau schon Tausende ermordet wurden, antwortete Hitler: »Man müsse ihnen einen eigenen Staat schaffen. Er habe an Palästina, dann an die Insel Madagaskar gedacht. Aber ein Judenstaat müsse von uns kontrolliert werden. Er sei daher auf das polnische Gouvernement Lublin gekommen, wo der Judenstaat von uns kontrolliert werden könne.« Kein Wort von »Vernichtung«. Manstein gab sich mit der Antwort zufrieden und insistierte nicht weiter.

Gerade in dieser Zeit war er in gefährliche Nähe zu Hitlers Vernichtungsprogramm geraten. Am 20. November 1941 unterzeichnete Manstein einen Armeebefehl, in dem es hieß, »das jüdisch-bolschewistische System« müsse »ein für allemal ausgerottet werden«. »Nie wieder« dürfe es »in unseren europäischen Lebensraum eingreifen«. »Für die Notwendigkeit der harten Sühne am Judentum, dem geistigen Träger des bolschewistischen Terrors« müsse »der Soldat Verständnis aufbringen«. Manstein, ein Vollstrecker?

Dieser Befehl, der sich in erster Linie auf den Kampf gegen die Partisanen bezog, beruhte auf einer ähnlich scharfen Vorlage. Am 10. Oktober 1941 hatte der Oberbefehlshaber der Sechsten Armee, Generaloberst Walter von Reichenau, in einer Weisung den rassenpolitischen Charakter des Feldzugs betont. Ende Oktober war an alle Heeresgruppen und Armeen eine Aufforderung des OKH ergangen, Befehle in gleichem Sinne zu erlassen. Manstein verschärfte den Reichenau-Befehl noch, indem er sich in antisemitischen Phrasen erging, zwar nicht von physischer Vernichtung der Juden sprach, auch nicht wie Reichenau vom »jüdischen Untermenschentum«, wohl aber vom »Ausrotten« des »jüdisch-bolschewistischen Systems«. Andererseits milderte Manstein die Vorlage jedoch ab und befahl seinen Soldaten: »Mit aller Schärfe ist einzuschreiten: Gegen Willkür und Eigennutz, gegen Verwilderung und Undisziplin, gegen jede Verletzung der soldatischen Ehre.« Vor Gericht in Nürnberg gab Manstein an, sich an den Befehl nicht erinnern zu können. Ob er ihn erließ, weil er sich Karrierevorteile versprach, weil er sich für den Posten des Oberbefehlshabers des Heeres empfehlen wollte, bleibt Spekulation. Fest steht: Er hätte ihn nicht unterzeichnen müssen.

Auf der Krim hatte Manstein als Armeebefehlshaber zum ersten Mal Territorialgewalt über ein besetztes Gebiet, das zum Schauplatz organisierter Massenerschießungen wurde. Die Einsatzgruppe D des SD unter Otto Ohlendorf ermordete zwischen Juni 1941 und März 1942 entlang der Küste des Schwarzen Meeres und auf der Halbinsel Krim mindestens 90 000 Juden, Zigeuner, Kommunisten und Menschen anderer verfolgter Gruppen. Sein Verhältnis zur Elften Armee unter Manstein beschrieb Ohlendorf als »ausgezeichnet«. Auch Mansteins Armee versorgte die Einsatzgruppen mit Transportmitteln, und es ist erwiesen, daß Manstein auf der Krim mindestens einmal mit Ohlendorf gesprochen hat. Dennoch beteuerte er, über die Mordaktionen nicht informiert gewesen zu sein. »Von den Aufgaben der Einsatzgruppen«, sagte er beim Nürnberger Prozeß aus, »wußte ich nur, daß sie zur Vorbereitung der politischen Verwaltung, also für eine politische Überprüfung der Bevölkerung, der besetzten Gebiete im Osten vorgesehen waren.« Mehr nicht?

Einige Offiziere aus Mansteins Stab wußten genug, um ihren Vorgesetzten genau ins Bild setzen zu können. Der Quartiermeister der Heeresgruppe Manstein, Oberst i. G. Eberhard Finckh zum Beispiel, ein Mann des 20. Juli, war über die Morde informiert, doch er schwieg. »Der Feldmarschall«, soll er zu einem anderen Offizier gesagt haben, »muß den Kopf frei haben für seine operativen Führungsprobleme. Er liegt ohnehin ständig im Sachstreit mit Hitler. Wird er auch noch mit diesen Fragen belastet..., so führt das unter Umständen zu Weiterungen, die in kürzester Frist seine Ablösung zur Folge haben. Dabei ist der Feldmarschall unentbehrlich, erst recht nach einem gelungenen Staatsstreich.« Finckh ging offenbar davon aus, daß Man-

»…das Gefühl des Sieges auf dem Schlachtfeld zu kosten.« Besichtigung des eroberten Sewastopol, Juli 1942.

Dann werde ich Ihnen im Süden Rußlands eine Entscheidungsschlacht schlagen, an deren Ende Sie sich das Öl holen können, wo Sie wollen!

Manstein zu Hitler über uneingeschränkte Operationsfreiheit, Dezember 1942

Wenn Manstein zu den Leuten sprach, hatten sie immer das Gefühl, alles tun zu können, was er von ihnen verlangte.

Theodor Busse, Mansteins Generalstabschef

Sewastopol gefallen! Abends Sondermeldung und meine Beförderung zum Feldmarschall. Sehr dankbar gegen Gott und gegen alle, die für diesen Sieg geblutet haben.

Manstein, persönliches Kriegstagebuch, 1. Juli 1942

stein gegen den Massenmord protestieren würde. War dies nur eine Schutzbehauptung im Dienste Mansteinscher Legendenbildung?

Manstein hörte von den Greueltaten im Rücken der Front. Doch glaubte er den Meldungen auch? Im Herbst 1943 berichtete sein Ordonnanzoffizier Alexander Stahlberg seinem Vorgesetzten von Gerüchten, daß es im rückwärtigen Bereich der Heeresgruppe Süd, die Manstein zu jener Zeit befehligte, zu organisierten Massenerschießungen von Juden durch die SS gekommen sei. Angeblich seien 100 000 in einem Waldstück umgebracht worden. »Er war entrüstet«, beschrieb Stahlberg Mansteins Reaktion. »Er reagierte unwillig. Er sagte: ›Das ist so unglaubwürdig, was Sie mir da eben mitgeteilt haben, daß ich mich weigere, das zur Kenntnis zu nehmen. Wo wollen Sie 100 000 Leichen lassen?‹« Manstein erinnerte seinen Ordonnanzoffizier an die Eröffnungsfeier der Olympischen Spiele 1936, als 100 000 Menschen im Stadion waren. »Nun denken Sie sich mal diese Masse von Menschen«, zitiert Stahlberg Manstein. »Wie wollen Sie die unter die Erde bringen? Das ist ein übler Propagandatrick. Ich verbitte mir so etwas!«

In den Akten findet sich kein Hinweis auf eine Mordaktion mit 100 000 Opfern an einem Tag »in einem Waldstück« im rückwärtigen Heeresgruppenbereich. Das Osteuropa-Institut in München stellte 1987 in einem von Mansteins Sohn Rüdiger veranlaßten Gutachten fest: »Die Ermordung einer derart großen Zahl jüdischer Einwohner der UdSSR ›in einem Waldstück‹ ist mit an Sicherheit grenzender Wahrscheinlichkeit auszuschließen.« Das heißt jedoch nicht, daß Manstein unwissend war. Er wollte vielmehr nicht glauben, was ihm unvorstellbar erschien.

Damit war für den Feldmarschall der Fall erledigt. Er verdrängte, was er nicht sehen wollte, konzentrierte sich auf seine Aufgabe als Befehlshaber. »Ich kann nur sagen«, beteuerte Manstein nach dem Krieg, »daß es mir, seit Jahren durch schwerste Aufgaben an der Front in Anspruch genommen, damals nicht gegeben war, das Abgleiten des Regimes wie auch die wahre Natur Hitlers in dem Ausmaße zu erkennen, wie es uns heute selbstverständlich erscheint... Die Sorgen und die Aufgaben, die der Kampf uns brachte, ließen uns wenig zum Nachdenken über allgemeinere Fragen kommen...« Manstein, so lautete ein Anklagepunkt beim Prozeß 1949, habe im genauen Wissen um die Mordaktionen angeordnet, gebilligt und zugelassen, daß

Juden dem SD übergeben wurden. Die Belege dafür fehlten. Zumindest in diesem Punkt wurde Manstein freigesprochen: aus Mangel an Beweisen. Vor seinen Richtern sagte er: »Mit dem deutschen Volk teilten wir Soldaten das Unvermögen, den wahren Charakter des Regimes zu durchschauen.«

Doch in Mansteins Fall war es Unvermögen wider besseren Wissens. Dies belegt erstmals der Bericht von Ulrich Gunzert, Hauptmann in Generalsausbildung und zur Zeit des Krimfeldzugs zum Hauptquartier der Elften Armee kommandiert. Er wurde Zeuge, wie am Tatarenwall auf der Krim SD-Männer mit Maschinenpistolen jüdische Kinder, Frauen und Männer erschossen. »In dem tiefen Graben«, erinnert sich Gunzert, »lagen mehrere Lagen Leichen. Nach jeder Salve sind die SD-Männer in den Graben gestiegen und haben die, die noch lebten, mit Pistolen in den Kopf geschossen. Es war ein Massenmord. Die Gesichter dieser Menschen in ihrer Todesangst, die im Graben darauf warteten, ermordet zu werden, werde ich nie vergessen.« Seinen Versuch, dagegen einzuschreiten, habe ein SD-Mann unterbunden: »Verschwinden Sie, das geht Sie nichts an!«

Im Hauptquartier meldete Gunzert dem Befehlshaber, was er gesehen hatte. »Ich habe Manstein gebeten, etwas dagegen zu unternehmen. Er aber hat abgewehrt: Er habe keinen Einfluß auf diese rückwärtigen Gebiete; im übrigen habe er jetzt andere Sorgen. Manstein hat sich auf seine militärischen Befugnisse zurückgezogen und mir befohlen, nicht mit anderen darüber zu reden. Es war eine Flucht vor der Verantwortung, ein moralisches Versagen.«

Spätestens seit dem Sieg von Sewastopol sah Hitler in Manstein eine Art »Geheimwaffe« für prekäre Aufgaben wie etwa die Eroberung der zweiten großen Sowjetfestung Leningrad. In sein Tagebuch schrieb Manstein im Oktober 1942: »Ich schlage einen Angriff zur Gewinnung der Wolchowmündung vor, um so die Versorgung von Leningrad über den Ladogasee abzuschneiden, die Stadt auszuhungern und damit den schweren Festungsangriff auszusparen.« Inzwischen aber war die Rote Armee wieder in die Offensive gegangen. Operation »Nordlicht« wurde auf unbestimmte Zeit verschoben.

In jenen Tagen vor dem hungernden Leningrad traf Manstein »der schwerste Schlag« in diesem Krieg. Am 29. Oktober 1942 fiel sein Sohn Gero Erich Sylvester im Alter von 19 Jahren als

Leutnant am Ilmensee – nicht weit entfernt von Mansteins Hauptquartier. In der Todesanzeige sollte nach Mansteins Wunsch Geros Taufspruch »Er zog aber seiner Straße fröhlich!«, ein Vers aus der Apostelgeschichte (8, 39), erscheinen. Doch die Schriftleitung des *Völkischen Beobachters* lehnte es ab, die Anzeige mit dem frommen Zitat zu drucken. Manstein, ein überzeugter Christ, protestierte. Am 22. November 1942 erschien die Anzeige im Parteiblatt – ohne Bibelzitat.

Dem Vater verblieb nicht viel Zeit zur Trauer. Ein kurzer Halt bei der Familie in Liegnitz, dann ging es zurück an die Front, wo ihn am 20. November 1942 ein folgenschwerer Befehl aus dem OKH erreichte. Mansteins Armeeoberkommando, nunmehr umbenannt in »Heeresgruppe Don«, sollte umgehend in Richtung Stalingrad aufbrechen, dort der ihm unterstellten Sechsten Armee zu Hilfe kommen und den Frontverlauf »wiederherstellen«. Tags darauf machte sich Manstein in einem Salonwagen auf eine fünftägige, immer wieder von Partisanenangriffen unterbrochene Reise. Mit der Ankunft in Nowotscherkassk, 160 Kilometer von Stalingrad entfernt, begann der schwierigste Auftrag seiner Karriere.

Als Manstein aus dem Zug stieg, war der Kessel längst geschlossen, waren die gesamte Sechste Armee und ein Teil der Vierten Panzerarmee umzingelt. Als Chef einer Heeresgruppe sah er sich nun zum erstem Mal in seiner Laufbahn vor die Aufgabe gestellt, seine Fähigkeiten auf einer größeren Ebene zur Entfaltung zu bringen. Doch schon im ersten Telefonat mit Hitler offenbarte sich das Grunddilemma: Vergeblich versuchte Manstein, den Oberbefehl über alle Truppen im Südabschnitt der Ostfront und freie Hand für eigene Operationen zu bekommen. Hitler lehnte einen Rückzug jedoch kategorisch ab: Die Front an der unteren Wolga müsse um jeden Preis gehalten werden; die Ölquellen im Kaukasus ständen auf dem Spiel; ein Ausbruch der Sechsten Armee käme nicht in Frage; Stalingrad müsse gehalten werden – koste es, was es wolle.

Anfangs schien Manstein der gleichen Meinung zu sein. Obwohl ihm bewußt war, daß die »Luftversorgung der 6. Armee zur Zeit, soweit überhaupt geflogen werden kann, ein Zehntel des Tagesbedarfs an Munition und Betriebsstoff [deckt]« (Tagebucheintrag vom 24. November 1942), meldete Manstein dem OKH in Berlin: »Durchbruch der 6. Armee, der heute und in den nächsten Tagen ohnehin nicht möglich ist, schlage ich zur Zeit nicht vor. Risiko 6. Armee stehenzulassen aber nur dann möglich, wenn und solange ausreichend Versorgung auf dem Luftwege sichergestellt werden kann. Dies ist entscheidend.« Er werde aber, kündigte Manstein an, den Durchbruch der Sechsten Armee beantragen, falls nicht genügend Truppen bereitständen, die eingekesselten Soldaten durch eine Offensive zu entsetzen. Anschließend schickte Manstein einen Funkspruch in den Kessel und versicherte dem Oberbefehlshaber der Sechsten Armee, Generaloberst Friedrich Paulus, »daß wir alles tun werden, Sie herauszuhauen«.

Warum bestärkte Manstein Hitler anfangs in seinem Entschluß, die Sechste Armee in Stalingrad zu belassen? Er wußte, daß der Kessel nicht, wie von Göring versprochen, aus der Luft versorgt werden konnte. Doch er glaubte zu wissen, wie Hitlers Reaktion ausgefallen wäre, wenn auch er den sofortigen Ausbruch gefordert hätte. »Der Führer hätte doch nicht nachgegeben«, hielt er am 25. November 1942 in seinem Tagebuch fest. »Wenn ich zunächst aber auch noch das Halten versuchen will, wird, wenn kein anderes Mittel bleibt, als der Versuch durchzukommen, er eben mehr auf mich hören, als wenn ich gleich resigniert hätte. Und sofort kann der Ausbruch ohnehin nicht erfolgen (frühestens 28.11.).«

Wie unrealistisch diese Hoffnung war, mußte Manstein rasch selbst einsehen. Hitler ließ sich von seinem Entschluß nicht mehr abbringen, beharrte darauf, es sei unmöglich, die bei der Sommeroffensive hart erkämpften Gebiete aufzugeben; im nächsten Jahr müsse man sie dann doch und mit noch größerem Einsatz wiedererobern. Jetzt schrieb Manstein in sein Tagebuch: »Diese Begründung kann ich nicht anerkennen.« Es komme doch darauf an, die Lage überhaupt zu retten, vor allem die Sechste Armee. Am 26. November 1942 notierte Manstein: »Dezimetergespräche mit Paulus, den ich auf den Ausbruch vorbereite. Führer lehnt ab.«

Inzwischen war der günstigste Zeitpunkt für einen Ausbruchversuch tatenlos verstrichen. Was blieb, war die geringe Aussicht auf eine erfolgreiche Entsatzoffensive. In jenen schicksalhaften Tagen Ende November 1942 soll Hitler, wie Mansteins Ordonnanzoffizier Stahlberg in seinen Memoiren schreibt, seinem Feldmarschall in einem Telefonat angekündigt haben: »Wir werden im kommenden Frühjahr über den Kaukasus marschieren. Und ich gehe mit dem Gedanken um, Ihnen die Führung der

Frühjahrsoffensive zu übergeben. Sie werden sich dann in Palästina mit der Armee des Feldmarschalls Rommel vereinigen, der Ihnen aus Ägypten entgegenkommen wird. Dann werden wir mit versammelten Kräften nach Indien marschieren und dort den Krieg gegen England endgültig siegreich entscheiden.«

Alle Hoffnungen ruhten auf dem Entsatzangriff auf Stalingrad. Schon am 1. Dezember 1942 hatte Manstein den Befehl zur Operation »Wintergewitter« gegeben – Stichwort für die Entsatzoffensive unter Generaloberst Hoth. Sobald sich Hoths Panzer dem Kessel bis auf 30 Kilometer genähert hatten, sollten Kampfgruppen der Sechsten Armee antreten und sich zu den Befreiern durchschlagen. Durch die so entstandene Bresche sollten Lkw-Kolonnen 3000 Tonnen Nachschub und 30 Busse für den Abtransport von Verwundeten in den Kessel geschleust werden. In diesem Punkt waren sich Hitler und Manstein einig. Laut Manstein würde dem »Wintergewitter« der »Donnerschlag« folgen, der Ausbruch der Sechsten Armee. Über »Wintergewitter« war Hitler informiert. Von »Donnerschlag« wollte ihn Manstein erst dann in Kenntnis setzen, wenn Hoths Vorstoß erfolgreich war.

Am 12. Dezember, vier Tage später als geplant, trat Hoth mit zunächst zwei Panzerdivisionen bei Schnee und Eis gegen einen weit überlegenen Gegner zum Entsatzangriff an. Trotz verbissener Gegenwehr und hoher Verluste gelang es seinen Panzern, sich Stalingrad zu nähern. Am 19. Dezember befahl Manstein Paulus per Blitzfernschreiben: »6. Armee tritt baldmöglichst zum Angriff ›Wintergewitter‹ an.« Einheiten der Sechsten Armee sollten sich Hoths Panzerspitzen entgegenkämpfen und so einen Versorgungskorridor herstellen. Wann die Operation »Donnerschlag«, der eigentliche Ausbruch, beginnen sollte, ließ Manstein offen. »Die Heeresgruppe«, erläuterte Manstein in seinen Memoiren, »hat diese Form des Befehls... gewählt, um ein zu erwartendes Veto von Hitler zu vermeiden.« Noch immer hoffte Manstein darauf, daß Hitler noch während des Entsatzangriffs den Ausbruch genehmigen würde. Dazu sollte es nie kommen.

60 Kilometer weit kämpften sich Hoths Panzer Richtung Stalingrad vor, dann, genau 48 Kilometer vor der Stadt, blieb der Angriff im russischen Feuer stecken. Jetzt hätte nur ein eigenmächtiger Ausbruchbefehl an Paulus helfen können. Manstein gab ihn nicht. Gerade mit dem Posten des Befehlshabers einer

»...der schwerste Schlag in diesem Krieg.« Mansteins letztes Treffen mit seinem Sohn Gero kurz vor dessen Tod, Oktober 1942.

Er sprach nicht über Gefühle. Er war kein Mann, der sich irgendwie beklagte.

Gisela Lingenthal, Mansteins Tochter

Seine militärische Aufgabe ließ ihm weder Kraft noch Zeit, sich viele Gedanken über andere Dinge zu machen.

Rüdiger von Manstein

Ihm fehlte die Wärme eines väterlichen Truppenführers. Seine inneren Gefühle konnte er schwer nach außen zu erkennen geben.

Hans-Adolf von Blumröder, Generalstabsoffizier unter Manstein

Heeresgruppe betraut, wäre der Befehl sofort rückgängig gemacht und er abgelöst worden. Mehrmals aber versuchte Manstein Hitler dazu zu bewegen, den Ausbruch zu befehlen, wie aus den entsprechenden Einträgen in seinem Kriegstagebuch ersichtlich wird:

19. Dezember 1942: »Meldung an OKH, daß nunmehr Ausbruch 6. Armee befohlen werden muß. Befehl an 6. Armee für ›Wintergewitter‹ und Vorbereitung zu ›Donnerschlag‹.«

21. Dezember 1942: »Gespräch mit Zeitzler [Chef des Generalstabs des Heeres], daß nun endlich Entscheid über Ausbruch 6. Armee nötig...«

Am 22. Dezember 1942 notierte Manstein resignierend: »Alles Drängen auf Entscheidung hinsichtlich 6. Armee nützt nichts.«

Unterdessen war es am mittleren Don zu einer weiteren Krise gekommen. Die Rote Armee hatte die Front der verbündeten Achten italienischen Armee durchbrochen und stieß nach Westen vor. Nun stand das Schicksal von zwei deutschen Heeresgruppen auf dem Spiel: der Heeresgruppe Don und der Heeresgruppe A (Kleist), die im Kaukasus die Ölquellen erobern sollte. Anderthalb Millionen Mann drohten abgeschnitten zu werden. Alle Kräfte mußten mobilisiert werden. Deshalb befahl Manstein Hoth, den Angriff einzustellen und umzukehren. Hoths Sechste Panzerdivision sollte die Frontlücke schließen. Mit nur zwei verbliebenen Divisionen war aber an einen erfolgreichen Angriff auf Stalingrad nicht mehr zu denken. Der Versuch, die Sechste Armee zu befreien, war endgültig gescheitert. Ihr Ausbruch war nie befohlen worden. Manstein beteuerte, er hätte Paulus unterstützt, wenn er den Ausbruch gewagt hätte. Paulus sah dies nach dem Krieg ganz anders: »Wer damals glaubte, mir den Befehl oder die Genehmigung zum Ausbruch nicht geben zu können, hat heute nicht das Recht zu schreiben, er habe meinen Ausbruch gewünscht und habe ihn gedeckt.«

Das Schicksal der Sechsten Armee war besiegelt. Dennoch lehnte Manstein eine Kapitulation ab. Paulus' Truppen sollten so lange sowjetische Kräfte binden, bis er die Krise am Südflügel der Ostfront im Griff hatte. Grundsätzlich war Manstein der Meinung: »Wenn jeder Befehlshaber, der seine Lage für aussichtslos hält, kapitulieren wollte, so würde man niemals einen Krieg gewinnen.« Wie dramatisch sich derweil die Lage im Kessel zuspitzte, erfuhr Manstein am 12. Januar 1943 von Hauptmann Winrich Behr, der ihm auf persönlichen Befehl von Paulus das Elend der Soldaten im Kessel schildern und um die Genehmigung zur Kapitulation ersuchen sollte. Es gehe, so Behr, nur noch darum, Menschenleben zu retten. Militärischen Wert habe die Sechste Armee längst nicht mehr. Manstein schickte Behr weiter ins »Führer«-Hauptquartier, um dort Hitler in der Lagebesprechung die Situation zu schildern. Wieder zurückgekehrt, berichtete Behr, was Manstein schweigend zur Kenntnis nahm: Hitler verbot die Kapitulation, die Soldaten der Sechsten Armee sollten bis zuletzt kämpfen.

Erst als sich die Frontlage am 22. Januar 1943 stabilisiert hatte, versuchte Manstein doch noch, Hitler zur Genehmigung der Kapitulation zu bewegen. Am selben Tag notierte er in sein Tagebuch: »Paulus läßt Möglichkeit zu verhandeln anfragen. Gespräch mit dem Führer. Es muß weitergekämpft werden, da der Russe sich doch nicht an Abmachungen halten würde.« Beinahe hätte Hitlers stures Festhalten Manstein zum Rücktritt veranlaßt. Seit er Oberbefehlshaber war und die operativen Befehle direkt von der obersten Führung bekam, war er sich darüber im klaren, »daß Hitler als militärischer Führer versagte«. Er zog dennoch keine Konsequenzen. Ein Feldmarschall, sagte er, könne nicht einfach nach Hause gehen. Er sei zu Gehorsam und Treue verpflichtet. Zur Tragödie der Soldaten im Kessel von Stalingrad bemerkte Manstein nach dem Krieg: »Mag diese Treue einem Mann gehalten worden sein, der sie nicht verdiente, so bleibt doch diese Treue und Pflichterfüllung ein Hoheslied deutschen Soldatentums!«

In dieser Zeit dramatischer Krisen, als Mansteins Heeresgruppe an einer 700 Kilometer breiten Front mit 32 ausgelaugten Divisionen gegen einen weit überlegenen Gegner kämpfte, erhielt der Feldmarschall Besuch von einem jungen Major aus der Organisationsabteilung des Heeres. Dieser Offizier wollte mit Manstein die Ersatzlage und den Stand der Neuaufstellungen besprechen. Sein Name: Claus Graf Schenk von Stauffenberg. Manstein kannte ihn zwar nicht persönlich, aber er war ihm als einer der begabtesten jüngeren Generalstabsoffiziere angekündigt worden. Was Manstein nicht wußte, war der eigentliche Grund Stauffenbergs, bei ihm vorzusprechen – ein Staatsstreich, herbeigeführt vom Heer.

Wie für jenen Kreis von Patrioten, die das Reich auf einem

verhängnisvollen Weg in den Abgrund sahen, war auch für Stauffenberg der Oberbefehlshaber der Heeresgruppe Süd ein Hoffnungsträger. In Mansteins Hauptquartier in Taganrog entspann sich ein brisanter Dialog, den Ordonnanzoffizier Alexander Stahlberg zunächst bei offener, dann angelehnter Tür mithören konnte.

Stalingrad, erklärte Stauffenberg, sei nicht der erste Führungsfehler gewesen; der Rußlandfeldzug bestehe aus einer Kette von Führungsfehlern; die Schuld liege bei Hitler. Manstein nickte zustimmend. Vor allem mit dem Thema »Spitzengliederung« rannte Stauffenberg bei Manstein offene Türen ein, war der Feldmarschall doch selbst der Meinung, die Ostfront müsse wie im Ersten Weltkrieg einem militärischen Oberbefehlshaber unterstellt werden. Erst vier Tage zuvor, am 22. Januar 1943, hatte Manstein General Zeitzler, dem Generalstabschef des Heeres, ans Herz gelegt: »Wenn der Feldherr zugleich auch noch die Aufgaben seiner Unterführer übernimmt, wenn er zugleich mit allen Sorgen der Politik und Staatsführung belastet ist, wenn sein Wille allein die Machtmittel schaffen kann, dann muß auch das größte Genie letzten Endes vor einer unlösbaren Aufgabe stehen. Ich halte es für unerläßlich, daß der Führer seinen Unterführern das Vertrauen schenkt, das sie verdienen, ihnen die Freiheit läßt, die sie brauchen, um richtig führen zu können, und damit die Ruhe gewinnt, in der allein operative Entschlüsse reifen können. Ebenso halte ich es für unerläßlich, daß er für die gemeinsame Kriegführung auf allen Kriegsschauplätzen nur einen Berater hört und dessen Urteil auch das Vertrauen schenkt, ohne das es nicht geht.«

Manstein versicherte Stauffenberg, er wolle sich bei Hitler weiter für eine einheitliche Wehrmachtsführung stark machen. Damit aber wollte sich Stauffenberg nicht zufriedengeben. Notfalls, mahnte er, müsse dieser Schritt, einen Oberbefehlshaber Ost zu ernennen, erzwungen werden, ehe der Krieg in einer Katastrophe ende. Doch diesem Gedanken weigerte sich Manstein zu folgen. Ungesetzliche Aktivitäten kämen für ihn nicht in Frage. Schon seinem Vorbild Beck hatte er geschrieben: »Ein Krieg ist so lange nicht verloren, wie man ihn nicht verloren gibt.« Als Stauffenberg weiterinsistierte, soll Manstein ihn zurechtgewiesen haben: »Wenn Sie nicht sofort mit diesen Sachen aufhören, lasse ich Sie verhaften!« 1962 dementierte Manstein diesen Vorwurf als »völlig unzutreffend«. Vielmehr habe er sich bemüht, Stauffenberg

»als einem wertvollen, jüngeren Kameraden durch Anhören seiner berechtigten Sorgen zu helfen. Es wäre allenfalls denkbar, daß ich ihm zur Vorsicht in seinen Äußerungen in seinem eigenen Interesse geraten hätte, da wohl nicht jeder Oberbefehlshaber sich seine Kritik an Hitler so anhören würde wie ich.«

Manstein hörte zu – und es wäre ihm nicht schwergefallen zu begreifen, daß Stauffenberg ihn für den Staatsstreich gewinnen wollte. Wann, wenn nicht im Angesicht einer Katastrophe wie der von Stalingrad, war Manstein zum Handeln bereit? Stauffenberg wurde bitter enttäuscht. Der Staatsstreich käme zu spät, argumentierte Manstein, da die Alliierten auf eine »bedingungslose Kapitulation« aus seien. Und er käme zu früh, da das deutsche Volk noch nicht reif dafür, Hitler noch immer zu populär sei. Von der Front sei ein Umsturz nicht zu erwarten. Nach dem einstündigen Gespräch verließ Stauffenberg bedrückt und niedergeschlagen Mansteins Zimmer. »Erkenntnisse«, faßte er zusammen, »haben sie alle, die Generäle, aber nur die wenigsten sind bereit zu handeln!« Und noch deutlicher: »Die Kerle haben ja die Hosen voll oder Stroh im Kopf, sie wollen nicht!« Über den Besuch von Stauffenberg schrieb Manstein seiner Frau: »Das Zutrauen ist ja immer sehr rührend, aber wie soll ich Dinge ändern, die nicht in meiner Gewalt und Möglichkeit liegen?«

Zum Abschied hatte Manstein Stauffenberg geraten, sich an die Front versetzen zu lassen, um aus dem »unerfreulichen Milieu« im »Führer«-Hauptquartier herauszukommen. »So gerne ich ihn habe«, schrieb Manstein seiner Frau, »so angenehm und klug er ist, so ist er eben für schwere Zeiten zu klug, sieht er zu scharf die Gefahren und das Negative. Ich selbst sehe das alles ja auch, aber ich komme darüber hinweg.«

Am 6. Februar 1943 tauchte Manstein selbst in das »unerfreuliche Milieu« ein. Er machte sich auf den Weg ins »Führer«-Hauptquartier – mit der Absicht, bei Hitler auf einen alleinigen Oberbefehlshaber für die Ostfront zu drängen. Daß er sich selbst für diesen Posten anbot, wie neben Stauffenberg nun auch General Erich Fellgiebel, der Kommandeur der Nachrichtentruppen, gefordert hatte, kam für Manstein nicht in Frage. »Meine Verwendung dort hat nur Sinn, wenn ich gerufen werde, mir also das nötige Vertrauen geschenkt wird, das Voraussetzung dafür ist, daß Ratschläge auf operativem Gebiet aufgenommen werden. In irgendwelcher Form sich aufdrängen, sei es

»Zwischen Hitler und Paulus...« Manstein bei Vorbereitung des Entsatzversuchs für die in Stalingrad eingeschlossene Sechste Armee.

Es gibt nur 2 Wege: der eine ist der vom Führer befohlene, nämlich bis zur letzten Patrone zu halten. Der andere wäre der Durchbruch, gewollt zu einem Zeitpunkt, zu dem man dazu noch die Kräfte und Mittel hat.

Manstein, persönliches Kriegstagebuch, 26. November 1942

Ich möchte von Ihnen andere Vorschläge hören, Herr Feldmarschall.

Hitler zu Mansteins Vorschlag, der Sechsten Armee den Ausbruch zu befehlen, November 1942

Wer damals glaubte, mir den Befehl oder die Genehmigung zum Ausbruch nicht geben zu können, hat heute nicht das Recht zu schreiben, er habe meinen Ausbruch gewünscht und habe ihn gedeckt.

Friedrich Paulus, Oberbefehlshaber der Sechsten Armee

In rein militärischen Führungsfragen hat Hitler in gewisser Hinsicht wohl auf mich gehört. Ich habe allerdings mit ihm in diesen Dingen eine Reihe von Auseinandersetzungen gehabt.
Manstein im Nürnberger Prozeß

Manstein hat in Gesprächen mit Zeitzler darauf hingewiesen, daß an jedem Tag, den wir verlieren, ein Stück vom Erfolg weggenommen werden muß.
Hubertus von Humboldt, Generalstabsoffizier unter Manstein

Ich habe Charkow wiedererobert, nicht Herr von Manstein.
Hitler

»Mein Gott! Ist das ein Idiot!«
Bei einer Lagebesprechung mit Hitler in seinem Hauptquartier in Saporoshje, Anfang 1943.

auch nur durch Anmeldung zu einem Vortrag über diese Dinge, heißt m. E. von vornherein das Vertrauen verschütten. Und ohne das kann man weder dem Führer noch der Sache dienen.« Ohnehin war die Vertrauensbasis zwischen Hitler und seinem Feldherrn ziemlich brüchig. Der Kriegsherr hatte schon einmal, während der Winterkrise 1941/42, Manstein als »Generalstabschef der Wehrmacht« abgelehnt – mit der Begründung, er sei »zwar ein genialer Kopf, aber ein zu selbständiger Charakter«.

Gleich zu Beginn der Besprechung wartete Hitler mit einer Überraschung auf. Es war damit zu rechnen, daß er für die Niederlage von Stalingrad einen Sündenbock suchen würde. Doch Hitler eröffnete: »Meine Herren, vorweg möchte ich ein Wort zu Stalingrad sagen. Für Stalingrad trage ich allein die Verantwortung.« Manstein beeindruckten diese »soldatischen« Worte, und er nutzte die Gunst der Stunde, die Frage des einheitlichen Oberbefehls anzusprechen. »In Führungsfrage sehr offene Aussprache, aber kein Ergebnis«, schrieb er abends in sein Tagebuch. »Wehrmachtsgeneralstabschef scheitert natürlich an der Person G. [Göring].« Manstein sah davon ab, weiterzuinsistieren. »Ein Diktator«, sagte er beim Nürnberger Kriegsverbrecherprozeß aus, »kann sich nicht zwingen lassen. Mit dem Moment, wo er einem solchen Zwang auch nur einmal nachgibt, ist seine Diktatur ja erledigt.«

Am Kartentisch setzten sich die Differenzen fort. Manstein drängte darauf, das mittlere und nördliche Donezgebiet vorübergehend zu räumen, Truppen herauszuziehen, neu zu ordnen, um später wieder anzugreifen. Für Hitler aber war allein die Vorstellung, erobertes Territorium kampflos preiszugeben, eine »Zumutung«. Er befahl Manstein frontalen Widerstand, kein Zurückweichen, starres Halten bis zur letzten Patrone. Manstein mahnte: Wer alles bewahren will, läuft Gefahr, alles zu verlieren! Vier Stunden dauerte die Diskussion, dann hatte Manstein zumindest einen Teilerfolg erzielt: Hitler erlaubte, die Erste und die Vierte Panzerarmee aus dem Donezgebiet zurückzunehmen, um später zum Gegenschlag auszuholen. Mansteins Plan, in einer großangelegten »Rochade« die Vierte Panzerarmee zurückzunehmen, glückte. Mitte Februar startete er mit seiner Gegenoffensive. Sie brachte Hitler den letzten Sieg im Osten – und Manstein wieder einmal die Gewißheit, daß in offener Feldschlacht mit beweglichen Operationen auch kritische Situationen zu meistern waren.

Unmittelbar vor Beginn der Offensive traf Hitler überraschend in Mansteins Hauptquartier in Saporoshje ein. »Ja, ja, Efendi hat mal wieder einen Riecher für das, was seiner Propaganda nützlich ist«, flachste Manstein. »Efendi« nannte er Hitler, seit er das Stoßgebet eines Krimtataren gehört hatte: »Dank sei Allah und Adolf Efendi.« Bei den fünf Lagebesprechungen in drei Tagen zeigte sich deutlich, wie ausgeprägt Hitlers Mißtrauen gegenüber der Generalität im allgemeinen und Manstein im besonderen war. Im strategischen Denken trennten beide Welten. Hitler forderte Halten um jeden Preis. Manstein setzte angesichts der Übermacht der Roten Armee auf Bewegung, auf Ausweichen, auf Schläge aus der Hinterhand, das hieß: Truppen zurücknehmen, so Handlungsfreiheit gewinnen, um dann wieder anzugreifen. Als sich sowjetische Panzer Saporoshje bis auf 80 Kilometer näherten, nahmen die Diskussionen ein abruptes Ende. Hitler flog zurück nach Rastenburg. Jetzt hatte Manstein zum ersten und einzigen Mal freie Hand. Der Erfolg folgte auf dem Fuße. Am 19. Februar 1943 stießen die beiden Panzerarmeen der Heeresgruppe Manstein in das Donezgebiet vor, eroberten Charkow und Belgorod zurück. Erst der Schlamm in der Tauwetterperiode im März legte den Angriff lahm. Die Front verlief nun wieder ähnlich wie ein Jahr zuvor. Seinen Pressechef Otto Dietrich ließ Hitler wissen: »Ich habe Charkow wiedererobert, nicht Herr von Manstein!«

Noch immer hielt Manstein den Krieg nicht für verloren. Wenn er auch nicht mehr mit einem Sieg im Osten rechnete, hegte er im Frühjahr 1943 doch die Hoffnung auf ein militärisches Remis – als Basis für Verhandlungen mit Stalin, der zunehmend ungeduldiger auf die zweite Front der westlichen Alliierten wartete und möglicherweise zu einem Separatfrieden bereit war. Solange dieser Weg offen schien, wollte Manstein keine neuen Großoffensiven wagen, sondern die bislang bewährte Taktik anwenden. Daß sich Hitler nie auf ein Remis gegen die Sowjetunion einlassen würde, da für ihn nur ein Sieg oder eine Niederlage in Frage kam, erschloß sich Manstein nicht. Die Hoffnung auf ein »Unentschieden« blieb, was sie schon immer war – die Illusion eines dem rationalen Denken verhafteten Strategen, der mit Hitlers irrationaler Gedankenwelt nichts anzufangen wußte.

Unter keinen Umständen war Hitler bereit, auf einmal eroberte Gebiete kampflos zu verzichten, vor allem nicht auf das Donezbecken mit seinen Stahlwerken und Kohlevorkommen. Ohne diese Region, übertrieb Hitler, würde die deutsche Kriegsproduktion zusammenbrechen. Die Sowjets, dramatisierte er, »würden ohnehin verbluten, wenn wir nur jeden Fußbreit verteidigten«. Mit seinen stereotypen Argumenten hinderte Hitler Manstein daran, seine Heeresgruppe beweglich zu führen – die einzige erfolgversprechende Chance gegen eine feindliche Übermacht. Die oft langwierigen Diskussionen zwischen Manstein und Hitler kreisten immer um die gleichen Streitfragen: halten, nicht halten, wie lange halten... Hans-Georg Krebs, Hauptmann in Mansteins Stab, erlebte mehrmals mit, wie sein Vorgesetzter und Hitler die Lage debattierten. »Natürlich trug Manstein Ideen vor, die sich nach rückwärts bewegten. Denn wenn man die Truppen schonen und Erfolg haben will, muß man beweglich operieren. Da schnitt Hitler Manstein häufig das Wort ab und sagte: ›Da wollen wir gar nicht darüber reden!‹ Oft hatte das die Wirkung, daß Manstein verstummte. Wenn er merkte, da ist kein Blumentopf zu gewinnen, hörte er einfach auf zu reden. Das war der Nachteil an Manstein, daß er nichts sagte, wenn er einen anderen für unzurechnungsfähig hielt. Für ihn war Hitler der nichtwissende Gefreite des Ersten Weltkriegs, der sich einbildete, etwas zu wissen und etwas zu können.«

Der militärische Fachmann Manstein billigte Hitler »zweifellos einen gewissen Blick für operative Möglichkeiten« und ein »erstaunliches Wissen und Gedächtnis« zu, mehr jedoch nicht: »Im ganzen gesehen fehlte ihm eben doch das auf Erfahrung beruhende militärische Können, das seine Intuition nun einmal nicht ersetzen konnte.« Nach Mansteins Ansicht überschätzte Hitler die Macht seines Willens, seine Wirkung auf die Truppe – und unterschätzte sträflich die Stärke des Gegners. Nach einer Lagebesprechung, bei der Hitler wieder einmal seinen Willen durchgesetzt hatte, hörte Hauptmann Krebs Manstein schimpfen: »Mein Gott, ist das ein Idiot!« Manstein sah, was dieser »Idiot« an den Fronten anrichtete, wie er aufs Spiel setzte, was der preußische Feldmarschall für das höchste Gut hielt – Deutschland. Zurücktreten oder die Hand erheben gegen Hitler wollte er dennoch nicht.

Manstein blieb auf seinem Posten, auch weil er sich für unentbehrlich hielt. Nie gab er Hitler Anlaß, an seiner Loyalität zu zweifeln. Nur in militärischen Fragen widersprach er dem ober-

Meldung an den Führer, daß ich das Ausbrechen der Sechsten Armee als letzte Möglichkeit ansehe, wenigstens die Masse der Soldaten zu retten.
Manstein, persönliches Kriegstagebuch, 26. November 1942

Manstein ist vielleicht der beste Kopf, den der Generalstab hervorgebracht hat. Aber er kann nur mit frischen guten Divisionen operieren, nicht mit den Trümmern, über die wir jetzt nur noch verfügen.
Hitler, 1943

Marschall Rückzug.
Joseph Goebbels, Tagebuch, Dezember 1943

»Es muß weitergekämpft werden...« Deutsche Soldaten nach dem gescheiterten Entsatzversuch vor Stalingrad.

sten Befehlshaber, Politik blieb tabu, getreu Mansteins Devise: Krieg ist Krieg, und Politik ist Politik. Und Krieg führen, dessen war er sich bewußt, konnte er mit einem Geschick wie kaum ein anderer. Manstein spielte sich nicht in den Vordergrund, doch er war sich seines Könnens stets bewußt und konnte in der »Führerlage«, wie General Günther Blumentritt beobachtete, sogar so weit gehen, »daß er Ideen, die Hitler vorbrachte, Unsinn nannte«. Hitler wiederum faßte zu Manstein zwar nie wirkliches Vertrauen, aber seine militärischen Fähigkeiten schätzte er hoch. Stets wahrte Hitler die Form. Nie würdigte er Manstein vor anderen herab, obwohl der sehr wohl auch Spitzen verteilte: »Mein Führer, Sie als Meldegänger des 1. Weltkriegs müßten doch eigentlich wissen, wie lange ein Befehl braucht, um die vorderste Truppe zu erreichen!« Manstein bot Hitler in militärischen Fragen Paroli. Er war, so charakterisierte ihn Generaloberst Heinz Guderian, unbequem: »Er hatte eigene Ansichten und sprach sie aus.« Auch darin unterschied sich Manstein von anderen Oberbefehlshabern. »Kein anderer hat sich mit Hitler so angelegt wie Manstein«, sagte Adolf Graf von Kielmansegg aus eigener Erfahrung. Doch Hitler zu überzeugen, gelang selbst Manstein nur in den seltensten Fällen. Mitunter hatte er den Eindruck, einem »indischen Schlangenbeschwörer« gegenüberzustehen. »Ich kann mich nicht erinnern, jemals bei einem Menschen einen Blick wahrgenommen zu haben, der so die Macht seines Willens ausdrückte.« Hitler und er, vertraute Manstein seinem Tagebuch an, bewegten sich auf zwei verschiedenen Ebenen. »Infolgedessen kommt man nie zu einem Resultat.«

Hitler war für Manstein wie eine zweite Front, die seine Kräfte fast ebenso in Anspruch nahm wie das operative Führen seiner Verbände. Denn seine Entscheidungen mußten nicht nur militärisch sinnvoll sein, sondern auch vor allem Hitlers Gefallen finden, seinem Willen entsprechen. Wie Hitler drängte im Frühjahr 1943 auch die Heeresleitung auf eine Offensive, ehe sich die Rote Armee von ihrer Niederlage bei Charkow erholt hatte. Dem Gegner sollte das Gesetz des Handelns aufgezwungen werden. Die Gelegenheit zum Angriff bot der sowjetische Frontvorsprung bei Kursk – Schauplatz der größten Panzerschlacht der Geschichte mit dem Decknamen »Zitadelle«, zugleich die letzte deutsche Offensive im Osten.

Die Heeresgruppe Mitte unter Kluge sollte von Norden und die Heeresgruppe Süd unter Manstein von Süden vorrücken und die sowjetischen Truppen in die Zange nehmen. Ein erster Befehl für »Zitadelle« war schon am 13. März ausgegeben worden. Doch Hitler zögerte, wollte erst die Lieferung neuer Panzer an die Truppe abwarten. Ungeduldig mahnte Manstein, so schnell wie möglich anzugreifen. Je früher das geschehe, desto weniger Zeit bliebe den Sowjets, eine starke Abwehr aufzubauen, desto geringer die Gefahr eines sowjetischen Großangriffs auf das Donezgebiet. Hitler ließ sich nicht beeindrucken, der April verstrich ungenutzt. »Manstein war wütend«, erinnert sich Hubertus Freiherr von Humboldt, damals Hauptmann im Stab Mansteins. »Er hat in Telefongesprächen mit Generalstabschef Kurt Zeitzler darauf hingewiesen, daß jeder Tag, den wir verlieren, die Chancen auf den Erfolg verringert, daß der Angriff nur ein Mißerfolg werden könne, wenn weiter gezögert werde.« Der Angriffstermin wurde von Mitte Mai auf Mitte Juni verschoben.

In dieser Phase der Untätigkeit, da sich die Fronten kaum bewegten, fand Manstein etwas mehr Zeit, sich seinen Reitpferden zu widmen, die er aus Schlesien in sein Hauptquartier hatte bringen lassen. Als leidenschaftlicher Reiter versuchte er es einzurichten, möglichst täglich etwas auszureiten – meist in der Begleitung seines Ordonnanzoffiziers Alexander Stahlberg, eines Cousins Henning von Tresckows, der über beste Verbindungen ins »Führer«-Hauptquartier verfügte. Daß dort »eine Hetze gegen ihn im Gange sei, anscheinend von Göring und Keitel« angezettelt, hatte Manstein schon von Generalfeldmarschall Wolfram Freiherr von Richthofen erfahren. Mit allen Mitteln versuchten Göring und Keitel, Manstein als Machtfaktor, der er als Oberbefehlshaber Ost geworden wäre, zu verhindern. Auch Propagandaminister Joseph Goebbels hegte Aversionen gegen den Befehlshaber der Heeresgruppe Süd: »Manstein ist alles andere als ein Anhänger des nationalsozialistischen Regimes.«

»Der Führer«, schrieb Goebbels am 2. März 1943 in sein Tagebuch, »hatte eigentlich die Absicht, bei seiner Reise an die Südfront Manstein abzusetzen, hat aber vorläufig diese Absicht noch nicht verwirklicht. Jedenfalls müssen wir uns bei der alten Wehrmachts- und Reichswehrgeneralität vorsehen. Gute Freunde besitzen wir unter ihr nur sehr wenige.«

Was aber Stahlberg von seinem Vetter Tresckow zu hören bekam, war das bis dahin bedrohlichste Gerücht: »Hitler hat in der letzten Zeit in seinem engsten Kreis mehrere Male laute Wutausbrüche gehabt, wenn der Name Manstein fiel.« Hitler wisse, zitierte Tresckow seine »Quelle« im »Führer«-Hauptquartier, daß Manstein häufig nachmittags mit seinem Ordonnanzoffizier ausreite. Laut Hitler wäre es »eine Leichtigkeit, die beiden durch einen Partisanenüberfall verschwinden zu lassen«. Ein Attentat auf den Feldmarschall unmittelbar vor einer entscheidenden Operation wie »Zitadelle«? Die Hintergründe blieben ungeklärt. Offenkundig aber hatte das ohnehin unterkühlte Verhältnis zwischen Hitler und seinem Feldmarschall inzwischen ein eisiges Stadium erreicht.

Am 1. Juli 1943 hatte das Warten auf »Zitadelle« ein Ende. Hitler war nun endlich entschlossen, anzugreifen – zu spät, wie sich herausstellen sollte. Die Rote Armee hatte die Zeit genutzt, einen gewaltigen Abwehrblock zu errichten. Von einem Überraschungseffekt konnte keine Rede mehr sein. »Er hat es wohl gesehen«, erinnert sich Adolf Graf von Kielmansegg. »Er hat uns in der Operationsabteilung des Heeres aber nicht deutlich genug auf das von Tag zu Tag größer werdende Risiko der Gesamtoperation hingewiesen, so daß bei uns der Eindruck entstand: Das wird schon gutgehen.« Am 4. Juli begann die Schlacht, auf die seit April gewartet wurde. Auf deutscher Seite griffen insgesamt 1081 Panzer und 376 Sturmgeschütze an. Mansteins Verbände drangen zwar tief in die sowjetischen Verteidigungslinien ein, doch der entscheidende Durchbruch gelang ihnen nicht. Am 12. Juli, auf dem krisenhaften Höhepunkt einer verlustreichen Schlacht, erhielt Manstein aus dem »Führer«-Hauptquartier den Befehl, sich am nächsten Tag mit Feldmarschall Günter von Kluge bei Hitler zu melden. Noch immer glaubte Manstein an einen Teilerfolg, weil er seine Reserven noch nicht eingesetzt hatte. Aber nachdem die Alliierten auf Sizilien gelandet waren, entschied Hitler, die Offensive abzubrechen und Kräfte nach Italien abzuziehen. »Zitadelle« war gescheitert.

Nach der Bekanntgabe des »Führer«-Beschlusses analysierten die Feldmarschälle Kluge, Rommel und Manstein bei »bestem französischen Rotwein« schonungslos, wie dramatisch sich die Lage in den letzten Monaten entwickelt hatte. Nach den Erinnerungen von Alexander Stahlberg sagte Kluge zu Manstein in aller Offenheit: »Das Ende wird böse sein. Und ich wiederhole, was ich Ihnen schon früher gesagt habe, ich bin bereit, mich Ihnen zu unterstellen.« Rommel schloß sich an: »Das Ende des

Krieges wird eine einzige Katastrophe sein. Wenn die Alliierten auch noch auf dem Balkan landen und am Schluß an der Küste des Atlantiks, dann bricht das Haus zusammen.« Manstein erwiderte: »Soweit ist es noch lange nicht. Hitler wird den Oberbefehl abgeben, ehe er scheitert.«

»Er wird den Oberbefehl niemals abgeben«, konterte Rommel. »Ich kenne ihn offenbar besser als Sie, Herr von Manstein.« Nach einer kurzen Pause versicherte Rommel: »Auch ich bin bereit, mich Ihnen zu unterstellen.« Beim Abschied wandte sich Rommel an Stahlberg, der das ganze Gespräch mit angehört hatte: »Ihr Feldmarschall ist ein genialer Stratege. Ich bewundere ihn. Aber er ist ein Illusionist.«

Rommel behielt recht. Hitler dachte zu keiner Zeit daran, den Oberbefehl über die Ostfront abzugeben, freiwillig schon gar nicht. Für den Diktator hätte dies eine Selbstentmachtung bedeutet. Manstein war zwar selbstbewußt genug, sich als Idealbesetzung für den Posten eines Oberbefehlshabers der Ostfront zu sehen. Noch aber scheute er davor zurück, selbst seinen Namen bei Hitler in die Diskussion zu bringen, obwohl sonst die gesamte Generalität ihn als erste Wahl ansah und ihm die Führungsfehler Hitlers schwer zu schaffen machten. »Der Zustand, daß die Oberbefehlshaber der Heeresgruppen über die Gesamtlage nur durch den Wehrmachtsbericht unterrichtet werden«, schrieb er an General Zeitzler, »ist ebenso unerträglich wie das Fehlen jeder geistigen Verbindung zwischen den obersten Führungsstellen.« Nur in der Person eines alleinigen Oberbefehlshabers für die Ostfront sah Manstein eine Chance, mit einem Remis das Deutsche Reich zu retten. War er aber auch bereit, deshalb einen Staatsstreich zu akzeptieren?

Mit genau diesem Vorschlag konfrontierte Oberst i. G. Rudolf-Christoph Freiherr von Gersdorff, ein Abgesandter des Feldmarschalls von Kluge, Manstein am 8. August 1943. Vor der Abreise zu Mansteins Hauptquartier nach Saporoshje hatte Kluge Gersdorff mit auf den Weg gegeben: »Teilen Sie dem Feldmarschall von Manstein mit, ich bäte ihn, nach einem Staatsstreich die Stellung eines Chefs des Generalstabes der Wehrmacht – also der vereinigten Generalstäbe von Heer, Luftwaffe und Marine – zu übernehmen.«

Nach seiner Ankunft in Saporoshje begann Gersdorffs Mission, wie geplant, mit einem Vier-Augen-Gespräch, an das sich

Gersdorff auch vierzig Jahre später noch wortwörtlich zu erinnern glaubte. Nach seiner Darstellung eröffnete Gersdorff psychologisch geschickt mit einem Thema, das Manstein auf den Nägeln brannte: die Spitzengliederung der Wehrmacht. Er trug Kluges Sorge vor, das Gegeneinander von OKW und OKH sowie Hitlers dilettantischer Führungsstil ließen den Zusammenbruch der Ostfront erwarten. Jemand müsse Hitler deutlich machen, daß es zur Katastrophe komme, wenn sich in der militärischen Führung nicht sofort etwas ändere. »Ich bin völlig der gleichen Ansicht«, zitierte Gersdorff Manstein in seinen Memoiren. »Aber ich bin der falsche Mann, um dies Hitler zu sagen. Die Feindpropaganda hat mich, ohne daß ich etwas dafür kann, zu dem Mann gemacht, der Hitler angeblich die Macht streitig machen will. Er steht mir jetzt nur noch mit Mißtrauen gegenüber. Nur Rundstedt und Kluge können eine solche Mission übernehmen.«

Tatsächlich war Mansteins Name zu dieser Zeit in den englischsprachigen Zeitungen und Radiosendungen des öfteren zu lesen und zu hören. Die Agentur Reuter hatte gemeldet, Manstein bekomme den Gesamtbefehl, und das US-amerikanische Magazin *Time* sollte dem Feldmarschall am 10. Januar 1944 sogar eine Titelgeschichte widmen, was die Mißgunst seiner Kontrahenten in Hitlers Umfeld – Goebbels, Göring und Himmler – nur noch weiter anheizte. Am 11. März 1944 notierte Tagebuchschreiber Goebbels, ohne konkret zu werden: »Der Führer scheint gar nicht zu wissen, wie gemein Manstein sich ihm gegenüber benommen hat.«

Gersdorff wagte sich nun weiter vor: »Vielleicht sollten alle Feldmarschälle gemeinsam zum Führer gehen und ihm die Pistole auf die Brust setzen.« Manstein soll kategorisch erwidert haben: »Preußische Feldmarschälle meutern nicht!« Noch nie in der Geschichte, beharrte Gersdorff, hätten sich preußische Feldmarschälle in einer vergleichbaren Situation befunden; jedes Mittel sei recht, Deutschland vor einer Katastrophe zu bewahren.

Manstein: »Ihr wollt ihn wohl totschlagen?«
Gersdorff: »Ja, und zwar wie einen tollen Hund.«
Manstein: »Da mache ich nicht mit. Daran würde die Armee zugrunde gehen... Ich bin in erster Linie Soldat... So was würde innerhalb der Armee mit Sicherheit zum Bürgerkrieg führen.«

Bei einer gewaltsamen Beseitigung Hitlers, davon war Man-

»...unser gefährlichster Gegner.« Manstein als Titelbild des US-Magazins Time, Januar 1944.

Ihr Feldmarschall ist ein genialer Stratege. Ich bewundere ihn. Aber er ist ein Illusionist.

Rommel über Manstein, 1943

Rückzug mag meisterlich sein, aber Siegen ist in die entgegengesetzte Richtung.

Magazin Time, *Januar 1944*

Obwohl ich ihn lange sehr geschätzt habe, bedaure ich Mansteins Absetzung in keiner Weise.

Generaloberst Ludwig Beck zur Entlassung Mansteins

stein überzeugt, wäre der Krieg nicht mehr zu führen, geschweige denn zu gewinnen.

Nachdem Gersdorff einsehen mußte, daß er Manstein nicht umstimmen konnte, stellte er dem Feldmarschall die Frage, die ihm Kluge aufgetragen hatte: War Manstein bereit, nach einem Staatsstreich den Posten eines Generalstabschefs der Wehrmacht zu übernehmen? Manstein wählte eine sibyllinische Antwort: »Bestellen Sie dem Feldmarschall von Kluge, ich danke ihm für das in mich gesetzte Vertrauen. Der Feldmarschall von Manstein wird stets der legalen Staatsführung loyal zur Verfügung stehen.«

Was stimmt an Gersdorffs Darstellung? Bespricht ein Feldmarschall mit einem ihm nahezu unbekannten Verbindungsoffizier derart brisante Themen? War Gersdorffs Vortrag etwa gar nicht so deutlich? »Hat der Kreis der Männer des 20. Juli mit Ihnen Fühlung genommen?« fragte Verteidiger Hans Laternser beim Nürnberger Kriegsverbrecherprozeß den Zeugen Manstein. Die Antwort: »Das ist mir nicht bewußt geworden... Jetzt nachträglich ist mir klargeworden, daß noch verschiedene Fühlungsversuche gemacht worden sind, anscheinend um meine Einstellung zu sondieren. Da war in einem Falle der Oberst von Gersdorff bei mir gewesen und hat, wie er mir nachträglich gesagt hat, Briefe mitgehabt von Goerdeler, glaube ich, und Popitz, die er mir zeigen sollte, wenn er glaubte, daß ich für einen Staatsstreich zu haben wäre. Da ich aber immer den Standpunkt vertreten habe, daß eine Beiseiteschiebung oder Beseitigung Hitlers im Kriege zum Chaos führen müsse, hat er mir diese Briefe gar nicht erst gezeigt. Daß das Fühlungsversuche sein sollten, das ist mir jetzt nachträglich klargeworden. Ich habe also niemals an irgend jemand eine Zusage gemacht, mich an solchen Unternehmen zu beteiligen.«

In Mansteins Tagebuch findet sich kein Hinweis darauf, daß Gersdorff von einem Attentat auf Hitler gesprochen hätte. Es wäre auch zu gefährlich gewesen, darüber zu schreiben. Zu groß war das Risiko, daß das Tagebuch dem SD in die Hände fallen könnte. Die Notizen belegen allerdings, wie gefährlich offen Manstein mit Gersdorff über »Führungsfehler« sprach. Hitler, schrieb Manstein, solle »nicht alles selbst führen«. Er müsse mit einem Wehrmachtsgeneralstabschef arbeiten oder den Oberbefehl auch über Luftwaffe und Marine übernehmen und zusammen mit den drei Generalstabschefs führen. Hitlers Aufgabe als

»Führer und Feldherr« beruhe vor allem auf der »politischen Führung des Volkes, die jetzt fehlt, in der außenpolitischen Führung des Krieges, wozu auch die besetzten Gebiete gehören, in der Rüstung und Wirtschaft. Militärisch aber nur in den grundlegend militärpolitischen Entscheidungen.« All dies müsse Kluge Hitler vortragen. Er selbst könne es nicht, »da infolge ausländischer Propaganda ich als der Mann, der die Führung haben will, hingestellt bin«.

An Frieden, ließ Manstein Gersdorff wissen, sei zu jenem Zeitpunkt nicht zu denken, weil die Gegner den Sieg in greifbarer Nähe glaubten. Jede Verhandlungsmöglichkeit müsse aber genutzt werden, und zwar von Hitler, keinem anderen. »Die Armee«, beharrte Manstein, »hat mit solchen Dingen grundsätzlich nichts zu tun. Sie hat ihren Fahneneid und die Gehorsamspflicht und wird auch stets der Teil sein, der immer treu bleibt. Jeder Gedanke, daß militärische Führer sich in Fragen der politischen Führung mischen, würde bedeuten, daß sie damit die Basis der militärischen Unterordnung verlassen, was sich stets gegen sie selbst kehren wird.«

Es war die selbstgestellte Falle Mansteins: Er wollte »nur« Soldat sein und sonst gar nichts, und »als solcher benutzte ich nicht meinen Rock, um darin einen Dolch zu verbergen«. Erzogen in der Tradition des preußischen Offizierskorps, sah sich Manstein verpflichtet zu Loyalität und Gehorsam gegenüber der »legalen Staatsführung«, also auch gegenüber Hitler, dem »einzigen Mann, der das Vertrauen des Volkes und der Soldaten besitzt, an den sie glauben. Kein anderer würde das haben« (Tagebucheintrag vom 8. August 1943). Ein Staatsstreich, gar ein Attentat auf das »legale« Staatsoberhaupt kam für Manstein zu keinem Zeitpunkt in Frage. Verstrickt in den Konflikt zwischen Gewissen und Gehorsam, blieb Manstein nach seinem Wahlspruch »in Treue fest«, verwies auf die Verantwortung gegenüber seinen Soldaten und auf die Pflicht, die er als Befehlshaber zu erfüllen habe. Ein Putsch, meinte er, würde einen Bürgerkrieg in der Armee zur Folge haben. Der Gedanke, daß Hitlers Ende möglicherweise Millionen Menschen vor dem Tod bewahren könnte, kam Manstein nicht. General Dietrich von Choltitz, dem späteren Retter von Paris, erklärte er sein Dilemma zwischen Front und Widerstand so: »Die feindliche Übermacht, gegen die ich seit Jahren zu kämpfen habe, hat sich von 1:3 nun auf 1:20 gesteigert. Angesichts dessen ist der Gedanke lächerlich, einfach ins Führerhauptquartier zu fahren und Hitler umzubringen, während vor mir Millionen Russen bereitstehen, in Deutschland einzubrechen. An der Spitze der Heeresgruppe bin ich dem deutschen Volk verantwortlich und kann als Armeeführer keine Minute daran denken, gewaltsam eine Änderung in der Führung vorzunehmen... Ich habe nicht das Recht, durch meinen Ungehorsam meine Soldaten unsicher zu machen... Wenn eine solche Änderung, die in vieler Hinsicht nötig ist, ja, die ich selbst aufs höchste begrüßen würde, geplant wird, muß sie von Männern in der Heimat eingeleitet werden, die die Möglichkeit haben, an Hitler heranzukommen, und die außerdem viel besser in der Lage sind, sich ein Bild von der politischen Auswirkung zu machen. Ich selbst muß zu meinen Soldaten stehen, die ich zu führen habe und deren Schicksal ich teile.«

Mansteins Gespräche mit den Vertretern des militärischen Widerstands verliefen sämtlich nach einem ähnlichen Muster. Er erkannte sehr wohl die Situation und lehnte einen Staatsstreich nicht grundsätzlich ab. Persönlich aktiv werden wollte er aber nicht. Als am 25. November 1943 Oberst Henning von Tresckow von der Heeresgruppe Mitte, mit Manstein freundschaftlich verbunden, noch einmal versuchte, den Feldmarschall zum Handeln zu bewegen, stand ihm ein Mann gegenüber, der, wie er sagte, nur eine Möglichkeit sah: weiterkämpfen unter Hitler, um vielleicht doch noch ein Remis zu erreichen. Hitler, versuchte Tresckow Manstein ins Gewissen zu reden, führe Deutschland in den Untergang.»Wir dagegen verfügen über die Macht, dem Ablauf in die Speichen zu greifen. Tun wir es nicht, tut es keiner.« Bei einem der Gespräche mit Tresckow hörte Generalstabsoffizier Hans-Adolf von Blumröder Manstein sagen: »Tresckow, lassen Sie mich endlich mit Ihrer dämlichen Politik in Frieden!«

Tresckows Besuch am 25. November 1943 war der letzte Versuch eines Oppositionellen, den Befehlshaber der Heeresgruppe Süd als eine Leitfigur des Widerstands zu gewinnen. Manstein war für den Staatsstreich verloren. Sein Mentor, Generaloberst Beck, erklärte das enttäuschende Verhalten des von ihm einst protegierten »operativen Wunderkinds« mit dessen Charakter. Im März 1944, als Manstein entlassen wurde, stellte Beck nüchtern fest:»Obwohl ich ihn lange sehr geschätzt habe, bedaure ich Mansteins Absetzung in keiner Weise.«

Mit seiner Haltung, den Widerstand zwar zu dulden, aber

selbst nichts dafür zu tun, stand Manstein in der Generalität keineswegs allein. Nicht wenige führende Militärs, allen voran die Feldmarschälle von Kluge und Rommel, hätten einen Umsturzversuch begrüßt, doch handeln wollten sie nicht. Mansteins Widerstand gegen Hitler erschöpfte sich im hartnäckigen Ringen am Kartentisch.

Nach der Panzerschlacht von Kursk war die Initiative unwiderruflich auf die Rote Armee übergegangen. Bei Frontbreiten von bis zu 900 Kilometern sah sich Mansteins Heeresgruppe permanenten Angriffen ausgesetzt. Fast täglich entstanden neue Krisenherde, mußten Frontlücken geschlossen werden. Doch jedes gestopfte Loch riß ein neues auf. Die Rote Armee schien unbezwingbar zu sein – wie eine stetig wuchernde Hydra. Manstein drängte auf Verkürzung der überspannten Fronten. Hitler jedoch blieb dabei: kein Schritt zurück, nur halten, halten, halten... Wiederholt mischte er sich in die Führung der Heeresgruppe Süd ein. Wollte ihn Manstein mit militärischen Argumenten überzeugen, so brachte Hitler wirtschaftliche und politische Notwendigkeiten ins Spiel. Mitunter resignierte Manstein: »Gegen diese Dialektik komme ich nicht an.« Im August 1943 protestierte er beim OKH: »Wenn der Führer glaubt, einen Oberbefehlshaber zu haben, der bessere Nerven hat, mehr Initiative zeigt, bessere Aushilfen findet, klarer vorausssieht, bin ich gerne bereit, meinen Posten abzutreten. Solange ich jedoch an dieser Stelle stehe, muß ich die Möglichkeit haben, von meinem Kopf Gebrauch zu machen.« Erneut versuchte er, Hitler die Idee eines einheitlichen Oberbefehls an der Ostfront nahezubringen, und angesichts der dramatischen Lage scheute er nun nicht länger davor zurück, sich selbst als Kandidaten für den Posten eines Oberbefehlshabers Ost vorzuschlagen. »Wenn Sie, mein Führer, dabei an meine Person denken würden, garantiere ich Ihnen mit meinem Kopf, daß ich die Front... zum Stehen bringen würde.«

Hitler antwortete, nur er allein könne der Unbotmäßigkeit der Generäle Herr werden. Enttäuscht schrieb Manstein in sein Tagebuch: »Über Ernst der Lage und daß Truppe am Ende ist, kann nunmehr kein Zweifel bestehen... Zum soundsovielten Mal rechne ich dem OKH vor, daß es so nicht weitergeht... Man wird müde, immer nicht nur gegen die Russen, sondern auch gegen das Nichtsehenwollen oben zu kämpfen.«

Noch hielt Hitler an Manstein fest. Die Stimmen aber, die seine Entlassung forderten, wurden immer lauter. Seit Stalingrad, als Manstein eine Versorgung des Kessels aus der Luft für unmöglich hielt, hatte er Göring als Gegner, der im Schulterschluß mit Himmler und Goebbels in dem Feldmarschall ein neues militärisches Machtzentrum, einen potentiellen Gegenspieler im Kampf um Hitlers Gunst witterte. Schon im April 1943 war Propagandaminister Joseph Goebbels aufgefallen, daß Manstein in den Rückzugsgebieten eine »humanere Behandlung der Bewohner« eingeführt hatte. Am 19. Oktober 1943 formulierte es Goebbels in seinem Tagebuch noch deutlicher: »Manstein ist alles andere als ein Anhänger des nationalsozialistischen Regimes. Aber wir können im Augenblick nichts gegen ihn unternehmen, weil wir ihn nötig haben; wenigstens behauptet der Führer das.« Keine acht Tage später glaubte Goebbels bei Hitler einen für ihn erfreulichen Stimmungswandel feststellen zu können: »Der Führer hat zur Behebung des Notstandes an der Südfront einen großen Personalschub vor... Er will Generaloberst Model an die Stelle von Generalfeldmarschall Manstein setzen und ihm die Führung der Heeresgruppe anvertrauen.« Zwei Monate später aber war Manstein noch immer im Amt. Goebbels' Ungeduld wuchs, »daß der Führer ihn noch nicht seines Amtes enthoben hat. Er heißt allgemein nur noch der Marschall Rückwärts.«

Die Spannungen zwischen Hitler und seinem Feldmarschall spitzten sich in dem Maße zu, je massiver die Rote Armee gegen die deutschen Fronten vorrückte. Am 27. Januar 1944 ermahnte Hitler nach einer NS-Führertagung im Posener Schloß Feldmarschälle und Generäle aller drei Wehrmachtsteile bei einem Vortrag zu Gehorsam und Loyalität – für Manstein ein »unglaublicher« Affront. Seinem Ordonnanzoffizier Stahlberg schilderte Manstein, er habe es »nicht mehr ertragen« können, als Hitler schließlich von einem letzten Gefecht fabuliert habe, bei dem seine treuen Feldmarschälle ihm beistünden. Hitler steigerte sich regelrecht in diese Vision, bis Manstein ihn mit dem doppeldeutigen Zwischenruf unterbrach: »Das wird auch so sein, mein Führer!«

Hitler reagierte empört: »Herr Feldmarschall, ich muß es mir verbitten, daß Sie mich in einer Ansprache unterbrechen. Sie würden sich das auch nicht von Ihren Untergebenen gefallen lassen.«

Der Eklat zog Kreise. In seinem Tätigkeitsbericht hielt Hitlers Chefadjutant Rudolf Schmundt fest: »Im Zusammenhang mit diesem Zwischenruf und den verschiedenen Spannungen in der letzten Zeit wird erneut die Frage erwogen, Feldmarschall von Manstein im Kommando zu ersetzen.« Tatsächlich war Mansteins Zwischenbemerkung kaum zu hören gewesen, und nicht alle im Saal hatten sie als Kritik an Hitler verstanden. Mansteins Einwurf, berichtete Percy Ernst Schramm, der das Kriegstagebuch des OKW führte, sei lediglich als Gebrummel aus der ersten Reihe wahrgenommen worden. Daß dieser umstrittene Satz Wasser auf die Mühlen von Mansteins Gegner war, bleibt jedoch unbestritten.

Während Goebbels, Göring und Himmler weiter gegen den als Rivalen empfundenen Feldmarschall intrigierten, geriet die Krise an den Fronten zur Katastrophe. Westlich von Tscherkassy bahnte sich ein zweites Stalingrad an. Die Rote Armee hatte sechs Divisionen mit 56 000 Mann umzingelt. Die Befreiungsangriffe blieben stecken. Da befahl Manstein, ohne Hitlers Zustimmung einzuholen, den Ausbruch. In der Nacht zum 17. Februar 1944 überrannten Zehntausende deutscher Soldaten mit dem Mut der Verzweiflung die sowjetischen Stellungen. Mit seinem eigenmächtigen Vorgehen hatte Manstein Tausenden das Leben gerettet – vorerst. Hitler billigte Mansteins Befehl – nachträglich.

Der »größte Feldherr aller Zeiten« mißtraute seinen Generälen. Vor allem Manstein, der ihm fachlich eindeutig überlegen war, schien ihm als früherer Vertrauter von Beck und Fritsch bis zuletzt verdächtig. Im Frühjahr 1944 kühlte sich das Verhältnis des obersten Befehlshabers zu seinen Feldherren um weitere Grade ab. General Seydlitz, der als kommandierender General in Stalingrad in russische Gefangenschaft geraten war, forderte als Vizepräsident des »Nationalkomitees Freies Deutschland« in Briefen Feldmarschälle und hohe Generäle auf, den Kampf gegen die Sowjetunion einzustellen und sich der Bewegung »Freies Deutschland« anzuschließen. Hitlers Chefadjutant Schmundt hielt es deshalb für notwendig, daß die Feldmarschälle mittels eines Treuegelöbnisses dem »Führer« ihre absolute Loyalität versicherten. Anfangs sträubte sich Manstein dagegen, ein derartiges Schriftstück zu unterzeichnen. Der Eid, 1934 nach Hindenburgs Tod auf Hitler geschworen, gelte doch nach wie vor. Gerade aber auf Mansteins Unterschrift legte Hitler Wert, und so setzte er am Ende doch seinen Namen unter die aus Goebbels' Feder stammenden, vor Pathos triefenden Zeilen, die Feldmarschall von Rundstedt am 19. März 1944 auf dem Obersalzberg Hitler verlas: »Wir, die Generalfeldmarschälle des Heeres, haben mit ernster Sorge und Bekümmernis nunmehr die Gewißheit erhalten, daß der General der Artillerie Walther von Seydlitz-Kurzbach schnöden Verrat an unserer Heiligen Sache übt... Mehr denn je wird es unsere Aufgabe sein, Ihr von hohen Idealen erfülltes Gedankengut im Heere zu verankern, so daß jeder Soldat des Heeres ein um so fanatischerer Kämpfer für die nationalsozialistische Zukunft unseres Volkes wird. Wir wissen, daß nur ein im Nationalsozialismus erzogenes Heer die Belastungsproben bestehen wird, die uns heute noch vom Siege trennen. Nehmen Sie, mein Führer, dieses Bekenntnis Ihrer Feldmarschälle des Heeres als Zeugnis unserer unwandelbaren Treue entgegen.« Hitler zeigte sich tief beeindruckt. Seinem Propagandaminister gegenüber nannte er das Gelöbnis »sehr scharf, sehr eindeutig und ganz nationalsozialistisch«.

Am grundsätzlichen Mißtrauen Hitlers gegenüber der Generalität im allgemeinen und Feldmarschall von Manstein im besonderen änderte der Schwur von Berchtesgaden freilich nichts. Dafür sorgten schon Goebbels, Göring und Himmler mit ihren Intrigen. Der Reichsführer SS etwa verwies am 29. März 1944 bei Hitler darauf, daß er zwei neue Waffen-SS-Verbände für die Südfront zur Verfügung stelle, jedoch stärkste Bedenken habe, sie Manstein zu überlassen. Zufrieden beobachtete Goebbels: »Der Führer ist durch die Argumente Himmlers sehr tief beeindruckt worden.«

Kurz darauf hatten Mansteins Gegner ihr Ziel erreicht. Erneut war eine ganze Armee eingekesselt worden, diesmal die Erste Panzerarmee bei Kamenez-Podolsk. Am 25. März 1944 kündigte Manstein Hitler auf dem Obersalzberg an, er werde den Ausbruch befehlen. »Führer sehr ablehnend«, schrieb Manstein in sein Tagebuch. »Langes Hin und Her mit abwegigen Behauptungen über die Gründe der Entwicklung, die er [Hitler] im Ausweichen der letzten Monate sieht, während ich sage, daß alles so kommen mußte, weil wir immer unsere Kräfte an der falschen Stelle haben mußten, um da zu halten.« Die Besprechung nahm dramatische Züge an. Schärfer denn je prallten die verschiedenen Ansichten von Hitler und Manstein aufeinander. Anschließend ersuchte Manstein Hitlers Chefadjutanten

»Verlorene Siege...«
Am Tag der vorzeitigen Entlassung aus der Haft mit seiner Frau, 1953.

Ideenreich, immer kampfesmutig, ist der Freispruch des Generalstabs Mansteins klugem und unermüdlichem Wirken zu verdanken.

General Siegfried Westphal über Mansteins Wirken im Nürnberger Prozeß

Mit dem deutschen Volk teilen wir Soldaten das Unvermögen, den wahren Charakter des Regimes zu durchschauen.

Manstein

Ich habe nie den Eindruck gehabt, daß er ein gebrochener Mann war. Ich glaube auch, daß er dazu ein zu gläubiger Christ war. Mit dem festen Glauben kippt man nicht so leicht um.

Dinnies von der Osten, Mansteins Pflegesohn

Schmundt, »dem Führer zu melden, daß ich bäte, einen anderen mit der Führung der Heeresgruppe zu betrauen, wenn er allen meinen Ansichten nicht beistimmen zu können glaube«. In der »Abendlage« stimmte Hitler Mansteins Forderungen zu. Der erfolgreiche Ausbruch der Ersten Panzerarmee war Mansteins letzter »verlorener Sieg«. Sechs Tage später war er entlassen.

Als Zivilist verfolgte Manstein von Liegnitz aus, wie sich die Lage an den Fronten dramatisch verschlechterte, ohne daß er eingreifen konnte. Ihm blieb allein die vage Hoffnung, bald wieder, wie von Hitler versprochen, ein Kommando übernehmen zu können. Hitler würde ihn schon holen, wenn ihm das Wasser bis zum Hals stünde. Manstein war noch immer der Ansicht, daß Hitler an ihm, dem besten Heerführer, nicht vorbeikommen könne.

Nach einer Operation am rechten Auge tat er alles, um so schnell wie möglich wieder zu genesen. Manstein wollte bereit sein, wenn sein »Führer« ihn rief. Auch jetzt, befreit von der Last der Verantwortung eines Heeresgruppenchefs, blieb der Staatsstreich gegen Hitler für ihn undenkbar – ein illegaler Akt gegen die »legale« Staatsführung. Den 20. Juli 1944 erlebte er auf Usedom im Seebad Bansin. Zwei Tage zuvor hatte ihm sein Ordonnanzoffizier Alexander Stahlberg auf der Autobahn zwischen Liegnitz und Breslau von einem geplanten Attentat berichtet: »Herr Feldmarschall, ich fühle mich verpflichtet zu melden, daß der Führer heute oder an einem der nächsten Tage umgebracht wird.« Manstein nahm es zur Kenntnis: »Da wissen wir ja was, Stahlberg!« Der SD fand kein Indiz, das auf Mansteins Verstrickung in die Verschwörung hinwies. »Die Klügeren aus der Generalität haben abgewartet«, stellte Goebbels fest, »dazu gehört Manstein.«

Im August 1944 sah der Feldmarschall ohne Verwendung ein, daß der Krieg für ihn wohl beendet war. Noch immer war er nicht zum Oberbefehlshaber West berufen worden. Enttäuscht ließ er Guderian wissen: »Inzwischen ist die Stelle OB West zweimal neu besetzt worden und haben fast alle Heeresgruppen neue Befehlshaber, ohne daß auf mich zurückgegriffen worden ist. Ich muß daraus den Schluß ziehen, daß der Führer meine Verwendung nicht beabsichtigt. Sie wissen, wie unerfreulich diese Untätigkeit für mich ist.« Hitler dachte überhaupt nicht daran, Manstein, »den besten Kopf, den der Generalstab hervorgebracht hat«, wieder einzusetzen. Es sei denn: »Wenn ich vierzig hervorragend ausgerüstete Angriffsdivisionen hätte, um den Feind entscheidend zu schlagen«, sagte Hitler im März 1945, »so käme nur Manstein als Führer dieser Truppen in Frage. In der gegenwärtigen Lage aber kann ich ihn nicht gebrauchen. Ihm fehlt der Glaube an den Nationalsozialismus. Er kann daher den Belastungen, denen ein Feldherr bei der militärischen Lage heute ausgesetzt ist, nicht standhalten.«

Manstein resignierte. Während die sowjetische Front immer näher rückte, beauftragte er seinen Ordonnanzoffizier Alexander Stahlberg, im Herbst 1944 ein Gut in Pommern zu erwerben. Daß in diesem Krieg Millionen aus ihrer ostpreußischen Heimat vertrieben werden und große Teile Pommerns bald nicht mehr zu Deutschland gehören sollten, überstieg Mansteins Vorstellungskraft. Im Oktober 1944 schrieb der »Illusionist«, wie ihn Rommel genannt hatte, in einem Glückwunschtelegramm an den greisen Generalfeldmarschall August von Mackensen: »Ich wünsche Ihnen das Erleben unseres endgültigen Sieges!«

Die unaufhaltsam vorrückende sowjetische Armee belehrte ihn bald eines Besseren. Erst jetzt, in den letzten Monaten vor dem Zusammenbruch, gelangte er zu der Einsicht, der Krieg sei wohl endgültig verloren. Manstein floh von Liegnitz nach Berlin, erkundigte sich im Oberkommando des Heeres in Zossen nach einer Aufgabe, und sei es nur die Führung eines Bataillons. »Es hat ihn gedrängt, etwas zu tun«, erinnert sich Rüdiger von Manstein, der die letzten Kriegstage an der Seite seines Vaters erlebte. »Er wollte nicht untätig herumsitzen, während die Lage an der Front so dramatisch war.« Doch das OKH wußte mit dem Feldmarschall nichts mehr anzufangen. Es hatte keine Verwendung für den »gefährlichsten Gegner der Alliierten«.

Mansteins Flucht führte über Achterberg, das Gut des Generalobersts Freiherr von Fritsch in der Lüneburger Heide, nach Schloß Weißenhaus in Holstein. Nicht weit entfernt lag Plön, wo Großadmiral Karl Dönitz die Reste der Wehrmacht im Norden befehligte. Gemeinsam mit dem ebenfalls entlassenen Feldmarschall Fedor von Bock sprach Manstein bei Dönitz vor, regte an, die »Armeen der Ostfront« allmählich zurückzunehmen in die Nähe der amerikanischen und britischen Fronten. Kein Wort davon, endlich Schluß mit dem Krieg zu machen. Eher schien Manstein auf einen Bruch der feindlichen Kriegsallianz zu spekulieren. Vielleicht eröffne das Deutschland ja neue Verhandlungsmöglichkeiten...

Dem neuen »Staatsoberhaupt« Karl Dönitz kam der angesehene Feldherr a. D. gerade recht. »Ich ordnete am 1. Mai an, Verbindung mit Manstein aufzunehmen«, schrieb Dönitz nach dem Krieg. »Ich wollte ihn bitten, statt Keitel nunmehr die Leitung des Oberkommandos der Wehrmacht zu übernehmen.« Offenbar hatte Dönitz gehofft, mit Manstein eine »bessere Kapitulation« aushandeln und möglichst viele Soldaten vor sowjetischer Gefangenschaft bewahren zu können. Manstein lehnte ab. Dabei war er auch noch in den letzten Kriegstagen für manchen Offizier der letzte Hoffnungsträger. Der bei einem Tieffliegerangriff schwer verwundete Feldmarschall von Bock beschwor ihn auf dem Sterbebett: »Manstein, retten Sie Deutschland!«

Es gab nichts mehr zu retten. Die Kapitulation der Wehrmacht erlebte der Feldmarschall als jene Katastrophe, die er als ein Feldherr stets verhindern wollte. Am 8. Mai 1945 ließ er dem Hauptquartier des britischen Feldmarschalls Montgomery mitteilen, wo er sich aufhielt. Er wollte sich nicht wie ein Verbrecher verstecken. Vielleicht würde er ja gebraucht, wenn das Zweckbündnis der Sieger, was ihm möglich schien, doch noch zerbrechen sollte. In Holstein überstand er eine lebensgefährliche Augenentzündung. Manstein war noch nicht genesen, als am 26. August 1945 britische Offiziere mit Jeeps vor Schloß Weißenhaus vorfuhren, um ihn zu verhaften. Der Pflegesohn des Feldmarschalls, Dinnies von der Osten, Stiefsohn des verstorbenen Feldmarschalls von Bock, erinnert sich an ein »unwürdiges Schauspiel«: »Die Offiziere schubsten Manstein die Treppe herunter und machten sich einen Spaß daraus, mit dem Marschallstab herumzuwirbeln. Manstein zeigte keine Reaktion. Er ließ sich nicht erniedrigen.«

Nach vier Jahren in britischer Gefangenschaft klagte ein britisches Militärgericht Manstein 1949 wegen Kriegsverbrechen an, begangen in Polen und in der Sowjetunion. Der Prozeß im Hamburger Curio-Haus war das letzte Gerichtsverfahren gegen einen hohen Wehrmachtsgeneral. Vor allem in England erhob sich scharfer Protest. Churchill sprach von »verspäteten Prozessen gegen betagte deutsche Generäle«. In beiden Häusern des britischen Parlaments wurde protestiert – und gehandelt: Die Lords Bridgemen, De L'Isle und Dudley richteten einen Fonds für Mansteins Verteidigung ein, und es war Churchill, der als erster Geld spendete, damit Manstein bei seinem Verfahren vor einem britischen Militärtribunal ein britischer Anwalt zur Seite

»Wehrpflicht oder Berufsarmee...« Versammlung des »Verbandes Deutscher Soldaten« (Manstein 2. v.l.) in Bonn, 12. März 1954.

Manstein war die bedeutendste operative Persönlichkeit der deutschen Wehrmacht. Er wäre der gegebene Führer für die gesamte Ostfront gewesen.

Hans Speidel, General a. D.

Manstein war alles andere als ein Nazi, und es gab unüberbrückbare Gegensätze zwischen Hitler und Manstein.

Ulrich de Maizière, Generalinspekteur der Bundeswehr a. D.

Dieser geniale Soldat und große Heerführer war ein Edelmann im wahrsten Sinne des Wortes – uns Vorbild in jeder Beziehung.

Theodor Busse, Mansteins Generalstabschef

stehen konnte. Mit Reginald T. Paget stellte sich schließlich ein angesehener Abgeordneter der regierenden Labour-Partei unentgeltlich als Verteidiger zur Verfügung. Es galt, 17 Anklagepunkte abzuwehren. In 17 Fällen, so die Anklage, habe Manstein während des Ostkriegs gegen die Grundsätze der Haager Landkriegsordnung verstoßen. Manstein wurde zu 18 Jahren Haft verurteilt. Von den acht schwersten Anklagen, den »Juden-Punkten«, wie sich sein britischer Verteidiger Paget auszudrücken pflegte, sprach ihn das Gericht frei. 1953 wurde Manstein aus gesundheitlichen Gründen und nach Protesten von Churchill und Montgomery vorzeitig aus dem Gefängnis Werl in Westfalen entlassen.

Sein Verhalten in den Nachkriegsjahren war symptomatisch für das Verhalten vieler hoher Generäle. Auch Manstein war bemüht, die Wehrmacht – und damit sich selbst – von jeder politischen Verantwortung in Hitlers Unrechtsstaat freizusprechen. Mit seinen Aussagen vor dem Nürnberger Tribunal und in seinem Hamburger Prozeß leistete er einen persönlichen Beitrag, den Mythos von der sauberen Wehrmacht zu begründen, und redete einer neuen Dolchstoßlegende das Wort.

Diesmal war nicht die Heimat der unbesiegten Armee in den Rücken gefallen, diesmal war es der »Führer«, der die Katastrophe herbeigeführt hatte. Der Diktator, so Manstein, habe durch seine Einmischung in die Kriegführung den durchschlagenden Erfolg der Wehrmacht verhindert. Wenn Hitler seine Generäle nur gelassen hätte, hätte der Krieg nicht verloren werden müssen. Konsequent nannte Manstein seine Memoiren »*Verlorene Siege*«.

Statt Sieg oder Niederlage hatte ihm lange ein Remis vorgeschwebt. Daß für Hitler nur Sieg oder Untergang, alles oder nichts in Frage kam, hatte er ebensowenig erkannt wie die Unmöglichkeit, sich als Hitlers General in einem totalen Krieg dem Sog der Politik entziehen zu können. Als »unpolitischer Soldat«, wie er sich selbst sah, verwandte Manstein seine ganze Kraft auf die »Feldherrnkunst«, tat bis zur Selbstaufopferung pflichtgetreu, was er am besten konnte: Krieg führen – ohne zu begreifen, um welche verbrecherischen Ziele es Hitler im Ostkrieg ging. Darin lag das Dilemma dieses Truppenführers, wie die *Frankfurter Allgemeine Zeitung* in ihrem Nachruf auf Manstein im Juni 1973 schrieb: »Die Perfektion der militärischen Führungskunst,

»...alles andere als ein Nazi.« Der Generalinspekteur der Bundeswehr, Ulrich de Maizière, gratuliert Manstein zu seinem 80. Geburtstag, 1967.

Hätte ich nicht gewußt, daß er ein Feldmarschall war, so würde ich ihn für den Rektor einer Universität gehalten haben.

Reginald T. Paget, Mansteins Verteidiger

Das Parlament hat geglaubt, daß man die militärische Erfahrung und das Urteil eines so großen Strategen hören sollte, um zu einer vernünftigen Lösung für die Bundeswehr zu kommen.

Ulrich de Maizière, Generalinspekteur der Bundeswehr a. D.

die sinnlose Schrecken und Grausamkeit aus Unvermögen verhindern soll, wird zur Farce, wenn Verbrechensmentalität die politische Führung so weit beherrscht, daß der Offizier die Schlachterei des Krieges durch sein hohes Können verlängert.«

Am Ende standen die Katastrophe und seine eigene Erkenntnis, »nach Herkunft und Erziehung« auf die Herausforderungen der Hitler-Diktatur nicht vorbereitet gewesen zu sein. Bis zuletzt hatte sich Manstein den entscheidenden Einsichten verschlossen: Der Krieg war militärisch nicht zu gewinnen, und er hatte politischen Zielen gedient, die kein vernünftiger Mensch teilen konnte. Dieses Unvermögen zeigt auf, was Manstein immer gewesen war: ein Könner am Kartentisch, doch kein politisch denkender Stratege. Er widersprach dem Diktator zwar in militärischen Fragen, doch versagte er sich dem Widerstand. Während andere Offiziere den Tyrannenmord planten, klammerte er sich an Gehorsam und Pflicht, diente einem Kriegsherrn, der am Ende Deutschland bewußt in den Untergang führte, getreu der Parole: »Deutschland wird entweder Weltmacht oder überhaupt nichts sein.« Wie es ihm als Kadett in Berlin-Lichterfelde eingebleut worden war, leistete er der Staatsführung bedingungslosen Gehorsam – und mochte der Staatschef Hitler heißen. Trotz innerer Vorbehalte gegenüber dem NS-Regime ließ er sich für Zwecke mißbrauchen, die nicht die seinen gewesen sind. Hitlers Wesen und seine Ziele nicht erkannt, seine Fähigkeiten in die Dienste eines Verbrechers gestellt zu haben – im Irrglauben, dem »Vaterland« zu dienen –, darin bestand Mansteins Beitrag zum Untergang jenes Deutschlands, das er als Feldherr glaubte bewahren zu können.

In der Nacht zum 10. Juni 1973 starb Feldmarschall Erich von Manstein an den Folgen eines Gehirnschlags. Soldaten der Bundeswehr, deren Aufbau er mit seinem Rat begleitet hatte, trugen ihn in Dorfmark in der Lüneburger Heide zu Grabe. Er war ein Soldat – nicht weniger, aber auch nicht mehr.

Der Gefangene

Ich stehe als Soldat dort, wo ich jetzt stehe, auf Befehl

Ich muß mein Schicksal nehmen, wie Gott es mir gibt

Ich weiß, die Kriegsgeschichte hat schon jetzt das Urteil über mich gesprochen

Deutschland ist noch stark, es wird erfolgreich kämpfen

Ich war Soldat und glaubte damals, gerade durch Gehorsam meinem Volk zu dienen

Einige tun so, als ob bei Stalingrad außer Hitler und mir niemand existiert hätte, kein OKH und auch keine Heeresgruppe

Ich bin weder östlich noch westlich. Ich bin deutsch

Paulus

Wir stellen uns die Frage, ob Generalfeldmarschall Paulus überhaupt noch lebt. Es bleibt für ihn ja nach Lage der Dinge nichts anderes als ein ehrlicher Soldatentod übrig. Das Schicksal hat ihn in eine Situation hineingestellt, in der er, zumal da schon so viele seiner Leute gefallen sind, auf fünfzehn oder zwanzig Jahre seines Lebens verzichten muß, um seinen Namen auf Jahrtausende lebendig zu erhalten.

Joseph Goebbels

Wie kann ein Mann sehen, wie seine Soldaten sterben und mit Tapferkeit bis zum letzten sich verteidigen – wie kann er sich da den Bolschewiken ergeben? Mir tut das darum so weh, weil das Heldentum von so vielen Soldaten von einem einzigen charakterlosen Schwächling ausgelöscht wird. In diesem Krieg wird niemand mehr Feldmarschall.

Hitler

Die einzige Möglichkeit wäre also gewesen, Hitler vor die vollendete Loslösung der Armee von Stalingrad zu stellen, zumal wenn sich die oberste Führung 36 Stunden in Schweigen hüllte. Es war wohl eher eine Loyalität gegenüber Hitler, die ihn veranlaßte, um die Genehmigung zum Ausbruch der Armee zu bitten, zumal er Funkverbindung zum OKH hatte.

Erich von Manstein

Jeder Satz, den er sprach oder schrieb, war genau abgewogen. Er brachte jeden Gedanken klar zum Ausdruck, so daß kein Zweifel aufkommen konnte. War Reichenau der entschluß- und verantwortungsfreudige Oberbefehlshaber, der sich besonders auszeichnete durch Härte, unbeugsamen Willen und Wagemut, so war Paulus das direkte Gegenteil. Schon als jungen Offizier nannte man ihn im Kameradenkreis »Cunctator«, den Zauderer.

Wilhelm Adam, erster Adjutant der Sechsten Armee unter Paulus

Die Geschichte hat bisher keinem Feldherrn das Recht zugestanden, das Leben seiner Soldaten zu opfern, wenn sie nicht mehr kämpfen können.

General Hans Doerr

Paulus wurde als einer der führenden strategischen Köpfe der deutschen Armee und des deutschen Generalstabs angesehen. Allerdings hatte man immer die Bedenken, ob er als Oberbefehlshaber die gleiche Qualifikation haben könnte, die er als Chef des Generalstabs gehabt hätte.

Philip Humbert, erster Ordonnanzoffizier des IV. AK

Ob der Feldmarschall Paulus sich wirklich einen Gefallen getan hat, wenn er in die Gefangenschaft ging und alle diese Zeiten erlebt hat, in Rußland, in Dresden, am Nürnberger Kriegsverbrechertribunal, ist eine Frage, die man sich stellen kann.

Winrich Behr, erster Ordonnanzoffizier im AOK 6

Paulus verfocht den Standpunkt, daß es ein neutrales, unabhängiges Deutschland geben muß.

Heinz Beutel, Adjutant von Paulus in der DDR

Die Haltung von Generalfeldmarschall Paulus war untadelig – korrekte Beziehungen zu den Behörden, offene Sympathiebekundung für die Sowjetunion, Ablehnung jeder nazistischen Propaganda. Aber gleichzeitig weigerte er sich strikt, in Kriegsgefangenschaft eine politische Entscheidung zu treffen.

Leonid Reschin, Publizist

Für mich ist jeder Soldat in einer solchen Situation kein Verbrecher, sondern eine tragische Figur, für die man oft nur Mitleid haben kann, aber keinen Haß.

Erich Mende, Bundesminister a. D.

Einmal hat er gesagt, er könne nichts dafür, daß er noch leben würde.

Erna Eilers, Haushälterin bei Paulus

Der falsche Mann am falschen Platz.

Paul Jordan, Generalstabsoffizier a. D. im AOK 6

Ostberlin, 26. Oktober 1953. Im »Maßnahmeplan« der Hauptabteilung I im Ministerium für Staatssicherheit heißt es: »Das Objekt wird in Frankfurt/Oder durch eine Delegation begrüßt. Verantwortlich: Generalmajor von Lenski. Aufgabe der Delegation ist, das Objekt mit dem Pkw abzuholen und nach Berlin zu fahren. In Berlin erfolgt der Empfang im Ministerium in der Schnellerstraße. Dort wird ein kleines Essen veranstaltet, an dem teilnehmen die Genossen Matern, Stoph, Hoffmann, Maron, Müller, Homann, Dölling, Korfes, Bechler, Kessler und andere. Nach dem Essen wird eine intime Aussprache zwischen dem Objekt, dem Minister und den Generalleutnanten Heinz Hoffmann und Vincenz Müller stattfinden.«

Das »Objekt«, wie es im internen Maßnahmenplan der DDR-Staatssicherheit bezeichnet wurde, war niemand Geringerer als der Generalfeldmarschall der ehemaligen deutschen Wehrmacht, Friedrich Paulus. Zehneinhalb Jahre Kriegsgefangenschaft lagen hinter ihm, als er am 26. Oktober 1953 kurz nach elf Uhr vormittags auf dem Grenzbahnhof in Frankfurt an der Oder wieder deutschen Boden betrat.

Ein Jahrzehnt zuvor, am 2. Februar des Jahres 1943, war um 12 Uhr 35 bei der Heeresgruppe Don der deutschen Wehrmacht ein Funkspruch eingegangen. Er lautete: »Wolkenhöhe 5000 Meter. Sicht zwölf Kilometer, klarer Himmel, vereinzelt kleine Wölkchen, Temperatur 31 Grad minus, über Stalingrad Nebel und roter Dunst. Wetterstelle meldet sich ab. Gruß an die Heimat.«

Zwei Tage vorher hatte die Schlacht um Stalingrad ihr Ende gefunden. Es war der Anfang vom Ende des Feldzugs der deutschen Wehrmacht im Osten. Die Kriegsgeschichte kennt heute kaum noch die Namen der Sieger in dieser gewaltigen Schlacht. Doch sie kennt den Namen des Verlierers: Paulus. Er ist untrennbar mit Stalingrad verbunden.

Stalingrad: Dieses Wort ist in der deutschen Sprache mehr als nur ein geographischer Begriff. Die Stadt ist Symbol und Legende geworden. Sie provoziert Bilder, die so unterschiedlich sind wie die Blickwinkel der Menschen, die sie sich vorstellen. Es gibt Orte, die mit ungleich höheren Opfern verbunden waren – Auschwitz oder Hiroshima. Es gibt Niederlagen der Wehrmacht, die strategisch schwerer wogen – Moskau, El Alamein, Kursk, die Normandie. Aber diese Stadt, mehr als 2000 Kilometer südöstlich von Berlin, geriet zum Synonym für das Scheitern des Erfolgsmodells »Blitzkrieg« der deutschen Wehrmacht.

Mindestens 260000 deutsche, italienische, ungarische und rumänische Soldaten der deutschen Sechsten Armee sind hier im November 1942 von acht sowjetischen Armeen eingekesselt worden. Zweieinhalb Monate später konnten die sowjetischen Soldaten noch ungefähr 91 000 physisch und psychisch völlig erschöpfte Gegner einsammeln und auf lange Transporte in die weit hinter der Front liegenden Gefangenenlager schicken. Als Jahre später ihre Freilassung erreicht wurde, lebten noch 6000. Von den 23 Generälen, die in Stalingrad gefangengenommen wurden, kehrte nur einer nicht nach Deutschland zurück: Generaloberst Walter Karl Heitz starb am 6. Februar 1944 in einer Moskauer Klinik an Magenkrebs. Ihr Oberbefehlshaber, der von Hitler noch in der Agonie der Armee zum Feldmarschall ernannte Friedrich Paulus, überlebte seine Gefangennahme um 14 Jahre, einen Tag und acht Stunden. Er wurde durch Stalingrad zu einem der umstrittensten Heerführer der deutschen Militärgeschichte. Auch nach mehr als einem halben Jahrhundert gehen die Meinungen über Paulus weit auseinander: Held, Verräter, hitlertreuer Durchhaltegeneral, Opportunist, Schachfigur im Kalten Krieg, tragische Figur? Ein ehemaliger Ordonnanzoffizier der Sechsten Armee zieht heute das Fazit: »Paulus hätte sich viel erspart, wäre er dem Beispiel des Generals von Hartmann gefolgt.«

General von Hartmann, Kommandeur der 71. Infanteriedivision, hatte sich, nachdem sein Verband praktisch aufgerieben war, in die Hauptkampflinie begeben und so lange ohne jede Deckung auf die sowjetischen Angreifer gefeuert, bis ihn ein Kopfschuß traf.

»Ich wollte zur Wolga kommen, und zwar an einer bestimmten Stadt. Zufälligerweise trägt sie den Namen von Stalin selber«, räsonierte Adolf Hitler am 8. November 1942 im Münchener »Bürgerbräukeller« vor den »alten Kämpfern« der NSDAP: »Aber denken Sie nur nicht, daß ich aus diesem Grund dorthin marschiert bin... sondern weil dort ein ganz wichtiger Punkt ist... Den wollte ich nehmen.«

Und dann log er: »Wissen Sie, wir sind bescheiden, wir haben ihn nämlich.« Sie hatten ihn nicht, und sie bekamen ihn nicht, den »Punkt«. Bis zum Schluß verteidigte die Rote Armee immer noch erbittert einen nur wenige hundert Meter breiten Brückenkopf am nördlichen Wolgaufer Stalingrads. Die sowjetische 62. Armee, 75 000 Mann der Arbeitermilizen, 7000 jugendliche Komsomolzen und etliche Frauen hielten den kampfstärksten Militärverband der deutschen Wehrmacht auf. Die Sechste Armee hatte sich immerhin als Bezwingerin der Hauptstädte Warschau, Brüssel und Kiew ausgezeichnet. Stalins Befehl Nr. 227 aber war eindeutig: »Keinen Schritt zurück...« NKWD-Truppen setzten ihn durch. Fünf Monate lang tobte ein mörderischer Häuser- und Straßenkampf – um den Hafen, das Wolgaufer, den Hauptbahnhof, die Fabriken –, ein Kampf, wie ihn, so urteilte Arthur Schmidt, Generalstabschef der Sechsten Armee, »noch keine der beteiligten Truppen in diesem Krieg erlebt hat«. Es war ein Schlachten, bis alles in Scherben lag. Stalingrad geriet zum fragwürdigen Mythos heldenhaften Soldatentums und »freudigen« Opfertodes. Es wurde, so Hitlers Heeresadjutant Major Gerhard Engel, zum »Heiligtum« erklärt und verglichen mit großen Schlachten der Antike wie Cannae und den Thermopylen.

Aber die Hölle von Stalingrad war kein Kampf an den Thermopylen und der im letzten Augenblick zum Generalfeldmarschall beförderte Paulus kein moderner Leonidas. Seine Soldaten verteidigten nicht die Schwelle ihrer Heimat, sondern standen als Eroberer im Herzen eines anderen Landes. Sie waren nicht dort, weil es das Gesetz, die sittliche Ordnung des Staates befahl, sondern weil es ihr Führer ihnen befohlen hatte. Und der Feldmarschall fiel nicht Schulter an Schulter kämpfend mit seiner Truppe, sondern ging mit seinen Offizieren in Gefangenschaft. Das Ende war eher banal. Im abschließenden Bericht der sowjetischen 64. Armee an das Hauptquartier heißt es:

»Am Abend des 30. Januar drangen Teile der Armee, die im hartnäckigen Straßenkampf mit der südlichen Feindgruppierung standen, in den Mittelteil von Stalingrad ein. Die 38. Mot. Schützenbrigade stieß im Zusammenwirken mit dem auf dem

»Ich stehe auf Befehl…«
General Friedrich Paulus, 1941.

Vor den Truppen und den Truppenführern der Sechsten Armee sowie vor dem deutschen Volke trage ich die Verantwortung, daß ich die von der Obersten Führung gegebenen Durchhaltebefehle bis zum Zusammenbruch durchgeführt habe.

Paulus

Ich habe nur Mitleid mit ihm.

General Alfred Jodl in Nürnberg

Platz der ›Gefallenen Kämpfer‹ vordringenden 329. Pionierbataillon auf einen besonders hartnäckigen gegnerischen Widerstand, der aus zwei Gebäuden in der Lomonossow-Straße geleistet wurde. Aus dem Verhör eines Gefangenen, der bei Eroberung eines der Gebäude ergriffen worden war, ging hervor, daß diese Gebäude Stützpunkte auf dem Zugang zum zentralen Kaufhaus bildeten, in dessen Kellerräumen der Stab der Sechsten deutschen Armee mitsamt seinem Befehlshaber untergebracht war. In der Nacht zum 31. Januar 1943 wurde das Kaufhausgebäude von Teilen der 38. Mot. Schützenbrigade und des 329. Pionierbataillons abgeriegelt. Die Telefonverbindungen wurden unterbrochen. Am 31. 01. 43 kam während eines Schußwechsels mit der Wache des Armeestabes um 06.00 Uhr der persönliche Adjutant von Paulus, Oberst Adam, mit der Erklärung aus dem Keller heraus, daß die deutsche Führung mit der unsrigen zu verhandeln wünsche.«

Verhandlungen hatten der Oberbefehlshaber und sein Stabschef, Generalmajor Arthur Schmidt, bislang stets abgelehnt. Das sowjetische Kapitulationsangebot vom 8. Januar war noch mit dem Hinweis beantwortet worden, daß Parlamentäre künftig durch Feuer vertrieben würden.

Nun ging der erste Adjutant des AOK 6, Oberst Wilhelm Adam, mit einem russischen Parlamentär, dem stellvertretenden Kommandeur der 38. Motorisierten Schützenbrigade, Oberstleutnant Vinokur, gemeinsam durch die Kellerkatakomben eines zerschossenen Kaufhauses in der Stalingrader Innenstadt, um die Übergabebedingungen für einen deutschen Feldmarschall auszuhandeln.

Der am 23. September 1890 im hessischen Breitenau-Gershagen geborene Friedrich Wilhelm Ernst Paulus wuchs in einem typischen Beamtenhaushalt der Kaiserzeit auf. Der bürgerliche Hintergrund bestimmte sein weiteres Leben. Der Vater war Buchhalter in einer Besserungsanstalt, die Mutter eine Tochter des dortigen Direktors. Ausgestattet mit Tugenden wie Korrektheit, Genauigkeit, einem tiefverwurzelten National- und Hierarchiebewußtsein sowie einem fast schon archaischen Treuebegriff, gepaart mit überdurchschnittlicher Intelligenz, schien der junge Paulus für eine militärische Karriere geradezu prädestiniert. In Kassel besuchte er das Wilhelm-Gymnasium und bestand 1909 die Reifeprüfung. In seinem Abiturzeugnis wird als Berufswunsch »Offizier der kaiserlichen Marine« vermerkt. Doch die Kriegsmarine seiner Majestät hatte exklusive Vorstellungen von ihrem Offiziersnachwuchs. Adel oder zumindest ein väterlicher Kommerzienratstitel waren wichtigere Voraussetzungen als Begabungen, Neigungen und Leistungen. Die Bewerbung des hessischen Beamtensohns wurde abgelehnt. Paulus hat sich später niemals zu diesem abschlägigen Bescheid geäußert. Daß er ihn als gesellschaftliche Deklassierung empfand, liegt auf der Hand. Er beschloß, zunächst eine juristische Laufbahn einzuschlagen. Im Wintersemester 1909/10 findet sich sein Name auf der Immatrikulationsliste der juristischen Fakultät der Philipps-Universität zu Marburg. Dennoch galt seine Neigung eher dem Militär. Das Heer brauchte Offiziere und war bei der Auswahl weniger von Standesdünkeln behaftet. Am 18. Februar 1910 wurde der damals neunzehnjährige Friedrich Paulus Fahnenjunker des badischen Infanterieregiments Nr. 111 in Rastatt. Nach dem Besuch der Kriegsschule in Engers erhielt er im Jahre 1911 das begehrte Leutnantspatent. Großen Einfluß auf seine Karriere hatte die Hochzeit mit der rumänischen Adligen Elena Constance Rosetti-Solescu im Jahre 1912. Coca, wie die Ehefrau im Familienkreis zumeist genannt wurde, entstammte einer vermögenden und hochangesehenen Bojarenfamilie, die am rumänischen Hof verkehrte. Für beide Seiten war es eine ungewöhnliche Verbindung. Dem jungen Leutnant eröffnete sich durch die Eheschließung der Zugang in die große Welt des alten Europa – eine Welt, die bald versinken sollte.

Als im August 1914 der erste große Weltkrieg dieses Jahrhunderts begann, fungierte der Leutnant Paulus als Bataillonsadjutant in seinem badischen Infanterieregiment. Charakteristisch für ihn war, daß er zumeist in Adjutantur- und später in Generalstabsverwendungen eingesetzt wurde. Eine nahezu penible Gewissenhaftigkeit bei der Lösung von Planungsaufgaben zeichnete ihn bereits als jungen Offizier aus. In der Erinnerung von Jahrgangskameraden aus jener Zeit ist das Urteil über Paulus einhellig: typischer Generalstabsoffizier der alten Schule, hochgewachsen, von peinlich gepflegter Erscheinung, bisweilen übertrieben bescheiden, liebenswürdig, mit vorzüglichen Umgangsformen, militärisch außerordentlich begabt und interessiert, ein langsamer, sorgfältiger Arbeiter am Schreibtisch mit einer Leidenschaft für Kriegs- und Planspiele am Kartentisch oder Sandkasten, bei denen er eine beträchtliche operative Begabung bewies, freilich auch die Neigung erkennen ließ, jeden Entschluß lange, gründlich und mit Sorgfalt zu überdenken, bevor er die entsprechenden Befehle erarbeitete. Auf seine Gesundheit nahm Paulus keine Rücksicht; er arbeitete nächtelang und hielt sich mit Kaffee und unzähligen Zigaretten wach.

Der verlorene Krieg von 1914 bis 1918, den er als Hauptmann und Stabsoffizier beendete, vor allem aber der Sturz der Monarchie in Deutschland hatte den Soldaten und Monarchisten Friedrich Paulus tief getroffen. Er empfand als Soldat die Schmach der Niederlage schmerzlich, seine Haltung zum Krieg als Mittel der Politik blieb davon freilich unberührt. Eine Urkunde aus dem Jahre 1937 bescheinigte ihm rückwirkend, in den Jahren 1919/20 beim Freikorps »Grenzschutz Ost« mitgewirkt zu haben. Inwieweit er in die bürgerkriegsähnlichen Kämpfe der Freikorps in jenen Jahren verwickelt war, darüber läßt sich heute nur spekulieren. Leider muß hier ein grundsätzliches Defizit in der Quellenlage vermerkt werden. Friedrich Paulus ist nie ein großer Brief- oder gar Tagebuchschreiber gewesen. Der Mann, der jeden Entschluß dreifach sorgsam abwog, hat sich niemals wirklich offenbart. Wenige rückblickende Studien aus den letzten Lebensjahren beschäftigen sich ausschließlich mit der Erklärung von Führungsentscheidungen in der Schlacht um Stalingrad. Somit bleibt seine Biographie bis heute fragmentarisch.

Im Oktober 1922 wurde er zu einem sogenannten »R«-Lehrgang für Generalstabsoffiziere nach Berlin kommandiert. Einer seiner damaligen Kommandeure, der spätere General Heim, bescheinigt ihm trotz allem Talent einen »gewissen Mangel an Entschlußkraft in prekären Situationen«. Unter Jahrgangskameraden trug Paulus den lateinischen Spitznamen »Fabius Cunctator« – »Zauderer«. Aus dem Jahre 1931 hat sich im Nachlaß eine sogenannte »Bierzeitung« erhalten – eine launige Schrift, wie sie Studenten am Ende eines Studienabschnitts verfassen. Auch hier wird der einundvierzigjährige Major als äußerst penibler, beinahe pedantischer Offizier geschildert: der »edle Lord«, der »feine schlanke Herr«, »der Major mit dem Sex-Appeal«. Insgesamt erscheint Paulus in diesen Jahren als der Prototyp des hochgebildeten und dabei gänzlich unpolitischen Generalstabsoffiziers, wie ihn sich die Reichswehrführung wünschte – »Generalstabsoffiziere haben keinen Namen«.

Nach verschiedenen Verwendungen als Taktiklehrer und »Führergehilfenanwärter« im 100 000-Mann-Heer der Reichswehr wurde Paulus im Jahre 1933 zum Oberstleutnant und damit zum Kommandeur der Kraftfahrabteilung 3 in Wünsdorf/Zossen befördert. Diese Abteilung bildete später den Kern der deutschen Panzertruppe. Hier erlebte Paulus die Machtergreifung Hitlers. Obwohl er instinktiv eher gegen »diesen Proleten« und seine »Volkspartei« eingestellt war, fühlte er sich von den Versprechungen Hitlers angezogen, zumal ihn die »fehlende Zucht und Ordnung« in der Weimarer Demokratie eher abgestoßen hatte. Der Anteil von Friedrich Paulus am Entstehen der für die damalige Zeit neuen Waffengattung »Panzertruppe« wird oft vernachlässigt. Organisation, Befehlsgliederung und Einsatzformen dieses »Blitzkriegsinstruments« wurden von ihm ebenso nachhaltig geprägt wie von den Generälen Guderian und Nehring. Hier konnten sich die »unpolitischen« Generalstäbler auf das ungeteilte Wohlwollen des Infanterieveteranen Adolf Hitler verlassen. Der Diktator dachte modern und bewies technisches Verständnis, wenn er dieser neuen Waffe neben den neuentwickelten Sturzkampfbombern der Luftwaffe absoluten Vorrang einräumte. Ihre Entwicklung war die Geburtsstunde des Erfolgsmodells »Blitzkrieg« – und daran hatte Paulus entscheidenden Anteil.

Bei der Beurteilung der militärischen Elite des NS-Reiches steht heute in der Regel deren Verhältnis zum Widerstand gegen das Regime im Mittelpunkt. Dieser objektive Maßstab ist historisch und moralisch korrekt, subjektiv jedoch zumindest fragwürdig. Paulus blieb in den Jahren der Weimarer Republik fast zwölf Jahre lang nur Hauptmann, dann Major. Nach dem Machtantritt Hitlers wurde er binnen acht Jahren zum Generalmajor befördert. Es ist naheliegend, daß der Berufsoffizier Friedrich Paulus den neuen Staatschef als Förderer seines Berufsstands betrachten mußte.

Den Ausbruch des Zweiten Weltkriegs erlebte der Generalmajor Paulus als Chef des Stabes der Zehnten Armee unter Generaloberst von Reichenau. In diesem Kommandeur begegnete ihm einer der ungewöhnlichsten, schillerndsten und umstrittensten Befehlshaber der deutschen Wehrmacht. Die »Paarung« Paulus/von Reichenau erwies sich als beinahe idealtypische Konstellation für die Führung einer Armee. Walter von Reichenau war vielseitig gebildet und technisch versiert. Als Artillerist und Generalstabsoffizier hatte er im Ersten Weltkrieg die zunehmende Industrialisierung des Krieges genau beobachtet und daraus entsprechende Lehren gezogen. In den Jahren zwischen den beiden großen Kriegen hatte er ausgedehnte Reisen in das europäische Ausland, die Vereinigten Staaten und nach Südamerika unternommen. Er verkörperte einen neuen Typus, den politischen Soldaten. Schon 1932 tastete sich von Reichenau vorsichtig an die Nationalsozialisten heran. Mit Hilfe seines Onkels, des Gesandten a. D. und Präsidenten des Vereins für die Reichsdeutschen im Ausland, Friedrich von Reichenau, gelang es ihm, direkten Kontakt zu Hitler aufzunehmen. Mit der Machtübernahme durch die Nationalsozialisten ging das politische Kalkül Reichenaus auf: Die aus Hitlers Machtantritt erwachsenen Möglichkeiten, zeitgemäße militärpolitische Konzeptionen durchzusetzen, versuchte Reichenau voll auszuschöpfen. Er begriff, daß die braunen Herrscher dem Soldatenberuf nicht nur kurzfristig zu einer neuen Konjunktur verhelfen wollten. Reichenau und sein damaliger Dienstvorgesetzter Werner von Blomberg werden in der Literatur zu Recht als diejenigen dargestellt, die sowohl die Armee nach und nach an das Regime heranführten als auch das Phänomen des neuen »politischen Soldatentums« repräsentierten. Zugleich hatte Reichenau den unzähmbaren Ehrgeiz zu glänzen, wo es irgend möglich schien: als Sportsmann, beim Tennis, Reiten, Geländelauf, Kugelstoßen, Schwimmen, Pistolenschießen, im Lebensgenuß jeglicher Art, ohne Rücksicht auf eine früh in Mitleidenschaft gezogene Physis, als politisch argumentierender General, als »Feldherr«, der vorn bei der Truppe war und nicht davor zurückscheute, in Polen vor seinen Truppen einen Fluß zu durchschwimmen, oder der sich später in Rußland selbst ins Gefecht warf, um eine kritische Situation zu meistern. Er war kein sympathischer, doch zweifellos ein kühner und eigenwilliger Mann – von einer Rücksichtslosigkeit gegen sich und andere, die dem Zerfall aller herkömmlichen Maßstäbe entsprach.

Paulus hat sich einmal scherzhaft über Reichenau geäußert: Dieser tue alles, wozu er, Paulus, eigentlich die Figur habe – reiten, Sport treiben und dergleichen, während ihm die Arbeit bliebe. Das war gar nicht negativ gemeint. Es gehörte zur Pflicht eines Generalstabschefs, dem Oberbefehlshaber die Arbeit abzunehmen. Und Paulus war immer ein Mann gewesen, der gern

Sie können nicht im gleichen Ton von mir und Paulus sprechen. ... Die gewaltige Zahl von Menschen wurde auf seinen Befehl erschossen. Er ist für sein Tun verantwortlich, denn er war der Kommandierende General der Sechsten Armee und Stellvertreter des Generalstabschefs.

General Walther von Seydlitz gegenüber kriegsgefangenen Generälen im Zusammenhang mit dem Nürnberger Prozeß

Ohne Kenntnis der Gesamtlage mit einer ganzen Armee einfach die befohlene Position zu verlassen, kam gar nicht in Frage.

Paulus

»Meine Hände sind sauber...« Die Generäle Walther von Seydlitz-Kurzbach (l.) und Friedrich Paulus auf Beobachtungsposten.

am Schreibtisch saß und über Karten nachsann. In Paulus fand der charismatische Armeeführer von Reichenau im Stab jenen sicheren Rückhalt, der ihm seine Eskapaden erlaubte.

Als Chef des Generalstabs der Zehnten Armee, die später in Sechste Armee umbenannt wurde, wurde der Generalmajor Paulus Zeuge atemberaubender Siege in Polen, Belgien und Frankreich. Die Siegesparade in Warschau und die Entgegennahme der Kapitulation der belgischen Armee unter König Leopold III. am 28. Mai 1940 im Schloß zu Anvaing waren mit Sicherheit Erlebnisse, die dem Soldaten Friedrich Paulus das Gefühl vermittelten, mit dem »Führer« und Reichskanzler Adolf Hitler habe das deutsche Volk die »Schmach von Versailles« vollends abgeschüttelt.

Unter Reichenau erwarb sich die Sechste Armee den Ruf eines Eliteverbandes. Paulus galt als einer der wenigen hochgestellten Generalstabsoffiziere, die bei Aufbau und Taktik der Panzerwaffe auf jahrelange einschlägige Erfahrungen verweisen konnten. Mit Blick auf den bevorstehenden Rußlandfeldzug erkor der oberste Befehlshaber des Heeres, Generaloberst Franz Halder, den inzwischen zum Generalleutnant avancierten Paulus im Spätsommer 1940 zum Quartiermeister I im Generalstab des Heeres. Damit wurde er die Nummer drei im Oberkommando des Heeres nach dem damaligen Oberbefehlshaber des Heeres, Generalfeldmarschall von Brauchitsch, und dem Generalstabschef Franz Halder. Nun lag sein Arbeitsplatz in den weitverzweigten unterirdischen Anlagen des Objekts »Maybach I/II« in Wünsdorf/Zossen.

Karrierebewußt und anpassungsgeübt erfüllte Paulus seine Pflichten. Zwar stand er einem Krieg gegen die Sowjetunion skeptisch gegenüber, aber nicht von vornherein ablehnend. Paulus fragte nicht nach Verantwortung, sondern er konzentrierte sich auf seinen Auftrag, den er als persönliche Chance erkannte. Einer seiner beiden Söhne, Ernst Alexander Paulus, Leutnant im Panzerregiment 6, bekam zur gleichen Zeit von einem Ausbildungsoffizier der Panzertruppenschule in Wünsdorf den Satz zu hören: Es gebe zur Zeit zwei erkennbare, ganz große operative Begabungen im deutschen Heer – von Manstein und Paulus. Sohn Ernst fragte, ob das denn nicht übertrieben sei. Die Antwort lautete, im Heerespersonalamt sage man beiden auf weite Sicht eine ganz große Karriere voraus.

Wie viele Militärs war auch Paulus, bewußt oder unbewußt, zum willfährigen Werkzeug nationalsozialistischer Eroberungspolitik geworden. Der neue Oberquartiermeister I sah sich mit dem Antritt seines Dienstes im September 1940 vor eine Aufgabe gestellt, die den Planer in ihm hochgradig herausfordern mußte: der Erstellung eines Aufmarschplans gegen die Sowjetunion. Die Ausarbeitung von Aufmarschplänen gehört zu den Hauptaufgaben eines Generalstabsoffiziers, und Paulus faßte diesen Auftrag als militärische Herausforderung auf. Der von ihm hauptverantwortlich entwickelte »Barbarossa«-Feldzugsplan setzte auf die Vernichtung der sowjetischen Streitkräfte in operativer Umfassung. Das zentrale Risiko des Feldzugs sah er in der Sicherung des Nachschubs.

Im Oberkommando des Heeres waren die Ansichten darüber geteilt, ob die Sowjetunion für das Kriegsjahr 1941 eine Offensive plante oder ob man den den deutschen Absichten entsprechenden, sehr umfangreichen Sicherungsaufmarsch der Roten Armee als reine Verteidigungs- und Vorsichtsmaßnahme deuten sollte. Tatsache ist, daß die an der Westgrenze eingesetzten sowjetischen Verbände vom deutschen Angriff am 22. Juni 1941 völlig überrascht wurden.

Es konnte nicht ausbleiben, daß bei der Ausarbeitung eines solchen Aufmarschplans dessen Hintergründe trotz aller Geheimhaltungsvorschriften auch im Familienkreis erörtert wurden. Die Söhne, beide Panzeroffiziere, hatten in ihren Truppenteilen ohnehin schon das Gerücht vernommen, es gehe demnächst gegen die Sowjetunion los. Paulus' Ehefrau Elena Constance war bei aller Loyalität ihrem Mann gegenüber stets eine souverän urteilende Frau geblieben. Die rumänische Adelstochter hatte schon den Feldzug gegen Polen für ein unverzeihliches Verbrechen gehalten. Einen Krieg gegen die Sowjetunion erachtete sie als eklatantes Unrecht. Paulus selbst hatte unter seinen Kriegsschülern sowjetrussische Offiziere gehabt. Im Hause der Schwiegermutter in Baden-Baden waren, Folge der internationalen gesellschaftlichen Beziehungen der Familie Rosetti-Solescu, auch viele russische Emigranten verkehrt. Bei aller Verbundenheit mit der russischen Mentalität – der Kommunismus, gar der Bolschewismus als Gesellschafts- oder Lebensform war für Friedrich Paulus indiskutabel und ist es im Grunde genommen auch in seinen umstrittenen letzten Lebensjahren geblieben. 1940/41 hat sich Paulus als stellvertretender Chef des

Generalstabs des Heeres offensichtlich die Argumentation zu eigen gemacht, daß der Angriff gegen die Sowjetunion das letzte Mittel sei, für das Deutsche Reich einen einigermaßen günstigen Ausgang des Krieges zu erzwingen. Nach Aussagen von Familienmitgliedern und nahestehenden Bekannten hat er bei den seltenen Diskussionen den Überfall niemals damit zu begründen versucht, es gelte, sowjetischen Angriffsabsichten zuvorzukommen.

Allerdings war Paulus nicht der Mann, der durch offenes Opponieren gegen die Entscheidungen Hitlers seine Karriere riskierte. Er war erzogen als Soldat, und seinem Verständnis des Soldatenberufs entsprach es, politische Entscheidungen – eine solche war für ihn der bevorstehende Rußlandfeldzug – als einen Bereich anzusehen, aus dem sich der Soldat herauszuhalten hatte. Das von Adolf Hitler geschaffene Reich stand nach dem siegreichen Frankreichfeldzug im Zenit seiner Macht, die Generalstabsoffiziere der Seeckt-Schleicherschen Schule fühlten sich nicht eine Minute lang berufen, über außenpolitische Zusammenhänge oder innenpolitische Probleme nachzudenken.

Mitten in die Vorbereitungsphase der ursprünglich für Mai 1941 angesetzten Offensive im Osten platzte Ende März der Putsch der jugoslawischen Armee gegen den Prinzregenten Paul und sein achsenfreundliches Kabinett. Damit waren alle Zeitpläne über den Haufen geworfen. Paulus wurde nach Budapest entsandt, um dort mit dem Kriegsminister und dem ungarischen Generalstab gemeinsame Operationen gegen Jugoslawien zu besprechen. Hitler und die Führung des deutschen Generalstabs hielten Paulus für geeignet, eine derart heikle militärdiplomatische Mission auch bei den Rumänen durchzuführen, da er neben vorzüglichen Umgangsformen und einer sprichwörtlichen Selbstbeherrschung dank seiner Frau über interessante Beziehungen zu dem nunmehr verbündeten Rumänien verfügte. So war beispielsweise ein Cousin seiner Frau Hofmarschall bei der keineswegs deutschfreundlichen Königinmutter Helena.

Der kurzfristig anberaumte Feldzug gegen Jugoslawien und Griechenland mit der Unterstützung durch Ungarn und Rumänien im April war nicht die einzige Ursache für die folgenschwere Verschiebung des »Unternehmens Barbarossa«. Neben der Sicherung der südosteuropäischen Flanke des Angriffs gegen die Sowjetunion wurde die Wehrmacht noch an einen anderen Kriegsschauplatz gebunden: Nach mehreren Niederlagen der verbündeten italienischen Armee in Nordafrika war auf Bitten des Achsenpartners Mussolini die Entsendung eines deutschen Hilfskorps nach Libyen notwendig geworden. Chef der deutschen Afrikastreitkräfte wurde der charismatische Generalleutnant Erwin Rommel, ein Kamerad von Paulus aus der gemeinsamen Zeit im Infanterieregiment 13 in Stuttgart. Rommel, der blitzkriegserfahrene Panzergeneral des Frankreichfeldzugs, dachte gar nicht daran, die ihm zugewiesene Aufgabe defensiv zu lösen. Noch bevor der größere Teil seiner Streitmacht im Hafen von Tripolis an Land gegangen war, hatte er mit seinen Angriffsspitzen schon beinahe die ganze Cyrenaika, den westlichen Teil Libyens, zurückerobert – und gefährdete dadurch seinen Nachschub. Bei allen Vorteilen, welche die Propagandamaschinerie des Joseph Goebbels aus dem fernen Kriegsschauplatz in der *Wochenschau* ziehen konnte – den Generalstäblern im Oberkommando des Heeres wuchsen Sorgenfalten: War es bei vernünftiger Planung, welche die eigenen personellen und materiellen Gegebenheiten in Rechnung zog, möglich, daß man zwei Offensiven betrieb – die eine gegen die englischen Streitkräfte in Nordafrika, die andere gegen das Riesenreich im Osten? Nach Meinung von Franz Halder, dem Chef des Oberkommandos des Heeres, konnte Nordafrika und damit der gesamte Mittelmeerraum nur ein Nebenkriegsschauplatz sein, wenn man sich ernsthaft mit der Sowjetunion anlegen wollte. Aber jeder Kriegsschauplatz entwickelt seine eigenen Bedingungen, und eine Figur wie der »Wüstenfuchs« Rommel schuf durch seine waghalsigen Angriffsoperationen beinahe täglich neue Tatsachen.

Am 23. April 1941 notierte Generaloberst Halder in sein Tagebuch: »Daher notwendig, die Verhältnisse in Nordafrika schleunigst zu klären. Selbst herunterzufliegen, lehne ich nach reiflicher Überlegung ab. Ich kann unten nicht als Erkundungsorgan auftreten. Wenn ich unten erscheine, will ich das Recht haben zu befehlen. Der Oberbefehlshaber des Heeres hat dagegen Bedenken und schiebt Schwierigkeiten wegen des italienischen Oberkommandos vor. Natürlich sind die Gründe andere, es ist vielleicht besser, den Generalleutnant Paulus loszuschicken, der mit Rommel aus früherer gemeinsamer Dienstzeit gut steht und vielleicht als einziger die Möglichkeit hat, diesen verrückt gewordenen Soldaten durch seinen persönlichen Einfluß abzufangen.«

Am Abend des 25. April 1941 flog Paulus mit einigen Offizieren des Generalstabs über Rom nach Nordafrika. Er traf die Panzergruppe Afrika in einer ziemlich schwierigen Lage an – vor allem angesichts der überdehnten Nachschubwege. Mit eigenen Augen konnte er miterleben, wie sich Rommels Angriff auf den von den Engländern stark befestigten libyschen Hafen Tobruk festfuhr.

Zweieinhalb Wochen blieb Paulus in Afrika. Am 11. Mai erstattete er Halder seinen Bericht: »Lage in Nordafrika unerfreulich. Rommel hat durch Überschreitung seines Befehls eine Lage geschaffen, welcher die Nachschubmöglichkeiten zur Zeit nicht mehr gerecht werden. Rommel ist seiner Sache nicht gewachsen.«

Im Familienkreis äußerte er sich noch unmißverständlicher über seinen ehemaligen Regimentskameraden: »Dieser schwäbische Dickschädel... tut so, als ob er sich von niemandem etwas sagen zu lassen bräuchte.«

Paulus, der sich schon lange ein Truppenkommando wünschte, erwog damals, ob er nicht dem OKH einen Wechsel im Oberkommando vorschlagen und selbst die Führung der Panzergruppe Afrika übernehmen sollte. Der Kommentar seiner Frau dazu ist überliefert: »Laß die Finger davon! Was hast du davon, wenn sie dich in Afrika schnappen...«

Am 22. Juni 1941 wurde in den frühen Morgenstunden das Planspiel »Barbarossa« Realität. Das von der deutschen Wehrmacht im Westen erfolgreich getestete Modell »Blitzkrieg« sollte sich nun auch in den endlosen Weiten der Sowjetunion bewähren. Doch nach anfänglichen, atemberaubenden Angriffserfolgen zeigte sich bald der Pferdefuß der Operationsplanung: die sträflich leichtsinnige Unterschätzung der Nachschubwege, der räumlichen Bedingungen und der sowjetischen Ressourcen. Als im November der russische Winter einsetzte, war die Illusion von einem schnellen Sieg über den »Koloß auf tönernen Füßen« geplatzt. Die Achillesferse der erfolgsverwöhnten deutschen Wehrmacht riß. Ausgerüstet vom industriellen Potential fast eines ganzen Kontinents, fuhren ihre Infanteriedivisionen mit bis zu 100 verschiedenen Lkw-Typen durch die russischen Wei-

»Wer nicht den Mut hat...« Paulus und Hitler am Kartentisch, Mai 1942.

Einige tun so, als ob bei Stalingrad außer Hitler und mir niemand existiert hätte – kein OKH und auch keine Heeresgruppe.

Paulus

Es ist leicht, die Haltung des späteren Feldmarschalls Paulus in jenen entscheidenden Tagen zu kritisieren. Mit der Phrase vom »blinden Gehorsam« gegenüber Hitler ist sie jedenfalls aber nicht abzutun. Sicherlich stand Paulus in einem schweren Gewissenskonflikt, ob er eine Operation ansetzen wolle, die unweigerlich – entgegen dem klar ausgesprochenen Willen Hitlers – zur Aufgabe von Stalingrad führen mußte.

Erich von Manstein

ten. Belgische Ersatzteile waren unbrauchbar für französische Truppentransporter. Deutsche Infanteriemunition ließ sich nicht mit tschechischen Beute-MPs verschießen. Deutsche Gründlichkeit verbesserte jeden Prototyp eines modernen Gefechtspanzers so lange, daß bis Herbst 1942 keiner die Serienreife erlangte. Überdies war die Truppe nur für einen Sommerkrieg gerüstet. Winteruniformen waren vor einem solchen »Blitzkrieg« als überflüssiger Ballast angesehen worden. Obwohl das »Unternehmen Taifun« als größte Kesselschlacht in die Geschichte einging, scheiterte der Sturm auf Moskau kläglich. Die Wehrmacht hatte ihren Nimbus der Unschlagbarkeit ein für allemal eingebüßt. Zudem mischte Hitler sich immer direkter in die strategischen Maßnahmen seines Generalstabs ein. Der Infanteriegefreite des Ersten Weltkriegs fühlte sich dazu berufen, über den Einsatz von Panzergruppen und Infanteriebataillonen zu entscheiden, die 2000 Kilometer von Berlin entfernt operierten. Der von Scharnhorst und Moltke geschaffene Generalstab verkam ohne nennenswerten Widerstand bald zu einer Gruppe hochrangiger Erfüllungsgehilfen.

Im zweiten Kriegsjahr wollte Hitler die Entscheidung im Süden der Ostfront suchen. Ziel der taktischen Aktivitäten waren die kaukasischen Erdölfelder von Baku, Grosny und Maikop, ohne die, davon war Hitler überzeugt, die deutschen Panzerarmeen ihre Mobilität verlieren würden. Es ging nicht mehr darum, den Krieg zu gewinnen, sondern vor allem darum, ihn überhaupt weiterführen zu können. Abwegig war diese Überlegung keineswegs – eingedenk der Tatsache, daß von den rund 30 Millionen Tonnen Erdöl, die 1938 in der Sowjetunion gefördert worden waren, fast drei Viertel aus dem Raum um Baku stammten, weitere 16 Prozent aus den nordkaukasischen Ölfeldern um Maikop, Grosny und Dagestan; nur gut ein Zehntel wurde in anderen Teilen der Sowjetunion produziert. Hitler richtete sich nun offensichtlich auf einen langen Krieg ein – einen Krieg auch gegen die mit beinahe unerschöpflichen Ressourcen ausgestatteten angloamerikanischen Streitkräfte. Nach dem Kriegseintritt der USA im Dezember 1941 war die Rohstofflage der archimedische Punkt im strategischen Kalkül des Diktators.

Als sich um die Jahreswende 1941/42 der Vorstoß der Heeresgruppe Süd bei Rostow festfuhr und der bisherige Oberbefehlshaber der Sechsten Armee, Generalfeldmarschall von Reichenau, das Kommando über die Heeresgruppe übernahm, trat die entscheidende Wende im Leben von Friedrich Paulus ein. Er wurde, wohl von Reichenau selbst, als dessen Nachfolger vorgeschlagen. Der am 1. Januar 1942 zum General der Panzertruppen beförderte Paulus erhielt nun die Aufgabe, den kampfstärksten Verband der deutschen Wehrmacht zu führen: die Sechste Armee, die Bezwingerin der Hauptstädte.

Was Hitler letztlich zu dieser Personalentscheidung bewogen haben mag, bleibt im dunkeln. Wohl wollte er sich unter anderem Reichenaus Loyalität versichern. Die heilige Ancienitätslinie innerhalb der Truppe wurde jedenfalls gründlich durcheinandergewirbelt. Paulus hatte niemals ein Regiment, eine Division oder ein Armeekorps selbständig geführt; der letzte Front- beziehungsweise Truppengeneralstabsposten lag anderthalb Jahre zurück. Paulus' früherer Ausbildungsoffizier, der schon erwähnte General Ferdinand Heim, hielt es noch Jahre nach dem Krieg für einen unverzeihlichen personalpolitischen Fehler Hitlers, daß er Paulus eine Armee im Osten anvertraut hatte. Paulus sei stets ein Mann des Schreibtischs gewesen, aber nicht der Praxis.

Wenige Tage nach der Ernennung von Friedrich Paulus zum Kommandeur der Sechsten Armee starb Feldmarschall von Reichenau am 15. Januar 1942 überraschend an einem Gehirnschlag. Die Heeresgruppe stand fortan unter dem Befehl des Feldmarschalls Fedor von Bock, des »Soldaten ohne Fortune« – wie ein späterer Biograph den Dienstvorgesetzten des neu ernannten Generals der Panzertruppen Paulus genannt hat. Wenig später gab Hitler die für den Sommerfeldzug maßgebliche Weisung Nr. 41 heraus: Ihr zufolge sollte das zentrale Ziel der deutschen Offensive darin bestehen, »die den Sowjets verbliebene lebendige Wehrkraft endgültig zu vernichten und ihnen die wichtigsten kriegswirtschaftlichen Kraftquellen soweit als möglich zu entziehen. ... Auf jeden Fall muß versucht werden, Stalingrad selbst zu erreichen oder es zumindest so unter die Wirkung unserer schweren Waffen zu bringen, daß es als weiteres Rüstungs- und Verkehrszentrum ausfällt.«

Erst nach dem erfolgreichen Abschluß dieser Operationsphase sollte sich der eigentliche Vorstoß in den kaukasischen Raum anschließen. Bevor daran zu denken war, sah sich die Sechste Armee unter ihrem neuen Oberbefehlshaber Paulus zunächst in heftige Abwehrgefechte an der südlichen Ostfront verwickelt. Diese Kämpfe im Raum Charkow wurden von der Armee mit Geschick, Glück und vergleichsweise geringen Verlusten durchgestanden. Sie trugen dem einundfünfzigjährigen Paulus das Ritterkreuz ein, und wer bislang die Meinung vertreten hatte, der Generalstabsoffizier sei mit dem Frontkommando überfordert, der verstummte vorerst. Das Foto des neuen Armeeführers Paulus erschien in der Zeitung, sein Name war in aller Munde. Für eine kurze Zeit schien er neben Rommel und anderen zu einem Exponenten der nationalsozialistischen Propaganda zu werden. Die Sechste Armee war durch Reichenau berühmt geworden, und eine Zeitlang schien sie dank Paulus ihren Ruf bis ins Mystische zu steigern. Aus jener Zeit stammt Hitlers enthusiastischer Ausspruch, mit der Sechsten Armee könne er den »Himmel stürmen«.

Ab dem 28. Juni 1942 rollte die deutsche Sommeroffensive Zug um Zug in Richtung Südosten. Die Wehrmacht errang kleinere und mittlere Siege, aber es gelang ihr nicht, wie geplant, die Masse der ihr gegenüberliegenden sowjetischen Divisionen zu einer Entscheidungsschlacht zu stellen. Nach den ersten Anfangserfolgen – am 3. Juli machte allein die Sechste Armee 40 000 Gefangene – erließ Hitler die berüchtigte Weisung Nr. 45. Nun wurde der militärischen Vernunft endgültig abgeschworen: Nach Hitlers Ansicht lag der Gegner bereits am Boden. Er befahl, die beiden aufeinanderfolgenden Operationsziele zeitgleich in Angriff zu nehmen, und teilte seine Streitmacht im Süden der Ostfront. Die Siebzehnte Armee, die Dritte rumänische Armee sowie die Erste und die Vierte deutsche Panzerarmee sollten nun im Verband des Heeresgruppenkommandos A unter Generalfeldmarschall List den Kaukasus über Rostow erobern. Der Sechsten Armee fiel die Aufgabe zu, in Richtung Nordosten einzuschwenken und Stalingrad zu nehmen. Die Bildung von Reserven war in diesem Konzept nicht vorgesehen. Hitlers Generäle kannten das Risiko und schwiegen – auch General Paulus.

Später sollte man ihm vorwerfen, gerade er hätte mehr als jeder andere Armeeführer den unverantwortlichen Wahnsinn der Hitlerschen Kriegführung erkennen müssen. Tatsächlich war das Gegenteil der Fall: Er war über den Grundansatz der Operationsplanung für den Ostfeldzug genauestens im Bilde und wußte, wie die Verbände aus Kenntnis der Gesamtlage geführt wurden. Paulus erklärte, daß ein Armeeoberbefehlshaber eingedenk des sich bewegenden Millionenheeres unmöglich die Gesamtlage überblicken könne und ihm somit die Handlungsfreiheit für eigene Entschlüsse, die über die Lösung der ihm zugewiesenen Aufgabe hinausgingen, nicht zugebilligt werden dürfe. Dies war eine fatale Einschätzung, die Zehntausenden deutscher Soldaten zum Verhängnis wurde.

Mit einer Streitmacht von mehr als 300 000 Soldaten begann die Sechste Armee am 21. August 1942 unter dem Befehl von Paulus aus dem Donbogen heraus den Sturm auf die Stadt, die Stalins Namen trug.

Über diese Schlacht an der Wolga sind mittlerweile unzählige Bücher geschrieben worden, an einigen Militärakademien ist ihr Studium Pflichtstoff. Am Widerstand der Verteidiger scheiterte eine Kriegführung, die in ihrer Hybris keine Maßstäbe mehr kannte.

Die sowjetischen Truppen leisteten hinhaltenden Widerstand und wichen bis in die Vororte der Wolgametropole aus. Mit der Verlagerung der Gefechte in die Stadt selbst wurden jegliche Strategien des deutschen Generalstabs zunichte gemacht. Die weit nach Osten vorgeschobene Armee wurde ohne ausreichende Flankendeckung in zermürbende Häuserkämpfe verwickelt. Die klassischen Elemente des Blitzkriegs, welche die räumliche Umfassung und anschließende Zerschlagung des Gegners zum Ziel hatten, wirkten nicht mehr. Der effektive Einsatz von Sturzkampfbombern der Luftflotte 4 unter Generaloberst von Richthofen war kaum möglich, da sich im mörderischen Häuserkampf klare Frontlinien aus der Luft nicht ausmachen ließen. Panzerverbände wurden im Häuserdschungel leichte Beute der gegnerischen Infanterie. Mitte Oktober 1942 waren neun Zehntel der Stadt in deutscher Hand, aber die sowjetische 62. Armee verteidigte zäh einen schmalen Uferstreifen entlang der Wolga.

Ihr Kommandeur, General Tschuikow, führte sie aus einem Befehlsbunker am Wolgaufer, der manchmal nur wenige hundert Meter von der Hauptkampflinie entfernt war. Anstatt die Eroberung der Stadt melden zu können, mußte Paulus konstatieren, daß seine Armee bei einer Verpflegungsstärke von 260 000 Mann gerade noch über eine infanteristische Kampfstärke von 25 000 Soldaten verfügte. Nennenswerte Verstärkung

»Der Kampf verläuft zäh...« Deutsche Soldaten in den Straßen Stalingrads, Oktober 1942.

Es geht sehr langsam, jedoch täglich ein Stück vorwärts. Das Ganze ist eine Menschen- und Zeitfrage. Aber wir werden mit den Russen schon fertig.

Paulus in einem Brief an General Schmundt vom 7. Oktober 1942

Paulus beurteilte als gut geschulter Generalstabsoffizier die Lage nüchtern. Er war sich der tödlichen Gefahr durchaus bewußt. Aber gegen einen gegebenen Befehl zu handeln widersprach seiner militärischen Erziehung. So standen bei Paulus – wie bei vielen älteren Offizieren – von Anfang an Verantwortung gegenüber den Soldaten und militärischer Gehorsam in heftigem Widerstreit. Nach schweren inneren Kämpfen siegte der militärische Gehorsam.

Wilhelm Adam, erster Adjutant der Sechsten Armee unter Paulus

»Unter allen Umständen halten...« Ein deutscher Soldat hißt über dem eroberten Nordteil von Stalingrad die Hakenkreuzflagge, November 1942.

Zum Jahrestag Ihrer Machtübernahme grüßt die Sechste Armee ihren Führer. Noch weht die Hakenkreuzfahne über Stalingrad. Unser Kampf möge den lebenden und den kommenden Generationen ein Beispiel dafür sein, auch in der hoffnungslosesten Lage nie zu kapitulieren.

Paulus am 29. Januar 1943 in seinem Glückwunschschreiben an Hitler

Wenn General Paulus damals diese letzte Chance nicht ergriffen, wenn er gezögert und schließlich darauf verzichtet hat, das Wagnis zu unternehmen, so ist dies sicherlich im Gefühl der auf ihm lastenden Verantwortung geschehen.

Erich von Manstein

erhielt er trotz mehrfacher Anforderung nicht. Nur fünf Sturmpionierbataillone zu je 600 Mann wurden ihm zugeteilt, um die letzten Hallenkomplexe im Industrieviertel zu nehmen. Nach zwei Tagen Kampf hatten diese Einheiten aufgehört zu existieren – und die Fabrikhallen waren immer noch in sowjetischem Besitz. Ende Oktober/Anfang November verdichteten sich bei Paulus und seinem Stabschef Generalmajor Arthur Schmidt die Anzeichen für eine unmittelbar bevorstehende sowjetische Gegenoffensive, welche die Armee in eine tödliche Gefahr bringen konnte. An beiden Flanken der Front, sowohl bei den italienischen als auch bei den rumänischen Nachbararmeen, gab es unübersehbare Hinweise auf eine starke sowjetische Kräftegruppierung, die jederzeit in der Lage war, die weit nach Osten ausgebeulte Front zu durchstoßen und die deutschen Angreifer bei Stalingrad einzuschließen. Als Konsequenz aus dieser Lage in der zweiten Oktoberhälfte beantragte das Armeeoberkommando 6, die fruchtlosen Angriffe in der Stalingrader Innenstadt einzustellen, die Armee auf eine Don-Tschir-Stellung zurückzuführen und das Vierzehnte Panzerkorps als Reserve bereitzustellen – was von Hitler ausnahmslos abgelehnt wurde. Am 7. November meldete die deutsche Funkaufklärung erneut eine dramatische Veränderung der Feindlage. Alle Anzeichen deuteten auf eine sowjetische Großoffensive an der rechten und linken Flanke der Sechsten Armee hin.

Anläßlich eines Vortrags vor Offiziersschülern der Kasernierten Volkspolizei der DDR im Mai 1954 schilderte Paulus seine damalige Situation wie folgt:

»Diese Angriffsvorbereitungen zielten offensichtlich auf eine Umklammerung der Sechsten Armee hin. Das Armeeoberkommando reichte, in Übereinstimmung mit den Armeekorps, laufend Meldungen und Anträge an die vorgesetzte Heeresgruppe ›B‹ ein...

Die Heeresgruppe ›B‹ teilte die Auffassung des AOK 6, vermochte sich jedoch gegenüber dem OKW nicht durchzusetzen. Die Heeresgruppe übermittelte im wesentlichen folgende immer wiederkehrende Entscheidungen des OKW:

A) Das OKW halte im Rahmen der bekannten Gesamtbeurteilung der sowjetischen Kräfte eine ernste Gefahr für die Donfront bei einem gegnerischen Angriff für nicht gegeben.

B) Für die von den Verbündeten besetzte Donfront wären die

hinter dieser Front stehenden Reserven (darunter das XLVIII. Panzerkorps hinter der 3. rumänischen Armee) ausreichend.
C) In dieser Lage sei der Angriff zur Wegnahme des Restteiles von Stalingrad erst recht zu Ende zu führen, um diesen Brennpunkt zu beseitigen.
D) Gegen die sowjetischen Aufmarschräume werde die Luftwaffe eingesetzt werden, sobald die Belegung dieser Räume mit Truppen erkannt sei.«

Als am 19. November schließlich die erwartete sowjetische Großoffensive losbrach, herrschte so dichtes Schneetreiben, daß die deutsche Luftflotte 4 tagelang nicht eingesetzt werden konnte. Die großspurig angekündigte Reserve, das deutsche XLVIII. Panzerkorps, war in einem traurigen Zustand: Die 22. Panzerdivision verfügte über gerade 42 Panzer, die 14. Panzerdivision sollte ohne ihre Infanterieregimenter kämpfen, und die rumänische 1. Panzerdivision war genaugenommen überhaupt nicht feldtauglich.

Wenige Tage zuvor hatte Hitler noch vor den »alten Kämpfern« der NSDAP im Münchener »Bürgerbräukeller« verkündet: »Zufälligerweise trägt diese Stadt den Namen Stalins. Aber glauben Sie nicht, daß ich deswegen dorthin marschiert bin. ...Dort, wo der deutsche Soldat einmal steht, kriegt ihn keine Macht der Welt wieder weg.«

In der Literatur wird den schlecht ausgerüsteten und wenig motivierten rumänischen, ungarischen und italienischen Truppen immer wieder die Mitschuld am sowjetischen Einbruch vom 19. und 20. November angelastet. Das ist ungerecht, denn diese Verbände leisteten teilweise erbitterten Widerstand. Doch dem, was über die deutsche Front am Morgen des 19. November 1942 hereinbrach, hätten auch ausgeruhte, kampfkräftige und wohlausgerüstete Eliteeinheiten der Wehrmacht nichts entgegenzusetzen gehabt. Eine bis dahin noch nie gesehene sowjetische Kräftekonzentration setzte sich in Bewegung: 900 fabrikneue Panzer vom überlegenen Typ T-34, 13 500 Geschütze und Granatwerfer, 1250 Raketenwerfer vom Typ »Stalinorgel« und 1100 Flakgeschütze machten aus der Roten Armee erstmals im Zweiten Weltkrieg eine Angriffsarmee. Die Luftflotten der Fronten verfügten über mehr als 1000 Kampfflugzeuge. Für den rechtzeitigen Transport der Reserven entstanden zusätzlich sechs Zweigbahnen von insgesamt 1100 Kilometer Länge, 1958 Kilometer Gleise und 293 Brücken wurden wiederhergestellt. Allein in Richtung Stalingrad wurden 142 000 Waggons mit Truppen und Material befördert.

Am 19. November 1942 wurde die Massenkopie der *Deutschen Wochenschau*, Ausgabe 637/42, an die deutschen Filmtheater ausgeliefert. In ihr heißt es in einem Filmsujet über die Kämpfe in Stalingrad: »Die einstige Wolgametropole ist bis auf ganz wenige Bezirke dem Feind entrissen. Die deutsche Wehrmacht steht an der Wolga.«

Bevor der größte Teil der Filmkopien die Kinos erreichte, waren zwischen Wolga und Don schon ganz andere Tatsachen geschaffen worden. Tags darauf mußte Paulus vermelden: »Starke russische Kräfte haben im Angriff gegen die westliche Nachbararmee beiderseits Kletskaja und Blinoff einen tiefen Einbruch erzielt, während das Gelände beiderseits Baskowskij noch gehalten wird... Es muß damit gerechnet werden, daß der Russe seine Einbrüche, insbesondere mit Panzerkräften, zu erweitern versucht. Ob die rumänischen Kräfte zu stärkerem Widerstand fähig sind, ist unsicher.« Die Antwort des OKW erfolgte postwendend: »6. Armee hat auf jeden Fall Stalingrad und ihre jetzige Stellung zu halten. Gegenmaßnahmen gegen Feindeinbruch sind bereits eingeleitet.«

Am 20. November erging gegen 14.45 Uhr ein Armeebefehl an die unterstellten Korps: »Die Armee stellt ihre Angriffe in Stalingrad ein und hält ihre bisherigen Stellungen. Sie führt hinter ihrem Westflügel Kräfte heran, um dort zunächst eine Abwehrfront zu bilden. Späterer Angriff über diese Front nach Westen ist beabsichtigt.« Im Klartext bedeutete diese Weisung zur Einigelung, daß Paulus und Schmidt das Schicksal der Armee schon kannten, noch bevor die Panzerspitzen der Roten Armee zwei Tage später bei Kalatsch den Kessel schlossen.

Am 22. November eroberte eine Vorausabteilung des sowjetischen 26. Panzerkorps die Brücke über den Don bei Kalatsch und unterbrach damit nicht nur die logistische Versorgung der Sechsten Armee, sondern beeinträchtigte auch deren taktische Bewegungsfreiheit. Die wenigen deutschen Kräfte der Nachhut reichten nicht aus, um den sowjetischen Brückenkopf einzudrücken. Ein sofort befohlener Entlastungsangriff durch das XIV. Panzerkorps konnte wegen Treibstoffmangels (!) nicht durchgeführt werden. Die Versorgungslage der eingeschlossenen Armee war zu diesem Zeitpunkt schon so schlecht, daß sie sich noch nicht einmal gegen die Umzingelung zu wehren ver-

Nach Scheitern der Entsatzversuche und Ausbleiben der versprochenen Hilfe handelte es sich lediglich um Zeitgewinn, um den Neuaufbau des Südteils der Ostfront und die Rettung der im Kaukasus stehenden starken deutschen Kräfte zu ermöglichen. Gelang dieses nicht, so wäre der Gesamtkrieg verloren gewesen.

Paulus

Doch darf mit Sicherheit angenommen werden, daß Paulus Hitlers und Görings Versorgungsversprechungen vertraute. Zudem dürfte Paulus die Tatsache beeinflußt haben, daß nicht nur Deutschland, sondern die ganze kriegsführende Welt den Kampf der Sechsten Armee verfolgte. Dieser Kampf erschien plötzlich als eine persönliche Bewährungsprobe, die er, Paulus, zu bestehen hatte.

Otto E. Moll, Publizist

»Ausreichende Versorgung ist ausgeschlossen...«
Eine Versorgungsbombe wird für den Abwurf über Stalingrad vorbereitet, Dezember 1942.

mochte. Der Gefechtsstand des Kommandeurs Paulus befand sich während des Moments der Einschließung außerhalb des sich bildenden Kessels. Auf Anordnung der Heeresgruppe wurde er am 22. November abends auf dem Luftwege nach Gumrak verlegt. Paulus und sein Stab flogen in den Kessel ein. Ein »Führer«-Befehl erging von Hitler persönlich und band die Armee fest an Stalingrad: »Die 6. Armee muß wissen, daß ich alles tue, ihr zu helfen und sie zu entsetzen.«

Fortan machte bei den Landsern im Kessel der Spruch die Runde: »Der Führer haut uns raus!« Es war eine Latrinenparole. In der Nacht vom 23. auf den 24. November wandte sich General Paulus zum ersten Mal direkt mit einem Funkspruch an Hitler und bat um Handlungsfreiheit: »Mein Führer, seit Eingang Ihres Funkspruches vom 22. November abends hat sich die Entwicklung der Lage überstürzt. ...Bevorstehende Feinddurchbrüche zeichnen sich ab. Munition und Betriebsstoff gehen zu Ende. Zahlreiche Batterien und Panzerabwehrwaffen haben sich verschossen. Eine rechtzeitige und ausreichende Versorgung ist ausgeschlossen. Die Armee geht in kürzester Zeit ihrer Vernichtung entgegen, wenn nicht unter Zusammenfassen aller Kräfte der von Süden und Westen angreifende Feind vernichtend geschlagen wird. Hierzu ist die sofortige Herausnahme aller Divisionen aus Stalingrad und starker Kräfte aus der Nordfront erforderlich. ... Es geht dann zwar zahlreiches Material verloren, es wird aber die Mehrzahl wertvoller Kämpfer und wenigstens ein Teil des Materials erhalten. ...Bitte auf Grund der Lage nochmals um Handlungsfreiheit. Alle kommandierenden Generäle der 6. Armee schließen sich dieser Meinung an.«

Daraufhin traf am nächsten Morgen ein »Führerentscheid« – die höchste und strikteste Befehlsstufe – beim Armeeoberkommando ein, der mit folgendem Wortlaut endete: »Jetzige Wolgafront und jetzige Nordfront unter allen Umständen zu halten. Luftversorgung.« Nach Bekanntwerden dieses Befehls schickte der kommandierende General des Einundfünfzigsten Armeekorps, General der Artillerie Walther von Seydlitz-Kurzbach, an seinen Oberbefehlshaber Paulus eine Denkschrift, die für einen sofortigen Ausbruch auf eigene Faust plädierte und in der Forderung gipfelte: »Soll die Armee erhalten bleiben, so muß sie einen anderen Befehl sofort herbeiführen oder sofort einen anderen Entschluß selbst fassen.«

Die verzweifelte Lage spiegelte sich im Schlußsatz: »Hebt das

Oberkommando des Heeres den Befehl zum Ausharren in der Igelstellung nicht unverzüglich auf, so ergibt sich vor dem eigenen Gewissen gegenüber der Armee und dem deutschen Volke die gebieterische Pflicht, sich die Handlungsfreiheit selbst zu nehmen. Die völlige Vernichtung von 200000 Kämpfern und ihrer gesamten Materialausstattung steht auf dem Spiel. Es gibt keine andere Wahl.«

Seitdem wird darüber gestritten, ob das Verbleiben der im Häuserkampf ausgebluteten Sechsten Armee in den ersten Tagen nach der Einkesselung ein Fehler der Armeeführung und damit des Oberbefehlshabers Friedrich Paulus gewesen war. »Widerstand« wäre »Verrat« gewesen – aus heutiger Sicht eine patriotische Tat. Dafür aber hätte Paulus über seinen Schatten springen müssen.

Lange nach dem Ende des Krieges hat sich Paulus in Gesprächen mit seinem Sohn zur damaligen dramatischen Lage und insbesondere zur Denkschrift des Generals von Seydlitz geäußert: »Die Rolle des Generals erscheint überbewertet. Dieses ist nach dem Eintreten der Katastrophe jedoch nicht verwunderlich. Man hat eine Legende daraus gemacht! Wir waren ja alle für den Ausbruch, auch meine Korpsgenerale. Dementsprechend unmißverständlich hatte ich meine Anträge an die obersten Kommandobehörden formuliert. Aber ohne Kenntnis der Gesamtlage mit einer ganzen Armee einfach die befohlene Position zu verlassen kam gar nicht in Frage.« Was ein überstürzter Rückzug geschwächter Verbände aus den ausgebauten und damit relativ sicheren Stellungen um Stalingrad bedeutet hätte, hatte sich gleich zu Beginn der Einkesselung gezeigt. Am 24. November nahm General von Seydlitz einen Teil seiner Truppen eigenmächtig zurück, um die Front zu verkürzen. Der größte Teil dieser Verbände – vor allem die 94. Infanteriedivision – wurde von den schnell nachstoßenden Sowjets erfaßt und nahezu aufgerieben. Ferner hielt Paulus fest, er habe zur Zeit der Entscheidung Ausbruch oder Verteidigung eine Besprechung veranlaßt, an der neben Seydlitz auch dessen Stabschef Clausius (der eigentliche Verfasser der Denkschrift) teilnahm. »Ich sagte zu Seydlitz: ›Wenn ich jetzt den Oberbefehl über die 6. Armee niederlege, besteht kein Zweifel, daß der Führer Sie als ›persona grata‹ zum Oberbefehlshaber ernennt. Ich frage Sie: Werden Sie dann gegen den Befehl Hitlers ausbrechen?‹

Nach einiger Überlegung sagte Seydlitz: »Nein, ich werde verteidigen.«

Mit Sicherheit hatte Hitler von den Kontroversen in der Armeeführung erfahren, denn seine folgenden Entscheidungen zeugten zumindest von personalpolitischer Finesse: Er beförderte Paulus zum Generaloberst und versicherte sich somit seiner Loyalität. Gleichzeitig übertrug er Seydlitz direkt die Verantwortung für den Nordabschnitt der Kesselfront und stellte ihn damit ruhig. Für ein Handeln gegen einen »Führer«-Befehl aus eigenem Entschluß war der General nun nicht mehr zu haben.

Darüber hinaus befahl Hitler dem Generalfeldmarschall Erich von Manstein, der in der Wehrmacht höchste Reputation als Taktiker genoß, das Kommando über die neugebildete Heeresgruppe Don zu übernehmen. Sein Auftrag lautete zunächst schlicht und ergreifend, »die alte Lage« wiederherzustellen und somit die Sechste Armee aus ihrer Umzingelung zu befreien. Hierzu sollte sich eine Angriffsgruppe der Vierten Panzerarmee unter Generaloberst Hoth aus dem Raum Kotelnikow in Richtung Stalingrad in Marsch setzen und die Landverbindung zur eingeschlossenen Armee herstellen. Die von Göring und Richthofen großmäulig versprochene Luftbrücke kam niemals tatsächlich zustande. Die eingeflogene Munition und Verpflegung erreichte in Spitzenzeiten 40 Tonnen täglich, was etwa 15 Prozent des angeforderten Bedarfs entsprach. Hoths Angriff konnte mangels verfügbarer Kräfte – die 6. Panzerdivision mußte mit 136 Panzern im Eilmarsch aus Frankreich herangeführt werden, die 23. Panzerdivision traf in geschwächtem Zustand mit 96 Kampfwagen aus dem Kaukasus ein – erst am 12. Dezember beginnen. Gleichwohl hatten sich diese Verbände in der Zeit vom 19. bis zum 23. Dezember bis auf 48 Kilometer Luftlinie an den Kesselrand herangekämpft. Dann ging ihnen die Puste aus. Gleichzeitig unternahmen die Sowjets einen Großangriff gegen die Achte italienische Armee am Nordflügel der Heeresgruppe Don. Die gesamte Heeresgruppe geriet ins Wanken. Manstein wie auch Paulus waren sich darüber im klaren, daß für den Fall, in dem es der Roten Armee gelingen sollte, ihre Offensive bis Rostow am Don vorzutragen, ein Super-Stalingrad drohte. Die im Kaukasus stehenden Verbände der Siebzehnten Armee sowie der Ersten Panzerarmee wären dann ebenfalls abgeschnitten gewesen. Manstein entschied, den Entsatzangriff abzubre-

»Der Führer haut uns raus...« Tote deutsche Soldaten im Schnee von Stalingrad, Januar 1943.

Ihre Befehle werden ausgeführt, es lebe Deutschland!

Paulus' Antwort auf das Verbot Hitlers, zu kapitulieren

Die Sechste Armee hat getreu ihrem Fahneneid für Deutschland bis zum letzten Mann und bis zur letzten Patrone eingedenk ihres hohen und wichtigen Auftrages die Position für Führer und Vaterland bis zuletzt gehalten.

Paulus in seiner letzten Lagemeldung vom 31. Januar 1943 an die Heeresgruppe Don

chen und seine Kräfte darauf zu konzentrieren, den Rückzug der Heeresgruppe Kaukasus abzusichern. Es war das Todesurteil für die Armee von Generaloberst Paulus, die zu diesem Zeitpunkt noch acht sowjetische Armeen band und somit den Abmarsch aus dem Kaukasus deckte.

Der weitere Verlauf der Kesselschlacht ist schnell berichtet: Zu einem erneuten Entsatzversuch kam es nicht mehr; die Luftwaffe konnte die von Göring leichtfertig versprochenen Transportleistungen niemals erbringen; die Sowjets machten mehrere Kapitulationsangebote, die von der Armeeführung allesamt abgelehnt wurden; der Kessel war durch pausenlose Angriffe am Ende auf den Stadtkern von Stalingrad zusammengedrängt. Am 13. Januar verließ mit einem der letzten Flugzeuge der Ordonnanzoffizier des AOK 6, Hauptmann Winrich Behr, den Kessel, um im Auftrag von Paulus und Schmidt dem »Führer« in Rastenburg persönlich die hoffnungslose Lage der Armee zu schildern. Hauptmann Behr hatte darüber hinaus den Auftrag, neben dem Kriegstagebuch der Armee auch den Ehe- und Siegelring von Generaloberst Paulus sowie einen Abschiedsbrief an dessen Ehefrau Elena Constance zu befördern. Darin heißt es: »Meine geliebte Coca, Du erhältst diesen Brief, wenn mein Schicksal entweder eindeutig entschieden oder für längere Zeit ungewiß ist. Ich stehe, wo ich jetzt stehe, als Soldat und auf Befehl. Welches mein Schicksal sein wird, weiß ich nicht. Ich muß es nehmen, wie Gott es mir gibt.«

Am 22. Januar 1943 begann der entscheidende Vorstoß zur Vernichtung des Rests der Sechsten Armee. Das Ende schien nun wirklich bevorzustehen, und Paulus bat Hitler – übrigens gegen das Votum von Schmidt –, ihm die Erlaubnis zur Einstellung der Kämpfe zu erteilen. Als Hitler ablehnte, rief ihn Manstein an, um seinen gleichlautenden Antrag vorzutragen, aber auch er holte sich eine Abfuhr: Vom Standpunkt der Ehre aus betrachtet komme eine Kapitulation überhaupt nicht in Frage. Abends telegrafierte Hitler der Sechsten Armee, sie habe mit ihrem Kampf »einen historischen Beitrag in dem gewaltigsten Ringen der deutschen Geschichte geleistet!« Damit war die Armee endgültig abgeschrieben und der letzte Versuch, »das Sterben zu regeln«, gescheitert. Auch im Stab des AOK 6 machten sich jetzt Auflösungserscheinungen bemerkbar.

Am 30. Januar, dem Jahrestag der »Machtergreifung«, gab es zwischen Paulus und Hitler nochmals Funkkontakt: »General-

Das soll wohl eine Aufforderung zum Selbstmord sein, aber diesen Gefallen werde ich ihm [Hitler] nicht tun.

Paulus nach seiner Ernennung zum Generalfeldmarschall

Mir persönlich tut es am meisten weh, daß ich ihn zum Feldmarschall beförderte.

Wie leicht hat er es sich gemacht!... Der Mann hat sich totzuschießen, so wie sich früher die Feldherren in das Schwert stürzten, wenn sie sahen, daß die Sache verloren war.

Hitler am 1. Februar 1943

»Ich befehlige die Truppen nicht mehr...«
Generalfeldmarschall Paulus im Hauptquartier von General Schumilow, 31. Januar 1943.

Immerhin muß hier mit in Betracht gezogen werden, daß der Befehlshaber in Stalingrad die Wahl hatte, entweder 15 oder 20 Jahre länger zu leben oder ein mehrtausendjähriges ewiges Leben in unverwelklichem Ruhm zu gewinnen. Diese Wahl kann meiner Ansicht nicht schwergefallen sein.

Joseph Goebbels, Tagebuch, 2. Februar 1943

oberst Paulus an Führer: Zum Jahrestag Ihrer Machtübernahme grüßt die 6. Armee ihren Führer. Noch weht die Hakenkreuzfahne über Stalingrad. Unser Kampf möge den lebenden und kommenden Generationen ein Beispiel sein, auch in hoffnungsloser Situation nie zu kapitulieren. Dann wird Deutschland siegen.

Heil mein Führer! Paulus, Generaloberst«

Hitlers Antwort lautete: »Mein Generaloberst Paulus! Schon heute blickt das deutsche Volk in tiefer Ergriffenheit auf seine Helden in dieser Stadt. Wie immer in der Weltgeschichte wird auch dieses Opfer kein vergebliches sein. Das Bekenntnis von Clausewitz wird seine Erfüllung finden. Die deutsche Nation begreift erst jetzt die ganze Schwere des Kampfes und wird die größten Opfer bringen. In Gedanken immer bei Ihnen und Ihren Männern, Ihr Adolf Hitler.«

In der darauffolgenden Nacht machte Hitler die Aufforderung zum Clausewitzschen Opfergang narrensicher: Er ernannte den zweiundfünfzigjährigen Generaloberst Friedrich Paulus zum Generalfeldmarschall. Ein deutscher Feldmarschall ergibt sich nicht, er geht mit seinen Männern unter, war das zynische Kalkül Hitlers. Propagandistisch ergab der Opfergang der Sechsten Armee erst dann einen Sinn, wenn es keine Überlebenden mehr gab.

Als am Morgen des 31. Januar im Keller der Kaufhausruine in der Stalingrader Innenstadt die Übergabemodalitäten für den Stab der Sechsten Armee zwischen dem Stabschef der sowjetischen 64. Armee und dem Kommandeur der 71. deutschen Infanteriedivision ausgehandelt wurden, beteiligte sich Paulus nicht an dem Gespräch. Apathisch erwartete er das Ende. Zu einem Stabsoffizier sagte er kurz vor der Gefangennahme: »Ja, ich weiß, die Kriegsgeschichte hat schon jetzt das Urteil über mich gesprochen.«

Im Protokoll der Gefangennahme durch die sowjetischen Truppen heißt es: »Auf die Aufforderung von Generalmajor Laskin hin, der Nordgruppe den Befehl zur Einstellung des Widerstandes zu erteilen, erklärte Paulus, daß er mit dieser Gruppierung nicht in Verbindung stehe und nicht ihr Befehlshaber sei. Er habe am Abend zuvor, nach der Radioansprache von Reichsmarschall Göring anläßlich des Jahrestages der Machtübernahme, erklärt, daß er die Truppen nicht mehr befehlige,

›Privatperson‹ sei, und hätte dabei für die beiden Kesselhälften verantwortliche Befehlshaber ernannt. Das einzige, was er von allen seinen Untergebenen für den Fall, daß er sich ergeben müßte, fordere, sei, daß alle Offiziere und Soldaten bewaffnet sein müßten, solange er den Truppenstandort nicht verlassen habe. Nach seinem Weggang bliebe es den Befehlshabern der Süd- und Nordgruppe überlassen.«

Das bedeutet, daß Hitler mit seinem Funkspruch, der einen Armeeoberbefehlshaber zum Heldentod auffordern sollte, einen Privatmann zum Feldmarschall beförderte, der zwar den weiteren bewaffneten Schutz seiner Armee wünschte, es aber überhaupt nicht einsah, sich mit dem finalen Kopfschuß umzubringen. Hitler war wie von Sinnen, als er davon hörte: »Wie kann ein Mann sehen, wie seine Soldaten sterben... Wie kann er sich da den Bolschewiken ergeben? Mir tut das darum so weh, weil das Heldentum von so vielen Soldaten von einem einzigen charakterlosen Schwächling ausgelöscht wird. In diesem Krieg wird niemand mehr Feldmarschall.«

Auf seinen neuen Status legte der Gefangene schon im ersten Verhör vor General Schumilow Wert.

Schumilow: Bitte legen Sie Ihre Papiere vor.
Paulus: Ich habe einen Wehrpaß.
Schumilow: Eine Bestätigung darüber, daß Sie, Herr Feldmarschall, zum Feldmarschall befördert worden sind.
Paulus: Eine solche Bestätigung gibt es nicht.
Schumilow: Haben Sie ein entsprechendes Telegramm erhalten?
Paulus: Ich habe Hitlers Befehl per Funk erhalten.
Schumilow: Kann ich dies meinem obersten Kommando melden?
Paulus: Ja, Herr Schmidt, Chef des Stabes, kann es bestätigen.
Schumilow: Wer wurde mit Ihnen gefangengenommen?
Paulus: Der Chef des Stabes, Generalleutnant Schmidt, und ein Oberst des Stabes der 6. Armee.
Schumilow: Wer noch?
Paulus: Die Namen der anderen habe ich schriftlich den Parlamentären übergeben...
Schumilow: Welche Motive haben Sie bewegt, jetzt die Waffen zu strecken?
Paulus: Wir haben nicht die Waffen gestreckt, wir waren er-

schöpft, konnten nicht mehr weiterkämpfen. Nachdem Ihre Truppen eingebrochen waren und sich den Resten unserer Truppen genähert hatten, war nichts mehr da, um sich zu verteidigen – keine Munition –, und darum wurde der Kampf eingestellt.

Schumilow: Haben Sie der Südgruppe befohlen, die Waffen zu strecken?
Paulus: Einen solchen Befehl habe ich nicht gegeben.
Laskin: Diesen Befehl hat Generalmajor Roske, Kommandeur der 71. Infanteriedivision, in unserer Anwesenheit erteilt. Der Befehl wurde an die Truppenteile weitergegeben.
Schumilow: Und Sie haben den Befehl über die Waffenniederlegung bestätigt?
Paulus: Nein, er hat das selbständig getan. Ich befehligte die Süd- und die Nordgruppe nicht; Truppenteile sind mir nicht unterstellt. Herr Roske hat den Entscheid getroffen, die Waffen zu strecken.
Schumilow: Haben Sie der Nordgruppe befohlen zu kapitulieren?
Paulus: Nein.
Schumilow: Ich bitte Sie, dies zu tun.
Paulus: Ich habe keinerlei Recht, einen Befehl zu erteilen.
Schumilow: Sie sind doch der Befehlshaber.
Paulus: Ich kann mir nicht unterstellten Truppen keinen Befehl zur Kapitulation geben. Ich hoffe, Sie verstehen die Lage eines Soldaten, verstehen seine Verpflichtungen.
Schumilow: Jeder Soldat muß bis zum letzten kämpfen; der Vorgesetzte kann den ihm Unterstellten befehlen, den Kampf einzustellen, wenn er sieht, daß die Menschen vergebens sterben.
Paulus: Das kann der entscheiden, der unmittelbar bei den Truppen bleibt. So geschah es auch mit der Südgruppe, in die ich zufällig geriet.
Schumilow (zum Dolmetscher): Sagen Sie dem Feldmarschall, daß ich ihn jetzt zu Tisch bitte und er danach zum Frontstab gebracht wird.

Zwei Dinge sind an diesem Dialog bemerkenswert: zum einen die ausgesprochene Höflichkeit des sowjetischen Generals – immerhin hatten deutsche Truppen sein Heimatland mit Krieg und

»Der Mann hat sich totzuschießen...« Generalfeldmarschall Paulus wird in Betekovka gefangengenommen, 1. Februar 1943.

Ich weiß, die Kriegsgeschichte hat schon jetzt das Urteil über mich gesprochen.

Paulus, Ende Januar 1943

Es ist immer noch die Frage, ob Generalfeldmarschall Paulus noch lebt oder ob er freiwillig in den Tod gegangen ist. Die Bolschewisten beharren darauf, daß er sich in ihrer Hand befinde. Diese Tatsache stellt für das Heer eine schwere moralische Einbuße dar.

Joseph Goebbels, Tagebuch, 4. Februar 1943

Als Paulus das Zimmer betrat, sagte er Heil Hitler.

Militärdolmetscher Lew Besymenski

Mord überzogen; zum anderen die merkwürdige Indifferenz des deutschen Gefangenen. War es nur Schwäche oder Flucht aus der Verantwortung?

Paulus' Weg in die Gefangenschaft führte Anfang Februar 1943 per Eisenbahn in das Lager Krasnogorsk bei Moskau, im April in das Kloster Susdal und im Juli in das Generalslager Woikowo. Abschriften seiner Briefe sind zum großen Teil erhalten. Seine Sorge galt zunächst einem standesgemäßen Aussehen. Schließlich war der Feldmarschall noch mit den Rangabzeichen eines Generalobersts in Gefangenschaft geraten. Einer der ersten Briefe, die er schrieb, war an den Militärattaché der deutschen Botschaft in Ankara gerichtet:

»Mein lieber Rhode, ich bin in Gefangenschaft geraten, mit den Sachen, die ich bei mir hatte. Deswegen bitte ich Sie um den Gefallen, mir einige Sachen zu kaufen. ...(3.) Sechs Paar Schulterstücke eines Feldmarschalls, (4.) eine Feldmütze mit Schirm für einen General Größe 58, (5.) eine Felduniform (fragen Sie meine Frau nach der, die ich in Paris habe nähen lassen)...

Ich danke Ihnen im voraus für Ihre Fürsorge und verbleibe mit den besten Grüßen

Ihr Paulus

Meine Adresse: Kriegsgefangenenlager 27, UdSSR, Paulus, 25. 02. 43.«

Zweifellos lag es auch im Interesse der sowjetischen Propaganda, daß Paulus rasch zu seinen Rangabzeichen kam. Auf späteren Fotos aus der Gefangenschaft ist er stets als Generalfeldmarschall zu sehen. Lediglich einen Marschallstab sollte er nie erhalten, denn diesen übergab der »Führer« immer persönlich.

Bis zum Sommer 1944 bemühte sich Paulus, alles Politische von sich fernzuhalten. Er verfolgte die weiteren Ereignisse auf einer Karte im Speisesaal und gelangte bald zu der Erkenntnis, daß der Krieg für Deutschland verloren war. Dennoch konnte er sich nicht entschließen, dem Drängen sowjetischer Offiziere, deutscher Kommunisten und Aktivisten des »Nationalkomitees Freies Deutschland« nachzugeben und mit seinem Beitritt zum »Bund Deutscher Offiziere« (BDO) ein Signal für die schnelle Beendigung des Krieges zu setzen. Paulus' Verhältnis zur »antifaschistischen Bewegung« war 1943 voller Argwohn und Zurückhaltung, obgleich sich sein Wertesystem rapide veränderte.

*»Das alles bisher vorstellbare Maß übersteigende Leiden...«
Deutsche und rumänische Soldaten ziehen in die sowjetische Kriegsgefangenschaft.*

Entbindet die Aussicht auf den eigenen Tod oder den wahrscheinlichen Untergang oder die Gefangenschaft der eigenen Truppe den Verantwortlichen vom soldatischen Gehorsam? Für diese Fragen möge heute jeder für sich selbst und vor seinem eigenen Gewissen die Antwort finden.

Paulus

Deutschland ist noch stark, es wird erfolgreich kämpfen.

Paulus während der russischen Kriegsgefangenschaft 1943

Rückblickend charakterisierte er seine Einstellung so: »In konsequenter Fortführung meiner Haltung als Armeeführer hielt ich mich nicht für berechtigt, aus der Kriegsgefangenschaft heraus – also unter dem Anschein einer Zusammenarbeit mit einem Gegner Deutschlands – in das Schicksal meines Vaterlandes einzugreifen.« Er fürchtete das Stigma des »Dolchstoßes« in den Rücken des deutschen Volkes. Während Paulus in schweren inneren Auseinandersetzungen seine Mitschuld am Elend der Sechsten Armee begriff, blieb seine Überzeugung noch unerschüttert, daß er nur militärische, aber keine politische Verantwortung trug.

Am 24. Juli 1944 erfuhren die Gefangenen im Generalslager Woikowo vom mißglückten Attentat auf Hitler. Viele der Verschwörer kannte und schätzte Paulus, so die Generäle Beck, Fellgiebel, Olbricht und Oberst Stauffenberg. Als am 8. August 1944 sein Freund, der Feldmarschall von Witzleben, in Plötzensee als Verschwörer stranguliert wurde, gab Paulus seine Zurückhaltung auf. Er unterzeichnete einen Appell »An die kriegsgefangenen deutschen Offiziere und Soldaten und an das deutsche Volk« und sprach im Rundfunksender »Freies Deutschland«: »Deutschland muß sich von Adolf Hitler lossagen und sich eine neue Staatsführung geben, die den Krieg beendet und Verhältnisse herbeiführt, die es unserem Volk ermöglichen, weiterzuleben und mit seinen jetzigen Gegnern in friedliche, ja freundschaftliche Beziehungen zu treten«, lautete seine Botschaft. Eine erstaunliche Einsicht des Chefplaners für das »Unternehmen Barbarossa«.

Die Sowjetunion hatte damit eine Galionsfigur unter den deutschen Gefangenen für ihre Zwecke gewonnen, Paulus war von seiner Neutralität abgerückt. Hitler war außer sich vor Wut. Da Paulus sich öffentlich exponierte, ließ sich die Propagandalegende vom Feldmarschall, der, Schulter an Schulter mit seinen Grenadieren, bis zur letzten Patrone in Stalingrad kämpfte und mit seiner Armee unterging, nicht mehr aufrechterhalten. Der »Held von Stalingrad« lebte, und er war Stalins Gefangener. Elena Constance Paulus, die Ehefrau, widersetzte sich dem Druck der Nazis, sich von ihrem Mann loszusagen. Zusammen mit ihrem Sohn Ernst und ihrer Tochter Olga wurde sie in Sippenhaft genommen. Erst die Befreiung des KZ Dachau im April 1945 beendete ihren Leidensweg.

Der »Bund Deutscher Offiziere« gewann die Persönlichkeit

Paulus zu einem Zeitpunkt hinzu, als seine Ziele schon zur Illusion gerieten. Die Rote Armee stand an der östlichen Grenze des Deutschen Reiches, und Stalin dachte nicht im Traum daran, dort innezuhalten. Auch die verschiedenen, von Paulus erarbeiteten und von ihm unterzeichneten Kapitulationsaufforderungen verfehlten auf deutscher Seite ihre Wirkung. Der Krieg endete mit der bedingungslosen Kapitulation.

Anfang 1946 kehrte der Gefangene mit einem Paukenschlag in das Licht der Weltöffentlichkeit zurück. Am 11. Februar verkündete der sowjetische Chefankläger im Nürnberger Militärtribunal, Rudenkow, daß noch am selben Tag Feldmarschall Paulus als Zeuge der Anklage im Gerichtssaal erscheinen werde. Gegen 14 Uhr stand er seinen ehemaligen Dienstvorgesetzten Keitel und Jodl von Angesicht zu Angesicht gegenüber. Der Auftritt von Paulus war seitens der Sowjets sorgfältig geplant, im Prozeßverlauf wirkungsvoll plaziert und überdies bis zuletzt erfolgreich geheimgehalten worden. Selbst als sich Paulus schon in Deutschland, in einer Villa in der Nähe von Plauen in Sachsen, auf seinen Auftritt vorbereitete, ahnte noch niemand etwas von seiner bevorstehenden Aussage.

Der ehemalige General der Infanterie Erich Buschenhagen hat in einem Brief an den Sohn von Paulus, Ernst Alexander, im Jahre 1959 die Reise des Generalfeldmarschalls nach Nürnberg rekonstruiert:

»20. 01. 46: Verlegung GFM Paulus mit General Buschenhagen vom Lager Lunowo nach Moskau (Privathaus MWD).

01. 02. 46: mittags Flug von Moskau (Militärflughafen) im Sonderflugzeug des MWD mit Generalmajor Pawlow, Oberstleutnant Georgadse und drei Leutnants über Allenstein, Küstrin nach Berlin (Flugplatz Staaken). Anschließend Pkw-Fahrt über Potsdam nach Babelsberg, Unterbringung in einer Villa in der Kaiserstraße (später Straße der SA, dann Leninstraße genannt).

03. 02. 46: Sonntag – erster Versuch der Fahrt nach Plauen, scheiterte an unzulänglichem Auto bei den Ravensbergen hinter Potsdam.

04. 02. 46: Fahrt in einem neuen, aus Dresden herbeigeholten Pkw über Treuenbritzen, Leipzig, Altenburg, Zwickau, Reichenbach nach Plauen. Unterbringung in der Villa »Torterotot« in der Mommsenstraße (jetzt Antifa-Straße).

11. 02. 46: früh Fahrt von Plauen über Autobahn Hof nach

Nürnberg. Eintreffen gegen 10.00 Uhr beim Internationalen Militärgerichtshof im Justizpalast Fürther Straße. Nachmittags Zeugenvernehmung GFM Paulus. Übernachtung in einem von russischen Wachtruppen belegten Siedlungshaus am Rande Nürnbergs.

12. 02. 46: vormittags Kreuzverhör GFM Paulus. Nachmittags Zeugenvernehmung General Buschenhagen. Abends Autofahrt zurück nach Plauen.

Ab 13. 02. 46: Plauen, nervenzerrüttendes Warten auf versprochene »Zusammenführung mit den Angehörigen«.

28. 03. 46: überraschende Nachtfahrt nach Dresden.

29. und 30. 03. 46: in Dresden-Neustadt.

31. 03. 46: Flug von Dresden nach Moskau. Unterbringung im MWD-Haus in der Gorkistraße. Etwa acht Tage später Verlegung in eine Datsche im Vorort Tomillino südostwärts Moskaus.«

Der russische Fotoreporter Jewgenij Chaldey hatte Paulus am Tag vor seinem Auftritt anhand von Fotos die Sitzordnung im Gerichtssaal erklärt. Vor allem die angeklagten Wehrmachtsführer waren schockiert, daß Paulus gegen sie aussagen wollte. Hermann Göring forderte seinen Verteidiger auf, »das dreckige Schwein zu fragen, ob er wisse, daß er ein Verräter ist«. Als Paulus den Saal betrat, die Eidesformel sprach und die Fragen von General Rudenkow beantwortete, waren einige der Angeklagten kaum zu halten. Sie wurden von amerikanischen Militärpolizisten zur Ruhe ermahnt. Die Aussagen des Zeugen enthüllten keine sensationellen neuen Details über Hitlers Kriegsplanungen, doch allein sein persönliches Auftreten war mehr wert als alle Dokumente. Paulus belastete insbesondere Göring, Keitel und Jodl. Auch wenn einige der Angeklagten Mitleid für Paulus zeigten, so verurteilten ihn doch die meisten – als ob sie entschieden hätten, daß sie solch einen Mann im nächsten Krieg nicht mehr beschäftigen würden.

Einen Punktsieg konnte lediglich der Verteidiger des OKW, Dr. Hans Laternser, erzielen: Als er Paulus im Kreuzverhör nach dem Schicksal seiner Soldaten in russischer Gefangenschaft fragte, war für die sowjetischen Anklagevertreter der Ernstfall eingetreten. Ihr Veto verhinderte die Zulassung dieser Frage vor Gericht. Der österreichische Journalist Joe Heydecker nutzte eine Möglichkeit, Paulus außerhalb des Gerichtssaals darauf anzusprechen. Paulus wich dieser Frage zunächst mit Hinweis auf

Er ist zu weich und unentschlossen. In letzter Zeit wirkt er sehr nervös und ist so hektisch und nörglerisch geworden, daß viele Generäle ihm aus dem Weg gehen.

Beurteilung Paulus' durch deutsche Generäle während russischer Kriegsgefangenschaft

Am 24. Juli 1944 erfuhren die Gefangenen des Generalslagers von dem mißglückten Attentat auf Hitler. Viele der Verschwörer kannte und schätzte Paulus, so die Generale Beck, Fellgiebel, Olbricht und Oberst Stauffenberg. Nun brach der Generalfeldmarschall mit seinen Prinzipien.

Thorsten Diedrich, Publizist

In Gefangenschaft vollzog sich seine große Wandlung. Er bekannte, der deutsche Angriff auf die Sowjetunion sei völkerrechtswidrig gewesen. Er bekannte, einem Mann gefolgt zu sein, der jede Treue mißachtete und darum selbst keine verdiene.

Otto E. Moll, Publizist

»Deutschland muß sich von Adolf Hitler lossagen...« Paulus unterzeichnet den Aufruf an die Generäle und Offiziere der Heeresgruppe Nord, rechts: General von Seydlitz-Kurzbach. August 1944.

die Intervention der Sowjets vor Gericht aus, antwortete dann aber: »Sagen Sie den Müttern und Frauen, daß es den Gefangenen gutgeht!« Das stand am nächsten Tag in allen Zeitungen. Joe Heydecker sollte für seine Neugierde die Zulassung als Prozeßreporter aberkannt werden. Dies wurde freilich von amerikanischer Seite verhindert.

Paulus kehrte nach seinem Aufenthalt in Deutschland nicht mehr in das Generalslager zurück. Ihm wurde in Tomillino, einem etwa 50 Kilometer von Moskau entfernten Dörfchen, ein persönliches Quartier zur Verfügung gestellt. Es war eine typisch russische Datscha mit Garten. Der Wunsch, seine Frau während des kurzen Deutschlandaufenthalts zu treffen, blieb unerfüllt. Elena Constance Paulus starb im November 1949, ohne ihren Mann noch einmal gesehen zu haben. Für Stalin war Paulus eine besondere Perle in der Krone des siegreichen Feldherrn. Er stellte seinem persönlichen Gefangenen eine Villa mit Adjutant, Leibarzt und Koch zur Verfügung (selbstverständlich beobachteten sich die drei Geheimdienstleute auch gegenseitig).

Friedrich Paulus schrieb seine Ansichten über den Krieg nieder und hielt Vorträge vor sowjetischen Generälen. Obwohl er der ranghöchste deutsche Kriegsgefangene in der UdSSR war, wurde er nicht, wie so viele andere Generäle – darunter der Präsident des BDO, General von Seydlitz – von einem sowjetischen Gericht angeklagt und zu 25 Jahren Arbeitslager verurteilt. Stalin selbst gab den Befehl, Paulus unbehelligt zu lassen. Er ermöglichte dem Feldmarschall sogar einen Kuraufenthalt in Jalta. Doch Paulus wollte endlich wieder zu seiner Familie zurückkehren und erklärte, daß er sich am Wiederaufbau Deutschlands zu beteiligen wünsche. Er verfaßte Bittgesuche an Stalin und Berija. Da wandte sich nicht etwa ein Gefangener an das Staatsoberhaupt, sondern der Marschall Paulus schrieb an den Marschall Stalin. In den Akten findet sich kein Hinweis darauf, ob Stalin dies als Ungehörigkeit empfunden hätte. Es war allenfalls eine Belustigung für den Diktator.

Sogar der berüchtigte Chefankläger der Moskauer Schauprozesse, Andrei Wyschinski, verwendete sich 1948 für den prominenten Häftling. Stalin beantwortete jede Anfrage mit dem Hinweis, daß er allein entscheide, wann der Feldmarschall zu entlassen sei.

Eines Morgens im Jahre 1951 wurde der prominenteste Gefangene der Sowjetunion ohnmächtig in seiner Villa aufgefunden. In den folgenden Tagen weigerte sich der sechzigjährige Feldmarschall, das Bett zu verlassen oder zu essen. Er sprach mit keinem Menschen. Der Patient litt unter schweren Depressionen. Jahrelang hatte er sich um seine Heimkehr nach Deutschland bemüht, immer wieder Briefe an Stalin geschrieben. Für den sowjetischen Diktator verkörperte Paulus eine menschliche Trophäe von unschätzbarem Wert, die lebendige Erinnerung an seinen größten Sieg: Stalingrad. Aber nun mußte der Generalissimus befürchten, daß der geliebte Vogel in seinem goldenen Käfig starb. Er beschloß, Friedrich Paulus freizulassen. Doch galt es, den günstigsten Zeitpunkt auszuwählen, um aus der Repatriierung des Generalfeldmarschalls politisches Kapital zu schlagen. Das brauchte Zeit, und bevor es zu einer Entscheidung kam, starb Stalin. Im Kreml begann der Machtkampf seiner Nachfolger.

Am 27. September 1953 weilte Walter Ulbricht auf der Durchreise zu einer Kur am Schwarzen Meer in Moskau. Von sowjetischer Seite wurde kurzfristig ein Treffen zwischen Paulus und Ulbricht arrangiert. Das Gespräch unter vier Augen dauerte mehr als anderthalb Stunden. Einen Tag später hatte Ulbricht vor seiner Weiterreise eine Unterredung mit einem Vertreter des ZK der KPdSU. Über den Inhalt seines Gedankenaustauschs mit Paulus äußerte sich Ulbricht wie folgt: Paulus habe den Wunsch geäußert, sich in der DDR niederzulassen und eine Tätigkeit in einer staatlichen oder wirtschaftlichen Einrichtung zu übernehmen. Paulus sei auch bereit, sich mit einer politischen Verlautbarung an die Öffentlichkeit zu wenden. Diese Erklärung sollte sich nach Meinung des Genossen Ulbricht darauf beschränken, ein Fazit der schweren Lehren des Krieges, der Deutschland in die Katastrophe geführt hatte, zu ziehen.

Wenig später schrieb Paulus: »Als Führer der deutschen Truppen in der für mein Vaterland so schicksalhaften Schlacht um Stalingrad habe ich alle Schrecken des Eroberungskrieges nicht nur für das von uns überfallene Volk, sondern auch für meine eigenen Soldaten kennengelernt. Die Lehre aus dieser meiner eigenen Erfahrung sowie aus dem Ablauf des ganzen Zweiten Weltkrieges hat mich zu der Erkenntnis geführt, daß das Schicksal des deutschen Volkes nicht auf dem Machtgedanken aufgebaut werden kann, sondern nur in einer dauerhaften Freundschaft mit der Sowjetunion sowie allen anderen friedliebenden Völkern. ... Ich möchte die Sowjetunion nicht verlassen, ohne den Sowjetmenschen zu sagen, daß ich einst in blindem Gehorsam als Feind in ihr Land kam, nunmehr aber scheide als Freund dieses Landes.«

Diese Erklärung wurde am 24. Oktober 1953 in der *Prawda* abgedruckt.

Am 26. Oktober 1953 traf Friedrich Paulus in Ostberlin ein. Er hatte sich entschlossen, fortan in der DDR zu leben. Bei dieser Entscheidung mögen der Tod seiner Frau im Jahre 1949, die berechtigte Furcht vor einer öffentlichen Auseinandersetzung um seine Person in der Bundesrepublik und offensichtliche Vorbehalte gegen Adenauers Politik der militärischen Integration in ein westeuropäisches Bündnissystem eine Rolle gespielt haben. Paulus war kein Kommunist, er wünschte sich auch kein kommunistisches Deutschland, wohl aber die »friedliche Zukunft eines geeinten friedlichen Deutschlands«. Ausschlaggebend war freilich, daß die DDR ihm die besseren Chancen bot. Als Leiter des noch im Entstehen begriffenen Kriegsgeschichtlichen Forschungsamts begann er im August 1954 eine Lehrtätigkeit über Kriegskunst an der Hochschule der Kasernierten Volkspolizei in Dresden. Aktiv beteiligte er sich an der Planung des Forschungsamts und hielt Vorträge über die Schlacht von Stalingrad und den Schlieffen-Plan. Die DDR bedankte sich mit einer Villa im Nobelviertel »Weißer Hirsch« in Dresden und Vergünstigungen wie Waffenschein, Jagdrechten und einem KVP-finanzierten Opel Kapitän. Die heranwachsende Nationale Volksarmee stellte dem Feldmarschall einen jungen Offizier, Hauptmann Beutel, als Adjutanten zur Verfügung. Das Wachbataillon der mechanisierten Bereitschaft Dresden der KVP (ab März 1956 7. Panzerdivision der NVA) besorgte die Bewachung seines luxuriösen Anwesens. In seiner Korrespondenz mit den Führern des »Arbeiter-und-Bauern-Staates« führte er stets den Titel: »Friedrich Paulus – Generalfeldmarschall des ehemaligen deutschen Heeres«.

Der DDR gelang es, den Feldmarschall für ihre politischen Ziele zu gewinnen. Ulbricht und die politische Verwaltung der KVP bauten auf seine »patriotische Einstellung« und die Ablehnung der Westintegration Adenauers, dessen Ziele er nach zehnjähriger einseitiger Information und Abwesenheit aus Deutschland als »gefährlich« anprangerte: Über ehemalige Kriegsteilnehmer wollte die DDR-Führung eine Art gesamtdeutscher Soldatenfraktion gegen die Pariser Verträge schaffen. Paulus, auf dessen Artikel und Vorträge man permanent Einfluß nahm, trat im Juli 1954 auf einer internationalen Pressekonferenz sowie im Dezember desselben Jahres in einem Interview mit dem Deutschlandsender erstmals in der Öffentlichkeit gegen die Pariser Verträge auf. Auch als Hauptredner vor Offizieren der ehemaligen Wehrmacht und der Waffen-SS in Ostberlin am 29./30. Januar, am 25./26. Juni 1955 sowie auf zwei kleineren Veranstaltungen vertrat Paulus die Auffassung, daß die Weltkriegsteilnehmer eine hohe Verantwortung für ein demokratisches Deutschland trügen, und stellte sich gegen die militärische Einbindung der Bundesrepublik in eine westliche Allianz.

Paulus war in den Augen seiner früheren Kameraden zum Saulus geworden. Von sich selbst dachte er freilich stets, er sei sich treu geblieben. Wie Paulus allerdings zur Aufrüstung in der DDR, zur Sowjetisierung in Ostdeutschland und zur Diktatur der kommunistischen Machthaber stand, wie er sich ein einheitliches Deutschland vorstellte – darüber äußerte er sich auch zu keinem Vertrauten. Schwer trafen ihn bei der Vorbereitung von Offizierstreffen Absagebriefe ehemaliger Kameraden, so von Generaloberst Franz Halder, in denen ihm Verrat an Deutschland und gemeinsame Sache mit den Kommunisten vorgeworfen wurde, aber auch die Fragen von Angehörigen ehemaliger Stalingradkämpfer, die sich nach dem Verbleib ihrer Söhne, Brüder und Ehemänner erkundigten. Er beantwortete sie gewissenhaft, nach bestem Wissen. All das nagte an seiner Gesundheit und vergrößerte das Leiden an der Verantwortung, die auf ihm lastete. In einer Eröffnungsansprache für eine der Offizierszusammenkünfte versuchte er sein politisches Credo wie folgt zu beschreiben: »Aus unseren bitteren Erfahrungen, die wir mit der sogenannten Politik der Stärke gemacht haben, und aus unserem nationalen Verantwortungsgefühl für den Bestand der deutschen Nation geben wir der Überzeugung Ausdruck, daß wir nicht neue Militärverträge brauchen, die die unheilvolle deutsche Spaltung versteinern, sondern Verständigung der Deutschen aus West und Ost untereinander und mit den Völkern. Wir wollen ein starkes, geachtetes, souveränes und unabhängiges Deutschland ohne Besatzungstruppen, ein Deutschland, dessen Gebiet durch ein allgemeines Sicherheitsabkommen aller europäischer Staaten und der Großmächte garantiert wird und dessen Grenzen durch nationale Streitkräfte, die nur dem deutschen Volk unterstehen, geschützt werden.«

Wenig später fand sich in einem Abhörbericht des Staatssicherheitsdienstes das Zitat: »Ich bin weder östlich noch westlich, ich bin deutsch.«

Ein ihm seinerzeit immer wieder angedichteter persönlicher Anteil am Aufbau nationaler Streitkräfte in der DDR ist nirgendwo nachweisbar. Im Gegenteil, bis an sein Lebensende war der berühmte Feldmarschall im »Arbeiter-und-Bauern-Staat« ein Fremdkörper geblieben. Das Ministerium für Staatssicherheit legte ein dichtes Netz von Informanten um ihn und seine Umgebung. Für die sozialistischen Schlapphüte war Paulus der operative Vorgang »Terrasse«. In einem zusammenfassenden Auskunftsbericht vom August 1956 hieß es unter anderem: »... ist ersichtlich, daß er keine Tätigkeit zum Aufbau, zur Ausbildung und Führung der Kasernierten Volkspolizei bzw. Nationalen Volksarmee ausübt oder ausgeübt hat. Es besteht und bestand keine Verbindung zu Kommandeuren oder Einheiten; lediglich wird aus Mitteln des Ministeriums für Nationale Verteidigung der Unterhalt durch eine Scheinbeschäftigung bestritten.« Schwer von Krankheit gezeichnet, verschwand Paulus Ende 1955 aus dem politischen Rampenlicht. Er litt an einer Bulbärparalyse mit amyotrophischer Lateralsklerose, einem organischen Hirnleiden, das bei völliger geistiger Klarheit zur Lähmung aller Muskelbewegungen führt und unheilbar ist. Vielleicht ist die Anamnese dieser Krankheit ein Sinnbild für das Leben von Friedrich Paulus.

Am 1. Februar 1957, dem 14. Jahrestag der Niederlage von Stalingrad, starb der Generalfeldmarschall in tiefer Depression in Dresden. Nach einer bescheidenen Trauerfeier, an der neben den Angehörigen auch Mitglieder des Nationalrats der DDR sowie eine kleine Delegation des Ministeriums für Nationale Verteidigung teilnahmen, wurden die sterblichen Überreste am 6. Februar in Dresden-Tolkewitz eingeäschert und die Urne auf Wunsch der Familie nach Baden-Baden überführt, wo Friedrich Paulus an der Seite von Elena Constance Paulus die letzte Ruhe fand. Er hatte seine Frau im Frühjahr 1942 zum letzten Mal gesehen.

Was Paulus wirklich dachte und empfand, ist nicht aus offizi-

Paulus war kein Kommunist, ein kommunistisches Deutschland wünschte er nicht, wohl aber eine »friedliche Zukunft eines geeinten demokratischen Deutschlands«. Diesem Ziel verpflichtete man ihn in seiner neuen Heimat – der DDR.

Thorsten Diedrich, Publizist

Paulus war von der Idee besessen, daß es einmal ein Deutsches Reich, ein Deutschland geben könnte, nicht zwei geteilte Landstriche.

Olga Baronin von Kutzschenbach, Tochter von Paulus

»Ich bin weder östlich noch westlich...« Wilhelm Pieck, Mitglied des NKFD, und Paulus bei einem Spaziergang in Moskau, August 1944.

ellen Erklärungen ablesbar. Er war ein verschlossener Mensch – und gerade nach Stalingrad seiner historischen Rolle durchaus bewußt. Die Person des Generalfeldmarschalls der Wehrmacht ist heute weder mit dem Stigma des oft verteufelten hitlertreuen Heerführers Paulus noch mit dem kommunistischen Saulus zu erfassen. Der große, introvertierte Mann verkörpert aus heutiger Sicht vielmehr einen vom Schicksal schwergeprüften Charakter, der sich selbst als tragische Figur der deutschen Militärgeschichte erkannte. Zwischen der Last der Verantwortung für die Katastrophe von Stalingrad und dem politischen Druck der für ihn nicht vollends erfaßbaren neuen Gesellschaften in Ost und West nach neuen Idealen suchend, blieb Paulus heimatlos. Die Rückkehr war für ihn wie eine Heimkehr in die Fremde. Seine patriotischen Hoffnungen auf ein einiges, friedliches Deutschland und der Versuch, hier seine persönlichen Erfahrungen einzubringen, wurden nur ausgenutzt. Einsam endete das Leben eines Mannes, der tragische deutsche Geschichte zweimal mitschrieb.

Am 6. Februar 1957 schloß ein Mitarbeiter der Staatssicherheit die Akte Paulus mit der Bemerkung: »Das Objekt ›Terrasse‹ war ein ehemaliger Generalfeldmarschall der ehemaligen faschistischen deutschen Armee. Durch seinen Tod am 1. Februar wurde die Bearbeitung des Objektes eingestellt.« Friedrich Paulus ist im Nachkriegsdeutschland niemals angekommen.

Der Flieger

Fliegen wird zur Leidenschaft. Wer es beherrscht, wird nie wieder davon lassen...

Man darf nicht daran denken, daß eine Mutter um jeden weint, den man abschießt

Die Berichte über die Vorgänge in Deutschland sind Übertreibungen... Es hat einige Fälle gegeben, in denen Juden schlecht behandelt wurden, aber das wird über Gebühr bewertet

Hitler wird Deutschland nicht in den Krieg führen

Wir sind Soldaten ohne Fahne gewesen. Wir haben unsere Fahne wieder aufgerollt. Der Führer gab sie uns zurück. Für die alten Soldaten lohnt es sich wieder, zu leben

Man muß um der Fliegerei willen auch mal mit dem Teufel paktieren. Man darf sich nur nicht von ihm fressen lassen

Ich bin nur noch ein Geist in Uniform

Aber ich muß weiter. Bald beginnt die große Nacht, und dann versinkt alles Leben

Udet

Ich beobachtete gegen 5.15 Uhr wie die rote Maschine des Oblt. Udet erst einen D.H.9 abmontierend und kurz darauf einen zweiten D.H.2 brennend zum Absturz brachte.
gez. Göring, Kdr. des Jgdgeschw. Frhr von Richthofen

Hermann Göring

Udet ist der Meister der Lüfte und fühlt sich dort so heimisch wie ein Motorradfahrer auf der Landstraße... Wir freuen uns, daß die deutsche Technik rastlos vorwärts schreitet und daß wir solche Bahnbrecher wie Udet im Flugwesen haben. Die deutsche Luftfahrt ist geknebelt, tot kann sie nicht gemacht werden.

Würzburger Volksblatt

Hitler betrachtete Udet ganz richtig als einen der größten deutschen Flieger. Leider sah er in ihm auch, völlig zu Unrecht, einen der besten Experten Deutschlands auf dem Gebiet der Luftfahrttechnik.

Erhard Milch, Staatssekretär im Reichsluftfahrtministerium

Wenn ich nur wüßte, was Udet sich dabei gedacht hat. Er hat das ganze Luftwaffenprogramm in ein Chaos verwandelt. Wenn er heute noch leben würde, dann würde ich mich gezwungen sehen, ihm zu sagen: »Sie sind verantwortlich für die Zerstörung der deutschen Luftwaffe.«

Hermann Göring

Ein gottbegnadeter Künstler seines Fachs, ein Mann fliegerischen Könnens auf einsamer Höhe. »Verachtet mir die Meister nicht«, ist heute der Mahn- und Weckruf an unsere deutsche Jugend, den fliegenden Ernst Udet verachtet sie bestimmt nicht, sie schaut zu ihm als einem ihrer großen Vorbilder bewundernd und begeistert hinauf zur Höhe.

Die Luftwelt

Udet lebte in einer mittelgroßen Wohnung, die er mit Flug- und Jagdtrophäen und mit jenen Souvenirs angefüllt hat, die man im Laufe eines aktiven Lebens und auf vielen Reisen sammelt und geschenkt erhält. An einer Wand hingen mehrere Fotos schöner Frauen. Ich schoß fünfmal, dann Udet fünfmal, Udet gewann...

Charles Lindbergh

Er strahlte so viel Charme, so viel Sympathie und Fliegergeist aus. Er konnte unheimliche Mengen trinken und im nächsten Augenblick vollkommen nüchtern sein.

Jagdflieger Adolf Galland

Wir mochten uns nach den ersten paar Worten und soffen unsere erste Flasche Kognak zusammen aus.

Carl Zuckmayer

Machen Sie sich keinerlei Sorgen um Ihr Amt, hier werden Ihre vortrefflichen Mitarbeiter schon das notwendigste erledigen. Außerdem habe ich Milch gebeten, sich ebenfalls der Dinge anzunehmen.

Hermann Göring

Wenn er zu Göring kam, dann sprachen sie von alten Zeiten. Jedes Gespräch über den Dienst wurde peinlichst vermieden.

Generalrichter Christian von Hammerstein

Er mußte gegen die Intrigen Milchs ankämpfen, er mußte sich mit den überspannten Forderungen Görings auseinandersetzen, er mußte versuchen, die Masse seiner Mitarbeiter unter einen Hut zu bringen. Das war zu viel für ihn.

General der Flieger von Seidel

Er war kein aufrichtiger Mensch, war sehr eitel und leicht verletzt.

Erhard Milch, Staatssekretär im Reichsluftfahrtministerium

Nur wenige unter den Anwesenden wußten, was wirklich geschehen war. Im Ehrensaal des Luftfahrtministeriums herrschte nervöse Stille, unterbrochen nur vom monotonen Surren der Wochenschaukamera, die minuziös eine perfekte Inszenierung festhielt.

Neben einem aufgebahrten Sarg standen regungslos Offiziere mit gezücktem Degen. In ihren Gesichtern brach sich der Widerschein der vier Flammen, die auf schwarzen Säulen den Sarg flankierten. Die Trauergemeinde strotzte vor Prominenz, herbeizitiert von den versierten Regisseuren des Staatsakts: Da waren Adolf Hitler und die Fliegerasse der Luftwaffe. Da war Emmy Göring, die »Erste Dame« des »Dritten Reiches«, dahinter das diplomatische Korps und die Spitzen der NSDAP. Als letzter erschien Hermann Göring, Reichsmarschall und Oberbefehlshaber der Luftwaffe, geputzt wie ein Pfau in heller Uniform, rotbraunen Stiefeln und goldenem Koppel. Zu den Klängen von Beethovens »Eroica« stieg er mit klirrenden Sporen die Stufen zur Tribüne hinauf. Der Reichsmarschall räusperte sich und sprach:

»Jetzt müssen wir Abschied nehmen. Unfaßbar ist uns der Gedanke, daß du, mein lieber Udet, nicht mehr unter uns weilst. Wir können es nicht verstehen, denn gerade deine Art war so kraftvoll, so belebend und so fröhlich. Du warst ein so lebendiger Mensch, daß wir fast fühlen, du bist immer unter uns. Und bleibe unter uns. Der Allmächtige hat dich abberufen, und nun kannst du zu den anderen gehen, die vor dir gefallen sind. Und nun... kann ich eben nicht mehr sagen... mein bester Kamerad, leb wohl!«

Die letzten Worte Görings waren nur noch schwer zu verstehen. Die Stimme brach. Und als der schwergewichtige Reichsmarschall die Treppe hinunterstapfte, hob leise die Kapelle an: »Ich hatt' einen Kameraden...« Göring sang mit, Tränen in den Augen. Adolf Hitler trat vor und schüttelte einer älteren, tief verschleierten Dame die Hand. Paula Udet bewahrte mühsam die Fassung. Was man ihr hier vorspielte, war der verlogene Höhepunkt einer Aufführung, in der sogar die trauernde Mutter ihre Rolle einhalten mußte.

Die Offiziere nahmen den Sarg auf und trugen ihn durch die Menge auf die Straße. Der Trauerzug formierte sich: Ganz vorne die Fahnenträger, die Kapelle, die Träger der Trauerkränze, die Adjutanten. Dann folgte der Sarg und schließlich – allein – Reichsmarschall Hermann Göring.

Fünf Tage zuvor hatte das Deutsche Nachrichtenbüro vermeldet: »Der Generalluftzeugmeister Generaloberst Ernst Udet erlitt am 17. November 1941, bei der Erprobung einer neuen Waffe, einen so schweren Unglücksfall, daß er an den Verletzungen auf dem Transport verschied. Der Führer hat für den auf so tragische Weise in Erfüllung seiner Pflicht dahingegangenen Offizier ein Staatsbegräbnis angeordnet.«

Der Tod eines Fliegers: Deutschland trauerte. Bis 1945 glaubten die meisten die Mär vom Heldentod für Volk und Vaterland. Ernst Udet war berühmt gewesen. Man kannte ihn von unzähligen Flugtagen, auf denen er atemberaubende Kunststücke in luftiger Höhe zeigte. Die Kinder liebten den Mann, »der mit den Flügeln wackeln konnte« und, wenn er bei Laune war, mit den Tragflächen seines Flugzeugs ein Taschentuch vom Boden aufhob. Auf der Leinwand hatte er für junge Liebende den fliegenden Retter aus Bergnot gespielt. Die Berliner erinnerten sich an endlose Nächte in den Bars der Stadt, in denen er immer zu den letzten Gästen gehörte. Und sie kannten ihn aus *Wochenschau*-Berichten, in denen er oft zu sehen gewesen war – an der Seite Hermann Görings und des »Führers«.

In Amerika erfuhr Udets Freund, der Schriftsteller Carl Zuckmayer, aus der Zeitung von der Tragödie und schrieb die ersten Zeilen des Dramas »Des Teufels General«. Ein Name, der an Udet haftenblieb. Zuckmayer machte kein Hehl daraus, seinen literarischen Helden »Harras« nach dem Flieger-Freund gestaltet zu haben.

Das Stück wurde zu einem der meistgespielten auf den deutschen Bühnen der Nachkriegszeit. Udet verschmolz mit seinem literarischen Alter ego, dem Flieger Harras. »General oder Zirkusclown. Ich bin ein Flieger und sonst nichts«, behauptete dieser von sich. Ein Flieger, und sei es unter Hitler. Mehr und mehr verstrickt er sich in die verbrecherischen Machenschaften des Regimes, bis er resigniert erkennt, des »Teufels General« geworden zu sein. Heldenhaft zieht er die Konsequenzen und stürzt sich mit seinem Flugzeug zu Tode. Zuckmayer schuf Udet damit ein Denkmal, dessen Fragwürdigkeit ihm erst über 20 Jahre, nachdem er die ersten Zeilen wie im Rausch niedergeschrieben hatte, aufging. 1966 überarbeitete er das Stück und zog es schließlich ganz von den Bühnen zurück. Zu oft war sein Werk als Entschuldigung »für einen gewissen Mitläufertypus« mißverstanden worden.

Wer war Ernst Udet? Ein General des Teufels? Oder einer, welcher der Teufelsherrschaft widerstand?
Sein Krieg war der von 1914 bis 1918 gewesen. Der Nimbus des »erfolgreichsten Jagdfliegers nebst dem ›Roten Baron‹ Manfred von Richthofen« haftete an ihm wie eine zweite Haut und öffnete ihm in der Zwischenkriegszeit die Türen der Reichen und Mächtigen. Charmant und galant war er, ein Mann, dessen freundlicher und offener Art sich kaum jemand verschloß. Doch ebenso war er sorglos und unbedacht. Die Jahre der Weimarer Republik durchflog er als Kunstflieger und Filmstar. Er war kein Militär, er kannte kein Leben im Gleichschritt – bis zum Jahre 1935, in dem er als Oberst in die neu geschaffene Luftwaffe eintrat. Im Auftrag Hitlers koordinierte er unter der Leitung Hermann Görings die Aufrüstung der Luftwaffe für den zweiten Weltbrand, dessen Ende er nicht mehr erleben sollte. Als er starb, war er 45 Jahre alt. Er hinterließ einen Berg offener Rechnungen im Berliner Prominentenlokal »Horcher«, mehrere uneheliche Kinder und ein Luftfahrtministerium, das sein Nachfolger entsetzt einen »Augiasstall« nannte.

1896 stürzte der deutsche Luftpionier Otto Lilienthal bei einem Flugversuch zu Tode. Und in Frankfurt am Main wurde Ernst Udet geboren. Sein Geburtstag, der 26. April, war ein Sonntag. Die Eltern Paula und Adolf Udet waren stolz auf ihren ersten Sohn. »Erni« nannte ihn die Mutter liebevoll. Kurz nach der Geburt des Jungen zog die junge Familie nach München um, wo Erni zu einem bayerischen Lausbuben heranwuchs. Mit den schulischen Leistungen war es nicht allzu weit her. Der Junge hatte nach Meinung der Lehrer des Theresiengymnasiums am Kaiser-Ludwig-Platz zu viele Flausen im Kopf. »Er erfaßt schnell, vergißt aber ebenso leicht wieder, interessiert sich für alles, aber etwas obenhin, weiß von vielem leicht und gefällig zu

»Zeigen Sie mir nur, wo das Gas ist...«
Ernst Udet nach seinem Geschwindigkeitsrekord 1936.

Ich bin der Luftfahrt verfallen. Ich kann da nicht mehr raus. Aber eines Tages wird uns alle der Teufel holen.

Udet

Ernst Udet war ein Schatz.

Schauspielerin Ilse Werner

plaudern... Es geht ihm aber der tiefgreifende Ernst ab und die peinliche Genauigkeit in allen Arbeiten«, so sein Zeugnis nach dem ersten Jahr auf der höheren Schule. Ernis Interessen lagen außerhalb der dunklen Mauern der Bildungsanstalt. Er war ein talentierter Zeichner, begeisterte sich für Fotografie und vor allem für die Fliegerei. Zu den Helden seiner Kindheit zählten die Gebrüder Wright, denen 1903 der erste Motorflug gelungen war.

Angesteckt von der Begeisterung vor der ersten internationalen Luftfahrtausstellung im Herbst 1904, gründete er mit seinen Freunden den »Aero-Club München«. Vater Udet hatte den heimischen Dachboden für die »Fliegertreffen« zur Verfügung gestellt, und jeden Mittwoch trafen sich die Jungen nach der Schule, bauten Flugzeugmodelle und fachsimpelten. Die »Gustav-Otto-Flugmaschinenwerke« in Milbertshofen zogen sie magisch an. Hier, an den Zaun des Geländes gepreßt, bestaunten die Mitglieder des »Aero-Clubs« die ersten Doppeldecker und bewunderten die tollkühnen Flieger. Manchmal durften sie mithelfen, einen Propeller von Hand anzuwerfen. Dem Franzosen Louis Blériot war 1909 die erste Überquerung des Ärmelkanals mit einem Flugzeug geglückt. Der »Kanal« der kleinen Münchener Flieger war die Isar, die es mit Modellen zu »überwinden« galt. Am 9. Januar 1909 errang Erni Udet sein erstes »Diplom«. »Das offizielle Fliegerzeugnis des Aero-Club München wurde von Herrn Ernst Udet, Aviatiker, auf einem von der M.G.W. gebauten ›Dornier Eindecker‹ erworben. Derselbe legte die vorgeschriebene Strecke von 3 m im Beisein des 1. Vorsitzenden und des Schriftführers zurück.«

In den Sommerferien des Jahres 1910 baute er in seinem Feriendorf Aschau einen ersten Gleitflieger aus Bambus und Leinen. In wilden Sprüngen hüpfte er mit der gewagten Konstruktion einen Hang hinunter, bis der »Flieger« zerbrach. Für die spöttischen Dorfbewohner hatten die zur Bezeugung des Ereignisses herbeigeeilten »Aviatiker des Aero-Clubs« eine passende Erklärung parat. Gerade in dieser Gegend weise der Erdmagnetismus eine solche Stärke auf, daß das Fliegen nicht möglich sei.

Seinen Lehrern waren die Phantastereien des Jungen ein Dorn im Auge: »Obwohl intelligent und nicht gerade schlecht begabt, hat er doch nur mäßige Leistungen zu verzeichnen. Das kommt größtenteils von seiner Zerstreutheit und Unaufmerksamkeit her. Er hat den Kopf voll anderer Gedanken, insbesondere spukt in ihm die Aviatik. Er will sogar selbst einen Eindecker konstruiert haben und später Aviatiker werden.« Daß er nicht versetzt wurde, kümmerte den Jungen wenig. Seine Eltern offenbar auch nicht, denn die Schule vermerkte, eine Kontaktaufnahme von seiten des Elternhauses habe nie stattgefunden. Man ließ ihn gewähren. Allerdings versuchte der Vater, der mittlerweile eine gutgehende kleine Fabrik für Heizkessel und Warmwasseranlagen unterhielt, den Jungen auf den Familienbetrieb vorzubereiten. Mit mäßigem Erfolg, denn Erni sah seine Zukunft nicht zwischen Rohren und Badewannen.

Mit Ach und Krach schaffte er 1913 seine Mittlere Reife. Der wohlhabende Vater belohnte ihn dafür mit einem Motorrad – wohl um ihm den Eintritt ins väterliche Unternehmen zu versüßen. Einstweilen aber genügte es dem Jungen, träumend die Gustav-Otto-Werke zu durchstreifen, bis sich schließlich einer der Flieger erbarmte und den Jungen zum ersten Mal in einem Flugzeug mitnahm. Es war ein Jungfernflug, und diesem sollten noch ungezählte folgen.

1914 waren die Kinderspiele vorbei. Mit den Schüssen, die am 28. Juni in Sarajewo den österreichischen Thronfolger Franz Ferdinand trafen, zerbrach das mühselige Gleichgewicht, mit dem sich Europa seit Jahren am Rand des Krieges entlanggehangelt hatte. In München, Berlin, Wien, Paris und andernorts bejubelten die Massen den Ausbruch der Schlacht, in der sich die jahrelang aufgestaute Aggression entlud. Von der allgemeinen Kriegseuphorie angesteckt, meldete Udet sich sofort freiwillig. »Zu klein«, hieß das lapidare Urteil der Annahmestelle für Kriegsfreiwillige. Klein war er, aber auch hartnäckig. Tag für Tag sprach er bei der Münchener Geschäftsstelle des Allgemeinen Deutschen Automobilclubs vor, die Meldefahrer an die Front vermittelte. Da er zu den wenigen gehörte, die privat ein Motorrad besaßen, nahm man ihn schließlich an. Zunächst wurde er als Kraftfahrer bei der 26. Infanteriedivision beim Gouvernement Straßburg und kurz darauf beim Kraftfahrtpark Namur eingesetzt. Die Soldaten belächelten die Melder als »Benzinhusaren« und »Herrenfahrer«. Ungefährlich war ihr Dienst allerdings nicht. Udet stürzte in einem Gefecht mitsamt seinem Motorrad in einen Granattrichter und zog sich dabei Verletzungen zu.

Im Oktober kündigte das Heer die Verträge mit den freiwilligen Motorradmeldern. Wieder saß der verhinderte Soldat tatenlos in München. Vater Udet erkannte, daß jetzt etwas geschehen mußte. Mit einer großzügigen Finanzspritze und einer Badezimmereinrichtung für Gustav Otto erreichte er die Aufnahme des Jungen in die Fliegerschule auf dem Oberwiesenfeld, und im April 1915 hielt Ernst Udet seinen Zivilflugschein in Händen. Am 4. September 1915 trat er als Flugzeugführer bei der Artillerieabteilung 206 in Dienst – einen unschuldigen Dienst, denn noch waren die Flieger meist unbewaffnete Beobachter. Udets Versetzung zur Feldfliegerabteilung 68 Habsheim aber sollte ihn bald eines besseren belehren. Der Niederländer Anthony Fokker hatte ein Maschinengewehr entwickelt, mit dem die Flieger aus dem Propellerkreis feuern konnten, und damit war der Himmel als Schlachtfeld freigegeben. Im Dezember sah sich Udet in seinem ersten Luftkampf einem französischen Caudron-Doppeldecker gegenüber. Obwohl er die Gelegenheit gehabt hätte, brachte er es nicht über sich, den Gegner abzuschießen. In seiner 1935 erschienenen Autobiographie »*Mein Fliegerleben*« stilisierte er dieses erste Duell zu einem Schlüsselerlebnis: »Es war, als habe das Entsetzen mein Blut in den Adern zu Eis erstarren lassen, meine Arme gelähmt und alles Denken mit einem Tatzenhieb aus dem Hirn gerissen.« Und weiter: »Wer aber ein Mann unter Männern bleiben will, der muß im Augenblick der Entscheidung die Kraft haben, die Angst des Tieres in sich abzuwürgen. Denn das Tier in uns will leben um jeden Preis. Und wer ihm nachgibt, ist verloren für die Gemeinschaft der Männer, wo Ehre, Pflicht und der Glaube an das Vaterland gelten.«

Die Weichherzigkeit, mit der er später so gern kokettierte, hielt nicht lange vor. Mit verbissenem Ehrgeiz ging er daran, seine Schwäche auszumerzen. Er stellte ein Flugzeugmodell am Rand des Flugplatzes auf und schoß immer wieder im Sturzflug herab, bis sich seine Trefferquote merklich gebessert hatte. Dann endlich gelang ihm der erste Luftsieg. »Ich kann das Gefühl nicht beschreiben, das ich damals hatte, ich hätte aufjauchzen können vor Freude und Stolz.«

Ab jetzt wurden die Triumphe in Buchhaltermanier gezählt. »*Mein Fliegerleben*« notiert getreulich Abschuß um Abschuß. Der Höhepunkt: drei Abschüsse an einem einzigen Tag. Fronturlaube oder Krankheit vermied man, um nicht beim Wettbewerb um die Führung auf der Abschußliste überholt zu werden. Der Krieg erschien wie ein Abenteuerroman.

Die fliegende Truppe war die neue Elite in der Armee des

Wer fliegt da so früh mit dem Morgenwind? Das ist der Udet, das fröhliche Kind.

Udet

Obwohl intelligent und nicht gerade schlecht begabt, hat er doch nur mäßige Leistungen zu verzeichnen. Das kam größtenteils von seiner Zerstreutheit und Unaufmerksamkeit her. Er hat den Kopf voller Gedanken, insbesondere spukt in ihm die Aviatik.

Schulzeugnis Ernst Udets für das Jahr 1909/10

*»Irgendwie klappt es dann...«
Udet 1910 mit seinem ersten Gleitflieger.*

Kaisers. Die Flieger inszenierten sich als »Ritter der Lüfte«. Sie waren diejenigen, die sich über das Elend in den Schützengräben erheben konnten, das ihre Jahrgangsgenossen zu Hunderttausenden das Leben kostete.

Dank der persönlichen Erkennungszeichen an den Flugzeugen wußten sie oft genau, mit welchem Gegner sie es zu tun hatten. Unbescheiden kennzeichneten sie ihre Maschinen mit vollmundigen Sprüchen: »Du doch nicht«, malte Udet. »Le voilà, le foudroyant – Hier ist der Zerschmetterer«, warnte einer seiner französischen Kontrahenten.

Zeit ihres Lebens pflegten sie den Mythos von der kameradschaftlichen Ritterlichkeit der Lüfte. 1916 traf Udet in einem Zweikampf auf Georges Guynemer, das französische Flieger-As. Sie kämpften acht Minuten gegeneinander, bis Udets Maschinengewehr versagte. Hilflos hieb er auf seine Waffe ein. Guynemer flog heran, erkannte das Dilemma seines Gegners – und drehte ab. So zumindest wollte es die von Udet immer wieder propagierte Variante der Geschichte wissen, wenn auch andere profan behaupteten, Guynemer habe ebenfalls Ladehemmung gehabt.

Den Traum von der »echten Kameradschaft« teilten die Flieger auch nach dem Krieg noch mit ihren ehemaligen Gegnern. 1928 traf sich Udet mit dem berühmten Franzosen René Fonck. Der signierte sein Foto mit dem Satz: »Je mehr man gegeneinander kämpft, desto mehr vermag man die wahre Kameradschaft der Luft zu verstehen.«

Tatsächlich aber war der Krieg in der Luft längst zu einem verbissenen Kampf auf Leben und Tod geworden. Auch Udet erlebte, wie seine gesamte Staffel in kürzester Zeit aufgerieben wurde. Die Verluste von Freunden und Kameraden sollten ihn für den Rest seines Lebens vor engen Bindungen zurückscheuen lassen. Aber auch der Status des Privilegierten, des Glückskindes prägte ihn. Er zählte zu den Helden, und Helden werden hofiert.

Bei sorgsam inszenierten Veranstaltungen namens »Vergleichsfliegen« in Berlin buhlten die Flugzeugproduzenten um die Gunst der Flieger. Ganze Etagen der führenden Berliner Hotels wurden angemietet. Die Pfalzwerke hatten das »Adlon« am Pariser Platz mit Beschlag belegt, Fokker empfing im »Bristol«. Und wenn ein Flieger den Schrank öffnete, fand sich bisweilen »ganz überraschend« ein Pelzmantel darin.

Selbst an der Front wußten die Flieger die heroische Aura, die sie umgab, weidlich auszunutzen. Der Beutechampagner ging nur selten aus, und in beschlagnahmten Schlössern fand sich immer die Gelegenheit zu ausgelassenen Festen. Das war ein Leben ganz nach dem Geschmack des jungen Udet. »Kneckes«, den Kleinen, nannten ihn seine Kameraden. Sie mochten den quirligen Strahlemann, der für jeden Spaß zu haben war. Carl Zuckmayer erinnerte sich an ihre erste Begegnung: »Wir mochten uns nach den ersten paar Worten und soffen unsere erste Flasche Cognac zusammen aus.«

Für Udet folgte jetzt Abschuß auf Abschuß. In der Rangliste der erfolgreichen Jagdflieger rückte er immer weiter vor. Bei einem abgeschossenen Gegner fand sich ein Bild Udets mit der Unterschrift »Das As der Asse«.

An einem verregneten Novembertag des Jahres 1917 in Le Cateau erhielt er seinen Ritterschlag durch den »Roten Baron« Manfred von Richthofen, den Kommandeur des Jagdgeschwaders 1 und erfolgreichsten Jagdflieger des Ersten Weltkriegs. »Wie viele Abschüsse haben Sie jetzt, Udet?« – »Neunzehn anerkannt, einen angemeldet.« – »Dann wären Sie ja eigentlich reif für uns. Haben Sie Lust?«

Bei Richthofens Geschwader lernte Udet eine neue Dimension des Luftkampfs kennen. Vom »Roten Baron« sagten die Kameraden, er jage Engländer wie die Sauen im Wald. An seine Mutter hatte Richthofen geschrieben: »Liebe Mama, das Herz schlägt einem höher, wenn der Gegner, dessen Gesicht man eben noch gesehen hat, in Flammen gehüllt abstürzt.« Er lebte, um zu fliegen, und fliegen bedeutete Abschüsse. Nur wenige Kilometer hinter der Front hausten die Flieger in Baracken und stiegen bis zu dreimal am Tag zu Luftkämpfen auf. Diese enorme körperliche und geistige Belastung machte Udet zu schaffen. Eine schmerzhafte Ohrenentzündung zwang ihn zum Heimaturlaub. Das Fliegerleiden sollte ihn noch zeit seines Lebens begleiten. Daheim in München konnte er mit seiner Familie die Verleihung des »Pour le mérite« für seine über 20 Abschüsse feiern. Es war die Eintrittskarte in die militärische Oberklasse. Mit stolzgeschwellter Brust flanierte Udet mit seiner Freundin in den Straßen Münchens und ergötzte sich daran, daß die Wachen der Residenz vortreten und salutieren mußten. Der kleine Flieger war mit einemmal ganz groß. Am 21. April 1918 erreichte ihn die Nachricht vom Tod Manfred von

Richthofens. Nachdem dessen Nachfolger Reinhard ebenfalls zu Tode gekommen war, übernahm Udet vorläufig die Führung des berühmten Jagdgeschwaders. Doch wer würde der neue Kommandeur werden? Das Rätselraten schien nichtig. Immerhin hatte Udet schon 40 Abschüsse auf seinem Konto. Allenfalls Lothar von Richthofen wäre noch in Frage gekommen, denn die Flieger waren sich sicher, daß der neue Kommandeur aus den eigenen Reihen stammen würde. Ein Telegramm löste die Spannung – mit einer Überraschung: »Gemäß Befehl des kommandierenden Generals der Luftstreitkräfte Nr. 178654 vom 8. Juli 18 wird Oberleutnant Hermann Göring zum Kommandeur des Jagdgeschwaders Richthofen ernannt.« Hermann Göring also, mit 21 Abschüssen wie Udet Träger des »Pour le mérite«! Doch so ganz mit rechten Dingen sei es nicht zugegangen bei diesen Angaben, Göring habe bei seinen Abschußzahlen kräftig geschönt, munkelten einige Kameraden. Der so Geehrte begnügte sich ohnehin zunächst mit einer Stippvisite bei seinem neuen Geschwader und setzte sich in den Urlaub ab. Die unstete Art des Mannes, den er später den »Eisernen« nennen sollte, würde Udet noch zur Genüge erleben.

Die Nachricht von der Unterzeichnung des Waffenstillstands im französischen Compiègne traf die Flieger wie ein Blitz aus heiterem Himmel. Waren denn alle Opfer vergebens gewesen? Mitsamt seinem Geschwader flog Hermann Göring nach Aschaffenburg und versuchte vergeblich, die Maschinen vor dem Zugriff der Sieger in einer Papierfabrik zu verstecken. Noch einmal zechten die Kampfgefährten im Stiftskeller der Stadt, und Göring rief pathetisch aus: »Unsere Stunde kommt wieder!«

Am folgenden Tag entließ die Armee Ernst Udet. Mit 62 Abschüssen war er der erfolgreichste deutsche Jagdflieger, der den Krieg überlebt hatte.

Was nun? Zurück in München, teilte Udet das Schicksal aller Kriegsheimkehrer. Die Flieger stürzten aus der heroischen Scheinwelt der Kriegszeit in die harte Realität, die für die meisten von ihnen Arbeitslosigkeit bedeutete. Einige konnten als Zivilpiloten eine Anstellung ergattern, andere drehten ihre Runden im Auftrag der Freikorps. Ernst Udet fand erst einmal als Automechaniker Unterschlupf in den Gustav-Otto-Werken. Das einzige, was er wirklich beherrschte, war das Fliegen. Doch

»Unsere Stunde kommt wieder...« Die Träger des »Pour le mérite« 1918 (Udet, 6 v.l.).

Wir lebten in jeder Hinsicht besser als die anderen Soldaten. Wir waren ausreichend ernährt, besser ausgerüstet und hatten mehr freie Zeit. Vor allem aber waren wir kampfeslustig und fühlten uns als Elite. ... Fliegen, am unermeßlichen Firmament, oft völlig auf uns allein gestellt, gab uns ein Gefühl der Überlegenheit gegenüber den kleinen Geschöpfen da unten auf der Erde und den kleinlichen Geschäften, denen sie nachgingen. Wir hatten unseren besonderen Stolz.

Hauptmann Hermann Steiner über die Flieger des Ersten Weltkriegs

Die Generation, der ich angehöre, ist durch den Krieg geformt worden. Er traf uns in den entscheidenden Jahren. Die Schwachen sind daran zerbrochen. In ihnen ist nichts zurückgeblieben als lähmendes Entsetzen. In uns aber – und hier spreche ich für fast alle Frontsoldaten – ist der Lebenswille härter und stärker geworden. Ein neuer Lebenswille, der weiß, daß das Dasein des einzelnen nichts, das Leben und die Zukunft der Gemeinschaft alles bedeutet...

Udet

mit der Unterzeichnung des Versailler Vertrags waren fliegerische Ambitionen kaum noch zu verwirklichen: keine Militärflugzeuge, starke Beschränkungen für die zivile Luftfahrt. Für ein halbes Jahr durften Motoren und Teile, geschweige denn Flugzeuge, weder gebaut noch eingeführt werden. Deutschlands Luftfahrt war mit einem Schlag auf den Stand der Gebrüder Montgolfier zurückversetzt.

Udet, dessen Frohnatur ungebrochen war, machte sich zusammen mit seinem Freund Robert Ritter von Greim auf die Suche nach Flugzeugen, um eine Idee zu verwirklichen, die sich in den kommenden Jahren in klingender Münze auszahlen sollte: Schauflugtage in großem Stil. Am 10. August 1919 drängten sich Tausende von Menschen auf dem Oberwiesenfeld. Das Programm war spektakulär: Sturzflüge, Loopings, Rollen, Rückenflüge... Udet war in seinem Element. Der Höhepunkt der Veranstaltung war ein simulierter Zweikampf der »Ritter der Lüfte«, bei dem sich Udet und Ritter von Greim in halsbrecherischen Aktionen über den Himmel jagten.

Im Jahr 1920 wurden die beiden Luftikusse schnell auf den Boden der Tatsachen zurückgeholt. Am 10. Januar traten die Bestimmungen des Versailler Vertrags voll in Kraft. Fast 15000 Flugzeuge und 28 000 Motoren wurden eingezogen und zerstört, eine Million Quadratmeter Flugzeughallen dem Erdboden gleichgemacht. Der Traum von der Kunstfliegerkarriere war vorerst geplatzt.

Udet mußte sich nun anderweitig durchschlagen. Er versuchte sich als Motorradrennfahrer und Verkehrsflieger. Existieren konnte er davon nicht, doch seiner Lebenslust tat das keinen Abbruch. München feierte die goldenen Jahre der Bohème. In den Schwabinger Künstlerlokalen ging es hoch her, und mittendrin – Ernst Udet. »Luftkampf am Boden« nannte er seine Kapriolen und jagte mit seinem Motorrad die Bardamen auf die Tische. In der »Maxim-« und in der »Odeon-«Bar gehörte er fast schon zum Inventar. Da waren Bekanntschaften zwischen Tresen und Tanzboden, die er in witzigen Karikaturen in seinem Notizbuch festhielt. Darunter der Dichter Joachim Ringelnatz, mit dem es sich hervorragend zechen ließ. Eine neue Beschäftigung würde sich schon auftreiben lassen.

Sie fand sich schneller als erwartet. 1921 traten die Brüder Heinz und Wilhelm Pohl an Udet heran. Wilhelm sei in Amerika zu Vermögen gekommen und stelle Geld in Aussicht, um eine

Firma namens »Udet-Flugzeugbau« zu finanzieren, berichtete man ihm.

Zwar war der Flugzeugbau in Deutschland nach wie vor verboten, doch das störte den unbekümmerten Udet wenig. In einer kleinen Werkstatt in Milbertshofen verdunkelte er mit seinen Freunden die Fenster und legte wie im Wildwestroman Fußangeln gegen ungebetene Gäste aus.

Und sie waren nicht die einzigen, die eifrig die Bestimmungen des Versailler Vertrags unterliefen. So werkelten beispielsweise in einem Bremer Keller Heinrich Focke und Georg Wulf an ihren Maschinen. Ganz im Sinne General von Seeckts, der 1920 bei der offiziellen Auflösung der Fliegertruppen die Losung ausgegeben hatte: »Die Waffe ist nicht tot, ihr Geist lebt.«

Als die erste von Udet-Flugzeugbau entwickelte Maschine, die U-1, 1922 fertiggestellt wurde, hatten sich die alliierten Bestimmungen schon wieder so weit gelockert, daß die Maschine offen gezeigt werden konnte. Ein wirtschaftlicher Erfolg wurde die Flugzeugproduktion nicht. Zwar konzipierten Udets Techniker zahlreiche Flugzeugtypen – nur verkaufen ließen sich die Flieger mit dem klingenden Namen nicht. Ganze 27 Maschinen sollen bis 1925 einen Abnehmer gefunden haben. Bei ihrer Auflösung hinterließ die Firma beim Bankhaus Merck, Finck und Co. einen Schuldenberg von 800 000 Reichsmark. Wer für diesen gigantischen Betrag bürgte, darüber schwiegen sich die Firmeninhaber aus. Unschwer zu mutmaßen ist, daß sie, wie viele andere auch, auf versteckten Wegen Unterstützung durch die Reichsregierung erhielten. Denn die hatte längst Mittel und Wege gefunden, die seit Versailles verbotenen Waffen hinter verschlossenen Türen und jenseits der Landesgrenzen zu produzieren. Seit 1924 unterhielt sie das geheime Fliegercamp im russischen Lipezk, in dem ungehindert von alliierten Kontrollbesuchen Jagdflieger ausgebildet wurden.

1924 hatte sich mit der Entwicklung des Udet-Flamingos der erste Verkaufserfolg eingestellt. Aber da war der unstete Udet des Flugzeugbaus längst überdrüssig geworden. Er wollte das alte freie Leben wieder, unbelastet von Organisation, Buchführung und Planung. Wollte die schöne Zeit der Kunstfliegerei zurückholen. Zusammen mit seinem Freund Walter Angermund beschloß er, wieder ins Showgeschäft einzusteigen.

In der zweiten Hälfte der zwanziger Jahre jagte ein Flugtag den nächsten. 1926 startete Udet in nur drei Monaten in Krefeld, Würzburg, Karlsruhe, Mannheim, Chemnitz, Villingen, Fürth, Berlin, Traunstein, Stuttgart und Hof. »Udet fliegt« – diese Schlagzeile genügte, um die Massen auf die Beine zu bringen. Walter Angermund übernahm die Organisation der aufwendigen Spektakel, Udet tat, was er am meisten liebte: fliegen. Und wenn ihm die Tournee der Flugshows zu eintönig wurde, flog er privat: unter der Rheinbrücke in Düsseldorf, unter den Isarbrücken oder zwischen den Türmen der Frauenkirche hindurch. Die Flugtage machten ihn berühmt, jedoch nicht reich, obwohl seine Kapriolen Kassenmagneten waren. Angermund, der seinen leichtsinnigen Freund kannte, schlug vor, die Erlöse auf ein Konto zu überweisen. »Ich habe lieber Bargeld. Aber gib es mir in Tausendmarkscheinen, da hält es länger«, war die Antwort. Doch auch große Scheine machten das Geld kaum haltbarer. Udet gab es mit vollen Händen aus. Allein im Jahr 1925 verdiente er mit seinen Zirkusflügen und Wettbewerben rund 140 000 Mark – für die damalige Zeit ein enormer Betrag, der freilich nicht reichte. Udet liebte es, in die Spendierhosen zu steigen; ohne mit der Wimper zu zucken, hielt er ganze Kneipen frei. Die Gläubiger waren meist schneller, als Udet ihnen davonfliegen konnte. So schrieb er im Dezember 1926 an den Oberbürgermeister von Villingen: »Ich bitte zu entschuldigen, daß ich mich noch nicht zu der Begleichung des von Rheinfelden gelieferten Wasserstoffs anläßlich des dortigen Flugtags geäußert habe. Ich bin finanziell so stark in Anspruch genommen, daß es mir jetzt schwerfällt, den Betrag von 75,30 Mark zu regulieren. Wenn es schon nicht möglich ist, diese Begleichung von dortseits vorzunehmen, so darf ich um etwas Geduld bitten.«

Einkünfte aus Werbeaktionen besserten die Situation nur kurzfristig. Eine Spielzeugfirma hatte eines ihrer Flugzeugmodelle nach Udet benannt und beteiligte ihn am Erlös. Für die Rasierklingenfirma Rotbart bombardierte er die Bäder an Nord- und Ostsee mit kleinen Wasserbällen samt Aufschrift »Gut rasiert – gut gelaunt. Gruß von Udet«. Die von ihm begründete »Udet-Schleppschrift GmbH« zog Stoffbanderolen mit Werbeslogans hinter den Flugzeugen her.

»Das soll uns den Blick nicht trüben«, lautete Udets schulterzuckender Kommentar zu unbezahlten Rechnungen, zu denen auch seine wechselnden Damenbekanntschaften ihren Teil beitrugen.

Kurz nach dem Krieg hatte er durch die Heirat mit seiner Jugendliebe Lo Zink, der Tochter eines wohlhabenden Nürnberger Unternehmers, zunächst einmal ein geregeltes Leben beginnen wollen. Nach Udets Manier war die Hochzeit wüst gefeiert worden. Doch die Ehe war wohl eher eine Verpflichtungsfrage gewesen. Im Krieg hatte er sich in einem Moment der Melancholie die Buchstaben »LO« auf die Maschine malen lassen und das Mädchen bei seinen Urlauben immer wieder besucht. Los Vater war der Draufgänger ein Dorn im Auge. Er weigerte sich hartnäckig, ihn überhaupt kennenzulernen. Dennoch hatte er wohl den aufwendigen Lebensstil des jungen Paares zu finanzieren, das eine großzügige Fünf-Zimmer-Wohnung in der Widenmayerstraße bezog. Schon 1923 war es mit dem Eheglück wieder vorbei. Udet wollte seine Freiheit zurück. Ganz Gentleman, behauptete er, Lo habe ihm den Laufpaß gegeben. Die Trennung wurde ohne größeres Aufsehen vollzogen, und Udet mietete sich Zimmer im Hotel »Vier Jahreszeiten«, die er ganz nach seinem Geschmack einrichtete. Die Wände waren über und über bestückt mit Erkennungszeichen und Propellern gegnerischer Maschinen, Fotos von Fliegern und Frauen samt einer Zielscheibe, auf die bei steigendem Alkoholkonsum mit einem Luftgewehr mehr oder minder zielgenau geschossen wurde.

An seiner Seite sah man bald eine neue Begleiterin: die Gräfin Einsiedel, eine mondäne Femme fatale, die sich gerne im Leopardenmantel in Udets Flieger ablichten ließ. Nachdem sie ihren Gatten verlassen hatte, zog sie mit Sack und Pack, Kindern nebst Kindermädchen zu Udet ins »Vier Jahreszeiten«. So unvermittelt, wie sie auf der Bildfläche erschienen war, verschwand sie auch wieder. Im Februar 1927 packte sie ihre Siebensachen und reiste mit ihrem neuen Galan, einem Autorennfahrer, ab, wobei sie Schulden in astronomischer Höhe hinterließ. Udet hatte sich von den enormen Rechnungen, welche die Gräfin in den »Vier Jahreszeiten« anhäufte, nie irritieren lassen. Schließlich hatte sie ihm ja Schuldscheine geschrieben, kleine Papierzettelchen, handschriftlich und natürlich völlig wertlos. Ihren überstürzten Aufbruch begoß Udet mit einem feucht-fröhlichen Männerabend in Garmisch-Partenkirchen.

Ohnehin war sie in den wilden Zwanzigern nicht die einzige gewesen, die der charmante Flieger beglückt hatte. Aber nicht alle Affären endeten so reibungslos. Ein amüsantes Wochenende in Garmisch wäre dem Schürzenjäger beinahe zum Verhängnis geworden. Als die besuchte Dame, deren Namen Udet nie preisgab, in seiner Brieftasche das Foto einer anderen entdeckte, rammte sie ihm in einem hysterischen Anfall einen Baumnagel in die Brust. Stark blutend konnte er sich nur mit Mühe zum nächsten Arzt retten. »Ich lauf' den Frauen nicht nach. Aber was soll ich machen, sie laufen mir ja nach«, vertraute er augenzwinkernd seinem Freund und Mechaniker Erich Baier an. Affäre folgte auf Affäre, keine hielt.

Aufgrund seines skurrilen Lebensstils wurde er bekannt wie ein bunter Hund. Bisweilen war er mit einer »singenden Säge« in den Bars unterwegs. Dann sah man ihn mit einer Nadel durch die Lippe gesteckt, wie ein Fakir. In Sankt Moritz scheuchte er die Hotelgäste von den Balkonen, als er mit seiner »Flamingo«, die er speziell für den Jet-set-Ort mit Schneekufen ausgerüstet hatte, haarscharf an den Geländern vorbeischrammte. Frühstück in Berlin, Forellen am Eibsee, Cocktail in Sankt Moritz – so sah ein Tag nach Udets Geschmack aus.

Doch bei aller nach außen getragenen Fröhlichkeit haftete dem Spaßmacher eine hektische Rastlosigkeit an, die er mit immer größeren Mengen Alkohol zu dämpfen versuchte. Man sah ihn fast nie ohne Flasche, aber selten betrunken. Er vertrug unvorstellbare Mengen. Selbst in sein Cockpit hatte er später eine kleine Bar eingebaut, aus der er sich während der Flüge immer mit Nachschub versorgen konnte. Betrunken fliege er am besten, meinte er sorglos. Das Risiko seiner Luftkapriolen schraubte er höher und höher: Sturzflüge mit stehendem Propeller, Loopings in geringster Höhe, ein Start mit einem Segelflugzeug von der Zugspitze – kein Einsatz schien zu waghalsig. Sein Flugzeug wurde offenbar immer von einem unsichtbaren Schutzengel begleitet. Anderen, die es ihm gleichtaten, erging es schlechter. Zahlreiche seiner Kollegen verloren bei ihrer Kunstflugakrobatik das Leben. So startete Udet 1926 mit dem Fallschirmspringer Otto Fusshöler, einem erst zwanzigjährigen Studenten, bei einem Flugtag in Karlsruhe. Aus 380 Meter Höhe sprang der Junge ab, sein Fallschirm öffnete sich nicht, und er blieb tot in der Menge liegen. Udet selbst nahm zu diesem und vielen anderen Unglücksfällen nie Stellung, obwohl er zahlreiche persönliche Freunde verlor.

Er schien sich permanent überbieten zu wollen, spielte mit dem immer gleichen Einsatz: seinem Leben. Und er gewann

Was heißt mutig? Ich setze mich in die Maschine, mache beide Augen fest zu, und dann rühre ich mit dem Knüppel herum. Irgendwie, so oder so, klappt es dann...

Udet

Udet flog. Man sucht verzweifelt nach Superlativen, um nur einigermaßen das Erleben zu schildern, das Udet gestern nachmittag durch seine Flüge über der Breitenau einem bereitete, um nur einigermaßen die Leistung würdigen zu können, die Udet vollbrachte. Aber es gibt keine Vergleichsmöglichkeiten, und es gibt keinen Ausdruck als den einzigen: Udet flog.

Bamberger Tagblatt

»...der mit den Flügeln wackeln konnte.« Während der Dreharbeiten zum Film Wunder des Fliegens, 1935, bei der Vorführung des »Taschentuchtricks«.

immer. Wie im Weltkrieg ging er unbeschadet aus allen Aktionen hervor.

Die Jahre als Kunstflieger scheinen die glücklichsten im Leben Ernst Udets gewesen zu sein. 1928 wurde eine Sammlung seiner Karikaturen unter dem Titel *Hals- und Beinbruch* mit witzigen Zeichnungen seiner Freunde und Bekannten aus dieser Zeit veröffentlicht: dem Flugzeugbauer Junkers, dem amerikanischen Fliegeridol Charles Lindbergh und vielen anderen. Sich selbst hatte er am Steuer seiner »Flamingo« gezeichnet, im eiligen Flug mit einer Cognacflasche um den Hals. Unter die Zeichnung hatte er den Reim geschrieben: »Wer fliegt da so früh mit dem Morgenwind? Das ist der Udet, das fröhliche Kind.«

In Berlin lernte er die Regisseurin Leni Riefenstahl kennen, die ihn spontan fragte, ob er nicht einmal gerne beim Film mitmachen wolle. Udet wollte. In *Die weiße Hölle vom Piz Palü* spielte er den fliegenden Retter eines Liebespaares, das in den Bergen von einem Schneesturm überrascht wird – handlungsarm, aber herzergreifend. Die *Berliner Zeitung* pries das Epos des Regisseurs Arnold Fanck als ein »Hohelied edelsten Menschentums und hilfsbereiter Selbstlosigkeit« an. Innerhalb von nur vier Wochen stürmten mehr als 100 000 Zuschauer den Berliner Ufa-Palast. Allein in Deutschland spielte der Film über eine Million Reichsmark ein.

Udet fand Geschmack an den Filmauftritten. Der *Hölle vom Piz Palü* schlossen sich die *Stürme über dem Mont Blanc* an – wieder ein alpines Drama um Liebe und Leidenschaft im Hochgebirge. Leni Riefenstahl trifft sich diesmal als Tochter eines Himmelsforschers nächtens mit einem Wetterwart auf dem Montblanc. Als der Geliebte in Gefahr gerät, naht der fliegende Retter: Ernst Udet.

1930 folgte dann die Expedition »Fremde Vögel über Afrika«, die Udet und seinen Freund Hans Schneeberger, genannt Schneefloh, nach Tansania führte. Mit Kamera und Fotoapparat gelangen ihnen aufsehenerregende Tieraufnahmen. Als Udet mit seinem Flugzeug nur knapp über der Erde dahinfegte, sprang eine Löwin hoch und riß mit ihrer Tatze die Tragfläche des Flügels auf. Die afrikanischen Abenteuer bereicherten sein Repertoire an spannenden Geschichten, mit denen sich die staunende Zuhörerschaft in den Berliner Bars mühelos fesseln ließ. Die Besucher seiner Wohnung in der Pommerschen Straße in

Berlin bestaunten die Wände mit afrikanischen Souvenirs, Tierköpfen, Schilden, Speeren und Masken.

Das Deutschland, in das Ernst Udet 1931 aus Afrika heimkehrte, hatte sein Gesicht verändert. Er war unbekümmert durch die Jahre geflogen, in denen die Saat gelegt wurde, die jetzt als braune Ernte aufging. 1923 hatte er in München beobachten können, wie Adolf Hitler und seine Anhänger im Münchener »Bürgerbräukeller« Revolution gespielt hatten. An der Spitze der braunen Garden war auch Hermann Göring marschiert, der Geschwaderkamerad aus Weltkriegstagen. Udets einzige Sorge am 9. November 1923 hatte seinen Flugzeugen gegolten. Die Putschisten hatten ein Auge auf sie geworfen. Nachdem Göring nach der Niederschlagung der Revolte nach Schweden geflohen war, hatte auch Udet im Traditionsverband des Richthofen-Geschwaders auf dessen Ausschluß gedrängt – eine Schmach, die der eitle Flieger nie verwinden sollte. Udet stand der nationalsozialistischen Bewegung interesse- und verständnislos gegenüber. Noch am 30. März 1936, als die SA der Luftwaffe Flugzeuge für ein Jagdgeschwader schenkte, das daraufhin den Namen »Horst Wessel« erhielt, notierte er in seinen Kalender: »Soll man sich für den Namen H. Wessel bedanken?« Seine Tradition, das war die des »Roten Barons«, die Erinnerung an die heldenhaften Kämpfe am Himmel von Flandern. Doch drei von denen, die im Sommer 1917 nur unweit von Udet an der Westfront stationiert gewesen waren, marschierten jetzt wieder Seite an Seite. Adolf Hitler und Hermann Göring hatten nach der Reichstagswahl vom 14. September 1930 den Erdrutschsieg der NSDAP gefeiert. Und ein Gast war gern gesehen bei Hitlers Helfern: Erhard Milch, Baumeister der Lufthansa, der schon heftig um eine Parteimitgliedschaft buhlte. Die wurde ihm noch verwehrt, da Hitler der Meinung war, daß ihm Milch verdeckt besser dienlich sein könne. Aber für alle Fälle hatte man ihm bereits eine niedrige Mitgliedsnummer reserviert.

Udet ignorierte die Veränderungen in der Heimat und flog ihnen davon. Die Schauflüge im Ausland waren ohnehin um einiges rentabler als im wirtschaftlich darniederliegenden Deutschland.

Auf der Suche nach neuen Flugzeugen schiffte er sich noch 1931 mitsamt seiner »Flamingo« nach Amerika ein. Zu den Maschinen, die ihm gezeigt wurden, gehörte eine »Curtiss Hawk«, ein sturzflugfähiges Exemplar. Udet war begeistert – er hatte das ideale Flugzeug für spektakuläre Akrobatikeinlagen gefunden. 18 500 Dollar sollte das Objekt seiner Begierde kosten – ein exorbitanter Preis, den Udet unmöglich aufbringen konnte. Es sei denn, man würde ihm finanziell unter die Arme greifen.

Zurück in Deutschland, bereitete er sein nächstes Abenteuer vor: *SOS Eisberg* war der Titel eines Films, bei dem wiederum Arnold Fanck die Regie führte. Mit einer bunten Gesellschaft schiffte sich Udet nach Grönland ein: Flieger, Kameraleute, Schauspieler, darunter die neue Freundin Elloys Illing, genannt Laus, drei Eisbären und zwei Seehunde aus dem Zirkus Hagenbeck.

Die in Grönland entstandenen Filmaufnahmen waren wohl die spektakulärsten mit Udet. Er startete von Eisbergen, die unter den Kufen seiner Maschine bereits auseinanderbrachen, und ließ sich mitsamt seinem Flugzeug im Eiswasser versinken. Die Bekanntschaft mit den einheimischen Eskimos beeindruckte ihn nachhaltig. Einem alten Mann erfüllte er den letzten Wunsch, einmal wie ein Vogel zu fliegen. Das glückliche Singen des Greises, der in der darauffolgenden Nacht starb, prägte sich ihm unvergeßlich ein. Mit diesem Erlebnis schloß Udet das Buch »*Mein Fliegerleben*« ab. Der letzte Satz lautet bedeutungsschwanger: »Aber ich muß weiter. Bald beginnt die große Nacht, und dann versinkt alles Leben.«

Die große Nacht brach jedoch zunächst für Deutschland herein. Am Vorabend der Machtergreifung gab sich die High-Society auf dem Berliner Presseball ein Stelldichein. In der Ullstein-Loge floß der Champagner. Udets Freund Carl Zuckmayer erinnerte sich später: »Die Stimmung... in den überfüllten Sälen... war die merkwürdigste... Jeder spürte, was in der Luft lag, keiner wollte es ganz wahrhaben. Die Regierung Schleicher war an diesem Nachmittag zurückgetreten... Die Menschen bewegten sich in einer Mischung von beklommenem Ernst und hektischer Lustigkeit, gespenstisch und makaber... Udet und ich, die sich zwischendurch Cognac geben ließen, waren bald in dem Zustand, in dem man kein Blatt mehr vor den Mund nimmt. ›Schau dir die Armleuchter an‹, sagte Udet zu mir und deutete in den Saal, ›jetzt haben sie alle schon ihre Klempnerläden aus der Mottenkiste geholt. Vor einem Jahr war das noch nicht à la mode.‹ Tatsächlich sah man in vielen Knopflöchern und auf vielen Fräcken die Bändchen der Kriegsdekorationen, die früher kein Mensch auf einem Presseball getragen hätte. Udet band sich seinen Pour le mérite, den er immer zum Frack unter der weißen Krawatte trug, vom Hals und steckte ihn in die Tasche. ›Weißt du was‹, schlug er mir vor, ›jetzt lassen wir beide die Hosen runter und hängen unseren nackten Hintern über die Logenbrüstung...‹ In Wahrheit war uns keineswegs humoristisch zumute.«

Kurz darauf verbreitete sich die Nachricht im Saal, Hitler sei zum Reichskanzler ernannt worden. Die Herren verließen mit Zuckmayers Frau und Udets Mutter das Fest, um sich in die Udetsche »Propellerbar« zu begeben. »Kein Wort mehr von Hitler«, flüsterte Udet Zuckmayer zu, »die alte Dame soll eine schöne Ballnacht haben.« Am Bartresen versanken die Sorgen in Cognacschwenkern.

Am darauffolgenden Montag, dem 30. Januar, war Udets »Pour le mérite« wieder an seinem angestammten Platz. Vom Fenster des Hotels »Adlon« beobachtete er den Fackelzug der SA, mit dem die neuen Machthaber ihren Sieg in Szene setzten. Der preußische Orden sollte ihm ab jetzt mehr als nützlich sein.

Mit dieser Einschätzung stand er nicht allein da. Auf dem Tempelhofer Flughafen fand sich brav eine Abordnung von zwölf Fliegerhelden des Weltkriegs ein, um Hermann Göring zu begrüßen, dessen Ernennung zum Luftfahrtminister sie erwarteten. Göring ging an der Gruppe von Zivilisten vorbei und begrüßte zuerst die angetretene Ehrenformation der SA. Damit war klar, auf wen die neue Elite setzte. Doch Göring brauchte die Namensträger, die Helden des Weltkriegs. Dafür verdrängte er sogar die Schmach des Ausschlusses aus dem Richthofen-Verein. Ein Fest zum fünfundzwanzigjährigen Bestehen des »Deutschen Aero Clubs« gab wieder Anlaß zu freundlicher Kontaktpflege. Und alle »Pour-le-mérite«-Träger hatten sich eingefunden und lauschten bereitwillig den Lockungen des frischgebackenen »Reichskommissars für die Luftfahrt«. Auch für Udet rückte er nun ins Interesse. »Er wirbt Leute an. Mir hat er das Geld für zwei ›Curtiss Hawk‹ versprochen.«

Aber noch schien er nicht bereit, in den braunen Reihen zu marschieren. Am 21. April 1933 entstand eine einmalige Filmaufnahme bei der Feierstunde aus Anlaß des 15. Todestages Manfred von Richthofens. Auf dem Invalidenfriedhof legte eine Delegation des Deutschen Luftsportverbandes einen Kranz nie-

»...die Frauen laufen mir ja nach!« Udet (links) 1933 mit der Schauspielerin Ehmi Bessel und seinem Freund Carl Zuckmayer.

Schau dir die Armleuchter an, jetzt haben sie alle schon ihre Klempnerläden aus der Mottenkiste geholt. Vor einem Jahr war das noch nicht à la mode.

Udet am 28. Januar 1933 zu Carl Zuckmayer

Er war ein richtiger Haudegen, der saufen konnte, aber nie aus der Rolle fiel, sondern immer voller lustiger Einfälle steckte und Witze erzählen konnte wie kein anderer.

Schauspielerin Ilse Werner über Ernst Udet

Es ist schwer, diesen Mann zu beschreiben. Klein, stämmig, gesund, mit schmalen Händen und Füßen, hellem Haar, von dem die Zeit freilich nicht viel gelassen hat, einem ausdrucksvollen starken Gesicht und strahlendblauen Augen, aus denen Entschlußkraft, aber auch Humor spricht. Aber in dem Augenblick, in dem man glaubt, ihn eingeschätzt zu haben, ändert er sich, und man muß von neuem beginnen.

Al Williams, US-amerikanisches »Flieger-As«, über Udet

Ich verstehe nichts von Großflugzeugen. Das ist nichts für mich, das liegt mir nicht.

Udet

Wir brauchen vor allen Dingen deinen Namen. Der ist im Augenblick mehr wert als vieles andere.

Hermann Göring

»*Ich wollte nur fliegen...*«
Udet 1935 im Film Wunder des Fliegens.

der. Drei Pour-le-mérite-Träger schritten an der Spitze. Zwei von ihnen waren in ihren neuen Uniformen angetreten. In der Mitte glänzte Ernst Udet in einem Dandyaufzug, bestehend aus Frack und Zylinder, um den Hals einen eleganten Seidenschal geschlungen.

Mit Wirkung vom 1. Mai 1933 war der Flieger Ernst Udet Mitglied Nr. 2 010 976 der Nationalsozialistischen Deutschen Arbeiterpartei. »Kommt drauf an, was sie zahlen«, hatte er wenige Wochen zuvor auf die Frage geantwortet, ob er für die Partei fliegen wolle. Seinen Parteieintritt soll er mit massivem Cognaceinsatz und dem Üben des »deutschen Grußes« gefeiert haben.

Der Partei konnte der neue »Genosse« nur mehr als recht sein. Er verfügte über Bekanntheit und Popularität, war weit gereist und weltgewandt. Als der »Deutsche Aero Club« eine Einladung für 25 Mitglieder des britischen Parlaments gab, war Udet Mittelpunkt der Gesellschaft – ein charmanter Bonvivant, der den Gästen Karikaturen ins Notizbuch zeichnete und sie mit Abenteuergeschichten unterhielt. Er war ein ausgezeichnetes Sprachrohr, wenn es galt, dem mißtrauischen Ausland die Unbedenklichkeit des Machtwechsels in Deutschland zu vermitteln. Eine erneute Amerikareise mit Schauflügen in Los Angeles und bei der Weltausstellung in Chicago stand an. Und diesmal würde er nicht mit leeren Händen zurückkommen. Ein Anruf bei Curtiss genügte. Das deutsche Reichsluftfahrtministerium hatte bereits die Summe für zwei »Hawk« überwiesen. Göring hatte Wort gehalten.

Jetzt war es an Udet, seinen Verpflichtungen nachzukommen.

Auf die Nachfragen kritischer Journalisten antwortete er vollmundig: »Hitlers Stellung in Deutschland wird in anderen Ländern nicht verstanden oder falsch bewertet. Hitler tut nicht, was er will, sondern was die vierzig Millionen Deutschen wollen, die hinter ihm stehen. Die Berichte über die Vorgänge in Deutschland sind Übertreibungen. Eines steht fest: Der Kaiser wird nicht auf den Thron zurückkehren, diese Zeit ist vorbei. Es hat einige Fälle gegeben, in denen Juden schlecht behandelt wurden, aber das wird über Gebühr bewertet. Der deutsche Jude, der sich um seine eigenen Angelegenheiten kümmert und ein guter Staatsbürger ist, wird nicht belästigt. Und alle übrigen, die nicht in der kommunistischen Partei waren, leben auch wie üblich und haben ihre Ruhe. Die Entwicklung hatte eben einen Punkt erreicht, wo etwas gegen das Anwachsen und die Ausbreitung des Kommunismus getan werden mußte.« Bei nächster Gelegenheit verstieg er sich zu der Stellungnahme:»Hitler wird Deutschland nicht in den Krieg führen. Er ist bemüht, sich einiger unerwünschter Elemente in der Bevölkerung zu entledigen und das Land von revolutionären Ideen zu reinigen, aber dazu hat jede Nation ihr Recht.«

Auswendig gelernte Phrasen oder tatsächliche Überzeugung? Es fällt schwer, Udets Reden in Amerika einzuordnen. Er hatte sich nie ernsthaft mit Politik befaßt, geschweige denn mit Ideologien. Dennoch betete er öffentlich den Jargon der neuen Herren nach, denen er sich verdingt hatte. In privatem Rahmen schlug er andere Töne an. So fragte er Clifford Henderson, den Direktor der amerikanischen»National Air Races«:»Glauben Sie, daß ich hier einen interessanten Job finden könnte? Und vielleicht ein amerikanisches Mädchen, das ich heirate? Die verdammten Nazis. Wenn ich zu Hause bin, werde ich ja auch ein braver Nazi sein, aber...« Auf der Heimreise nach Deutschland vertraute er seinem Mechaniker Baier an, Göring habe ihn aufgefordert, im Reichsluftfahrtministerium für ihn zu arbeiten. Wahrscheinlich werde er der Aufforderung Folge leisten.

Sein Beitrittsgeschenk, die »Curtiss Hawk«, führte er am 25. Oktober 1933 auf der Flugerprobungsstelle Rechlin vor.

Die Nazi-Propaganda sollte ihn später zum Vater des »Stuka« stilisieren. In seiner Totenansprache gab sich Hermann Göring melancholischen Erinnerungen hin: »Damals sprachst du zum ersten Mal von Sturzkampffliegern. Ich muß sagen, es war mir plötzlich ein Gedanke so stark, und ich sah so unendliche Möglichkeiten...«

Tatsächlich aber hatte Ernst Heinkel bereits 1930 mit der He 50 ein sturzkampffähiges Flugzeug gebaut. Dieser Typ war im geheimen Fliegercamp Lipezk längst erprobt worden. Und schon zwei Wochen vor Udets Auftritt in Rechlin hatte Göring den Befehl zur Aufstellung erster Stuka-Einheiten in Schwerin gegeben. Angesichts des begrenzten Roh- und Kraftstoffpotentials in Deutschland schien die hohe Trefferquote des Stuka das Rezept der Zukunft zu sein. Um ihn populär zu machen, brauchte man Udet. Denn der konnte eine Maschine solchen Typs dank seines begnadeten Fliegertalents durchsetzen, auch gegen den Widerstand in den eigenen Reihen. Er rührte gern die Werbetrommel. Die zielsichere Maschine entsprach ganz seinem Jagd- und Kunstfliegergeschmack.

Am 1. April 1934 führte er die »Hawk« vor 120 000 Menschen in Hamburg vor. Ein Reporter des *Hamburger Fremdenblattes* war vor Begeisterung nicht zu halten:

»Nun brüllt ein Motor mit einer Wucht auf, die alles übertönt. Udets Wundermaschine heult mit 750 PS los. Ein unerhörtes Schauspiel bietet der deutsche Meisterflieger. Wie ein urweltliches Insekt von riesenhafter Größe und Gewalt schießt die Maschine durch die Luft, rast in unvorstellbarer Schnelligkeit senkrecht in den Himmel hinein, bohrt sich durch die Wolken, in denen sie verschwindet. Und dann geschieht etwas Unheimliches. Wie ein tödlich verwundeter Adler fällt sie aus den Wolken wieder herab und wieder genau senkrecht, rast mit mehr als 600 Kilometerstundengeschwindigkeit auf den Platz zu. Der Atem stockt, eine phantastische Spannung zwingt die Zehntausende zur Totenstille. Ist etwas passiert? – Versagt die Maschine? – Jetzt muß sich der metallene Adler gleich mit wahnsinniger Wucht in den Boden bohren! Aus schätzungsweise 3000 Meter Höhe schießt Udet herunter. Da kracht in heulendem Fortissimo der Motor los, gibt, zum Bersten gespannt, die letzten Kraftreserven her, die Maschine fängt sich dicht über dem Platz. Ein Aufatmen geht durch die Menge. Udet aber jagt schon wieder tollkühn zu neuen Flügen gen Himmel.«

Er flog in neuer Montur. Am 10. September 1935 präsentierte sich die »neue deutsche Luftwaffe« auf dem »Reichsparteitag der Freiheit«. Im März hatte Hitler offiziell die Existenz einer deutschen Luftwaffe bekanntgegeben, die ohnehin nur noch pro forma geheimgehalten worden war. In Nürnberg inszenierten sich die Luftstreitkräfte mit Genuß. Das riesige Modell eines Elektrizitätswerks wurde auf dem Zeppelinfeld von Fliegerverbänden angegriffen. Als Höhepunkt der Veranstaltung schoß aus einer grauen Regenwolke ein Flieger herab und legte das Kraftwerk in Schutt und Asche: Ernst Udet.

Aus Udet, dem Flugakrobaten, dem Filmemacher und Filou, war ein Propagandaflieger geworden. Im Juni des Jahres 1935 hatte der Lebenskünstler seine lässige Fliegerkleidung gegen die Uniform getauscht. Er war als Oberst in die Luftwaffe eingetreten. Der Flugzeugkonstrukteur Ernst Heinkel erinnerte sich später, wie erstaunt er war, als er Udet zum ersten Mal in vollem Ornat sah: »Man muß um der Fliegerei willen auch mal mit dem Teufel paktieren. Man darf sich nur nicht von ihm fressen lassen«, hatte dieser lapidar geantwortet.

Seine Umwelt reagierte verwundert auf den Wechsel. Allzu kraß erschien der Wandel vom Bonvivant zum braven Soldaten. Udet, der in einer einzigen Nacht Tausende von Mark verprassen konnte, wollte sich jetzt mit dem spärlichen Sold eines Luftwaffenobersten abfinden? Er, der seit dem Ende des Ersten Weltkriegs jeder längerfristigen Verpflichtung aus dem Weg gegangen war, fügte sich jetzt in Reih und Glied?

Er war für das Vaterland, für ein jubelndes Publikum, für Geld geflogen. Jetzt flog er für die Partei. Aber was es hieß, mit den neuen Herren in Konflikt zu geraten, erlebte er bald aus nächster Nähe.

Sein Freund Walter Kleffel, Journalist bei Ullstein und wortgewandter Mikrofonkommentator zahlreicher Udet-Flugtage, geriet zwischen die Mühlsteine der nationalsozialistischen »Säuberungen«. In einem Bericht hatte er das Wort »Sturzbomber« benutzt. Wenig später stand die Gestapo vor der Tür und bezichtigte ihn, ein »Staatsgeheimnis« verraten zu haben. Hintergrund des absurden Vorwurfs war eine Hetzkampagne des Reichspropagandaministers Joseph Goebbels gegen den Ullstein-Verlag: das Vorspiel zu einer »Übernahme« des Hauses. Hilflos wehrte sich Kleffel gegen die Vorwürfe. Im Oktober wurde er ins Konzentrationslager Dachau eingeliefert. Verzweifelt bemühte er sich um einen Kontakt zu Udet. Der prominente Freund würde ihm schon helfen können – vergeblich: Udet rührte keinen Finger. Als Kleffel 1939 aus dem KZ entlassen wurde, traf er sich noch einmal mit Udet, und wieder flehte er ihn um Hilfe an – abermals ohne Resonanz. Sein Begleiter aus dem Luftfahrtministerium habe mit dem belasteten Gast nicht gesehen werden wollen, rechtfertigte sich Udet schwach.

Alte Freunde gegen neue Freunde: Letztere wußten Udets Popularität geschickt einzusetzen. 1935 konnte man ihn zum letzten Mal auf der Kinoleinwand bewundern. Der Film *Wunder des Fliegens* war schon deutlich von den neuen Machthabern geprägt.

Nach einem Erlaß des Erziehungsministers Rust sollte das Interesse der Jugendlichen an der Luftfahrt in Schule und Freizeit stark gefördert werden. Die Handlung des Films korrelierte mit dem neuen Ideal eines jungen Fliegers. Ein Junge, dessen sehnlichster Wunsch es ist, Flieger zu werden wie sein verstorbener Vater, trifft Ernst Udet, der ihn unter seine Fittiche nimmt und zum Piloten ausbildet. Natürlich gipfelte der Film wieder in den Alpen, wo der fliegende Held seinen jungen Freund aus Bergnot rettet.

Die Auftritte der Jahre 1934 und 1935 sollten die letzten ihrer Art werden. Ernst Udet verließ die Showbühne. Er war zum Inspekteur der Jagd- und Sturzkampfflieger ernannt worden. Was folgte, war ein kometenhafter Aufstieg im Gefolge Görings. Im Sommer 1936 machte dieser ihn zum Leiter des Technischen Amtes im Reichsluftfahrtministerium. Udet soll sich noch dagegen widersetzt haben: »Ich verstehe nichts von der Produktion. Ich verstehe auch nichts von Großflugzeugen. Das ist nichts für mich, das liegt mir nicht.« Göring zerstreute seine Bedenken: »Es kommt doch auf den Erfindungsreichtum an. Für das andere bekommst du so viele Leute, wie du willst. Wir brauchen vor allen Dingen vor der Welt deinen Namen. Der ist im Augenblick mehr wert als vieles andere.«

In welche Richtung die technische Entwicklung laufen würde, daraus machte Göring keinerlei Geheimnis. Am 20. Mai 1936 verkündete er in Berlin: »Mir schwebt vor, eine Luftwaffe zu besitzen, die, wenn einmal die Stunde schlagen sollte, wie ein Korps der Rache über den Gegner hereinbricht.«

1936 war für die Freunde Carl Zuckmayer und Ernst Udet, die sich über lange Jahre nahegestanden hatten, das Jahr des Abschieds.

»Schüttel den Staub dieses Landes von deinen Schuhen, geh in die Welt, und komm nie wieder. Hier gibt es keine Menschenwürde mehr«, forderte Udet seinen Freund auf. »Und du?« fragte Zuckmayer. »Ich bin der Luftfahrt verfallen – Ich kann da nicht mehr raus. Aber eines Tages wird uns alle der Teufel holen.« Sie sollten sich nie mehr wiedersehen.

Nur noch einmal versuchte Udet, das Schicksal abzuwenden, in dessen Hände er sich freiwillig begeben hatte, und sich dem Zugriff der Nazis zu entziehen. Sein Freund, der amerikanische Weltkriegspilot Eddie Rickenbacker, erhielt ein Schreiben von Udet, in dem dieser ihn bat, doch über die US-Heeresluftwaffe den deutschen Stellen nahezulegen, wie gern man den populären Flieger Udet als deutschen Luftattaché in Amerika sehen würde. Aber der vage Versuch verlief im Sande. Udet blieb in Hitlers Deutschland.

Im April 1937 war er Generalmajor, im November 1938 Generalleutnant. Über die weißen Kragenspiegel des Generals

»Wir brauchen deinen Namen...« Udet und Göring 1938 bei einer Luftwaffenschau.

Hängt davon ab, wieviel sie bezahlen.

Udet 1933 auf die Frage, ob er für die NSDAP fliegen wolle

Göring hat mich aufgefordert, im Reichsluftfahrtministerium für ihn zu arbeiten. Er baut eine Luftwaffe. Wahrscheinlich werde ich beitreten.

Udet

Das deutsche Volk muß ein Volk von Fliegern werden.

Hermann Göring

freute er sich wie ein Kind und tanzte bei einer ausgelassenen Feier auf dem Tisch Cancan.

Als Leiter des Technischen Amtes hatte man ihm mit der Koordinierung der gesamten Flugzeugentwicklung und -produktion eine zentnerschwere Last aufgebürdet. Um die besten Anteile aus dem Kuchen der expandierenden Flugzeugindustrie stritten sich die einzelnen Firmen wie die Kesselflicker. Die Trias Heinkel, Messerschmitt und Junkers schielte begierig nach jedem neuen Auftrag, nach jedem neuen Typ. Gerade Messerschmitt und Heinkel, jeder für sich ein begnadeter Konstrukteur, zeigten kaum Interesse für längerfristige Planungen und fanden in Ernst Udet einen vertrauensseligen Auftraggeber, der sich allzu schnell für neue Ideen begeistern konnte. Seine Aufgabe bestand darin, die Flugzeugkonstrukteure auf einen gemeinsamen Kurs einzuschwören und den Wirrwarr neuer Entwicklungen in geordnete Bahnen zu lenken.

Er selbst sah sich ganz anders: Oberster Testflieger der Luftwaffe wollte er sein, einen Typ nach dem anderen ausprobieren, optimieren, in Auftrag geben. Ein ganzer Spielzeugladen voller Flugzeuge war das Reichsluftfahrtministerium, und Göring besaß den Schlüssel dazu.

»Wo gab es wohl einen Chef des Technischen Amtes, der selbst jede neue Maschine ausprobierte? Zweimal mußtest du beim Ausprobieren einer in den ersten Anfängen befindlichen Maschine mit dem Fallschirm abspringen und hast uns dein wertvolles Leben damit gerettet«, heuchelte Göring in seiner Grabrede. Tatsächlich nutzte Udet jede freie und auch die eigentlich nicht freien Minuten, um neue Flugzeugtypen zu testen. Er jagte von Fabrik zu Fabrik, von Flugplatz zu Flugplatz, vergab hier einen Auftrag, dort eine technische Verbesserung, ohne daß er ihre reale Ausführung je ernsthaft kontrolliert hätte.

Er war lieber auf der Suche nach neuen Abenteuern. 1937 dockte er vor laufenden Kameras mit einem Flugzeug an den Zeppelin »Hindenburg« an – eine brandgefährliche Aktion. Nur wenige Tage später explodierte der »Hindenburg« im amerikanischen Lakehurst. 35 Menschen fanden den Tod. Dank seines Flugtalents war es Udet seit Jahren gewöhnt, in jede Maschine zu steigen und sofort drauflos zu starten. Solange es sich bei den Flugzeugen um simple Konstruktionen gehandelt hatte, war ihm dies mühelos gelungen. Aber die Zeiten, in denen im Cockpit lediglich Gashebel und Steuer bedient werden mußten, waren vorbei. Bei der Erprobung einer He 118 hatte ihn Ernst Heinkel ausdrücklich darauf hingewiesen, nur ja die Propellereinstellung im Auge zu behalten. Wie üblich hatte Udet nicht zugehört. Der Propeller versagte. Erst im letzten Augenblick gelang ihm der Ausstieg aus der Maschine. Er war mit einem Fuß in der Kabine hängengeblieben und konnte sich nur lösen, weil er wie üblich auf die Fliegerstiefel verzichtet hatte und saloppe Halbschuhe trug. Bei der harten Fallschirmlandung verlor er das Bewußtsein und mußte ins Krankenhaus eingeliefert werden. Aber am Abend war er bereits wieder frisch genug, um bei Heinkel anzurufen: »Kommen Sie sofort. Ich verdurste!« Kurz danach kreisten die Sektflaschen am Krankenbett.

Der Unfall beeindruckte den Bruchpiloten nicht. Er forderte immer mehr: mehr Geschwindigkeit, mehr Wendigkeit, mehr Wagnis.

Zu Pfingsten 1938 besuchte er Ernst Heinkel in Warnemünde. Er war neugierig auf den Prototyp der He 100, jenes Jägers, von dem Heinkel versprochen hatte, daß er eine Geschwindigkeit von 700 Stundenkilometern erreichen werde. Um 19.27 Uhr stieg er auf und donnerte in neuneinhalb Minuten die Meßstrecke zwischen Müritz und Wustrow entlang: 634,320 Stundenkilometer – Weltrekord! Als er ausstieg, bemerkte er lapidar: »Ich habe doch nichts Besonderes gemacht. Was sollen übrigens die blödsinnigen roten Lampen da vorne links? Die Biester haben doch dauernd gebrannt.« Die »Biester« waren die Warnlampen, die eine Überhitzung des Kühlsystems angezeigt hatten.

Solche und andere fliegerische »Heldentaten« füllten das Repertoire an Udet-Anekdoten, die in ganz Deutschland wohlbekannt waren und für Amüsement sorgten. Doch mit jedem Mal, da Udet in ein Flugzeug einstieg, spielte er eine höhere Karte. Oft war es ein Wunder, daß er lebend herauskletterte, sogar aus Trümmerhaufen, ohne daß ihm je ernsthaft etwas passiert wäre. Ein Hasardeur war er, doch auch ein Sonntagskind. Nicht selten war er angetrunken, wenn er sich ins Cockpit begab. General Mahnke, Chef der Fliegerschulen, wollte Udets Buch *»Mein Fliegerleben«* aus den Bibliotheken der Luftwaffe entfernen lassen. Vielleicht eigneten sich die hier beschriebenen wahnwitzigen Luftabenteuer und ihr Verfasser nicht als Vorbild für die Pilotenausbildung.

Nach dem Weltrekordflug sprach Hitler ein Machtwort. Der

wahnwitzige Flieger erhielt Flugverbot. Nur mit Mühe und Not erreichte Udet, daß die Sperre auf Kunstflüge eingeschränkt wurde. Aber auch daran sollte er sich in keinster Weise halten.

Udet suchte das Abenteuer, einen Fluchtweg aus den Mühlen des drögen Arbeitsalltags im Luftfahrtministerium, in die er sich begeben hatte. Denn sein Arbeitsplatz war nicht mehr der Pilotensessel, sondern der Schreibtischstuhl im Zimmer 201 des riesigen Luftfahrtministeriums Hermann Görings. Das Gebäude an der Leipziger Straße war aus Stein errichteter Größenwahn: ein Reich aus über 3000 Räumen, in denen sich der Fürst nur selten blicken ließ. Göring hatte mit dem Aufstieg zum »Reichsbevollmächtigten des Vierjahresplanes« sein ohnehin mäßiges Interesse für die Kleinarbeit beim Aufbau der Luftwaffe auf ein Minimum heruntergeschraubt. Er überließ es seinen Mitarbeitern, sich ihren Weg durch den Dschungel aus Verwaltungsarbeit, Konferenzen und Papierbergen zu bahnen.

In Ernst Udet hatte er den Bock zum Gärtner gemacht. Wie Göring war auch dieser kaum in der Lage, über einen längeren Zeitraum konzentriert zu arbeiten. Er hatte doch nur fliegen wollen und sah sich nun seiner Flügel beraubt. Udet, das »fröhliche Kind«, zeichnete sich jetzt zusammengesunken über einem von Akten überhäuften Schreibtisch, mit einer überdimensionalen Kette an den Stuhl gefesselt. Und über seinem Kopf zog der lachende Flieger in einer Traumblase glückliche Runden am Himmel über den Bergen.

Hausherr an der Leipziger Straße war der bienenfleißige Erhard Milch. Der Apothekersohn aus Wilhelmshaven konnte, als ihn Göring 1933 engagierte, bereits auf eine beachtliche Karriere zurückblicken. 1926 war er mit erst 33 Jahren Vorstandsmitglied der neugegründeten deutschen Lufthansa AG geworden. Nach der »Machtergreifung« hatte ihn Göring gedrängt, den Posten seines Staatssekretärs im geplanten Luftfahrtministerium zu übernehmen. Der glühende Hitler-Verehrer ließ sich nicht lange bitten. Er regierte mit verbissener Härte, die er auch sich selbst gegenüber anwandte. Staatssekretär Paul Körner hatte über ihn den Satz in Umlauf gebracht: »Der Milch, der pißt Eis.« Als Gerüchte über Milchs jüdische Abstammung aufkamen, holte dieser von seinen Eltern eine schriftliche Bestätigung ein, daß er eigentlich unehelicher Herkunft sei. Sein wahrer Vater sei der Onkel seiner Mutter, ein »einwandfreier« Arier.

Hermann Göring scherten derartige Gerüchte wenig. »Wer Jude ist, bestimme ich«, verkündete er.

Er brauchte Männer wie Milch. Wie die meisten Mitarbeiter des Luftfahrtministeriums hatte er nur geringe Kenntnisse von Luftfahrttechnik und noch weniger Interesse an Organisationsfragen. Erhard Milch war da aus anderem Holz geschnitzt. Er war kompetent in Sachen Luftrüstung, dazu zupackend und voller Tatendrang. Doch war er auch von einem verbissenen Ehrgeiz geprägt, der Göring störte. Er brauchte Milchs unbestrittenen technischen Verstand, aber nur in dem Machtrahmen, den er ihm zubilligen wollte.

Teile und herrsche: Nach dieser Devise spielte er die Männer des Luftfahrtministeriums gegeneinander aus. In Ernst Udet fand Göring die Trumpfkarte, die er immer wieder nach Belieben gegen Milch einsetzen konnte. Es begann ein Spiel, das der labile Udet letztendlich verlieren sollte.

Im Juni 1936 hatte Göring den Tod General Wevers, des Generalstabschefs der Luftwaffe, genutzt, um die Figuren auf seinem Spielfeld in der Leipziger Straße neu zu ordnen. An die Stelle Wevers hatte er Albert Kesselring plaziert. Ernst Udet ersetzte General Wimmer, der Göring schon länger ein Dorn im Auge gewesen war. So sah sich Staatssekretär Milch plötzlich von den meisten technischen und taktischen Entscheidungen abgeschnitten.

Im darauffolgenden Jahr strukturierte Göring sein Amt erneut um. Und wieder war damit eine Zurückstufung Milchs verbunden. Der Luftwaffenchef unterstellte sich den Generalstab direkt, damit sah sich Milch seiner Position als Görings Stellvertreter weitgehend enthoben. Nur noch während »unvorhersehbarer Ausfälle« durfte er die Vertretung übernehmen. Es war eine unerhörte Zurechtweisung für den Mann, der Hitler hinter sich wußte – hatte er doch das goldene Parteiabzeichen verliehen bekommen und war dazu im Juni mit der »Sicherstellung einheitlicher weltanschaulicher Schulung der Truppe« betraut worden.

Am 1. Februar 1939 wurde Udet zum »Generalluftzeugmeister« befördert, ein Phantasietitel in Göringscher Manier. Nach dem Rang des Generalleutnants gab es für Udet als Abteilungsleiter des Luftfahrtministeriums theoretisch keine Aufstiegsmöglichkeiten mehr – es sei denn, man erfände eine neue Stufe auf der Karriereleiter speziell für ihn. In Erinnerung an den Generalfeldzeugmeister des Ersten Weltkriegs dachte man sich den

»Generalluftzeugmeister« aus. Seine Biographen führen für diese plötzliche Eitelkeit auch die permanenten Finanznöte Udets ins Feld. Doch auf die Verbesserung seines Einkommens wirkte sich der neue Posten kaum aus. Vielmehr war auch Udet mittlerweile infiziert vom Wettlauf nach Titeln und Ehrungen im Rangwettstreit mit seinen Konkurrenten, vor allem mit Erhard Milch, der ihm immer eine Stufe voraus war. Für Milch war die Vergabe des Titels »Generalluftzeugmeister« an Udet ein Schlag ins Gesicht. Nicht er, der strebsame Organisator, erhielt die Macht über alle Rüstungsangelegenheiten, sondern der Leichtfuß Udet. Viele Historiker sehen heute in dieser Beförderung Udets den Wendepunkt, an dem Milch beschloß, den Konkurrenten seinem Schicksal zu überlassen. Dabei hatte die beiden sogar einst eine private Freundschaft verbunden. Udet hatte Milch Flugunterricht erteilt und ihm in einer der ersten Flugstunden zugerufen, jetzt habe er volles Vertrauen zum neuen Piloten. Sprach's und warf den Steuerknüppel über Bord. Milch hatte den Ängstlichen gemimt – er wußte, daß der verrückte Flieger für solche Fälle immer eine Steuerattrappe bei sich hatte. Udet hatte sich köstlich amüsiert, er liebte solche Scherze. Damals hatte Erhard Milch noch mitgelacht.

Die Kehrseite der Medaille war für Udet eine exorbitante Vergrößerung seines Verantwortungsbereichs, den er schon in seinen ursprünglichen Ausmaßen nicht beherrscht hatte. Zusätzlich zu Entwicklung und Erprobung neuer Maschinen war er auch noch für Beschaffung, Nachschub und Versorgung zuständig. Letztendlich unterstanden ihm 26 Abteilungen, aufgeteilt auf ein undurchschaubares Labyrinth von 4000 Offizieren, Beamten und Ingenieuren, die für alles zuständig, aber für nichts verantwortlich waren. Selbst Milch, der Schreibtischarbeit nicht scheute, hatte nie versucht, mehr als vier Abteilungen gleichzeitig zu leiten. »In Udets Händen wird alles zu Staub«, stöhnte der Staatssekretär. Der Mann, dem man Geld in großen Scheinen ausgezahlt hatte, damit er es nicht in einer Nacht durchbrachte, verwaltete jetzt Rüstungsbudgets in Millionenhöhe. Der Mann, der verrückt nach neuen Flugzeugtypen war, sollte die Industrie anhalten, die vorhandenen Maschinen zu optimieren. Der Mann, der immer wieder Bruchlandungen hinlegte, weil er die simpelsten Sicherheitsvorschriften ignorierte, hatte die oberste technische Verantwortung für die Luftwaffe. Es war eine absurde Fehlbesetzung.

Udet ist ein jovialer, freundlicher Mensch. Verschlossen wurde er nur, als ich ihn nach der Zukunft der deutschen Militärfliegerei fragte. Er bezeichnete die Gerüchte, wonach deutsche Bomber über Nacht Paris zerstören können, als Unsinn. Wenn man ihn ansieht und ihm zuhört, dann ist man von seinem guten Willen überzeugt.

Das französische Fliegermagazin Les Ailes

Es geht jetzt um die Gleichberechtigung Deutschlands in der Luft. Ich werde diesen Kampf mit der Leidenschaftlichkeit und Zähigkeit, die man uns alten Nationalsozialisten nachsagt, weiterführen, bis ich weiß, die Sicherung der deutschen Nation ist erreicht.

Hermann Göring

»Hitler wird Deutschland nicht in den Krieg führen...« Udet (3 v. l.) 1938 beim Besuch des französischen Generals Joseph Vuillemin.

Und die Zeichen standen längst auf Sturm. Während Görings Mannen intern die Messer gegeneinander wetzten, rückte der ebenso erhoffte wie gefürchtete »Ernstfall« immer näher.

Nach außen hin hielten die Kontrahenten zusammen. Udet und Milch besuchten London und Paris, um sich einen Überblick über den Stand der gegnerischen Luftrüstung zu verschaffen. Im Schatten von Tower Bridge und Eiffelturm waren sie ein perfektes Gespann: der Experte und der charmante Plauderer, den allerorten noch alte Fliegerkameraden in guter Erinnerung bewahrt hatten. Nach jeder Reise fanden sie sich getreulich bei Hitler auf dem Berghof ein und lieferten ihren Rapport ab, auch über die durchaus beachtlichen britischen Rüstungsaktivitäten. Es werde keinen Krieg mit England geben, winkte der »Führer« ab. Und die willigen Zuhörer wollten ihm nur allzugern glauben.

Die Gegenbesuche ließen nicht lange auf sich warten. Im August 1938 lud Göring generös Joseph Vuillemin, den Chef der französischen Luftstreitkräfte, zu einer Besichtigung der deutschen Flugzeugproduktion ein. Auf dem Flugplatz Döberitz glänzten Me-109-Jäger, Maschine an Maschine, in der Sonne, und just in dem Moment, in dem Vuillemin sich dort aufhielt, landete eine Focke-Wulf Condor, angeblich gerade zurück aus New York. Bei Heinkel in Oranienburg konnte der Franzose He-111-Bomber bestaunen, und Udet, dem das Spielchen diebischen Spaß machte, lud ihn zu einem Rundflug über das Gelände ein. Bei der Landung donnerte ein He-100-Jäger in atemberaubender Geschwindigkeit über ihre Köpfe hinweg. Udet und Milch spulten ihren auswendig gelernten Dialog ab. Wie es denn mit den Produktionsplänen stünde, fragte Milch ganz beiläufig. »Die zweite Fertigungsstraße ist gerade in Betrieb genommen worden, und die dritte folgt in drei Wochen«, behauptete Udet frech. Und die Rechnung ging auf. Vuillemin meldete Paris die »wirklich vernichtende Schlagkraft der deutschen Luftwaffe«. Ein Rundensieg im Schattenboxkampf.

Aber eine auf längere Dauer schlagkräftige Luftwaffe existierte nicht, obwohl die Flugzeugindustrie bis 1939 einen in der Welt wohl einmaligen Stand erreichte. Bei Kriegsbeginn sollten über 4000 Frontflugzeuge und mehr als 8000 Ausbildungs-, Übungs- und andere Maschinen zur Verfügung stehen. Dennoch, der Koloß Luftwaffe stand auf tönernen Füßen. Es mangelte an der Rohstoff- und Nachschubversorgung. Dazu waren zahlreiche Maschinen, welche die Flugzeugkonstrukteure vollmundig in Aussicht gestellt hatten, noch Jahre von der Serienreife entfernt. Vor allem Bomber mit größerer Reichweite existierten nur auf den Reißbrettern der Techniker. Ihr Bau war schon 1936 auf Eis gelegt worden. »Der Führer fragt mich nicht, wie groß meine Bomber sind, sondern wie viele ich habe«, hatte er seine Entscheidung trotzig begründet. Mit der Überheblichkeit eines sich für unschlagbar haltenden Feldherrn rüstete er die Luftwaffe für kurze Überfallkriege aus, ohne eine weitergehende Luftkriegsstrategie zu entwickeln, für die es ihm und seinen Mannen an Weitblick fehlte.

Zur Lösung des Dilemmas, das auch der Luftwaffenführung langsam bewußt wurde, sollte der Bau der Ju 88 beitragen.

Der Auftrag und auch die Kontrolle über dessen Durchführung wurde Heinrich Koppenberg, dem Generaldirektor bei Junkers, übertragen. »Und nun geben Sie den Start frei und schaffen Sie mir in kürzester Zeit eine gewaltige Bomberflotte der Ju 88«, schrieb Göring an Koppenberg. Die Maschine sollte sturzkampffähig sein wie ihre Vorgängerin, die Ju 87. Das Stuka-Prinzip hatte sich im Spanischen Bürgerkrieg »bewährt«. Jetzt erhob man es zum »Allheilmittel«, ungeachtet der Tatsache, daß die Sturzkampffähigkeit die Maschinen erheblich unbeweglicher und schwerer machte. Während ihrer endlosen Produktionsphase, in der die Ju 88, wie Koppenberg später behauptete, nicht weniger als 25 000 Produktionsplanänderungen durchlief, erhöhte sich das urprüngliche Gewicht von sechs auf letztlich 13 Tonnen, dazu verringerte sich die Geschwindigkeit von 500 auf nur noch 350 Stundenkilometer. Milch urteilte später verächtlich, sie sei ein »fliegendes Scheunentor«. Wie der Ju 88 sollte es auch dem Großbomber He 177 ergehen, der durch die aufgezwungene Sturzkampffähigkeit erheblich später als erwartet und zudem technisch unausgereift zum Einsatz kam. Erst im Herbst 1942 würde Göring es als »Idiotie« einsehen, einen solchen Bomber stürzen zu lassen. Wie viele andere hohe Luftwaffenvertreter stand auch Udet hinter dem Sturzkampf-Prinzip. Von ihm selbst stammte die Idee, die Maschinen mit ohrenzerfetzendem Geheul aus einer Sirene in die Tiefe fallen zu lassen. Die sogenannte »Jerichotrompete« rief vor allem bei ihren ersten Einsätzen Angst und Schrecken unter den Angegriffenen hervor. Die raschen Anfangserfolge des Zweiten Weltkriegs sollten den Sturzkampf-Befürwortern recht geben.

Am 26. September 1938 verordnete Hitler die Verfünffachung der Luftwaffe. 31 300 Flugzeuge, darunter 3500 Jäger und 7700 Bomber, sollten binnen kürzester Frist aus dem Boden gestampft werden. Von den Bombern existierte nicht ein einziger funktionierender Prototyp. Jedermann wußte, wie unrealistisch dieses Programm war, und auch, daß dessen Unterzeichner die Verantwortung für dessen Durchführung würde tragen müssen. Die Unterschrift leistete Ernst Udet. Je deutlicher sich in den folgenden Monaten der Krieg abzuzeichnen begann, desto klarer stand den Luftwaffenverantwortlichen ihr Dilemma vor Augen. Sie waren nicht ausreichend auf einen Krieg vorbereitet, und schon gar nicht auf eine Auseinandersetzung mit England. Eine Demonstration der Luftwaffenstärke sollte dem »Führer« die Schwierigkeiten vor Augen führen, ohne tatsächlich »einen negativen Eindruck zu hinterlassen«. Danach würde er der Luftwaffe schon größere Rohstoffquoten zuteilen. Am 3. Juli 1939 zeigten die Flieger ihrem »Führer«, was sie geleistet hatten. Hitler war beeindruckt – und hielt die Luftwaffe für ausreichend ausgestattet.

Udet schien die dunklen Wolken, die sich über ihm zusammenbrauten, nicht zu sehen. Er war noch sorgloser geworden. Sein Jahreskalender, eine Ansammlung von lustigen Karikaturen, die er Freunden zum Jahreswechsel zu schenken pflegte, zeugte Silvester 1938 von seiner guten Stimmung. Hatte er noch im Vorjahr den »Traum eines Amtschefs« gezeichnet, zeigte sein Kalender diesmal Göring beim Betrachten von gigantischen Flugzeugflotten, den Zauberer »Koppenbergini«, der eine Armada von Ju 88 aus dem Zylinder zog, und sich selbst – seine wohl bezeichnendste Eigenkarikatur – auf einer Leiter stehend und nach einem Stern am Himmel greifend.

Als im Morgengrauen des 1. September 1939 deutsche Truppen die polnische Grenze überschritten, feierte Ernst Udet mit dem Ehepaar Heinkel und seiner Freundin Inge Bleyle ein wildes Fest. Einen Indianerfederschmuck auf dem Kopf, feuerte er auf seine Schießscheibe, was das Zeug hielt. Ernst Heinkel erinnerte sich später an die ausgelassene Stimmung. Jemand habe zufällig das Radio aufgedreht: »...Seit 5.45 Uhr wird zurückgeschossen.« Udet habe den Federschmuck abgenommen und tonlos gesagt: »Also doch.«

Wie eine Dampfwalze überrannten die deutschen Truppen

»Er läßt mich mit Milch allein...« Udet und Erhard Milch, 1937.

Wenn irgend etwas schiefgeht, sagt Milch: »Das habe ich seit Jahr und Tag vorausgesagt.« Er späht dauernd nach einer Gelegenheit, mir ein Bein zu stellen.

Udet

In Udets Händen wird alles zu Staub.

Erhard Milch, Staatssekretär im Reichsluftfahrtministerium den Gegner. Göring triumphierte: »Und was die Luftwaffe in Polen versprochen hat, wird diese Luftwaffe in England und Frankreich halten«, tönte er in rauschhafter Siegeseuphorie.

Am 10. Mai 1940 stürmten die deutschen Armeen gegen Westen. Und wiederum »bewährten« sie sich. Am 22. Juni nahm Udet auf Einladung Görings im Salonwagen von Compiègne an der Unterzeichnung des Waffenstillstands teil. Ihre Stunde war »gekommen«, wie es Göring 1918 prophezeit hatte.

Arm in Arm schlenderten Udet und Milch, die roten Fliegerschals um den Hals geschlungen, die Champs-Élysées hinunter und begossen den Sieg. Und wieder ließ Hitler Titel regnen. Wegen »hervorragender Verdienste für den Aufbau der Luftwaffe« wurde Udet zum Generaloberst befördert. Sein Mentor Göring durfte sich mit dem höchsten aller Phantasietitel schmücken: Reichsmarschall.

Jetzt galt es »nur« noch England niederzuringen. Es sollte das Fanal zur Aufdeckung der wahren Schwäche der deutschen Luftwaffe werden. Für »Blitzkriege« war sie gerüstet gewesen, nicht aber für einen Kampf gegen die Royal Air Force. Am 4. Juni 1940 erlebte die Luftwaffe bei Dünkirchen ihr erstes Debakel. Fast ungeschoren entkam das britische Expeditionsheer über den Kanal. Göring hatte noch frohlockt: »Wir haben es geschafft. Die Luftwaffe vernichtet die Engländer am Strand.« In Begleitung von Bruno Loerzer und Ernst Udet flog er zu einem Raubzug von Kunst und Antiquitäten nach Den Haag und Amsterdam. »Nur Fischkutter kommen rüber, hoffentlich können die Tommys gut schwimmen«, tönte er bei einer Stippvisite im »Führer«-Hauptquartier. Am 30. Mai hatten 300 000 Briten und Franzosen Dünkirchen über die See verlassen.

Sechs Wochen später kündigte der Reichsmarschall auf seinem Landsitz »Karinhall« die systematische Verschärfung der Angriffe auf England und die totale Vernichtung der RAF an. Fünf Wochen, so prophezeite er, werde seine Luftwaffe für die Erringung der »Lufthoheit« über England benötigen, um die »Operation Seelöwe«, die Invasion der Insel, zu ermöglichen. Als einer der Anwesenden schüchtern auf die beachtliche Stärke der RAF hinwies, schnitt ihm Göring barsch das Wort ab: »Selbst wenn die englischen Flugzeuge so zahlreich und gut wären, wie sie sagen, und wenn ich Churchill wäre, würde ich den Chef meiner Luftwaffe wegen Unfähigkeit erschießen lassen.« Udet, der bierselig dabeistand, amüsierte sich königlich und unterstrich die Standpauke seines Chefs mit der Handbewegung des Halsabschneidens.

Am 13. Mai 1940 begann mit dem »Adlertag« die entscheidende Feuertaufe für die Luftwaffe, die bis dato leichtes Spiel gehabt hatte. Aber das britische Fighter Command bot Paroli. Hinsichtlich der Kampfkraft hatte es sich in der gewährten Atempause zu einem gleichwertigen Kontrahenten gemausert. Der Traum von der unbesiegbaren Luftwaffe zerplatzte unter den Granaten der britischen Luftabwehr.

Auch die massive Bombardierung Londons führte nicht zum gewünschten Erfolg. Die Wirkung war zwar verheerend, ihr Hauptziel, die Demoralisierung des Gegners, aber wurde verfehlt. Im Gegenteil – als im August 1940 die ersten britischen Bomber am Himmel über Berlin auftauchten, erlebte Göring einen peinlichen Prestigeverlust. »Meier« wollte er heißen, wenn auch nur ein feindlicher Flieger am deutschen Himmel sichtbar würde. »Hermann Meier«, juxte der Volksmund mit Galgenhumor. Noch waren die Schäden der britischen Angriffe gering, aber sie gaben einen Vorgeschmack auf die verheerenden Flächenbombardements, die noch folgen sollten.

Die Verluste der Luftwaffe über England waren katastrophal. Bis Oktober 1940 verlor sie 1700 Maschinen, fast das Doppelte der britischen Einbußen. An die Durchführung von »Seelöwe« war nicht mehr zu denken. Im Mai 1941 starteten Görings Bomber zum letzten Mal zu einem Großangriff auf London. Hitler legte »Seelöwe« auf Eis. Längst hatte er sich neuen Zielen zugewandt: der »Eroberung von Lebensraum im Osten« – einem Wahn, dessen grauenhafte Realisierung Ernst Udet nicht mehr würde erleben müssen.

Die Schlappe gegen England war der erste Fleck auf dem Prestigeschild von Görings Luftwaffe. Für den prunksüchtigen Reichsmarschall war es mehr als die Niederlage in einer Schlacht. Denn zudem hatte er das Vertrauen Hitlers verloren.

Diese Schmach wollte Göring nicht auf sich sitzen lassen. Er brauchte einen Sündenbock: Udet wußte, was das für ihn bedeutete. Er blieb Görings Besprechungen fern und versteckte sich hinter sarkastischen Witzeleien. Als der Testpilot Warsitz auf eine Fortentwicklung des von Heinkel erfundenen Düsenantriebs drängte, erwiderte Udet ironisch: »Warsitz, wollt ihr denn nicht verstehen, daß der Krieg in einem Jahr gewonnen ist und hierzu keine Jagdmaschinen nötig sind?«

Und tatsächlich fiel es nicht sonderlich schwer, dem Generalluftzeugmeister eine Palette seiner eigenen Fehlentscheidungen vorzuhalten, die vor allem den technischen Bereich betrafen. Die Ju 88, die er ein Jahr zuvor noch als seine Rettung angesehen hatte, wurde nun von der Truppe heftig kritisiert. Und das war Wasser auf Milchs Mühlen.»Die Besatzung fürchtet nicht den Gegner, sondern die Ju 88«, flüsterte er dem Reichsmarschall ein, der jetzt immer bereitwilliger auf Kritik an seinem Schützling Udet reagierte und ihn härter am Zügel faßte. Der Herr über sein pompöses Phantasiereich »Karinhall« gab im Herbst 1940 die Order, Udet solle seine Junggesellenbehausung in der Pommerschen Straße aufgeben und sich einen repräsentativeren Wohnsitz zulegen. Er zog in die Stallupöner Allee in einer Prominentensiedlung im Grunewald – übersichtlich und gut kontrolliert von Görings Forschungsamt, der Lauschzentrale des Dritten Reiches. Das Haus sollte Udets letztes Heim werden. Er hat es nie gemocht.»Da ist ein Kreuz an der Tür, da geh' ich nicht rein!« schrie er, als er beim ersten Betreten ein kleines Kreuz in den Streben des Türgitters bemerkte.

Zwei Tage nach dem Umzug brach er zusammen. Nachdem man ihn ins Hospital eingeliefert hatte, diagnostizierten die Ärzte einen akuten Blutsturz. Udets Gesundheitszustand hatte sich massiv verschlechtert. Äußerlich war er kaum noch wiederzuerkennen. Der einst schneidige Flieger war bleich und aufgedunsen, die Haare ungepflegt. Der Blick, der früher in Blitzesschnelle Gegner hatte fixieren können, war unstet und verschwommen. Udets Alkoholkonsum – ohnehin von einem normalen Menschen kaum zu verkraften – war stark angestiegen, dazu hatte er schon seit einiger Zeit sein Heil in einer neuartigen Droge gesucht: Pervitin. Das Medikament war ein reines Aufputschmittel, das zunehmend als Allzweckwaffe für müde Truppen an der Front eingesetzt wurde, da es das natürliche Schlafbedürfnis auf ein absolutes Minimum reduzierte.

Udet benötigte es für seinen persönlichen Kampf – gegen seine Konkurrenten und gegen sich selbst. Im Pervitinrausch war er fröhlich, redselig und selbstbewußt. Wie Beobachter berichten, nahm er die Droge, die normalerweise in Dosierungen von drei Milligramm verabreicht wurde, oft händeweise ein. Nach heutigen medizinischen Erkenntnissen führt Pervitinmißbrauch zu Verfolgungswahn und einem raschen Wechsel von

*»Auch mit dem Teufel paktieren...«
Hitler und Udet bei einer Inspektion der Lufwaffe im Juli 1939.*

Das Flugzeug wird das Instrument einer glückhaften Menschheit sein, das seine Segnungen zu allen Völkern und Nationen bringen und von ihnen zurückbringen wird.

Professor Hugo Junkers

Jetzt müssen Sie Bomber fabrizieren. Der Krieg geht weiter.

Hitler zu Göring, Milch und Udet

Ich sage dir offen, meine Flügel sind beschnitten, mein Platz hier ist ein Gefängnis, was man von mir erwartet, ist Irrsinn. Ich habe mich von Göring überreden lassen, das Technische Amt zu übernehmen. Ich weiß nun genau, mein einstiger Geschwaderkamerad wollte mich nicht fördern, er hat mich nur gebraucht, um seine Stellung zu festigen. Hier gehe ich kaputt. Um mich sind Intrige, Falschheit und Gestapo – so endet mein freies und frohes Fliegerleben.

Udet

extremer Euphorie und Depression. Süchtige berichten, Stimmen gehört und bedrohliche, unbekannte Gestalten gesehen zu haben.

Dies traf auch auf Ernst Udet zu. Er habe dunkle Schatten mit schwarzen Hüten bemerkt, berichtete er. Die Inkarnation alles Bösen schien ihm Erhard Milch zu sein: »Alles ist gegen mich. Der Eiserne ist einfach in Urlaub gefahren. Er läßt mich mit Milch allein. Milch vertritt ihn beim Führer. Und er wird dafür sorgen, daß dem Führer jeder Fehler, den ich jemals begangen habe, aufgetischt wird. Ich komme gegen das alles nicht mehr an. Ich kann gegen diese persönlichen Verfolgungen nicht mehr«, wisperte er atemlos Ernst Heinkel zu.

Bei einem erneuten Besuch erkannte ihn der Flugzeugbauer kaum wieder. Udet wirkte fahl und nervös. »Der Eiserne will mich auf die Bühler Höhe abschieben, aber ich gehe nicht.«

Offenbar gegen seinen Willen wurde er trotzdem in dem bekannten Schwarzwald-Sanatorium angemeldet. Während der Fahrt dorthin stapelten sich auf dem Rücksitz seines Wagens Kartons mit Zigaretten und kistenweise Alkoholika. Die Ärzte konnten ihn nur wenige Tage halten. Göring hatte eine Nachricht gekabelt, die in Udets Augen purer Zynismus war: »Machen Sie sich keinerlei Sorgen um Ihr Amt, hier werden Ihre vortrefflichen Mitarbeiter, vor allem General Ploch, schon das Notwendigste erledigen. Außerdem habe ich Milch gebeten, sich ebenfalls der Dinge anzunehmen.«

Milch, ausgerechnet der! Udet hatte verstanden: Der »Eiserne« stellte ihn kalt und machte daraus kein Hehl mehr.

Noch einmal raffte er sich auf und übernahm einen Teil seiner Amtsgeschäfte. Zum Jahreswechsel gestaltete er seinen letzten Kalender, der mehr sagt als Worte: Eine seiner Zeichnungen zeigt Erhard Milch, mit kleinen Flügelchen schwebend über einer brennenden Stadt. Sich selbst stellte er traurig in strömendem Regen auf dem Weg zur Bühler Höhe dar.

Das Jahr 1941 bot nur noch die Chronik eines Verfalls. Die Freunde waren besorgt. Als Udet im März Bruno Loerzer in Amsterdam besuchte, murmelte er resigniert: »Bruno, ich bin der falsche Mann für diesen Posten. Am Ende werden sie mich kriegen. Sie werden einen Sündenbock brauchen. Aber mach dir keine Sorgen, ich habe noch nicht aufgegeben, ich bin nur manchmal des Spielens müde.«

Der Bomberpilot Werner Baumbach erinnerte sich an eine Besprechung bei Göring im März 1941: »Gegen Ende der Konferenz gab mir jemand einen leichten Schlag auf die Schulter. Es war der Generaloberst Udet... Scherzend sagte er zu mir, was der Reichsmarschall sage, sei nicht wichtig. Ob ich mich nicht mit ein paar Freunden zu ihm in eine Ecke setzen würde; er holte eine Flasche Cognac hervor.«

Udet konnte jetzt kaum noch allein sein. Nach endlosen Zügen durch rauchgeschwängerte Bars und Kneipen flehte er seine Begleiter an, doch noch mit in seine Wohnung zu kommen. Und während diese völlig übermüdet und betrunken in den Sesseln zusammensackten, ließ Udet in wirren Reden die gute alte Zeit aufleben. Von Zeit zu Zeit schreckten die Gäste wieder hoch, weil der Hausherr wie ein Berserker auf seine Zielscheibe feuerte. Wie es wirklich um ihn stand, darüber sprach er selten. Ohnehin wußten seine vielen »besten Freunde« nur wenig über ihn. Selbst die Pilotin Elly Beinhorn, mit der ihn viele Jahre des gemeinsamen Fliegens verbanden, war erstaunt, als er ihr beim Spiel mit ihrem kleinen Sohn plötzlich gestand: »Ich habe auch eine kleine Tochter. Es wird Zeit, daß ich mit ihr Freundschaft schließe.«

»Ich bin nur noch ein Geist in Uniform«, resignierte er vor seiner Lebensgefährtin Inge Bleyle. Sie war diejenige, die seinem Leben in den letzten Monaten noch ein wenig Stabilität zu verleihen vermochte. Mehrfach hatte er angekündigt, sie zu heiraten, seine Versprechungen aber nie gehalten. Sie versuchte, seinen zunehmenden Verfall aufzuhalten, und machte ihm Vorhaltungen wegen seiner Trinkerei. »Ingelein, wer Sorgen hat, der trinkt. Und ich habe Sorgen.« Es war die Zeit, in der er zum ersten Mal davon sprach, seinem Leben ein Ende zu setzen.

Die Intervalle, in denen er sich zur Arbeit aufraffen konnte, wurden immer kürzer. Im April überreichte er Erhard Milch eine Studie, in der er in wilden Argumentationen nachwies, der Krieg müsse im September beendet werden – aus Mangel an Flugbenzin. Milch ließ das Papier umgehend in den Papierkorb wandern und herrschte Udet an, er solle sich zusammenreißen. Udets Terminkalender aus den Frühjahrsmonaten vermerkte zwar häufig Besprechungen mit Göring, beispielsweise bezüglich »Lieferlage«, tatsächlich aber versuchte er den Reichsmarschall schleunigst in Richtung anderer Themen abzulenken. Generalrichter Christian von Hammerstein erinnerte sich in einer späteren kriegsgerichtlichen Untersuchung: »Wenn er zu Göring kam, dann sprachen sie von alten Zeiten... Jedes Gespräch über den Dienst wurde peinlich vermieden.«

Die *Wochenschau* dokumentierte jetzt unzensiert, was aus dem einstigen Strahlemann geworden war. Bei Emmy Görings Geburtstag stierte er apathisch vor sich hin. Sein »deutscher Gruß« entgleiste. Die Umstehenden lachten ihn aus. So wurde der Held jetzt gezeigt. Man stellte ihn bloß. Während einer Lagebesprechung im Sommer 1941 fielen ihm vor laufender *Wochenschau*-Kamera Unterlagen zu Boden. Er bemerkte es nicht einmal.

Und auch die eitlen Flugzeugkonstrukteure, die sich zunehmender Kritik wegen endloser Lieferverzögerungen ausgesetzt sahen, ließen ihn jetzt im Stich. Am 13. März 1941 schrieb Messerschmitt in einem erbosten Brief an die Planungsabteilung im Amt des Generalluftzeugmeisters: »Ich habe allmählich den Eindruck gewonnen, daß die größten Schwierigkeiten wegen der rechtzeitigen Beschaffung der Flugzeuge und Ausrüstung in erster Linie an der Planlosigkeit, mit der das RLM arbeitet, liegen. Ich erinnere mich an die Unmengen Umstellungen der Programme. Ich würde es begrüßen, wenn Sie einmal versuchen würden, diese Planlosigkeit des RLM zu beseitigen oder auf ein vernünftiges Maß zu reduzieren und nicht Firmen noch Vorwürfe zu machen wegen Dingen, für die allein das RLM selbst verantwortlich ist.«

Aber noch kämpfte Udet. Was konnte er dafür, daß die Me 210 noch nicht einmal ansatzweise technisch ausgereift war, daß die Ju 88 über eine ungenügende Reichweite verfügte, daß die Motoren der He 177 ständig Feuer fingen?

Jetzt endlich schlug er den Ton an, mit dem er die Flugzeugbauer schon längst hätte disziplinieren müssen: »Eine Sache, lieber Messerschmitt, muß zwischen uns klar sein. Es darf keine weiteren Flugzeugverluste bei normalen Landungen als Ergebnis eines fehlerhaften Fahrwerks geben. Dies kann kaum als technische Neuheit in der Flugzeugkonstruktion gelten.« Aber wer sollte ihm seine Autorität noch abnehmen? Die Zügel hielten längst andere in der Hand.

Nach Beginn des Rußlandfeldzugs im Sommer 1941 verlangte Göring eine sofortige Vervierfachung der Luftwaffe. Der emsige Milch legte dem Reichsmarschall ein Programm vor, das er, im sicheren Wissen um die Eitelkeit seines Chefs, »Göring-Programm« nannte. Der Plan beschränkte die Vollmacht für seine Durchführung auf eine Person: Erhard Milch. Und Göring unterschrieb. Damit beerbte Milch den Generalluftzeugmeister bereits zu Lebzeiten.

Ernst Udet war ein gebrochener Mann. Noch einmal gelang es Inge Bleyle, ihn zu einer Kur zu überreden. Währenddessen stellten Göring und Milch im Reichsluftfahrtministerium die Weichen um. Milch entließ den Chef der Abteilung »Technische Planung«, Tschersich, und ersetzte ihn durch Carl August von Gablenz. Udets langjähriger Freund, Generalmajor Ploch, mußte den Weg an die Ostfront antreten.

Dem Generalluftzeugmeister war nichts als sein Titel geblieben. Er war ein Statthalter von Milchs Gnaden. Eine Marionette in den Händen Görings. Und der kappte die Fäden.

Im Oktober fand im Reichsluftfahrtministerium die letzte entscheidende Sitzung unter Beteiligung des Generalluftzeugmeisters Ernst Udet statt. 50 Mitarbeiter des RLM saßen dem Tribunal bei. Fritz Seiler, Finanzdirektor der Firma Messerschmitt, brüskiert durch eine von Udet verfügte Produktionsumstellung, legte Unterlagen vor, die bewiesen, daß Udet seine Entscheidungen aufgrund gefälschter Zahlen gefällt hatte. Udet war entsetzt. Einen derartigen Frontalangriff hatte er nicht erwartet. Ihm schwante, wie es zu dieser Sitzung gekommen war. In der Tat hatte Messerschmitt mit einem Anruf bei Milch diesem die Munition geliefert, die er brauchte, um Udet endgültig abzuservieren. Messerschmitt, Milch und Göring hatten diesen finalen Gerichtshof inszeniert. »Es wäre anständiger gewesen, wenn Sie mir zuerst davon erzählt hätten«, stotterte Udet hilflos. »Das ist ein Schachspiel, Herr Udet. Ich mache nur den zweiten Zug«, entgegnete ihm Seiler ungerührt. Milch schlug vor, mit ihm für »ein paar erholsame Tage« nach Paris zu fliegen, »um die freundschaftlichen Beziehungen wieder herzustellen«, wie er formulierte. Der nette Feind wahrte noch immer den Schein. Am vereinbarten Reisetermin aber war Ernst Udet bereits tot.

Am 16. November 1941 meldete sich Erich Baier, Udets Mechaniker aus glücklichen Tagen, in der Stallupöner Allee. Er sei zufällig in Berlin. Es wäre doch schön, sich zu treffen und über die alten Zeiten zu sprechen. Ernst Udet freute sich und ließ den Freund schnellstens mit einem Taxi abholen. »Daß Sie ausgerechnet heute kommen«, murmelte er nachdenklich, als er ihm die Tür öffnete. Beim gemeinsamen Mittagessen war es fast wie früher. Udet war ruhiger als in den letzten Tagen, erzählte von Afrika, von Grönland, vom Fliegen. Nachdem sich Baier verabschiedet hatte, wandte er sich düster an Inge Bleyle: »Er kommt nicht mehr zurück. Ich werde ihn nie wiedersehen.« Dann brach er von Weinkrämpfen geschüttelt zusammen. »Heute sind wir zum letzten Mal zusammen. Morgen bist du eine Witwe.« Inge Bleyle versuchte, ihn zu beruhigen. Das Abendessen wurde aufgetragen: Ente, Rotkohl, Apfelstrudel. »Gestern hat das Entchen noch gelebt. So geht es vielen. Heute leben sie noch. Morgen sind sie tot.« Udet war nicht abzulenken. »Ich will nicht mehr. Ich will keine Bomber mehr prüfen und keine Wochenschauen mehr sehen.« Frau Bleyle überredete ihn, eine Einladung bei Freunden anzunehmen. »Morgen werdet ihr den Onkel nicht mehr sehen«, sang er den Kindern vor. Er fuhr Inge zu ihrer Wohnung. Von da ging es nach Tempelhof. Hier bastelte Kurt Schnittke, den Udet als Mechaniker beschäftigte, an einem Flugzeugmodell. Er kann sich noch heute erinnern, wie Udet in seine alte Fh 104 stieg, sein Lieblingsflugzeug. Er nahm eine Cognacflasche aus der Bar und trank. Als er sich von Schnittke verabschiedete, nahm er ein Stück rote Kreide aus dessen Brusttasche und steckte sie ein.

Am nächsten Morgen fuhr Inge Bleyle zusammen, als sie das Schrillen des Telefons hörte. Sie nahm ab, Udet am Apparat. Sie sei zum Frühstück bei ihm, beteuerte sie. »Nein, komm nicht, es ist zu spät. Ingelein, niemanden habe ich mehr geliebt als dich. Sag Pilli Körner, daß er mein Testament im Schrank findet.« Dann hörte sie den Schuß.

In der Stallupöner Allee schreckte das Hausmeisterehepaar Peters vom Frühstückstisch auf. Eilig stürzten sie die Treppe zu Udets Zimmer hinauf und fanden die Tür verschlossen. »Was nun? – Öffnen, öffnen! Wir sind gewaltsam rein, und dann lag er da...«

Ernst Udet lag blutüberströmt in seinem Bademantel auf dem Bett. In der Hand hielt er noch seinen mexikanischen Colt, mit dem er sich in den Kopf geschossen hatte. Um ihn herum ein wildes Sammelsurium von Cognacflaschen und Papieren.

Dann war auch Inge Bleyle da. Die Hausmeisterin schüttelte den Kopf: »Er lebt nicht mehr, er hat nur noch geröchelt.« Jetzt ging alles Schlag auf Schlag. Udets Adjutant Oberst Pendele erschien mit einem Arzt. Auch Staatssekretär Pilli Körner stürzte herein. Er war wohl derjenige, der als erster auf die rote Schrift am Kopfende des Bettes aufmerksam wurde. »Eiserner, du hast mich verraten!«

Hektisch wischten die Männer die Schrift von der Wand und sammelten die über das ganze Zimmer verstreuten Zettel ein. Sie schworen zu schweigen.

Die Bedeutung der letzten Worte Ernst Udets konnte nie wirklich geklärt werden. Um so mehr gaben sie Anlaß zu Spekulationen. Es sei von den »Juden« Gablenz und Milch die Rede gewesen, »Inge, warum hast du mich verlassen?« habe er seine Lebensgefährtin angeklagt. Wüste Schimpfwörter an Bett und Wänden habe man eiligst entfernen müssen. Udet hatte seinem Leben in Verwirrung ein Ende gesetzt und ließ seine Umgebung mit Schuldgefühlen zurück. Gescheitert aber war er an sich selbst und seiner Zeit.

Ernst Udet war kein Widerständler wie der Flieger Harras in »Des Teufels General«. Seine Aversion gegen das verbrecherische Regime erschöpfte sich meist in Kalauern und Kasinosprüchen. Hinter der Maske des Spötters verbarg er seine Abscheu vor dem Leben im Gleichschritt. Der Militärhistoriker Horst Boog nennt Udet die »bekannteste Fehlleistung Hermann Görings auf dem Gebiet der Postenverteilung«. Er war der falsche Mann am falschen Platz. Und doch hatte er ihn eingenommen – freiwillig – und bis zum letzten verteidigt. Er war Hitlers Krieger geworden bei der Aufrüstung der Luftwaffe, den »Blitzkriegen« der Jahre 1939 und 1940 und der »Luftschlacht um England«. Seine wichtigste Rolle hatte er auf dem Schlachtfeld der Propaganda gespielt. Er war der unbekümmerte Flieger, dessen Porträt auf Zigarettenbildchen von Kindern gesammelt wurde, für den die Mütter schwärmten und den die Väter wegen seiner Tollkühnheit bewunderten. Seine Beliebtheit war sein Kapital gewesen, und sie wurde sein Verhängnis. Er hatte kein gewissensschweres, edles Gemüt wie der Flieger Harras. Ob er sah, wohin das Regime steuerte, hat er seine Umgebung nie spüren lassen. Vielleicht seinen Zweifel, sicher aber sein berufliches und privates Scheitern versteckte er hinter der Maske des fröhlichen Trinkers, bis er körperlich und geistig so zerrüttet war, daß er keinen anderen Ausweg mehr sah als den theatralischen Abgang von der Bühne, die er sich selbst gewählt hatte.

Es war ihm nicht mehr möglich, sich gegen die Flut von An-

*»Morgen bist du eine Witwe...«
Staatsakt für Ernst Udet, November 1941.*

Der Generalluftzeugmeister Generaloberst Ernst Udet erlitt am 17. November 1941 bei der Erprobung einer neuen Waffe einen so schweren Unglücksfall, daß er an den Verletzungen auf dem Transport verschied.
Der Führer hat für den auf so tragische Weise in Erfüllung seiner Pflicht dahingegangenen Offizier ein Staatsbegräbnis angeordnet.

Meldung des Deutschen Nachrichtenbüros vom 17. November 1941

Beim Ausprobieren einer Kampfmaschine. Jawohl. Staatsbegräbnis.

Carl Zuckmayer, »Des Teufels General«

Eiserner, du hast mich verraten.

Udets Anklage gegen Göring

Jetzt müssen wir Abschied nehmen. Unfaßbar ist der Gedanke, daß du, mein lieber Udet, nicht mehr unter uns weilst. ... Der Allmächtige hat dich abberufen, und nun kannst du zu den anderen gehen, die vor dir gefallen sind. Und nun kann ich als letztes nur noch sagen: Mein bester Kamerad – leb wohl!

Hermann Göring

Wie leicht hat er es sich gemacht.

Hitler

»Du, mein lieber Udet...« Hitler und Göring bei der Trauerfeier für Udet am 21. November 1941.

schuldigungen zur Wehr zu setzen, die nach seinem Tod über seine Person hereinbrach. Hitler und Göring hatten in Udet den geeigneten Sündenbock gefunden, sich von jeglicher Kritik für die Versäumnisse beim Aufbau der Luftwaffe reinzuwaschen. In einer kriegsgerichtlichen Untersuchung schob man ihm die Gesamtverantwortung für die »Tragödie« der deutschen Luftwaffe zu. Der »Führer« bedauerte den Verlust des prominenten Aushängeschildes seines Propagandaapparats nur wenig: »Wie leicht hat er es sich gemacht«, urteilte ein Jahr nach Udets Tod der Mann, der sich am 30. April 1945 durch Selbstmord der Verantwortung für die Katastrophe entziehen sollte, die er selbst heraufbeschworen hatte.

»Bin nur ein Flieger gewesen«, hatte Harras von sich gesagt. Ernst Udet war in bereitwilliger Gefolgschaft mehr geworden, obwohl er genau das immer hatte sein wollen: nur ein Flieger.

Sein Nachfolger im Amt des Generalluftzeugmeisters wurde Erhard Milch.

Der Verschwörer

Wer ein guter Soldat ist, der wird auch – ob er es wahrhaben will oder nicht – ein guter Nationalsozialist sein

Wer Tiere schlecht behandelt, kann kein guter Mensch sein

Wenn ich gehe, dann kommt Heydrich, und dann ist alles verloren

Ich kann es nicht mehr mitmachen, wir lassen uns nicht mißbrauchen als Verbreiter von Greuelmärchen

Die Stunde ist gekommen, durch neue große Taten die Aufmerksamkeit auf die Abwehr zu lenken

Ein Krieg, der unter Hintansetzung jeglicher Ethik geführt wird, kann niemals gewonnen werden. Es gibt auch eine göttliche Gerechtigkeit auf Erden

Canaris

Canaris hat sich stets bemüht, mit Himmler und Heydrich ein besonders gutes Verhältnis zu haben, damit sie gegen ihn nicht mißtrauisch würden.

Alfred Jodl

...er war in der Zeit, als er in der Kriegsmarine war, ein Offizier, dem wenig Vertrauen entgegengebracht wurde. Er war ein ganz anderer Mensch als wir. Wir sagten, er hätte sieben Seelen in seiner Brust...

Karl Dönitz

Canaris enttäuschte beim ersten Zusammentreffen. Er machte einen alten, müden und abgekämpften Eindruck, war fast weißhaarig, wenig über 1,60 groß, ging zudem noch gebückt und machte einen ungepflegten Eindruck.

Walter Huppenkothen, SS-Standartenführer

Canaris hat nach meiner Auffassung durch den Ausbau seines Apparates bewiesen, daß er nicht – wie die Legende zum Teil behauptet – ein rätselhaftes Genie des Geheimdienstes gewesen ist, sondern ein typischer deutscher Offizier, der alles in militärischen Formen organisiert, und dazu ein typischer Deutscher seiner Epoche mit der unverkennbaren Neigung zur umfangreichen Organisation. Die militärische Abwehr wurde unter ihm ein riesenhafter Behördenapparat, der mehr Referenten beschäftigte als Agenten.

Werner Best, SS-Obergruppenführer

Er konnte albern sein wie ein Junge, wenn er sich nicht gescheut hätte, das oft zu tun. Er konnte Grimassen schneiden, daß ladestockversteifen Uniformträgern das Lächeln im Gesicht erfror, und er konnte sich über diese Art von Erstarrung innerlich köstlich amüsieren. Noch sehe ich den listigen Blick in seinen blauen Augen, wenn ihn der Kobold ritt. Aber alle diese liebenswerten spielerischen Veranlagungen gingen im Laufe des erdrückenden Ernstes der Entwicklung unter und entluden sich oft in geradezu grotesken Ausbrüchen einer galligen Launenhaftigkeit.

Otto Wagner

Canaris war eine Person des reinen Intellekts, der in seinem interessanten, sehr eigenartigen und komplizierten Wesenszug die Gewalt an sich haßte und darum den Krieg, Hitler, sein System und seine Methoden verabscheute.

Erwin Lahousen, Chef der Sabotageabteilung des Amtes Ausland/Abwehr

Der ganze Stall Canaris hat sich Blößen gegeben und überhaupt nicht ganz gehalten, was man von ihm hoffte. Wenn die »Guten« nicht klug wie die Schlangen und ohne Falsch wie die Tauben sind, ist nichts zu erreichen.

Ulrich von Hassell, Botschafter in Rom

Canaris ließ meinem Mann immer wieder versichern, er sei bis an die Grenze des Möglichen gegangen, seine politische Situation sei jedoch nicht mehr so stark, daß er auf den Tisch schlagen könne. Mein Mann ist bis zuletzt anderer Ansicht gewesen.

Christine von Dohnanyi

Selten habe ich einen Mann erlebt, der so genau fühlte, worauf die Dinge hinauswollten. Meistens war er von diesen irrealen Realitäten so gepackt, daß er darüber nicht zu einer äußeren Reaktion kam.

Hans Bernd Gisevius, Amt Ausland/Abwehr

Einerseits war er ein glühender deutscher Patriot und war bereit, alles zu tun für sein Deutschland, andererseits aber auch ein Egozentriker, der sich sagt, wenn ich das mitmache, dann sichere ich meine Position.

Wilhelm Höttl, SS-Obersturmbannführer

Ich glaube, der Canaris litt die ganzen Kriegsjahre entsetzlich. Deshalb reiste er auch so. Und wurde so unruhig, fand eigentlich gar keine Ruhe mehr. Und plötzlich war er weg. Für eine ganze Woche. Und dann auf einmal war er wieder da.

Reinhard Spitzy, Mitarbeiter im Amt Ausland/Abwehr

Canaris hat mit seinem Amt und mit dem Aktivwerden seines Amtes überhaupt den ganzen Widerstand erst ermöglicht.

Professor Dr. Eberhard Bethge, Amt Ausland/Abwehr

Im Morgengrauen wurden die Häftlinge vom Gebell der Wachhunde aus dem Schlaf gerissen. Der Hof des Konzentrationslagers Flossenbürg erstrahlte im kalt gleißenden Licht elektrischer Scheinwerfer. Schnarrende Befehle und hastiges Stiefelgetrappel schallten durch die Baracken. Oberst Hans Lunding, ehemaliger dänischer Geheimdienstoffizier, hörte, wie das Schloß von Zelle 22 unmittelbar neben ihm geöffnet wurde. »Raus!« Klirrend fielen Handschellen und Fußfesseln zu Boden. Durch einen Spalt in der Tür sah Lunding zum letzten Mal seinen Zellennachbarn, der erst zwei Monate zuvor in das Lager gebracht worden war. Der kleingewachsene Mann mit den schlohweißen Haaren war leichenblaß. Er wußte, was ihm bevorstand. Am vorherigen Abend hatte er Lunding mit Morsezeichen von Wand zu Wand eine letzte Botschaft übermittelt: »Meine Zeit ist um. War kein Landesverräter. Habe als Deutscher meine Pflicht getan.« Wenig später hörte der Däne noch das Kommando: »Alles ausziehen!« Als erster von fünf Todgeweihten wurde der Häftling aus Zelle 22 auf den Hof geführt – nackt. Trotz der entwürdigenden Umstände war er ruhig und gefaßt. Ein SS-Mann, der zu den Schaulustigen der grausigen Zeremonie gehörte, sagte später aus, der Todeskampf habe »sehr lange gedauert. Er ist ein paarmal rauf- und runtergezogen worden.«

Tausende sollten an jenem 9. April 1945 noch ihr Leben lassen. Im Osten fiel die »Festung« Königsberg, im Westen tobte die Schlacht um das Ruhrgebiet. Amerikanische Panzer standen kurz vor der Elbe. In Flossenbürg und vielen anderen Todeslagern starben noch immer ungezählte Frauen und Männer am Galgen und vor Erschießungsmauern, durch systematisch geplante Unterernährung und in den Gaskammern. Die Täter beseitigten die Zeugen. Für die fünf Morde im Morgengrauen von Flossenbürg galt das besonders. In einem seiner wahnhaften Wutanfälle hatte sie Hitler persönlich befohlen. So riß er einen Mann mit in den Untergang, den er lange Zeit bewundert hatte. Einen Mann, der ebenso einfallsreich für den Tyrannen Krieg führte, wie er darum rang, sich und Deutschland von ihm zu befreien: den Geheimdienstchef des »Dritten Reiches« – Admiral Wilhelm Canaris.

Kaum ein Machthaber in Hitlers Diktatur ist so kontrovers beurteilt worden wie der »kleine Admiral«. Keiner ist auch nach dem Krieg so sehr verehrt und so verfemt worden wie er. War er wirklich ein »Verräter«, der »viele tausend deutsche Soldaten dem Tod auslieferte«, wie einer seiner frühen Biographen meinte? Oder doch in erster Linie Hitlers effizienter Helfer, so ein jüngeres Urteil, »mit zahllosen Banden an das Regime« gefesselt? Führte er seinen Geheimdienstapparat als »genialer Leiter«, wie CIA-Chef Allan Dulles befand, oder doch so »dilettantisch«, wie der spätere Leiter des Bundesnachrichtendienstes, Reinhard Gehlen (»Canaris-Familien-Gesellschaft mit beschränkter Haftung«), spöttelte? Handelte er tatsächlich als »Schirmherr und Kopf des Widerstands«, wie ihn der Traditionsverein ehemaliger Angehöriger seines Amtes sehen will, oder blieb er doch stets der Zauderer, »ein Mann, der niemals den Weg in die Freiheit der Tat gefunden hat«? War er Hitlers Helfer oder dessen Gegner? Oder beides gleichzeitig?

Unbestritten ist, daß Canaris und sein Mitarbeiter Hans von Dohnanyi Juden und anderen Verfolgten mit den Mitteln des Geheimdienstes die Flucht ins neutrale Ausland ermöglicht haben. Viele hundert sind vor dem sicheren Tod gerettet worden. Einige von ihnen haben bei der israelischen Holocaust-Gedenkstätte Yad Vashem beantragt, ihren Retter Dohnanyi stellvertretend als »Gerechten unter den Völkern« zu ehren. Der Antrag wurde abgelehnt. Zu widersprüchlich erscheinen diese Figuren, um sie zu verehren. Keine Straße in Deutschland trägt den Namen von Canaris; keine Bundeswehrkaserne ist nach ihm benannt. Canaris taugte nie zum Helden, weder auf dem Gipfel seines Ruhms als Geheimdienstchef des »Dritten Reiches« noch in der Adenauer-Ära, als aus Widerständlern Lichtgestalten wurden. Selbst im gefeierten Canaris-Spielfilm mit O. E. Hasse in der Hauptrolle siegt die Tragik über das Heroische. Zu gewunden war der Weg des Vorbilds. Zuviel »Zwielicht« umgibt diesen Mann, wie sein Biograph Heinz Höhne resümierte.

Als Wilhelm Canaris am 1. Januar 1935, genau an seinem achtundvierzigsten Geburtstag, zum Chef des Amtes Ausland/Ab wehr berufen wurde, war er schon drei Jahrzehnte lang Soldat. Er hatte drei Eide geschworen: auf den Kaiser, die Republik und den »Führer«. Er hatte lichte Höhen und trübe Täler deutscher Militärherrlichkeit durchlebt, war dem Tod mehrfach knapp entronnen und hatte geglaubt, mit seinem Posten als Festungskommandant im Ostseestädtchen Swinemünde eigentlich schon am Ende der Karriereleiter angekommen zu sein. Er war verheiratet, hatte zwei Töchter im schulpflichtigen Alter, galt als passionierter Reiter und talentierter Hobbykoch. Canaris ahnte wohl nur dunkel, warum gerade er das Chefzimmer im Nebengebäude des Reichswehrministeriums übernehmen sollte, als Leiter jenes kleinen Amtes, das nach der durch den Versailler Vertrag erzwungenen Abstinenz wieder an die Tradition eines militärischen Geheimdienstes anknüpfen sollte. Die dunklen Gänge der Gebäude am Tirpitzufer waren ihm noch wohlbekannt. Hier hatte er als Adjutant des ersten Reichswehrministers Noske die Kontakte zu den Freikorps gepflegt. Noch immer schwärmte er von der »schönen Zeit« im Kampf gegen die »Roten«. Als alter Marineoffizier wußte er natürlich auch, daß von hier aus des Kaisers Admiral Alfred von Tirpitz für seinen Herrn den Traum von der stählernen Seemacht geträumt hatte – jenen nationalen Wahn, von dem auch der junge Canaris erfüllt war und der ihn gegen den Willen der Familie die Uniform der Marine anziehen ließ.

Mit Tirpitz hatte alles angefangen. Die Flut von marinefreundlichen Zeitungsartikeln, Flugblättern und Broschüren, vom Marineamt des Admirals gelenkt und bezahlt, hatte auch den Duisburger Gymnasiast Wilhelm Canaris erreicht. Er war bald nur noch von dem Wunsch beseelt, auf See dem Vaterland zu dienen. Der Vater aber, ein wohlhabender Geschäftsmann aus der Eisenindustrie des boomenden Ruhrgebiets, wollte seinen Jüngsten eigentlich lieber bei der Kavallerie sehen. Doch dann starb das Familienoberhaupt am Schlaganfall, und der Weg für Wilhelm war frei. Am 1. April 1905 wurde er Kadett des Kaisers. Trotz einer etwas schwächlichen Physis machte er schnell Karriere. 1908 urteilte sein erster Kommandant: »Er verspricht ein guter Offizier zu werden, sobald er etwas mehr Zuversicht und Selbstvertrauen bekommen hat.« Bei Ausbruch des Ersten Weltkriegs versah Canaris seinen Dienst als Oberleutnant auf dem Kreuzer »Dresden«, der im Südatlantik operierte. Am 31. August 1914 erreichte das Schiff ein Funkspruch der Marinelei-

»Patriot im Zwielicht...« Admiral Wilhelm Canaris, Chef des Amtes Ausland/Abwehr.

Es ist das typische Bild eines überfeinerten, hochintelligenten Salonverschwörers.

Otto Nelte, Verteidiger Keitels in Nürnberg

Wir sagten, er hätte sieben Seelen in seiner Brust.

Großadmiral Karl Dönitz über Canaris während des Nürnberger Prozesses tung: »Kreuzerkrieg führen gemäß den Mobilmachungsbestimmungen.« Alle an Bord wußten, daß dieser Befehl dem sicheren Untergang gleichkam: Handelskrieg gegen die britische Royal Navy, die mächtigste Flotte der Welt – und dies ohne Flottenbasen im Südatlantik. Die Schlachtschiffvermehrung des Alfred von Tirpitz zeitigte jetzt verheerende Folgen: Die kaiserliche Marine war zu groß, um Britanniens Freund zu sein, und noch immer viel zu klein, um es besiegen zu können. Am 14. März 1915 endete die Fahrt der »Dresden« im Hafen der kleinen chilenischen Insel Más a Tierra im Südpazifik. Nach kurzem Gefecht mit der britischen »Glasgow« war das Schiff manövrierunfähig und in Brand geraten. Der Ehrenkodex der Marine ließ jetzt nur noch eine Selbstversenkung zu. Um Zeit zu gewinnen, schickte der deutsche Kapitän seinen sprachbegabten Oberleutnant zu Scheinverhandlungen mit einem Boot zu den Briten. Es war die erste diplomatische Mission in der Laufbahn des Wilhelm Canaris.

An Bord der »Glasgow« angekommen, erhielt der Unterhändler eine schnelle Abfuhr. Es gab nichts zu verhandeln. Seinem Protest, die »Dresden« liege in den Gewässern eines neutralen Staates, der Angriff der Briten sei somit völkerrechtswidrig, entgegnete der britische Kapitän kühl, er habe Befehl, die »Dresden« zu vernichten. Andere Fragen könnten »hinterher die Diplomaten regeln«. Canaris mußte die »Glasgow« wieder verlassen. Doch er hatte für das Sprengkommando an Bord seines Schiffes entscheidende Minuten gewinnen können. Um 11.15 Uhr zerriß eine gewaltige Explosion die Stille in der Bucht von Más a Tierra. Die an Land angetretene Besatzung der »Dresden« salutierte ein letztes Mal, dann wurden Mannschaft und Offiziere von den chilenischen Behörden interniert. Die meisten Besatzungsmitglieder empfanden es als großes Glück, von nun an wohlversorgt und mit festem Boden unter den Füßen das Kriegsende abwarten zu können. Nicht so Canaris. Er nutzte die erste sich bietende Gelegenheit und floh Anfang August 1915 aus dem nur mäßig bewachten Lager. Zum ersten Mal wird hier die Unruhe spürbar, die ihn zeit seines Lebens antreiben sollte – eine innere Auflehnung gegen die Zwänge seiner Lage. Er war schließlich nicht Marineoffizier geworden, um im Augenblick des großen Ringens fern der Heimat auf dem Trockenen zu sitzen. Die größte Schwierigkeit aber lag noch vor ihm: Er mußte, mitten im südamerikanischen Winter, die Anden überqueren, um aus dem neutralen Chile in das noch deutschfreundliche Argentinien zu gelangen. Es war ein waghalsiges Unternehmen. Ungezählte andere Flüchtlinge waren auf der Flucht übers Hochgebirge verschollen. Doch Canaris schaffte es. Es schien eine Energie in dem schmächtigen jungen Offizier zu stecken, die Betrachtern auf den ersten Blick verborgen blieb.

Die Admiralität in Deutschland belohnte diesen Tatendrang mit der Beförderung zum Kapitänleutnant. Dann wurde Canaris nach Spanien versetzt. Sein Auftrag lautete, in dem neutralen Land ein Nachschubnetz für deutsche U-Boote aufzubauen. Der Marineoffizier nannte sich nun »Herr Kika« und begann, Kontakte mit allerlei seriösen und weniger seriösen spanischen Herrschaften zu knüpfen, die sämtlich eins gemeinsam hatten: das Interesse an illegalen Geldern der deutschen Marineleitung. Das war zwar nicht gerade ein Einsatz auf dem »Schlachtfeld der Ehre«, doch Canaris fand Gefallen am riskanten Spiel. Für den Achtundzwanzigjährigen öffnete sich eine neue Welt. Schon als Kind hatte er mit Geheimtinten gespielt und sich Decknamen ausgedacht. Jetzt war er mittendrin im Treiben der Geheimdienste. Die Freude an der Tarnung und am doppelten Spiel sollte ihn sein Leben lang nicht mehr loslassen.

Tatsächlich gelang es »Herrn Kika«, die Versorgung deutscher U-Boote vor Spaniens Küsten zu organisieren. Meist in der Dämmerung tauchten die »Seewölfe« in abgelegenen Buchten auf und nahmen von als Fischkuttern getarnten Versorgungsschiffen Munition, Proviant und Brennstoff auf. Der mörderische Krieg gegen Handels- und Passagierschiffe dehnte sich infolgedessen – auch dank Canaris – auf die westlichen Gestade des Mittelmeers aus. Doch schon bald zeigte sich wieder jener Wesenszug an ihm, der später, in Zeiten höchster Gefahr, zum beherrschenden Element zu werden schien. Das Geheimdiensttalent in Spanien begann unruhig zu werden, jetzt, da der Auftrag erfüllt war. Freunden erschien er wie ein Getriebener, wie ein Mensch, der immer auf der Durchreise ist.

Anfang 1916 hatte die Marine ein Einsehen. Canaris erhielt den Befehl, sich in Kiel auf einem Torpedoboot einzufinden: endlich wieder an die Front. Doch wie in die Heimat gelangen? Der sichere Weg, ein U-Boot abzuwarten, das ihn durchs Mittelmeer in die Adria bringen würde, dauerte ihm zu lange. Statt dessen schlüpfte er in eine neue Verkleidung: Als vorgeblich schwindsüchtiger Chilene namens »Reed Rosa« auf dem Weg in ein schweizerisches Sanatorium wollte er per Zug durch Frankreich und Norditalien reisen – mitten durch Feindesland. Diesmal aber mißlang die Camouflage. Wenige Kilometer vor der eidgenössischen Grenze verhafteten ihn italienische Polizisten. Canaris fand sich im Gefängnis von Genua wieder.

Was nun geschah, ist zum Stoff von Legenden geworden. Fest steht nur, daß Wilhelm Canaris Mitte März 1916 als freier Mann in Madrid auftauchte. Wie kam es dazu? Eine Version für das Geschehen im Genueser Kerker lautet, Canaris sei zum Tode verurteilt gewesen, habe dann den Priester, der ihn auf die Hinrichtung vorbereiten sollte, kaltblütig ins Jenseits befördert, um daraufhin in dessen Soutane die Flucht zu ergreifen. Andere Biographen glauben, daß die Italiener ihn schlicht aus Mangel an Beweisen wieder laufen ließen. Canaris selbst gab später einem Marinearzt immerhin die Stichworte »üble Behandlung« und »Flucht« zu Protokoll, doch mehr hat er nicht zur Aufklärung dieses nebulösen Abschnitts seiner Vita beigetragen – wie er überhaupt den Mythos seiner frühen Jahre sorgsam pflegte.

Nach dem gescheiterten Versuch des »Reed Rosa« gelang es 1916 schließlich doch noch, den jungen Heißsporn nach Deutschland zu bringen – nun per U-Boot. Dort stürmte er in den letzten beiden Kriegsjahren die Karriereleiter der kaiserlichen Kriegsmarine weiter aufwärts und war bei Kriegsende selbst U-Boot-Kommandant mit einer beachtlichen Bilanz: drei Feindschiffe versenkt, eines schwer beschädigt. Sogar Seine Majestät war auf ihn aufmerksam geworden.

Dann jedoch machten Revolution und Niederlage aus dem Kriegshelden einen politisierenden Offizier, der irrlichternd immer wieder an den Sollbruchstellen zwischen Armee und Staat auftauchte und dadurch eine gewisse Berühmtheit erlangte. Linksgerichtete Zeitungen wie die *Weltbühne* eröffneten 1928 mit »gepfefferten Enthüllungen« über den Mord an Rosa Luxemburg und den darauffolgenden Prozeß eine regelrechte Kampagne gegen ihn. Aus dem Wirrwarr von Anschuldigungen und Dementis entstand kein klares Bild; doch blieb der Verdacht an Canaris haften, mit dem Mord etwas zu tun zu haben – und das nicht ganz zu Unrecht. Zwar war er wohl in der Nacht des 15. Januar 1919, als Soldaten die Sozialistenführerin umbrachten, nicht in Berlin, doch seine Rolle bei der gerichtlichen

Man nannte ihn manchmal den »kleinen Levantiner«! Gewiß, es war nur ein Spitzname, wie er oft im Casino geboren wird. Aber so ganz daneben haut die Verulkung nicht. Wilhelm Canaris hatte schon einen ganz gehörigen Schuß an spielerischem Witz in seiner vielseitigen Seele.

Otto Wagner

»...schon als Kind mit Geheimtinten gespielt.«
Canaris (4 v. r.) als Abiturient, 1905.

Er war klein, sah einen mit unschuldigen Kulleraugen an und genoß es, wenn er wen aufs Glatteis führen konnte.

Reinhard Spitzy, Mitarbeiter im Amt Ausland/Abwehr

Aufklärung des Falles offenbarte ein Rechtsverständnis, das seinesgleichen suchte.

Canaris hatte in den Wochen nach Kriegsende in den »Freikorps« eine neue Heimat gefunden. Unter dem Banner des Kampfes gegen die vermeintliche Gefahr einer »Bolschewisierung« überzogen diese Einheiten enttäuschter Frontsoldaten Deutschland mit einer breiten Blutspur. Männer der als besonders radikal geltenden »Garde-Kavallerie-Schützen-Division« hatten auf Befehl ihres Kommandanten, des Hauptmanns Waldemar Pabst, Rosa Luxemburg und ihren Mitstreiter Karl Liebknecht verhaftet und dann ermordet. Als der zögernde Reichswehrminister Noske auf Druck der SPD-Genossen daraufhin ein Kriegsgerichtsverfahren gegen den Luxemburg-Mörder, Oberleutnant Kurt Vogel, einleiten mußte, gelang es Pabst, Canaris als beisitzenden Richter des Gerichts einzuschleusen. Damit hatte er den Bock zum Gärtner gemacht, denn wie die meisten Freikorpskämpfer sah Canaris in dem politischen Mord an der »roten Rosa« eher eine legitime Kriegshandlung als ein Verbrechen.

Als Richter ließ er nun nichts unversucht, die wahren Hintergründe zu verschleiern – mit durchschlagendem Erfolg. Am Ende erhielt Vogel wegen »Mißbrauchs der Dienstgewalt und Beiseiteschaffens einer Leiche« eine Gefängnisstrafe von nur zwei Jahren und vier Monaten. Der eigentliche Auftraggeber dagegen, sein Vorgesetzter Pabst, erfreute sich weiter seiner Freiheit und konnte noch in der Bundesrepublik juristisch unbehelligt darüber schwadronieren, Deutschland mit seinem Mordbefehl vor »einem Sieg des Kommunismus« bewahrt zu haben, der vermeintlich »das gesamte christliche Abendland zum Einsturz gebracht« hätte. Der Richter Canaris aber gab sich selbst mit dem milden Schuldspruch für Vogel noch nicht zufrieden. Am 17. Mai 1919 erschien im Moabiter Gefängnis ein Oberleutnant Lindemann und legte einen schriftlichen Befehl vor, den Häftling Vogel in ein anderes Gefängnis zu überführen. Minuten später war der Mörder Rosa Luxemburgs mit dem ominösen Oberleutnant verschwunden. Am nächsten Tag erst stellte sich heraus: Bei Lindemann handelte es sich um niemand anderen als um Canaris, seine Papiere und der vermeintliche Verlegungsbefehl waren gefälscht. Ein Richter befreit den von ihm Verurteilten aus der Haft! Ein solches Maß an Energie, das Recht zu beugen, verschaffte Canaris schon früh den Ruf, ein Mann für besondere Fälle zu sein.

Bestraft wurde er nicht dafür, statt dessen holte ihn Reichswehrminister Noske als Verbindungsmann in seine Adjutantur, was sich für den Minister freilich bitter rächen sollte: Im Frühjahr 1920 vertraute Noske auf Canaris-Informationen, nach denen vom Heer keine akuten Gefahren drohten, und wurde so vom Putschversuch der Herren Kapp und Lüttwitz völlig überrascht. Der Staatsstreich scheiterte zwar schon nach wenigen Tagen an einem Generalstreik; doch der Minister, der nicht durchschaute, daß sein Adjutant auf seiten der Verschwörer stand, mußte den Hut nehmen. In den meisten anderen Ländern dieser Erde wäre wohl ein Offizier, der seinen Chef derart bloßgestellt hatte, zumindest sofort verabschiedet worden. Canaris dagegen wurde von einer Kommission freigesprochen und lediglich nach Kiel versetzt. Ein Vorgesetzter, Admiral von Gagern, lobte wenig später sogar schriftlich, »besonders hervorzuheben« sei »seine sachliche und treffende Beurteilung politischer Verhältnisse«. Die erste Demokratie auf deutschem Boden hatte sich als zu schwach erwiesen, um die Armee zu echter Verfassungstreue zu bewegen.

1935, nach dem Ende des langen Siechtums der Demokratie von Weimar, erwiesen sich solche alten »Verdienste« bei der Suche nach einem geeigneten Geheimdienstchef natürlich als vorzügliche Visitenkarte. Außerdem hatte Canaris durch Sympathiekundgebungen für die neuen Machthaber schon auf sich aufmerksam gemacht. »Hervorheben muß ich das unermüdliche Bestreben des Kapitäns zur See Canaris«, lobte ihn sein Vorgesetzter noch zwei Monate vor der Ernennung zum Leiter des Geheimdienstes, »durch persönliche Vorträge seine Besatzung mit dem Gedankengut der nationalen Bewegung und den Grundsätzen des staatlichen Aufbaues des neuen Reiches vertraut zu machen. Hat auf diesem Gebiet vorbildlich gewirkt.« Auch wenn zahlreiche liebevoll um sein Ansehen bemühte Biographen dies nicht wahrhaben wollen – Canaris' Aufstieg im »Dritten Reich« begann zumindest als NS-Sympathisant. »Wir sind doch fast alle mitgegangen«, räumt Otto Wagner, ein alter Marinekamerad von Canaris, ein.

Neben seinen Geheimdiensterfahrungen aus dem Ersten Weltkrieg und der gewünschten politischen »Haltung« gab es allerdings noch einen dritten Grund, Canaris auszuwählen: die Bekanntschaft mit Reinhard Heydrich aus gemeinsamen Marinetagen 1923 auf dem Schulkreuzer »Berlin«. Heydrich, damals als Kadett Untergebener von Canaris, war jetzt Chef des »Sicherheitsdienstes des Reichsführers-SS« (SD) und damit einer der neuen, starken Männer des Reiches. Durch seinen Ehrgeiz, einen allmächtigen Überwachungsapparat aufzubauen, hatte es mit dem Vorgänger von Canaris, Fregattenkapitän Conrad Patzig, immer wieder Kompetenzstreit gegeben. Patzig hatte verbissen das Monopol seines Amtes auf die inländische Spionageabwehr verteidigt und sich daneben mit Bemerkungen, in denen er schon mal die SS als »Sauhaufen« bezeichnete, Heydrichs Feindschaft zugezogen. Solche Amtschefs konnte Reichswehrminister Blomberg, dessen Motto es war, die Armee geräuschlos »in den neuen Staat zu führen«, nicht brauchen. Patzig mußte gehen. Von Canaris erhoffte sich Blomberg nun endlich reibungslose Zusammenarbeit mit den »Schwarzen« – die alte Marinevergangenheit konnte da nur dienlich sein. Als der neue Amtschef zum Antrittsbesuch beim Vorgänger erschien, erklärte er dann auch wunschgemäß, für die dauernden Querelen mit Heydrich kein Verständnis aufzubringen. Patzig antwortete mit einer Schilderung der Gefahren, die er im heraufziehenden »Führerstaat« erblickte. Canaris erwiderte kühl: »Seien Sie ganz beruhigt, mit diesen Jungs werde ich schon fertig.« Patzig verabschiedete sich mit bösen Vorahnungen.

Auch die ersten Amtshandlungen von Canaris am Tirpitzufer gaben nicht gerade zu der Vermutung Anlaß, hier reife ein führender Kopf des Widerstands heran. »Reichlich alt und verbraucht« erschien der neue Chef einem Mitarbeiter. Die abgewetzte Uniformjacke, der gebeugte Gang und seine »saloppe Art« riefen Enttäuschung hervor. Hinzu kamen NS-Parolen, die Canaris ganz im Gegensatz zum kämpferischen Patzig gebetsmühlenhaft wiederholen konnte. »Der Offizier hat den Nationalsozialismus vorzuleben«, belehrte er seine Gruppenchefs und mahnte, daß eine »unpolitische Handlung im nationalsozialistischen Staate eine Sabotage und ein Verbrechen« sei. Im Umgang mit SD und Gestapo verlangte er pflichtgemäß »kameradschaftliche Zusammenarbeit«.

Er selbst ging mit gutem Beispiel voran und suchte die Nähe Heydrichs. Bald nahmen die beiden ihren privaten Kontakt wieder auf. Im Garten der Heydrichs suchten die Familien Entspannung beim Krocket. Gattin Erika Canaris, die ausgezeichnet

»...verspricht, ein guter Offizier zu werden.«
Canaris als Kapitänleutnant der Reichsmarine.

Wie der Offizier vor dem Weltkrieg selbstverständlich Monarchist war, wie er nach dem Weltkrieg sich selbstverständlich darum bemühte, das Erbe des Fronterlebnisses zu bewahren, so selbstverständlich ist es heute, wo unser aller Fronterlebnis seine Verwirklichung im nationalsozialistischen Staate fand, Nationalsozialist zu sein. Und wir sind als Soldaten glücklich, uns zu seiner politischen Weltanschauung bekennen zu dürfen, die zutiefst soldatisch ist.«

Canaris in einem Vortrag vom 22. April 1938 in Wien

Der aus der Marine stammende »Levantiner«-Mythos hat sicher dazu beigetragen und wird weiter dazu beitragen, den Nimbus des Geheimnisvollen um Canaris zu verstärken.

Werner Best, SS-Obergruppenführer

Violine spielte, fand im SD-Chef eine begeisterte zweite Geige. Ab und zu setzte der gänzlich unmusikalische Canaris seine Kochmütze auf und bereitete den Musikanten kulinarische Genüsse. Seine Spezialität war Heringssalat mit Kaviar und Cognac, auch gefüllte Schweinefilets sollen ihm besonders gut gelungen sein. Selbst als später das Verhältnis von Abwehr und SS immer gespannter wurde, pflegten die Chefs weiter ihre Freundschaft. Nach dem Umzug der Familie Canaris in den grünen Berliner Vorort Schlachtensee bezogen die Heydrichs ein Anwesen, das durch den Garten des Abwehrchefs zu erreichen war. Gemeinsame Ausritte der beiden Nachbarn im Tiergarten boten zudem regelmäßig Gelegenheit, heikle Themen auf dem »kleinen Dienstweg« zu erörtern.

Canaris spürte bald, daß der ehrgeizige Heydrich am liebsten die gesamte Abwehr dem wuchernden Apparat des SD einverleiben wollte, und ahnte, daß sich die Machtverhältnisse in Deutschland immer mehr zugunsten der »Schwarzen« verschieben würden. Frontaler Widerstand, wie ihn Vorgänger Patzig praktiziert hatte, erschien da auf Dauer wenig vielversprechend. Der neue Abwehrchef setzte auf Annäherung. Er schloß Abkommen mit der Konkurrenz und ermunterte seine Mitarbeiter zu regem Dienstverkehr mit den »Kameraden«. Nach und nach gelang es ihm auf diese Weise, den Raum für einen ungestörten Aufbau seiner Abwehr zu sichern. Denn nur das war sein Ziel in den ersten Amtsjahren: die Errichtung eines funktionierenden militärischen Nachrichtendienstes. »Sein Zweikampf mit Heydrich«, erinnert sich Werner Best, lange Zeit die rechte Hand des SD-Chefs, »war ein Kampf um den nationalsozialistischen Staat, nicht gegen ihn.«

Es war ein seltsames Verhältnis, das die äußerlich so grundverschiedenen Männer miteinander verknüpfte – eine Art Haßliebe auf Gegenseitigkeit. In sein Tagebuch notierte Canaris nach der ersten Begegnung mit dem Marinekameraden von einst, er werde wohl nie offen mit Heydrich zusammenarbeiten können, weil dieser ein »brutaler Fanatiker« geworden sei. Heydrich wiederum warnte seine Mitarbeiter eindringlich, der Nachbar aus Schlachtensee sei ein »alter Fuchs, vor dem man sich in acht nehmen muß«. Demgegenüber freilich steht die Erinnerung der Heydrich-Gattin Lina, wonach Canaris ihr gegenüber öfters bemerkt habe, er sehe in ihrem Mann »fast so etwas wie einen Sohn«.

Sollen all die gemeinsamen Stunden nur ein raffiniertes Doppelspiel des Abwehrchefs gewesen sein, um Heydrich auf privater Ebene auszuhorchen – wie die Hüter der Canaris-Legende glauben? Nein, Canaris hatte wohl ein »Faible« für diesen großgewachsenen blonden Mann mit den mongolisch geschnittenen Augen. Vielleicht erkannte er in dessen messerscharfer Intelligenz, die stets Distanz zu anderen erzeugte, auch ein Stück von sich selbst wieder. Beide Männer offenbarten zuweilen eine weiche, einfühlsame Seite, die seltsam mit den Anforderungen ihrer beruflichen Aufgaben kontrastierte. Beide teilten die Leidenschaft für Täuschungsmanöver, Tricks und Finten – nicht zufällig pflegte der SD-Chef als Lieblingssport das Fechten mit seinem feinen Spiel von Aktion und Reaktion, von Angriff und Parade. Wenn die beiden Herren der Geheimdienste frühmorgens beim Ausritt Dienstliches besprachen, dann kam das wohl bisweilen einem Degengefecht mit Worten gleich.

Walter Schellenberg, in den Kriegsjahren der neue starke Mann in Himmlers Geheimdienst, berichtete zudem, Canaris und Heydrich hätten sich gegenseitig mit Belastungsmaterial völlig in der Hand gehabt. Keiner konnte etwas gegen den anderen unternehmen, ohne sich selbst in Gefahr zu bringen. Der Abwehrchef hütete demnach Akten über eine »nichtarische« Großmutter des Rivalen, während Heydrich emsig Material über die Widerständler im Amt des Gegners sammelte. So gesellte sich zu den gemeinsam verbrachten Stunden noch ein Gleichgewicht der Angst. Selbst als Canaris sich längst zum erbitterten Gegner des Regimes gewandelt hatte und bis ins Detail wußte, daß Heydrich persönlich verantwortlich war für die Massenmorde, erlosch die alte Zuneigung nicht vollends. Die Jahreswende 1941/42 verbrachte man gemeinsam auf Heydrichs Jagdgut Stolpshof, und auch die Tränen in den Augen von Canaris bei der Beerdigung Heydrichs 1942 – nach einem Attentat tschechischer Widerstandskämpfer – waren wohl echt.

Die erste Bestandsaufnahme fiel für den neuen Chef enttäuschend aus. Bei seinem Amtsantritt fand Canaris im »Fuchsbau«, wie das Gebäude der Abwehr am Tirpitzufer in Anspielung auf seine vielen Gänge und Winkel genannt wurde, einen desorganisierten und wenig leistungsfähigen »Haufen« vor. Die Abteilung I des Obersts Piekenbrock, zuständig für die Beschaffung von Nachrichten im Ausland und damit eigentlicher Kern des Spionageapparats, bestand nur aus einer Handvoll Agenten, die alles andere als ergiebige Quellen waren. Canaris schaffte Abhilfe und rüstete die Abwehr auf: Binnen kurzer Zeit verfügte das Amt über genügend finanzielle Mittel, um ein Heer von V-Männern und Agenten anzuwerben, die Berlin über Rüstungsprojekte oder Truppenbewegungen im Ausland informieren konnten. Überall mischte sich der Chef persönlich ein. Canaris redete mit, wenn es um die Überwachung von deutschen Rüstungsbetrieben ging; er erteilte Ratschläge für die Rekrutierung von Agenten in Übersee und zeigte brennendes Interesse für das Neueste auf dem Gebiet der Funktechnik und Mikrofotografie. Bald mußten die Offiziere in der Zentrale ihr erstes Urteil revidieren und raunten sich nun anerkennend zu, Canaris habe es ja »faustdick hinter den Ohren«. Seine Abwehr war zwar immer noch weit davon entfernt, ein Instrument wie etwa der britische Secret Service zu sein, aber doch schon leistungsfähig genug, um Hitler auf den Amtschef aufmerksam zu machen.

Der Diktator nämlich brauchte dringend Informationen für sein gewagtes Spiel der handstreichartigen »Wochenendcoups«. Würde Frankreich mobil machen, wenn er die Wehrpflicht wieder einführte oder ins entmilitarisierte Rheinland einmarschierte? Canaris sollte die Antworten liefern – und er gab sie zu Hitlers Zufriedenheit. Allein siebzehnmal wurde der Abwehrchef von Dezember 1935 bis März 1936 in die Reichskanzlei gebeten. Hitler fand Gefallen an der ruhigen Art, mit der er vortrug. Außerdem hatte der Karl-May-Leser aus dem Männerheim große Freude, wenn ihm der Geheimdienstchef von Abenteuern seiner Agenten erzählte. Canaris verstand es so nachhaltig, sich das Vertrauen des »Führers« zu sichern, daß dieser fast bis zuletzt nicht an eine Verstrickung des Abwehrchefs in die Verschwörung glauben mochte. Doch Canaris täuschte sich auch in Hitler. Vertrauten erklärte er allen Ernstes: »Er ist ansprechbar und sieht etwas ein, wenn man es ihm nur richtig vorträgt.« Er war so begeistert, in Hitlers Nähe und damit an den Hebeln der Macht zu sein, daß er mitunter in einen wahren Arbeitsrausch verfiel. Seine Tochter Brigitte erinnert sich, »wie selten er dann nach Hause kam«. Den arbeitsfreien Samstag hatte er für seine engsten Mitarbeiter schon abgeschafft, und selbst sonntags mußten die Abteilungsleiter zu einer Besprechung erscheinen, zur sogenannten »Kolonne«. Wenn wichtige

Es wird sich empfehlen, ihn in Kommandos zu verwenden, wo es einmal auf eine scharfe Beobachtungsgabe und diplomatisches Geschick ankommt, dann aber auch in Stellungen, wo seine großen geistigen Fähigkeiten zur Geltung kommen, ohne daß seine durch nicht alltägliche Erlebnisse bedingten skeptischen Stimmungen sich auf einen allzu großen Personenkreis übertragen können.

Canaris' Beurteilung durch Konteradmiral Bastian

»Wir sind aber doch alle mitgegangen...« Canaris als Kommandant des Kriegsschiffs »Schlesien«, 1934

Wenn ich die nationalpolitische Stellung des Offiziers in der deutschen Wehrmacht erläutern will, dann muß ich in erster Linie jene in wundervoller Klarheit verlaufende deutsche Heeresentwicklung zur Darstellung bringen, die mit einer großen nationalsozialistischen Tat ihren Anfang nahm und in unseren Tagen in einer nationalsozialistischen Revolution ihren Abschluß fand.

Canaris in einem Vortrag vom 22. April 1938 in Wien

außenpolitische Entscheidungen bevorstanden, dann erschien Canaris einem Vertrauten »wie elektrisiert«.

Im Frühsommer 1936 war es wieder einmal soweit: In Spanien brach ein Bürgerkrieg aus. Der Hoffnungsträger der konservativen Rebellen, General Franco, saß mit seinen Elitetruppen in Spanisch-Marokko fest und verfügte weder über Schiffe noch über Flugzeuge, um die Soldaten im Mutterland in den Kampf zu werfen. Hilfesuchend wandte sich der General gleichzeitig an Mussolini und an Hitler. Die Diktatoren aber zögerten. Jetzt sollte Canaris helfen, der Franco bei einem Treffen in Madrid kennen- und schätzengelernt hatte. Bei einer »Führer«-Besprechung rührte er die Werbetrommel für den Spanier. In düsteren Farben malte er die drohende Gefahr eines kommunistischen Brückenkopfs im Südwesten Europas aus und lockte mit der Aussicht, außenpolitischen Einfluß im Mittelmeer zu erlangen. Die Entscheidung fiel in der Nacht des 25. Juli 1936 in Bayreuth, nach einer Aufführung der Wagneroper »Walküre« mit Wilhelm Furtwängler am Dirigentenpult. Hitler hatte sich im kleinen Kreis mit Göring, Blomberg und Canaris zurückgezogen. Ob durch das euphorische Klangerlebnis im Festspielhaus oder durch die Ratschläge seines Geheimdienstchefs ermuntert – jetzt wollte der Diktator das spanische Abenteuer wagen.

Schon zwei Tage später hoben die ersten Ju-52-Transportflugzeuge ab, um für Francos Truppen eine Luftbrücke aufzubauen. Wenige Monate später kämpften auch deutsche Soldaten, die »Legion Condor«, in Spanien. Canaris spielte in diesem Stellvertreterkrieg der Ideologien eine zentrale Rolle: Seine Abwehr trieb fleißig Spionage bei den »Roten« und informierte Franco über geplante Offensiven des Gegners. Wochenlang hielt er sich selbst in Spanien auf – inkognito – und ließ auf seinem Schreibtisch in Berlin alles stehen und liegen. Jetzt war er wieder in seinem Element, wie damals, 1919, in den Wochen als Freikorpskämpfer, als umtriebiger Drahtzieher hinter den Kulissen. Selbst mit der Nachrichtenverbindung der einzelnen Truppenteile Francos waren Funkspezialisten aus dem Amt Canaris betraut. Der Bürgerkrieg machte aus dem spanischen General und dem deutschen Geheimdienstchef Freunde fürs Leben. Wann immer Canaris nach Francos Sieg 1939 in Madrid auftauchte, hatte der Spanier Zeit für ihn. Auf seinen Berliner Schreibtisch stellte der Abwehrchef ein Franco-Porträt, und einem Vertrauten verriet er, daß er später seine Pension in Spanien zu genießen gedenke.

Vorläufig aber war an Ruhestand noch nicht zu denken. Die Abwehr expandierte, und trotz aller Reibereien mit Heydrichs SD schien Canaris' Stellung innerhalb der Wehrmacht unantastbar. Für den Jahresanfang 1938 stand die Beförderung zum Vizeadmiral in Aussicht. Eigentlich hätte die Welt des Wilhelm Canaris in Ordnung sein müssen, in jener Phase der nationalen Illusion, als die meisten Deutschen noch froh waren, zu Hitlers »Volksgemeinschaft« zu gehören. Doch genau in diesem Zeitraum begann der Wandel bei Canaris. Die Mitarbeiter im Amt merkten es zuerst daran, daß ihr Chef zunehmend seltsamere Verhaltensweisen an den Tag legte. Die Zuneigung zu seinen beiden Rauhhaardackeln Seppel und Sabine steigerte sich von der Marotte zur Obsession. Auf Reisen telefonierte er manchmal stundenlang, um sich über Gemütsverfassung und Verdauung seiner Lieblinge zu informieren. Wer den Hunden nicht die rechte Beachtung schenkte, war schnell »unten durch«, wie sich ein Referent erinnerte. Selbst in seinem legendären Tagebuch, das nach dem Krieg verschollen blieb, beschäftigte sich Canaris mit den Dackeln. Ein Abwehroffizier schildert, daß darin »mehrfach in geistreichen Wendungen und Sentenzen der Hund über die Frau gestellt« worden sei.

Canaris entwickelte sich offenkundig mehr und mehr zum Sonderling. Notorisch hypochondrisch veranlagt, schluckte er Unmengen verschiedener Medikamente. Erkältete Mitarbeiter schickte er mit panischen Erklärungen nach Hause. Ein Untergebener nannte ihn »den schwierigsten Vorgesetzten in meiner dreißigjährigen Soldatenlaufbahn«. Seinem Adjutanten konnte passieren, daß ihn der Chef, wie auf einer Bahnfahrt von Wiesbaden nach Berlin geschehen, allen Ernstes mit dem Befehl zum Lokführer schickte, dieser solle gefälligst schneller fahren.

Nur die wenigsten seiner Vertrauten aber erkannten, daß sein Verhalten Ausdruck einer inneren Krise war. Als der Vorgänger im Amt, Conrad Patzig, im Frühjahr 1937 noch einmal zu Besuch kam, war er mehr als überrascht, daß derselbe Mann, der zwei Jahre zuvor noch forsch verkündet hatte, er werde mit Heydrich und Himmler »schon fertig«, nun deprimiert stöhnte: »Von oben bis unten sind sie alle Verbrecher, die Deutschland zugrunde richten.« Als Patzig daraufhin riet, der Abwehrchef solle sich doch abkommandieren lassen, antwortete Canaris: »Wenn ich gehe, kommt Heydrich, und dann ist alles verloren.« Was war geschehen in den beiden Jahren an der Spitze des Geheimdienstes? Keine Frage, Canaris sah sich weiter als des »Führers« treuen Amtschef. Wenn er in Vorträgen seine Zuhörer beschwor, für einen Offizier sei es »heute selbstverständlich, Nationalsozialist zu sein«, dann klang darin immer noch die tiefste Überzeugung durch. Doch es keimten erste Zweifel. Die totalitäre Macht, wie sie sich vor seinen Augen in Himmlers SS-Imperium formierte, die Verfolgung von Juden und Andersdenkenden, das spürbare Klima des Terrors – all diese Dinge waren für den Christen Canaris Symptome moralischen Verfalls. Noch aber glaubte er an eine mögliche Läuterung. Noch war seine Hoffnung nicht erloschen, die Lawine aufhalten zu können – auch durch seinen eigenen Beitrag. Ein Mensch könne »nicht nur nach Zweckmäßigkeiten« entscheiden, erklärte er in diesen Tagen einem Freund, er müsse auch ein »ethisches Fundament bewahren«.

Mit den wachsenden Zweifeln rückte ein Mann immer mehr ins Blickfeld von Canaris, mit dem ihn das Schicksal schließlich bis zum bitteren Ende verbinden sollte: Hans Oster, Oberst in der Abteilung III (Spionageabwehr) des Amtes. Oster stammte wie Canaris aus der Generation von Weltkriegsoffizieren, die nur widerwillig die Uniform der Republik getragen hatten. Auf den ersten Blick erschien der temperamentvolle sächsische Pfarrerssohn, vom Typus her Lebemann und Draufgänger, wenig mit dem eher introvertierten, manchmal schüchtern wirkenden Canaris gemein zu haben. Während an Osters Bürowand der angriffslustige Wahlspruch »Ein Adler frißt keine Fliegen« prangte, schmückten den Schreibtisch des Abwehrchefs drei kleine Bronzeaffen, die jeweils mit ihren Armen Augen, Ohren und Mund verdeckten: »Nichts sehen, nichts hören, nichts sagen.« Tatsächlich aber bildeten die beiden ungleichen Männer bald ein höchst vertrautes Gesprächspaar, das sich offen austauschte. Dabei übernahm Oster stets den radikaleren Part. Früher als bei Canaris, schon nach der Mordaktion an Röhm und dessen SA-Gefolgschaft im Sommer 1934, hatte seine Kritik am Regime eingesetzt; entschiedener als sein Chef wollte er handeln. Im Gegensatz zu Canaris kamen fanatische NS-Sprüche nie über Osters Lippen, statt dessen pflegte er im Dienst wie auch zu Hause Sätze zu formulieren, die ihn »reif für ein KZ« – so ein Mitarbeiter – machen würden, wenn sie einmal in falsche Ohren gerieten.

»Meine Dackel werden mich nie betrügen...« Canaris mit seinem Hund Seppel.

Halten Sie sich an die Güte der Tiere – sehen Sie, meine Dackel sind schweigsam und werden mich nie betrügen.

Canaris

Er hat es ganz gern gehabt, wenn ein bißchen Mythos um ihn entstanden ist... ein bißchen geheimnisvoll spielen. Ich glaube, das hat ihm ganz gut gefallen.

Wilhelm Höttl, SS-Obersturmbannführer

1938 sollte für die beiden Freunde zum Jahr der Entscheidung werden. Es begann mit jener handstreichartigen Attacke Hitlers gegen die Armeeführung, die von Historikern als »Blomberg-Fritsch-Krise« eher verharmlost worden ist. Innerhalb weniger Wochen hatten Reichswehrminister Blomberg und Heereschef Fritsch ihren Hut nehmen müssen – der eine, weil er eine Dirne geheiratet hatte, der andere aufgrund einer von der Gestapo inszenierten Schmierenkomödie um einen Strichjungen. Hitler ernannte sich nun selbst zum Oberbefehlshaber der Wehrmacht und setzte an die Stelle von Fritsch den fügsamen Brauchitsch. Die Aufregung um die ehrenrührigen Kündigungsgründe beschäftigte das Offizierskorps der Wehrmacht so sehr, daß die strategische Bedeutung dieses Personalwechsels zunächst nur von wenigen erkannt wurde. Es war der Abschluß der »Machtergreifung«, erst jetzt verfügte der Diktator über die totalitäre Gewalt.

Canaris aber, der längst zu den am besten informierten Männern des Reiches gehörte, durchschaute schnell, worum es ging. Er hatte das Protokoll des Hitler-Adjutanten Hoßbach noch gut in Erinnerung, das dieser nach einer Geheimrede des »Führers« am 5. November 1937 verfaßt hatte. Vor wenigen ausgesuchten Spitzen der Armee hatte Hitler unmißverständlich angekündigt, so bald wie möglich Krieg führen zu wollen. »Zur Lösung der deutschen Frage könne es nur noch den Weg der Gewalt geben«, vermerkt das Protokoll. Ziel sei ein schneller »Überfall auf die Tschechei«. Hoßbach hatte auch festgehalten, daß von seiten Blombergs und Fritschs anschließend heftiger Widerspruch erfolgt war und die Diskussion in »sehr scharfen Formen« ausgetragen wurde. Für den Admiral waren die Zusammenhänge klar: Hitler erkannte, daß sich mit diesen zaudernden Militärs kein Sieg und schon gar kein »Lebensraum« erkämpfen ließ. Ihre Beseitigung bedeutete nichts anderes, als daß jetzt alle Weichen auf Krieg gestellt werden würden.

Canaris war bestürzt. Auch er hielt Hitlers Kurs für selbstmörderisch. »Schon die ersten Schüsse des Krieges«, ahnte er düster voraus, »werden Deutschlands Ende sein.« Außerdem hatten Art und Weise der Entlassung Fritschs und Blombergs sein Standesdenken aufs tiefste verletzt. Wenn Hitler so mit seinen höchsten Generälen umspringen konnte, welche Werte zählten dann überhaupt noch in Deutschland – außer dem Willen des Diktators? Richard Protze, seit Kadettenzeiten in der kaiserlichen Marine enger Freund des Abwehrchefs, sah in dieser Erfahrung den entscheidenden Wendepunkt: »Wenn Sie nach irgendeinem Ereignis suchen, bei dem die Loyalität von Canaris gegenüber Hitler ins Wanken geriet, dann haben Sie es hier.« Schon ein halbes Jahr darauf hatte sich der zweifelnde Abwehrchef zum handelnden Gegner gemausert – und das, obwohl er auf der Woge nationaler Begeisterung nach dem »Anschluß« Österreichs noch einmal auf seiten der Hitler-Gläubigen zu finden war. »Wir alle stehen noch unter dem alle deutschen Herzen erhebenden Ereignis«, hatte er noch am 22. April 1938 in einer Rede vor Offizieren in Wien geschwärmt, »ersehnt, erarbeitet, erkämpft in der Parole: ein Volk, ein Reich, ein Führer.« Am 14. September erteilte derselbe Canaris seinem Abteilungsleiter Groscurth den Befehl, Waffen, scharfe Munition und Sprengstoff an einen Stoßtrupp des Abwehr-Majors Heinz auszuteilen, der keinen anderen Auftrag hatte, als ebendiesen »Führer« zu verhaften.

Es war der Höhepunkt einer »Verschwörung für den Frieden«, die sich im unheilschwangeren Sommer 1938 formiert hatte. Treibende Kraft und Kommunikator war Hans Oster. Der Generalstabschef des Heeres, Halder, gehörte ebenso dazu wie sein Vorgänger Beck, der Staatssekretär des Auswärtigen Amtes, Ernst von Weizsäcker, und auch der ehemalige Leipziger Oberbürgermeister Carl Goerdeler. Sie alle wollten verhindern, daß Hitler das Reich, das er in den Augen der meisten von ihnen in durchaus verdienstvoller Weise wieder aufgerichtet hatte, nun in den Untergang gerissen wurde. Das Amt Ausland/Abwehr mit seinen Verbindungen und Informationsquellen hatte sich als idealer Apparat für Tarnung und Koordination der weitverzweigten Opposition erwiesen. Canaris hatte sogar eigens eine neue Abteilung für Oster geschaffen, in erster Linie, damit der Freund ungestört schalten und walten konnte – die Abteilung Z. Offiziell für Aufgaben der »zentralen Verwaltung« eingerichtet, diente sie in Wahrheit nur politischen Aufgaben. »Die Abteilung Z«, erinnert sich der Abwehr-Referent Reinhard Spitzy, dessen Schreibtisch zwei Zimmer neben dem Osters stand, »war eigentlich die Abteilung ›Putsch‹.«

Die Verschwörung hatte mit der ernüchternden Erkenntnis begonnen, daß die Widerständler in der Minderheit waren. Ein Versuch, die Spitzenmilitärs für den Fall des Kriegsausbruchs gegen die Tschechoslowakei zu einer Art Generalstreik zu gewinnen, war kläglich gescheitert. Die Mehrzahl teilte zwar die Einsichten ihres alten Generalstabschefs Beck, wonach Deutschlands strategische Lage einen Krieg nicht zuließe, doch waren die führenden Generäle nicht bereit, gegen ihren Oberbefehlshaber zu meutern. Das sollte bis 1945 für die überwiegende Anzahl so bleiben – tragisches Paradigma und historische Schuld einer Generation von hohen Offizieren, die nicht den Mut aufbrachten, Recht und Moral über ihren Gehorsam zu stellen.

Die zweite große Enttäuschung wurde den Verschwörern von seiten der Westmächte zuteil: In wahren Pilgerzügen waren Abgesandte des Widerstands in Paris und London erschienen, hatten für eine harte Haltung gegenüber Hitlers Expansionsgelüsten plädiert und um Unterstützung für die Opposition geworben. Doch alle Versuche blieben vergebens: Im Westen wurden die Gefahren, die von Hitler ausgingen, offenbar noch nicht erkannt, und eine Opposition der »Junker und Generäle« erschien in London kaum als attraktive Alternative zu den Nationalsozialisten. Das Unverständnis für die prekäre Situation der Putschisten ging so weit, daß Lord Vansittart, der außenpolitische Chefberater der britischen Regierung, dem verblüfften Goerdeler vorhielt, es sei ja »Landesverrat«, was er da treibe.

Für Canaris waren dies zwei Lektionen, die er nicht mehr vergessen sollte. Ernüchtert zog er sich aus der vordersten Linie der Verschwörer zurück, ohne allerdings das große Ziel aus den Augen zu verlieren. »Macht ihr nur«, beschied er den umtriebigen Oster. Die Details der Vorbereitungen interessierten ihn nur noch mäßig. Glaubte er nicht an Erfolgschancen, oder wollte er für den Fall des Scheiterns vorbauen? Halder, der Nachfolger Becks, erlebte Canaris in diesen Wochen als schwer durchschaubar: »Es war oft wirklich schwierig zu erraten, was er einem sagen wollte.« Doch Hitlers Eskalationspolitik gegenüber Prag zwang zu schnellem Handeln. Dem Oberkommando der Wehrmacht waren schon Angriffsziele und -datum mitgeteilt worden. Canaris drängte: »Handelt sofort!« Oster hatte jetzt mit Erwin von Witzleben immerhin einen Truppenbefehlshaber für den Umsturz gewinnen können. Der General verfügte als Wehrkreiskommandeur von Berlin über schlagkräftige Einheiten der 23. Division. Ein Plan wurde entworfen, Gebäude und Kasernen von SS und Gestapo mußten besetzt werden. Mit dem Berliner Polizeipräsidenten und SA-Veteranen Wolf-Heinrich von Helldorf sowie dem Gestapo-Chef der Hauptstadt, Arthur Nebe,

Wer Tiere schlecht behandelt, kann kein guter Mensch sein.

Canaris

Ein Beschwichtigungshofrat, also das ist ein typischer österreichischer Ausdruck, der paßt typisch auf Canaris. Er mußte ja nach beiden Seiten beschwichtigen, das war nicht leicht.

Wilhelm Höttl, SS-Obersturmbannführer

»Halten Sie sich an die Güte der Tiere...« Canaris mit seiner Lieblingsstute Motte.

gehörten auch zwei Männer der Gegenseite zur Verschwörung, so daß ein Eingreifen der Polizei vorläufig nicht zu erwarten war. Es war ein Vorhaben, das durchaus Erfolgsaussichten besaß.

Ein Trupp des Abwehr-Majors Heinz sollte Hitler verhaften. Was dann mit »Emil«, wie die Verschwörer ihren Gegner spöttisch nannten, geschehen sollte, darüber herrschten geteilte Meinungen. Canaris und Halder wollten ihn entweder von einem Ärztegremium für geistesgestört erklären lassen oder ihn vor ein Gericht stellen. Belastungsmaterial war reichlich vorhanden. Der Reichsgerichtsrat Hans von Dohnanyi, den der Admiral ein Jahr später in die Abwehr holen sollte, hatte seit 1933 ein dickes Dossier über Rechtsbrüche des Diktators angelegt. Einen Tyrannenmord dagegen, wie ihn Heinz insgeheim plante, lehnte Canaris »aus seiner religiösen Grundhaltung heraus« ab, wie sich Franz Liedig, ein Kamerad aus Freikorpszeiten, erinnert.

Dann aber fielen alle Pläne wie ein Kartenhaus in sich zusammen. Sprichwörtlich aus heiterem Himmel schwebte Großbritanniens Premierminister Chamberlain über Deutschland ein, um Hitler in der Sudetenfrage entscheidende Konzessionen einzuräumen. Für den Staatsstreich bedeutete das ein abruptes Ende. In der Stunde des friedlichen Triumphs war Hitler nicht zu stürzen. Woran Canaris und die anderen Verschwörer nie geglaubt hatten, war eingetreten: Die Westmächte opferten ihren tschechischen Verbündeten. Chamberlain hoffte, Hitler damit auf Dauer zufriedengestellt zu haben, und untermauerte seinen fatalen Irrtum noch mit dem freudig-pathetischen Ausspruch: »Frieden für unsere Zeit.« Canaris sah das realistischer. Das Schicksal schien sich für Hitler entschieden zu haben. Mit dem historischen Flug des britischen Premiers hatte der Diktator, ohne es zu wissen, zwei Gefahren gleichzeitig überstanden: den von ihm gewollten Krieg, von dem Militärhistoriker glauben, daß er 1938 wohl mit einer deutschen Niederlage geendet hätte, und den Sturz von innen, der unmittelbar bevorstand. »Es wäre das Ende Hitlers gewesen«, meinte Carl Goerdeler aus dem Kreis der verhinderten Putschisten resigniert.

So aber marschierten deutsche Soldaten, ohne einen Schuß abzugeben, ins Sudetenland ein. Wie nach dem »Anschluß« Österreichs schwappte eine Welle der Begeisterung durchs Land, und der Glaube an das »Genie des Führers« erhielt neue Nahrung. Scheinbar mühelos reihte sich auch Canaris wieder in den Chor der Gratulanten ein. Oster wies er an, schleunigst die Akten über die Staatsstreichpläne verschwinden zu lassen. Der Ring der Verschwörer hatte ohnehin Risse bekommen: Witzleben war verärgert über die falsche außenpolitische Analyse von Canaris und Weizsäcker, der Abwehrchef wiederum schüttelte den Kopf über den Dilettantismus und die »unverantwortliche Sorglosigkeit«, so ein Kamerad aus der Abwehr, der Männer um Oster. Canaris ging auf Distanz und wollte von Umsturzplänen vorläufig nichts mehr wissen.

Nun schlüpfte er wieder in die Rolle des linientreuen Amtschefs, des treuen Vasallen des »Führers«. Mitarbeiter der Abwehrstelle Hamburg ermahnte er, ihm mit dem »deutschen Gruß« Meldung zu machen. Die Ausritte mit Heydrich, der keine Ahnung vom ausgefallenen Putsch zu haben schien, wurden wieder intensiviert, und nichts schien Canaris nun wichtiger als der verstärkte Ausbau seines Dienstes. Die ersten Erfolge des neuen Spionagenetzes kamen gerade recht, um den Eindruck einer Reihe von Falschmeldungen der Abwehr während der Sudetenkrise vergessen zu machen. Aus den USA »besorgten« seine Spione Baupläne eines neuen Bombenzielgeräts für Kampfflugzeuge, das den deutschen Vorrichtungen weit überlegen war. Aus Paris erhielt die Zentrale geheime Verschlüsselungscodes der französischen Marine. Bald war der Abwehrchef bei Hitler wieder wohlgelitten, er durfte den Diktator zu offiziellen Anlässen wie der Taufe des Schlachtschiffs »Tirpitz« oder zur feierlichen Heimkehr der »Legion Condor« aus Spanien begleiten.

War dies alles nur geniale Täuschung eines Widerständlers, der auf die nächste Chance wartete – wie die Wächter der Canaris-Vita nach dem Krieg verkündeten? Wohl kaum. Die Wahrheit ist wohl, daß der Admiral sich gar nicht zu verstellen brauchte. Seine größte Sorge, Hitler könnte Deutschland in einen Krieg treiben, der nur den Untergang bedeuten würde, hatte sich ja als unbegründet erwiesen. Weder die Einverleibung des Sudetenlandes noch der »Griff nach Prag« hatten Blut gekostet. Er, Canaris, hatte sich getäuscht – der »Führer« hatte recht behalten. Nicht nur der Abwehrchef wurde angesichts solcher Erfolge anfällig für fatalen Wunderglauben. Wäre Hitler damals, so dessen Biograph Joachim Fest, einem Attentat zum Opfer gefallen, dann hätten ihn die Deutschen wohl als einen der größten Staatsmänner ihrer Geschichte angesehen. Es waren eben allzu wenige, die sich wie der entlassene Heereschef Fritsch nicht täuschen ließen. »Dieser Mann«, so prophezeite er in jenen Wochen, »ist Deutschlands Schicksal, im Guten und im Bösen, und dieses Schicksal wird seinen Weg zu Ende gehen; geht es in den Abgrund, so reißt er uns alle mit – zu machen ist da nichts.« Canaris aber gehörte diesmal nicht zu den Hellsichtigen; seine Kehrtwende vom Putschisten zum Paladin entsprach der – allerdings kurzlebigen – Illusion, daß der Krieg vermieden sei, und man kann die innere Beruhigung nachempfinden, die der Abwehrchef empfand, nicht weiter gegen die Staatsform Pläne zu schmieden, die er nach der Monarchie noch immer für die denkbar beste in Deutschland hielt.

Es ist auch bezeichnend, daß er weiterhin als möglich erachtete, gleichsam auf dem Dienstweg dem Terror Einhalt zu gebieten. Nach der Pogromnacht am 9. November 1938 stellte er dem OKW-Chef Keitel einen detaillierten Bericht über die Ausschreitungen des braunen Pöbels zu – in der Hoffnung, damit wenigstens einen Protest der Armeeführung zu erreichen. Doch Keitel wies den Bericht ärgerlich mit der Bemerkung ab, daß innenpolitische Vorgänge nicht in seinen Kompetenzbereich gehörten – was Canaris freilich nicht davon abhalten sollte, weiter Auflistungen von Verbrechen an die Adresse seines Vorgesetzten zu senden. Der Abwehrchef, für den die Rechtssicherheit der Kaiserzeit den zu erstrebenden Normalzustand darstellte, hielt wie an einem Strohhalm an seiner Vorstellung von Recht und Ordnung fest. Am Horizont aber kündigte sich schon der Sturm an, der alle Hoffnungen des Wilhelm Canaris hinwegfegen sollte.

Am Morgen des 26. August 1939, genau um 3.55 Uhr, eröffneten 13 Männer in Zivil und ein Uniformierter das Feuer auf den Bahnhof Mosty am strategisch wichtigen Jablunka-Paß im Süden Polens. Die Verteidiger wurden aus dem Schlaf gerissen. Minuten später war das Bahnhofsgebäude in der Hand der Angreifer. Der Truppführer funkte an seine vorgesetzte Stelle: »Bahnhof Mosty genommen. Verluste: ein Verwundeter.« Was der lakonische Funkspruch meldete, war das erste Gefecht des Zweiten Weltkriegs, sechs Tage vor dem in den Geschichtsbüchern vermerkten Kriegsbeginn. Der Kommandeur, Oberleutnant Herzner, unterstand der für Sabotage und Kommandounternehmen zuständigen Abteilung II des Amtes Ausland/Abwehr. Die ersten Schüsse

»...grüßen Sie meine Frau.«
Erika Canaris.

Er kannte – obwohl er mit seiner Frau und seinen beiden Töchtern, die damals noch kleine Mädchen waren, ein sehr harmonisches Familienleben führte – kein eigentliches Privatleben neben dem Dienst und hat in den Jahren unserer Zusammenarbeit nach meiner Kenntnis nie Erholungsurlaub genommen.

Werner Best, SS-Obergruppenführer

Das Gefühl, gesichert – ich möchte fast sagen, behütet – zu sein, hat die, die ihm nahestanden, nie verlassen.

Paul Leverkuehn, Amt Ausland/Abwehr

jenes Krieges, von dem Canaris vorausgesagt hatte, er werde »Finis Germaniae«, das Ende Deutschlands, sein, waren abgefeuert worden von Männern seiner Abwehr – ohne Kriegserklärung, gegen jedes Völkerrecht.

Die Wochen zuvor hatten dem Admiral wieder schonungslos den Zwiespalt aufgezeigt, in dem er sich bewegte. Hitlers Aggressionspolitik gegenüber Polen und sein allen ideologischen Bekenntnissen zuwiderlaufender Pakt mit Stalin hatten jede Illusion zerrissen, daß nach der Einnahme Prags außenpolitische Ruhe einkehren würde. Als Geheimdienstchef war Canaris befehlsgemäß – und einfallsreich – an die Aufgabe gegangen, Sabotageaktionen gegen wichtige Brücken, Gebirgspässe sowie Industrieanlagen vorzubereiten, Informationen über Stärke und Aufstellung der polnischen Armee zu liefern und die eigenen Angriffsvorbereitungen zu verschleiern. Als innerer Gegner des Kriegskurses wiederum hatte er gleichzeitig Nachrichten über die Unvermeidlichkeit eines Zweifrontenkriegs gestreut und wieder einmal vergeblich Verbündete in der Generalität gesucht. Ernsthafte Planungen eines Staatsstreichs hatte es diesmal allerdings nicht gegeben. Zu tief saß noch die Enttäuschung des Scheiterns ein Jahr zuvor. Einen kurzen Moment jedoch war noch einmal Hoffnung aufgekommen. Am 25. August hatten zwei fast gleichzeitig eintreffende Meldungen aus Rom und London die Reichskanzlei in ein Tollhaus verwandelt. Mussolini hatte mitgeteilt, daß Italien bei einem Krieg keinen Beistand leisten könne, und Großbritannien meldete den Abschluß eines Paktes mit Polen. Hitler verlor die Nerven. Er blies den für den nächsten Morgen vorgesehenen Angriff ab, obwohl die meisten Truppen schon auf dem Marsch waren. Es grenzte an ein Wunder, daß sämtliche Verbände – bis auf den Trupp des Oberleutnants Herzner – noch gestoppt werden konnten.

Canaris fiel ein Stein vom Herzen. Hatte sich nicht der Diktator bis auf die Knochen blamiert? »Rein in die Kartoffeln, raus aus den Kartoffeln«, witzelten schon die Adjutanten im Abwehrgebäude. In seinem Büro machte der Hausherr seiner Freude Luft: »Von diesem Schlag erholt er sich nicht mehr. Der Friede ist für zwanzig Jahre gerettet.« Nur der Stoßtrupp am Jablunka-Paß bereitete ihm noch Kopfzerbrechen. Was, wenn der Oberleutnant Herzner eine internationale Krise heraufbeschwor und doch noch den Krieg auslöste, den Hitler gerade abgesagt hatte? Tatsächlich wurden Herzners Leute schon von polnischen

Einheiten beschossen, als sie endlich der Funkspruch erreichte, der den Rückzug befahl. Da der Trupp weder Tote noch Gefangene zu beklagen hatte, blieb den Polen kein Beweismaterial, wer sich ihres Bahnhofs bemächtigt hatte. Die Sache schien glimpflich ausgegangen zu sein.

Im Morgengrauen des 1. September allerdings war von einer Blamage des Diktators, über die Canaris eben noch große Genugtuung empfunden hatte, nichts mehr zu spüren. Ohne irgendein Anzeichen von mangelndem Gehorsam überfiel die Wehrmacht den polnischen Nachbarn. Als den Abwehrchef am Abend zuvor der Befehl zum Losschlagen erreichte, machte er sich keine Illusionen mehr. Canaris war kein Pazifist, aber Realist: Die Logik der weltpolitischen Lage würde am Ende unweigerlich zu Deutschlands Niederlage führen, darüber war er sich seit langem im klaren, genauso wie über die neue, fürchterliche Gewalt moderner Waffensysteme, die viel mehr Leid und Tod mit sich bringen würden als der Weltkrieg von 1914 bis 1918. Auch hierin sollte er recht behalten. Ein Vertrauter aus dem Kreis Osters, der ehemalige Gestapo-Mann Hans Bernd Gisevius, traf den Admiral noch am Abend des 31. August im Abwehr-Gebäude am Tirpitzufer. Canaris sei wie in Trance gewesen, schildert Gisevius, dann habe er »mit tränenerstickter Stimme« voll dunkler Ahnungen gesagt: »Das ist das Ende Deutschlands.«

Meldungen über die ersten Erfolge wischten solche düsteren Gedanken erst einmal beiseite. Viel rascher als erwartet überrannte die Wehrmacht ihren polnischen Gegner, auch dank der Vorbereitung des Amtes Ausland/Abwehr. Canaris sonnte sich für kurze Zeit im Erfolg seiner Kommandounternehmen und Sabotageanschläge. Wenn etwa der Kommandeur des Armeekorps VIII., General Busch, 400 von der Abwehrstelle Breslau angeworbenen Kämpfern sein ausdrückliches Lob aussprach, dann heftete man sich die Anerkennung auch in der Zentrale ans Revers. Bald aber verdarben dem Admiral Nachrichten seiner Abwehrstellen die Stimmung – Meldungen, die den wahren Charakter dieses Krieges offenlegten. Über den von der Propaganda als Kriegsanlaß ausgeschlachteten »polnischen Überfall« auf den grenznahen Sender Gleiwitz erfuhr er, daß in Wahrheit SD-Männer in polnischen Uniformen den Angriff »gespielt« hatten. Die Toten, der Presse als angebliche Gefechtsopfer präsentiert, stammten aus Leichenhallen deutscher Konzentrationslager. Und seine Abwehr hatte für dieses erste deutsche Kriegsverbrechen die polnischen Uniformen besorgt! Eine Woche nach Kriegsbeginn eröffnete ihm Heydrich, daß die Meldungen von systematischen Erschießungen durch Einsatzgruppen der SS nicht übertrieben waren. »Die kleinen Leute wollen wir schonen«, erläuterte der Reitpartner kalt, »der Adel, die Popen und Juden müssen aber umgebracht werden.« Frontbesuche und Autofahrten durch das zerstörte Warschau deprimierten den Admiral endgültig. »Daran werden noch unsere Kindeskinder zu tragen haben«, rief er entsetzt beim Anblick von Flüchtlingstrecks und Ruinenfeldern aus, »Gottes Gerechtigkeit wird über uns kommen.«

Es mag erstaunen, daß ein Mann, der alle Geheimnisse über Wirkung und Ziele der deutschen Waffen kannte, angesichts der angerichteten Zerstörungen wie vor den Kopf gestoßen war. Gewiß – das anhaltende Schwanken zwischen Loyalität und Widerstand hatte das Nervenkostüm des sensiblen Admirals stark angegriffen. Doch der Schrecken, der ihm im Schlachtenlärm des Krieges in die Glieder fuhr, war mehr als Nervenschwäche – es war die fürchterliche Erkenntnis der Negation aller Werte, an die er, Wilhelm Canaris, zeitlebens geglaubt hatte. Hitlers Polenfeldzug war kein Krieg mehr, auf den die Clausewitzsche Formel von »der Fortführung der Politik mit anderen Mitteln« angewandt werden konnte. Hier zog eine mörderische Ideologie in die Schlacht, deren Zielsetzung nicht Sieg oder Niederlage hieß, sondern Überleben oder Vernichten. Der Kadett des Kaisers schaute die Abgründe, die sein neuer Kriegsherr aufgerissen hatte. »Ein Krieg, der unter Hintansetzung jeglicher Ethik geführt wird«, sagte er zu seinem Stellvertreter Bürkner, »kann niemals gewonnen werden. Es gibt auch eine göttliche Gerechtigkeit auf Erden.«

Canaris zog Konsequenzen – allen düsteren Ahnungen zum Trotz. Am 12. September 1939 machte der Abwehrchef im »Führer«-Zug Meldung über die Verbrechen hinter der Front. Adressat war wieder Keitel. Die Aufzeichnung dieser Unterredung wurde als Beweismittel im Nürnberger Prozeß verwandt. »Ich machte Generaloberst Keitel darauf aufmerksam, daß ich davon Kenntnis habe, daß umfangreiche Füsilierungen in Polen geplant seien«, ließ Canaris notieren. »Für diese Methoden werde die Welt schließlich doch auch die Wehrmacht verantwortlich machen, unter deren Augen diese Dinge geschähen.« Keitel antwortete knapp, der »Führer« habe »diese Sache« schon entschieden, und »wenn die Wehrmacht hiermit nichts zu tun haben wolle«, dann müsse sie auch hinnehmen, »daß SS und Gestapo neben ihr in Erscheinung treten«. Wieder war Canaris am OKW-Chef abgeprallt, dessen Antwort das ganze Ausmaß seiner Verstrickung veranschaulicht.

Auf Geheiß von Canaris begann sein Apparat jetzt, den Terror zu unterlaufen. Der prominente Warschauer Oberrabbiner Schneersohn wurde mit Hilfe der Abwehr ins Ausland geschleust, nachdem das US-Generalkonsulat diskret um Hilfe gebeten hatte. Auch der Witwe des ehemaligen polnischen Militärattachés Szymanski, den Canaris in Berlin kennengelernt hatte, ermöglichte er die Ausreise in die Schweiz, wo ihr und ihren Kindern mit Abwehr-Geldern ein großzügiges Auskommen gesichert wurde. Es sind dies die ersten aktenkundig gewordenen Canaris-Hilfsaktionen, viele sollten noch folgen. Humanität gegenüber den Verfolgten war ihr Motiv. Die Gefahr, daß Gestapo oder SD solchen Aktionen auf die Schliche kamen, war groß. Doch noch besaß Canaris genügend Macht, um Nachforschungen zu blockieren oder um Rettungsmissionen als fiktive Geheimdienstoperationen zu tarnen. Wann immer Bekannte, Mitarbeiter oder auch seine Frau Erika um Hilfe für Bedrängte baten – Canaris, Dohnanyi und Oster handelten. Oft wurden die Betreffenden einfach für die Abwehr »dienstverpflichtet«, um sie vor Verfolgung zu bewahren. Der Grund für ihre Zwangslage spielte dabei keine Rolle. Ob »Sozialisten, Kommunisten, Freimaurer, Juden oder Bibelforscher«, erinnert sich der Canaris-Bekannte Franz Josef Furtwängler, alle konnten unter dem Dach der Abwehr Schutz finden.

Der Wagemut, mit dem der Admiral und seine Helfer der Mordmaschinerie »in die Speichen fuhren« (so der ebenfalls bei Rettungsaktionen der Abwehr beteiligte Helmuth James von Moltke), war jedoch nicht nur Ausdruck aufrechter Menschlichkeit. Canaris wurde auch von den Gewissensqualen gepeinigt, die ihm eine andere seiner Abteilungen bereitete. Hand in Hand mit Heydrichs Einsatzgruppen machte auch eine Einheit der Abwehr Jagd auf polnische Juden, Adlige und Geistliche: die Geheime Feldpolizei (GFP). Ihr Kommandeur, Oberst Wilhelm Krichbaum aus der Abwehrabteilung III für Spionageabwehr, war vor Kriegsbeginn im Range eines SS-Standartenführers im SD-Hauptamt tätig gewesen. Seine alten Kontakte erlaubten ihm jetzt, für eine reibungslose Zusammenarbeit mit den Kameraden von den Einsatzgruppen zu sorgen. Bald erfüllte seine Truppe ihren Auftrag, im Hinterland der Front »alle volks- und staatsgefährdenden Bestrebungen« zu bekämpfen, so effektiv, daß Heydrich die GFP am 15. September 1939 bat, »ihre Erschießungen selbst durchzuführen«. Im Rußlandfeldzug schließlich war die rund 6000 Mitglieder zählende Einheit nur noch durch die Wehrmachtsuniform von den Mordkommandos der SS zu unterscheiden. Sie überwachte Erschießungsaktionen, koordinierte die Einsätze der »SS-Kameraden« und tat sich besonders durch das Aufspüren von noch verschonten jüdischen Bevölkerungsteilen hervor.

Die GFP führte zwar ein vergleichsweise isoliertes und unabhängiges Dasein innerhalb des Abwehr-Apparats, doch ist es vorstellbar, wie sehr Canaris unter den Berichten litt, die ihm seine Abteilung III vorlegte. Wie sehr es ihm Unbehagen bereitete, daß sein stetig sich vergrößerndes Amt das effiziente Instrument eines mörderischen Tyrannen geworden war. Vertraute haben von Gesprächen mit ihm berichtet, in denen die Frage des Rücktritts hin- und hergewälzt wurde. Sicher wäre die Abwehr in den Händen Himmlers oder Heydrichs – so das meiststrapazierte Argument in diesen Unterredungen – ein noch gefährlicheres Instrument der Schreckensherrschaft geworden, wie sich nach dem Sturz von Canaris ja auch erweisen sollte. Darf man, »um Schlimmeres« zu verhüten, selbst die Verantwortung für Verbrechen auf sich nehmen?

Ein Blick auf sein Amt genügte Canaris, um sich die verzweifelte Situation zu vergegenwärtigen, in der er, Oster und die wenigen Getreuen steckten. Im Krieg hatte sich die Zahl der Abwehr-Angehörigen auf mehr als 10 000 erhöht. Eingeweiht in Rettungsaktionen oder gar beteiligt an Umsturzplänen waren davon höchstens 50 Personen. Der große Rest bestand aus Hitler-Anhängern und mehr oder minder systemkonformen Funktionären. Besonders die Abteilung III galt wegen ihrer Nähe zu Himmlers »Reichssicherheitshauptamt« (RSHA) als Hochburg von NS-Fanatikern. Dazu kam eine steigende Zahl von Untergebenen, die ihre Kompetenzen im Umgang mit Devisen und »UK-Stellungen«, also Dienstverpflichtungen für die Abwehr, für rein persönliche Zwecke mißbrauchten. So lauteten die stereotypen Vorwürfe der schwarzen Konkurrenz an die Adresse von Canaris, bei ihm seien »Korruption und Drückebergerei«, so der RSHA-Referent Wilhelm Höttl, stetig auf dem Vormarsch. »Neben hervorragenden Kräften«, resümierte auch Höttls Chef Schellenberg, »tummelten sich dort eine Menge unfähiger Männer sowie ein Sammelsurium unklarer Existenzen.«

Canaris empfand angesichts der Entwicklung in seinem eigenen »Laden« mehr denn je ein Gefühl von Einsamkeit und Fatalismus, vor dem er auf immer häufigeren Dienstreisen zu fliehen versuchte. Oft fanden ihn seine Begleiter allein im Halbdunkel katholischer Kirchen, die der Protestant als stillen Ort der Meditation bevorzugte. Der überraschend schnelle Sieg in Polen hatte ihn nicht mehr blenden können. »Der Krieg ist verloren«, vertraute er dem alten Freikorpskameraden Erhardt an, »ganz gleich, wie viele Siege wir noch machen.« Noch am Tag der Kapitulation Warschaus hatte Hitler der Wehrmachtsspitze angekündigt, schnellstens gegen den Westen losschlagen zu wollen, möglichst noch im November. Nicht nur bei Canaris hatte das Kopfschütteln ausgelöst. Die meisten Generäle hielten einen Angriff im Winter mit den vom Polenfeldzug geschwächten Truppen für Selbstmord. Die alten Putschisten von 1938 witterten noch einmal Morgenluft. Generalstabschef Halder gelang es sogar, seinen Oberbefehlshaber Brauchitsch zeitweise für den erneuerten Plan eines Streiks der Generäle zu gewinnen. Canarias drängte wieder. Der Admiral habe die »Rolle des Aufpeitschers« gespielt, berichtete Halder später. Er machte sich persönlich auf den Weg zu den Befehlshabern der Heeresgruppen im Westen. In seinem Gepäck hatte er Dossiers über deutsche Verbrechen in Polen und Analysen über die Aussichten einer Fortführung des Krieges. Schon bald mußte Canaris jedoch enttäuscht feststellen, daß die Generäle lieber einen selbstmörderischen Angriffsbefehl ausführten, als mitten im Krieg zu meutern. Er erhielt eine Abfuhr nach der anderen. Auch wenn ihm manche Truppenführer in der Bewertung zustimmten – wieder hatte keiner den Mut, Konsequenzen zu ziehen. Im Hauptquartier des NS-freundlichen Generals Reichenau erhielt er sogar auf die Erwähnung deutscher Verbrechen in Polen von dessen Generalstabschef Paulus – später die tragische Figur von Stalingrad – die Antwort, blutiges Vorgehen sei eben »kriegsnotwendig«. Als er dann noch erfuhr, daß Brauchitsch statt zu handeln eine Aussprache mit Hitler gesucht hatte, aus der der Heeresbefehlshaber ohne Ergebnis – aber wüst beschimpft – zurückgekehrt war, gab er die Hoffnung auf einen geeinten Widerstand

»Der Gegner hinterm Gartenzaun...« Canaris' Wohnhaus in Berlin-Schlachtensee, dem Wohnhaus Heydrichs unmittelbar benachbart.

Heydrich ist ein brutaler Fanatiker, mit dem es schwer sein wird, offen und vertrauensvoll zusammenzuarbeiten.

Canaris

Es war üblich, daß Frühstückszusammenkünfte zwischen Heydrich und Canaris alle paar Wochen stattfanden.

Walter Huppenkothen, SS-Standartenführer

»Wenn ich gehe, kommt Heydrich...« Canaris und Heydrich 1936 in Berlin.

Beide wußten, was der andere über ihn denkt, und beide haben sich also sehr, sehr freundlich geriert. Man hat also Freundschaft gespielt.

Wilhelm Höttl, SS-Obersturmbannführer

Sie musizierten gemeinsam, sie sahen sich gemeinsam und lauschten gemeinsam jeder den anderen ab.

Reinhard Spitzy, Mitarbeiter im Amt Ausland/Abwehr

der Wehrmachtführung endgültig auf. »Er will nichts mehr von den schlappen Generälen wissen«, notierte der Vertraute Groscurth.

Das erneute Scheitern löste bei Canaris die gleiche Reaktion aus wie schon 1938. Scheinbar ungerührt stürzte er sich in die Arbeit für den Krieg, den er eben noch verhindern wollte. Im Skandinavienfeldzug und auch bei der Vorbereitung der schließlich auf den Sommer 1940 verlegten Westoffensive kämpfte die Abwehr wieder an vorderster Front. Höhenaufklärer der Luftwaffe fotografierten im Auftrag von Canaris belgische und französische Befestigungen, Agenten der Abteilung II »besorgten« abermals Uniformen der Gegenseite, und im »Kriegsrat« des Diktators war der Abwehrchef regelmäßiger Gast. Das Protokoll einer Sitzung in der Reichskanzlei weist ihn als Experten aus, der mit Details über gegnerische Bunkerstärken und Zündstellen für Brückensprengungen brillierte. Einer neuen Sondereinheit der Abwehr, dem Bataillon (später der Division) »Brandenburg«, war mit der schnellen Eroberung der Maasbrücken eine Schlüsselrolle am ersten Feldzugstag zugewiesen. Canaris schien wieder in den Kreis der Paladine zurückgekehrt, und es fiel auch den Gefährten schwer zu entscheiden, ob er nur die Maske oder auch die Fronten gewechselt hatte. Am 1. April 1940 wurde er in den vollen Admiralsrang erhoben.

Der Abwehrchef entfernte sich jetzt auch innerlich von den Umstürzlern im eigenen Haus. Oster und Dohnanyi wollten nun ohne die Unterstützung der Armee handeln. Ihr neues Motto: erst einmal Hitler beseitigen, dann würde sich schon eine Lösung der Probleme finden. In ihrer Verzweiflung ließen sie dabei bisweilen grundlegende Vorsichtsmaßnahmen fallen. Oster reiste mit einer schriftlichen Liste sämtlicher potentiellen Verschwörer im Gepäck von Ansprechpartner zu Ansprechpartner, als sei er immun gegen die Nachstellungen der Gestapo. General von Witzleben, eigentlich aufgeschlossen für alle Umsturzpläne, warf den Abwehrmann ohne viel Federlesens aus seinem Hauptquartier, als er den brisanten Inhalt seines Aktenkoffers erblickte. Halder erteilte dem »ewigen Putschisten« Hausverbot für den gesamten Generalstab des Heeres. Auch der Leiter der Abwehrabteilung II, Erwin Lahousen, staunte nicht schlecht, als ihn Oster eines Tages unvermittelt fragte, ob er nicht Sprengstoff und Zünder für einen Anschlag auf Hitler besorgen könne. Auf

Lahousens Nachfrage, ob denn Canaris davon wüßte, antwortete Oster: »Nein, der Alte ist ohnedies schon ganz durchgedreht.«

Es war der Moment, an dem sich die Wege der Gefährten Canaris und Oster einstweilen trennten. Der Admiral war zurückgekehrt in seine Rolle als Hitlers Helfer, während der Freund aus dem abermaligen Scheitern äußerste Entschlossenheit schöpfte. Hans Oster beschritt jetzt einen Weg, von dem er wußte, daß Einsamkeit sein Begleiter sein würde. Wenn sich das Heer nicht aus eigener Kraft von dem Dämon an seiner Spitze zu befreien vermochte, so kalkulierte er, dann müsse eben eine vernichtende Niederlage den Generälen die Augen öffnen. Er war bereit, dafür das Leben deutscher Soldaten zu opfern: Oster überschritt jetzt eine Schwelle, die Canaris niemals übertreten hätte. Er wurde zum Landesverräter. Von November 1939 an versorgte er über einen Bekannten, den niederländischen Militärattaché Gijsbertus Sas, den Westen mit Informationen über die Angriffspläne der Wehrmacht. Gleichzeitig begann der Abwehr-Mann Josef Müller, im Zivilberuf Rechtsanwalt aus dem katholischen Milieu Bayerns, auf Osters Geheiß Vertraute im Vatikan, mit denen er offiziell britische Friedensbedingungen regulierte, über Feldzugsvorbereitungen in Kenntnis zu setzen.

Beide Quellen fingen ohne das Wissen von Canaris an zu sprudeln, und beide änderten nicht das geringste am Lauf der Geschichte. Weil die Angriffstermine für den Norwegenfeldzug und auch die Offensive im Westen mehrfach verschoben worden waren, hatten die Maulwürfe aus der Abwehr ebenfalls immer wieder veränderte Informationen geliefert. Die Inflation von Terminen aber machte die Adressaten mißtrauisch – wie auch die mangelnde Legitimation der Quelle. So traf weder die deutsche Invasionsflotte vor Norwegens Fjorden auf die Kanonenrohre der Royal Navy, noch versetzten die Niederlande ihre Armee in Alarmzustand. Am Ende hatte Hans Oster sein Leben umsonst aufs Spiel gesetzt. Wieder feierte Hitler Blitzkriegssiege, die seinen Nimbus in absurde Höhen steigerten. Ohne Ironie feierte ihn OKW-Chef Keitel jetzt als »größten Feldherrn aller Zeiten«. Für die Militäropposition erwiesen sich die deutschen Erfolge als schwerer Schlag. Bei vielen Truppenführern, die eben noch als potentielle Mitverschwörer in Frage gekommen waren, machten sich jetzt wieder Euphorie und »Führer«-Glaube breit. Der Höhepunkt von Hitlers Ruhm als Kriegsherr markiert deshalb auch den schwächsten Moment der Widerständler.

Osters Verzweiflungstat zeigte ironischerweise erst nach dem Krieg Wirkung. Auf der Suche nach Schuldigen an der deutschen Niederlage bauschten Nazis und ewig Gestrige den »Verrat« des Obersten auf und bezichtigten auch Canaris – fälschlicherweise – der Mittäterschaft. Der *Heidebote* etwa titelte 1955: »Canaris als Verräter entlarvt« und wählte unter einem Foto marschierender Landser die Bildunterschrift:»Ihre Anstrengungen waren völlig vergebens.«Auch Brigitte Canaris, die Tochter des Admirals, weiß über entsprechende Erfahrungen zu berichten, die von Schwierigkeiten mit deutschen Behörden bis zu persönlichen Verunglimpfungen reichten. Die Familie hatte es daraufhin vorgezogen, die ersten Nachkriegsjahre in Spanien zu verbringen. Es ist wohl bezeichnend für das Geschichtsbewußtsein der fünfziger Jahre, daß die Suche nach Gründen für die Niederlage der Wehrmacht mehr Raum einnahm als die Frage nach Ursachen für ihren Gehorsam gegenüber einem Jahrhundertverbrecher.

Canaris erfuhr im Juni 1940 vom Verrat der Westoffensive. Wie nicht anders zu erwarten, waren Osters Telefonate mit Sas abgehört worden. Jetzt lag eine Mitschrift dieser Gespräche auf seinem Tisch. Nur der Name des Anrufers fehlte noch. Der Admiral war bestürzt.»Wer es wagt, die Hände gegen sein Vaterland zu erheben«, so hieß es in den Anweisungen seiner Abteilung III,»der ist des Todes.« Das war keine hohle Floskel, sondern Ausdruck tiefster Überzeugung. 1937 hatte er das Todesurteil gegen einen deutschen Hauptmann, der für die Tschechoslowakei spioniert hatte, mit schwülstigen Worten gerechtfertigt. Der Verräter habe, so Canaris damals,»Ehre und Leben hingegeben und seine eigene und weitere Familien in unsagbares Unglück gestürzt«.

Jetzt stand er gemeinsam mit Heydrich vor Hitler, der wütend befahl, die Verräter aufzuspüren und unschädlich zu machen. Canaris ließ seine Spürnasen für Gegenspionage ausschwärmen. Doch die Fahnder brachten Ergebnisse, die er wohl lieber nicht gekannt hätte. Eines Morgens im Sommer 1941 traten Oster und der Gruppenleiter Abwehr III F, Joachim Rohleder, mit ernsten Mienen ins Chefbüro. Rohleder legte eine Akte auf den Tisch, deren Deckel mit dem bezeichnenden Codenamen »Palmenzweig« versehen war. Dann erklärte der Fachmann für Jagd auf Spione unverblümt, seine Recherchen in Rom hätten ergeben, daß niemand anderer als Oberleutnant Josef Müller und Oberst

Oster für den Verrat des Angriffstermins verantwortlich seien. Oster verteidigte sich nur schwach. Rohleder erklärte später, der Amtschef sei »sichtlich beeindruckt« gewesen. Der Freund Hans Oster ein Landesverräter! Sicher, er hatte aus Motiven gehandelt, die Canaris mit ihm teilte. Doch diesen Rubikon zu überschreiten wäre für den Admiral undenkbar gewesen.

Die alte Freundschaft jedoch siegte noch einmal über die Abscheu angesichts der Tat. Rohleder war wie vor den Kopf gestoßen, als ihm Canaris erklärte, die Untersuchungen im Fall »Palmenzweig« seien einzustellen, weil es ihnen an »Stichhaltigkeit« mangele. Der ehrgeizige Gruppenleiter, der nie zum Kreis der Eingeweihten gehört hatte, protestierte energisch. Er wußte, wie gut seine Beweise waren. Dann aber fügte er sich dem Befehl, nicht ohne süffisant darauf hinzuweisen, daß die Gestapo »dieselben Ermittlungen mit gleichem Erfolg« hätte führen können. Tatsächlich galt die größte Sorge des Admirals jetzt den Rivalen vom RSHA. Was wußte Heydrich von Osters Fehltritt? Zur Beruhigung von Canaris offenbar wieder nichts. Weder auf den morgendlichen Ausritten noch durch informelle Kontakte ins Amt des Gegners ergaben sich Hinweise auf einen Verdacht. Beim SD tappte man wirklich noch im dunkeln, wenn auch das starke Bemühen der Abwehr, über den Stand der Ermittlungen informiert zu werden, »auffällig« war, wie ein Beamter Heydrichs sich später erinnerte.

Oster schien noch einmal davongekommen zu sein, doch sein Chef und Vertrauter wollte nichts mehr von Umsturzplänen hören. Mißmutig gab Canaris jetzt Befehl, sämtliche Unterlagen über die Komplotte der Vergangenheit zu vernichten. Noch lagen ja in den Aktenschränken Osters und Dohnanyis Regierungsentwürfe, Namenslisten und Handlungsanweisungen für den großen Tag, der niemals gekommen war. Dohnanyi aber dachte nicht daran, den Befehl auszuführen. Der Jurist hatte nicht seit seiner Zeit als Referent im Justizministerium Belastungsmaterial gegen das Regime und Zeugnisse des Widerstandswillens für die Nachwelt gesammelt, nur um jetzt alles zu verbrennen. Später erklärte er, er habe die Papiere »deshalb nicht vernichtet, um einmal nachweisen zu können, daß wir Zivilisten auch etwas getan haben«. Dohnanyi ließ einen Großteil der Akten in einem Safe im Hauptquartier des Heeres bei Zossen deponieren. Es war ein Entschluß, der Leben kosten sollte.

Im Sommer 1940 rief der Diktator wieder einmal nach seinem Geheimdienstchef, von dessen Doppelleben er noch immer nicht die leiseste Ahnung hatte. Nach dem Sieg über Frankreich war Spanien ins Visier des Eroberers geraten. Entweder, so lautete Hitlers Kalkül, sollte Franco jetzt in alter Dankbarkeit an Deutschlands Seite in den Krieg eintreten oder aber wenigstens einen Angriff auf Gibraltar unterstützen, auf das Spanien schon seit langem Ansprüche erhob. Die Felsenfestung galt als Achillesferse des renitenten britischen Königreichs. Alfred Jodl, einer von Hitlers Lieblingsstrategen, hatte die hoffnungsfrohe Devise ausgegeben, durch das Abschneiden der Seewege im Mittelmeer könne »der englische Widerstandswille gebrochen werden«. Für die nötigen Überredungskünste in Madrid war allerdings ein Mann vonnöten, der nicht wie Außenminister Ribbentrop großdeutsch polterte, sondern Mentalität und Sprache der Spanier kannte. Hitler erinnerte sich an die Rolle von Canaris im Spanischen Bürgerkrieg und schickte den Geheimdienstchef.

Wenig später, am 23. Juli 1940, stand Canaris seinem alten Kampfgefährten Franco gegenüber. Der Caudillo war offenbar aufgeschlossen für deutsche Avancen. Mit Unterstützung spanischer Nachrichtendienstler durften Canaris und ein Team der Abwehr die Möglichkeiten eines Angriffs auf Gibraltar ausloten. Bald schon war ein Tarnname gefunden: »Operation Felix«. Mit dem Fernglas studierte er von Algeciras aus die Bunker und Geschützstellungen Gibraltars. Canaris trug einen grauen Flanellanzug und einen großen Sommerhut mit breiter Krempe. Mit seinen Begleitern sprach er spanisch. Wenn er sich in einem Hotel ausweisen mußte, legte er einen argentinischen Reisepaß auf den Namen Guillermo auf den Tresen – ein Meisterwerk aus den Fälscherwerkstätten der Abwehr. Canaris war froh, wieder in Spanien zu sein und eine Aufgabe zu haben, die nichts mit Verrat und Verschwörung zu tun hatte. Bald wälzte er Pläne für »Felix« hin und her. Einer sah vor, seine »Brandenburger« in Zivil auf abgelegenen Landstraßen quer durch Spanien anmarschieren zu lassen, ein anderer plante minuziös Artillerie- und Luftwaffenangriffe, um die Briten mit einem Trommelfeuer sturmreif zu schießen. Von deutscher Seite aus liefen die Vorbereitungen auf Hochtouren, doch noch fehlte eine entscheidende Voraussetzung – die endgültige Zustimmung Francos.

Der spanische Diktator jedoch zögerte zusehends, weil er nicht aufs falsche Pferd setzen wollte. Die aufgegebenen deut-

... verschlagener als Himmler und Heydrich zusammen.

Hans Bernd Gisevius, Amt Ausland/Abwehr

Man soll doch endlich den alten Mann in Ruhe lassen.

Heinrich Himmler

Das ist sicher, daß Canaris noch lange, lange Zeit, das ging ja Monate, noch die Deckung von allerhöchster Stelle hatte.

Wilhelm Höttl, SS-Obersturmbannführer

»Mit diesen Jungs werde ich schon fertig...« Canaris 1936 mit Himmler und Goebbels.

schen Vorbereitungen einer Invasion Englands und die steigenden Verlustziffern der Luftwaffe signalisierten, daß Hitlers Stern vielleicht schon im Sinken begriffen war. Ein Eintritt in den Krieg an der Seite der Deutschen kam wegen des desolaten Zustands der spanischen Armee ohnehin nicht in Frage, doch auch eine Durchmarscherlaubnis für deutsche Truppen konnte bedeuten, mit in den Strudel eines möglichen Untergangs des »Tausendjährigen Reiches« gerissen zu werden. Hitler reagierte enttäuscht auf das Zögern des Spaniers, verstärkte aber sein Werben. Für den Oktober vereinbarten die beiden Diktatoren eine Unterredung an der spanisch-französischen Grenze. Den Boden dafür sollte erneut Canaris bereiten, der Mitte September mit dem Caudillo zusammentraf.

Doch der Emissär kam seinem Auftrag nicht mehr nach. Canaris wußte mittlerweile nicht nur vom inneren Kurswechsel Francos, sondern auch von den »Barbarossa«-Plänen und dachte nicht daran, für Hitlers Krieg die Trommel zu rühren. Statt dessen riet er seinem Gegenüber in der ihm eigenen, verklausulierten Sprache, die Finger von einem Engagement für das Hakenkreuz zu lassen. Vergessen war der Enthusiasmus für die »Operation Felix«. Jetzt wollte Canaris seinen Teil dazu beitragen, jenen Winkel Europas vor dem Wüten des Krieges zu verschonen, den er am meisten liebte. In einem Bericht nach Berlin malte er die Lage Spaniens in so düsteren Farben, daß ein Nein aus Madrid kaum noch Überraschung auslösen konnte. »Die innenpolitische Situation Spaniens«, so hieß es da stark übertrieben, sei »sehr, sehr schlecht, die Stellung Francos alles andere als gefestigt«. Damit hatte der Sendbote die Seiten gewechselt. Statt den Caudillo auftragsgemäß zu umgarnen, hatte er sich als gewiefter Fürsprecher spanischer Neutralität betätigt. Franco sollte diese Hilfe nie vergessen. Als sich die Witwe des Admirals mit ihren Kindern nach dem Krieg in Madrid niederließ, warteten eine großzügige Wohnung und ein gesichertes Auskommen auf sie.

Verblüfft konnte Canaris in Berlin feststellen, daß Hitler das Doppelspiel nicht durchschaut hatte und das Scheitern der Spanienmission nicht übelnahm. »Besonders geschickt« habe der Diktator sogar das Vorgehen seines Chefspions eingeschätzt, erinnerte sich nach dem Krieg Himmlers rechte Hand Karl Wolff. Doch lange konnte sich der Abwehrchef nicht darüber amüsieren. Seit der Jahreswende 1940/41 liefen immer mehr Papiere über seinen Tisch, die einen Feldzug gegen die Sowjetunion ankündigten: das »Unternehmen Barbarossa«. Wieder stürzte Canaris in den quälenden Zwiespalt, in den er vor jedem neuen Überfall Hitlers geraten war. Auf der einen Seite suchte er Partner, um gegen die Absichten des Diktators mobil zu machen. Er sprach mit Halder, Weizsäcker, selbst mit Keitel. Alle hatten Bedenken. Keitel traf sich sogar in einer Art Revolte der schlimmsten Jasager mit Ribbentrop, um Hitler von seinem Plan abzubringen. Am Ende aber folgten alle dem Befehl des »Führers« und blieben auf ihrem Posten – auch Canaris. Alle blieben gefangen in den Fesseln ihrer Loyalität. Und vielleicht würde sich die Vorhersage ihres Kriegsherrn, der russische »Koloß« werde schon unter den ersten Schlägen der Wehrmacht zusammenbrechen, ja doch wieder bewahrheiten...

Zur gleichen Zeit, da er mit den Gegnern von »Barbarossa« noch konspirierte, ging Canaris mit einem Tatendrang ans Geheimdienst-Werk, der nur durch seine allzu bewegliche Wesensart erklärbar ist. Zunächst stand die Abwehr vor dem Problem, keine Agenten in der Sowjetunion zu haben. Schuld an dieser Misere war Hitler persönlich, denn nach Abschluß des Hitler-Stalin-Paktes 1939 war von höchster Stelle jede geheimdienstliche Tätigkeit beim neuen Bündnispartner verboten worden. In diesem selbstverursachten Dilemma wurden jetzt sogar alte, 1939 erbeutete polnische Geheimdienstunterlagen über die Sowjetunion herangezogen. Wieder flogen die Höhenaufklärer Einsatz um Einsatz, wodurch immerhin ein Bild von der Aufstellung der Roten Armee gewonnen werden konnte. Was allerdings die Kapazitäten der sowjetischen Rüstungsschmieden betraf, so tappte die deutsche Führung völlig im dunkeln. Schon in wenigen Monaten sollte sich das als verhängnisvolles Defizit erweisen.

Die zweite große Schwierigkeit war der Auftrag, den Aufmarsch der Wehrmacht zu tarnen. Wie aber lassen sich drei Millionen Soldaten und mehr als 3000 Panzer vor der Welt verstecken? Canaris begann, abenteuerliche Meldungen an den Gerüchtebörsen Europas zu streuen. Mal verbreitete seine Flüsterpropaganda, die Wehrmacht verschleiere mit den Truppentransporten gen Osten in Wahrheit auf raffinierte Weise die bevorstehende Invasion Englands; mal hieß es, Hitler schlage im Mittelmeer zu. Bergeweise ergoß sich falsches Spielmaterial über die ausländischen Militärattaches in Berlin, und auch

Propagandaminister Goebbels spielte Blindekuh, als er am 13. Juni im *Völkischen Beobachter* Andeutungen über einen Angriff gegen England lancierte. Canaris mag selbst davon überrascht gewesen sein, wie erfolgreich seine Schattenspiele waren. Als im Morgengrauen des 22. Juni 1941 die Angriffsspitzen der Wehrmacht losschlugen, trafen sie auf eine nahezu unvorbereitete Rote Armee. Vielerorts rissen die Angreifer ihre Gegner aus den Betten. Nirgends trafen sie auf wirksame Verteidigungsstellungen. Die Hauptschuld an diesem blutigen Desaster trug freilich Stalin persönlich. Seine sture Weigerung, die zahlreichen Warnungen ernst zu nehmen, kostete wahrscheinlich Hunderttausende Rotarmisten das Leben. Doch der Anteil der Abwehr an dieser fatalen Fehleinschätzung muß wohl als erheblich eingeschätzt werden. Die Täuschungsmanöver vor »Barbarossa« waren vielleicht ihre historisch wirkungsvollste »Leistung«.

Schon bald nach Beginn des Rußlandfeldzugs füllten sich die Dossiers von Dohnanyi mit Berichten über neue Grausamkeiten, die in deutschem Namen begangen wurden. Lahousen, der Leiter der Abteilung II, brachte von einer Fahrt durch das Frontgebiet einen Bericht mit, der keine Illusionen mehr zuließ. Über Massenerschießungen von Juden hielt der Augenzeuge fest: »Die hierbei entwickelten Situationen sind so erschütternd, daß sie nicht beschrieben werden können. Die Folgen auf die deutschen Kommandos sind unausbleiblich. Im allgemeinen kann die Exekution nur unter Betäubung durch Alkohol durchgeführt werden.« Wieder taten sich auch Einheiten der Geheimen Feldpolizei bei der Menschenjagd hervor. Im weißrussischen Kodyma etwa forderte ein GFP-Trupp die Mordbrenner von der zuständigen Einsatzgruppe an, um gemeinsam eine Erschießungsaktion durchzuführen.

Canaris erfuhr vom Beginn des Völkermords durch Berichte seiner eigenen Abteilung III, der die GFP angehörte. Längst war er davon überzeugt, daß Deutschland an der unsäglichen Schuld noch Generationen zu tragen haben würde. »Der Pessimismus, der ein Grundzug seines Wesens war«, schrieb der SS-Mann Werner Best, ebenfalls ein Reitpartner des Abwehrchefs, »wurde so sehr zum beherrschenden Ausdruck seiner Persönlichkeit, daß das Zusammensein mit Canaris geradezu bedrückend wirkte.« Die wenigen Rettungsaktionen Dohnanyis und Osters vermochten nicht über die Hilflosigkeit des Admirals hinwegzutäu-

»Ich kann nicht mehr mitmachen...« Canaris und Jodl 1942 im »Führer«-Hauptquartier »Wolfsschanze«.

Canaris hat sich stets bemüht, mit Himmler und Heydrich ein besonders gutes Verhältnis zu haben, damit sie gegen ihn nicht mißtrauisch würden.

Alfred Jodl

Eigentlich wundere ich mich, daß sie unsern Alten noch immer frei herumlaufen lassen.

Abteilungschef Piekenbrock zu einem Mitarbeiter im Amt Ausland/Abwehr schen. Doch gegen den zweiten Massenmord, der mit »Barbarossa« begann, glaubte er etwas unternehmen zu können. Die mehr als drei Millionen sowjetischen Kriegsgefangenen der ersten Feldzugsmonate wurden offenbar bewußt unter Bedingungen zusammengepfercht, die den Tod der meisten von ihnen in Kauf nahmen. Lahousen berichtete nach seiner Reise von gehäuften Fällen der »Menschenfresserei«. Angesichts der ideologisch zementierten »Endlösung« hatten Beschwerden auf dem Dienstweg keine Aussicht auf Erfolg, bei den Gefangenen aber waren Belange der Abwehr berührt. Am 15. September 1941 unterschrieb Canaris eine Vortragsnotiz an Keitel, die der Völkerrechtsexperte der Abwehr und Gastgeber des Kreisauer Kreises, Helmuth James Graf von Moltke, vorgelegt hatte. Darin argumentierte der Admiral, die Rechtlosigkeit der Gefangenenbehandlung gefährde die »Aufrechterhaltung der Manneszucht und Schlagkraft der eigenen Truppe«. In umständlichem Amtsdeutsch warnte er vor »sicherlich eintretenden nachteiligen Folgen in politischer und militärischer Hinsicht«. Doch der Adressat blieb ungerührt. In zynischer Menschenverachtung notierte Keitel handschriftlich auf den Rand der Canaris-Demarche: »Die Bedenken entsprechen den soldatischen Auffassungen vom ritterlichen Krieg. Hier handelt es sich um die Vernichtung einer Weltanschauung. Deshalb billige ich diese Maßnahmen und decke sie.« Ähnlich wirkungslos blieben weitere Anläufe. Einziger Erfolg der Offensive auf dem Dienstweg war die Zusicherung des Gestapo-Chefs Müller, Exekutionen unter sowjetischen Gefangenen künftig möglichst den Augen der kämpfenden Truppe zu entziehen. Ein halbes Jahr später, im Frühjahr 1942, mußte selbst der NS-Minister Rosenberg die schreckliche Bilanz ziehen, daß von mehr als drei Millionen gefangenen Rotarmisten nur noch eine Million am Leben sei.

Mit dem Scheitern des Blitzkriegskonzepts in Rußland verlor Canaris zusehends die Gunst seines nervös gewordenen Kriegsherrn. Schon am 20. Juli 1941 erfuhr er in Hitlers Hauptquartier, daß »Versuche im Gange seien, die Abwehr als den Schuldigen herauszustellen«. Lahousen vertraute seinem Tagebuch an, der »Führer« solle »geäußert haben, wenn er von der Existenz der überschweren russischen Kampfwagen gewußt hätte, wäre der Krieg nicht geführt worden«. Canaris wußte natürlich, daß seine Quellen in der Sowjetunion mehr als dürftig waren. Doch über die Erfolgsaussichten von »Barbarossa« machte er sich schon lange keine Illusionen mehr. Man hatte nicht auf seine Warnungen hören wollen! Und gerade ihn wollte Hitler jetzt zum Sündenbock machen. Als Offizier konnte er das nicht hinnehmen. Seinen Abteilungschefs gab er Befehl, »alles Material zusammenzustellen, um den Nachweis zu führen, daß wir auf alle diese Dinge [das heißt die Stärke der Roten Armee] schon seit langem aufmerksam gemacht haben«.

Alle Rechtfertigungsversuche aber nutzten nichts. Canaris wurde kaum noch ins Hauptquartier gebeten, sein Stern begann zu sinken. Mit sicherem Spürsinn für die Möglichkeiten im Dickicht des NS-Dschungels nutzten jetzt Himmler und Heydrich die Gelegenheit zu einem Frontalangriff. Nach einem Bericht des Hitler-Adjutanten Engel stichelte der »Reichsführer SS« bei einer Besprechung so lange über die »positive Einstellung« von Canaris zum Judentum, die durch seine zahlreichen jüdischen V-Männer untermauert werde, bis Hitler einen seiner berüchtigten Wutanfälle bekam. Er ließ Keitel kommen und befahl, den Admiral umgehend vom Dienst zu suspendieren. Nach Engels Bericht habe sich Canaris daraufhin sofort per Flugzeug in die »Wolfsschanze« begeben und den Diktator unter vier Augen dazu gebracht, ihn wieder in sein Amt einzusetzen. Welche Überredungskünste, welche Treuebekundungen dazu nötig waren, darüber konnte auch der Adjutant nur Mutmaßungen anstellen. Doch selbst wenn alte Sympathien noch einmal den Sturz verhindert hatten, für Canaris war die Angelegenheit ein alarmierendes Warnsignal. Wenn ein paar Bemerkungen des SS-Großinquisitors ausreichten, ihn ins Straucheln zu bringen, dann hatte sich die Balance der Machtverhältnisse drastisch zu seinen Ungunsten verändert.

Man mag sich fragen, warum sich der Admiral überhaupt so sehr um seine Wiedereinsetzung bemüht hat. Unübersehbare Anzeichen von Amtsmüdigkeit, vor allem aber seine Skrupel angesichts der Verbrechen hätten seinen Abschied durchaus verständlich erscheinen lassen. Er hätte sich mit seiner Familie ins Ausland absetzen können – mit diversen Devisendepots der Abwehr, die laut Auskunft seiner Sekretärin für den Fall einer Flucht bereitstanden. Canaris aber entschied sich zu bleiben. Wie sehr dabei Eitelkeit eine Rolle gespielt hat, die Überzeugung, im Krieg als Offizier auf dem Posten bleiben zu müssen, oder der Wunsch, Schlimmeres, nämlich die Übernahme der Abwehr durch Himmler, zu verhindern, bleibt offen. Die letzte Gelegenheit jedoch, das eigene Schicksal vom sich schon abzeichnenden Untergang des Hitler-Reichs zu lösen, ließ er verstreichen. Vielleicht war er auch tief in seinem Inneren überzeugt, persönlich an der »Sühne« Anteil haben zu müssen, die für das deutsche Volk nach seiner Ansicht unausweichlich war.

Die Diskussion um »Versäumnisse« der Abwehr zu Beginn des Rußlandfeldzugs, bezeichnenderweise von der ebenfalls nicht gerade ruhmreichen Generalstabsabteilung »Fremde Heere Ost« des späteren BND-Chefs Reinhard Gehlen lebhaft mit Munition versorgt, wirft die Frage auf, wie »gut« der Spionageapparat des Admirals Canaris wirklich war. Das Urteil von ehemaligen Abwehr-Angehörigen kann da ebensowenig Auskunft geben wie die Meinungen von einstigen Kriegsgegnern. Beide Seiten betreiben notorische Selbstdarstellung. Unbestritten ist aber, daß der Krieg an der unsichtbaren Front auf beiden Seiten hohe Verluste und ungezählte Fehlschläge gekostet hat. Unmittelbaren Einfluß auf den Kriegsverlauf hatten nur die wenigsten Unternehmen: die Operation »Nordpol« etwa, bei der es der Abwehr gelang, ein komplettes britisches Spionagenetz in Westeuropa auszuheben und dann mehr als ein Jahr lang in Eigenregie weiterzubetreiben – gefüttert mit gezielen Fehlinformationen. Bombenangriffe der Alliierten gingen dadurch zu Hunderten ins Leere. Oder der legendäre Spion und Geschäftsmann »Klatt«, der über Kanäle auf dem Balkan neueste Entscheidungen des sowjetischen Generalstabs in Erfahrung brachte und sie dann an die Abwehr funkte. Freilich arbeitete Klatt gleichzeitig für die Gegenseite.

Überraschend ist vor allem der Umfang dessen, was die Kriegsgegner nicht ausspionieren konnten. Die Alliierten etwa wurden von der Ardennenoffensive im Winter 1944/45 genauso überrascht wie vom Ausmaß der Produktionsstätten für die »Wunderwaffe« V2. Sie ahnten nichts von Mansteins »Sichelschnittplan« im Westfeldzug und ebenfalls nichts Konkretes vom Attentat Stauffenbergs. Doch auch die deutschen Dienste, Abwehr und SD, tappten allzuoft im dunkeln. Weder die britischen Erfolge bei der Dechiffrierung deutscher Funknachrichten, die mit der als absolut sicher eingeschätzten »Enigma«-Maschine verschlüsselt worden waren, noch die Strandabschnitte der Invasion in der Normandie gelangten zur Kenntnis von Canaris oder Himmler. Das US-Atombomben-Programm blieb ebenso top secret wie die Ankunft der sibirischen Elitedivisionen, die im Winter 1941 die Wehrmacht vor den Toren Moskaus stoppten. Der Zweite Weltkrieg wurde nicht durch Spione entschieden, sondern durch industrielle Kapazität und die verfügbare Zahl an Soldaten. Die vielen abenteuerlichen Agentenaktivitäten auf beiden Seiten waren vor diesem Hintergrund vor allem Kriegsoperationen mit hohen Verlusten und geringem Gewinn. Dazu gehören die Einsätze der »Wettertrupps« im ewigen Eis der Arktis genauso wie die Wüstenexpedition des ungarischen Grafen Almassy – historisches Vorbild des Spielfilms über den »Englischen Patienten« –, der für die Abwehr einen Weg hinter die britischen Stellungen in Ägypten finden sollte.

Bemerkenswert in der Bilanz der Abwehr sind allerdings die zahlreichen politischen Operationen, die Lahousens Abteilung II durchführte. Sprengstoff und Gelder für IRA-Saboteure, Gewehre für Freiheitskämpfer von Palästina bis Afghanistan oder die Agitation unter den nichtrussischen Sowjetvölkern – all dies sollte dem Zweck dienen, den Kriegsgegner in dem von ihm kontrollierten Gebiet zu schwächen. Bombenanschläge von Belfast bis Kabul wurden so mit deutschen Sprengstoff verübt. Doch auch die fünften Kolonnen konnten das Blatt nirgends entscheidend wenden. Nach Hitlers Kriegserklärung an die USA im Dezember 1941 gerieten auch die Vereinigten Staaten ins Visier der deutschen Sabotageexporteure. Canaris stand dabei vor dem gleichen Problem wie zu Beginn von »Barbarossa«: dem Mangel an Agenten in Amerika. Hitler aber wollte davon nichts hören. Nach einer unwirschen Bemerkung des Diktators, es gebe doch Massen von Deutschamerikanern, die nur darauf warteten, »die Bomben zu werfen, die wir ihnen schicken«, wurde die Operation »Pastorius« ins Leben gerufen. Sie sah vor, mit U-Booten V-Männer an der US-Küste abzusetzen, die zuvor in Amerika gelebt hatten. Die Agenten sollten dann den Hitler-Befehl in die Tat umsetzen, ein Sabotagenetz aufbauen und vor allem die US-Flugzeugindustrie mit Anschlägen bekämpfen. Schnell wurden acht Freiwillige gefunden, allesamt glühende Nazis, die darauf brannten, ihr Leben einzusetzen. Lahousen, der wie Canaris der Aktion skeptisch gegenüberstand, erinnerte sich, einer der Männer habe sogar das goldene Parteiabzeichen getragen.

Am 12. und 17. Juni 1942 landeten zwei Gruppen von jeweils vier Männern an den Stränden von Long Island und Florida.

Eine Woche später schon waren alle acht verhinderten Saboteure gefaßt. Das Unternehmen »Pastorius« war verraten worden – und dies gleich zweimal: zuerst von einem US-Spion im Umfeld der U-Boot-Besatzungen, dann vom Anführer der Operation selbst, einem gewissen Georg Dasch, der angesichts der drohenden Todesstrafe in New York kalte Füße bekam und das FBI anrief. In den USA lief eine Welle der Entrüstung durch das Land. Massenhaft meldeten sich Freiwillige für Erschießungskommandos, um die »Hitler-Agenten« zu liquidieren. Tatsächlich ließen sechs von ihnen ihr Leben auf dem elektrischen Stuhl, die beiden anderen, darunter der Verräter Dasch, wurden zu lebenslanger Haft verurteilt.

Auch in Deutschland löste die Nachricht von der Festnahme der Agenten Zorn und Aufregung aus – allerdings nur im kleinen Kreis. Am 30. Juni wurden Canaris und Lahousen zur Strafpredigt in die »Wolfsschanze« zitiert. »Ich verlange von Ihnen eine Erklärung«, brüllte Hitler gleich zur Begrüßung. »Wozu habe ich eigentlich einen Geheimdienst, wenn derartig unqualifizierte Katastrophen passieren?« Der Diktator war außer sich. Würde jetzt die nächste Amtsenthebung folgen? Laut Lahousens Schilderung senkte Canaris den Kopf. »Sie sind verantwortlich«, drohte Hitler, »vor allen Dingen hätten Sie sich die Leute besser ansehen müssen.« Erst nachdem der minutenlange Wortschwall etwas abgeklungen war, antwortete der Abwehrchef. »Mein Führer«, sagte er leise, fast demütig, »sämtliche Teilnehmer des Unternehmens stammen aus der Partei. Alle sind mir als überzeugte Nationalsozialisten durch die Auslandsorganisation der Partei übergeben worden. Der Organisator des Unternehmens ist ein Blutordensträger.« Es war wohl eigentlich eine Antwort, die nur auf Schadensbegrenzung zielte. Doch dann reagierte Hitler mit einer unerwarteten Idee: »Wenn Ihre Arbeit so aussieht«, stieß er mit zitternder Stimme hervor, »dann sollten Sie Verbrecher oder Juden dazu nehmen.« Damit brach er die Unterredung ab und verließ grußlos den Raum. Canaris aber blieb alles andere als niedergeschlagen zurück. Der Erinnerung von Lahousen zufolge wiederholte er immer wieder mit sichtlichem Vergnügen die letzten Worte Hitlers: »Dann nehmen Sie Verbrecher oder Juden.«

Mit diesem »Führer«-Wort im Gepäck ließ sich einiges anstellen. Tatsächlich organisierte Hans von Dohnanyi jetzt noch ein-

Er widmete sich mit Eifer der Aufrüstung, d. h. dem Ausbau der Wehrmacht. An manchen besonderen Unternehmungen Hitlers nahm er geradezu begeisterten Anteil, z. B. an der Einmischung Hitlers in den Spanischen Bürgerkrieg.

Werner Best, SS-Obergruppenführer

»...in Spanien zur Ruhe setzen.« Canaris inkognito in Spanien.

Hitler hatte das Gefühl, daß Canaris ein unvergleichlicher Spionagechef war. Und ihm niemand Paroli bieten konnte.

Reinhard Spitzy, Mitarbeiter im Amt Ausland/Abwehr

mal eine großangelegte Rettungsaktion für Juden. Ganz offiziell wurden vor allem jüdische Familien aus Berlin mit Pässen versorgt und dann mit vorgeblichen Agentenaufträgen ins neutrale Ausland geschickt. Es war ein Aufstand der Humanität – gedeckt durch Hitlers vermeintliche Weisung. Unter der Abwehr-Chiffre »Unternehmen Sieben« etwa reisten Ende September 1942, als schon längst die Deportationszüge nach Auschwitz rollten, zwölf jüdische »Agenten« per Nachtzug nach Basel, darunter Frauen und Kinder. Ausgestattet mit ordnungsgemäßen Papieren war auch die Familie des jüdischen Rechtsanwalts Fließ. Dorothee Fließ, die Tochter, erinnert sich noch heute an den Moment der Ankunft in Basel, als ein Grenzbeamter die Reisenden aufforderte, den gelben Judenstern abzunehmen: »Er hielt tatsächlich eine Schere in der Hand. Meine Mutter erledigte das für meinen Vater und sich selbst. Bei mir ging es schneller, mein Stern war ohnehin nicht angenäht, sondern nur mit Druckknöpfen befestigt.«

Die Agenten des »Unternehmens Sieben« sollten zu den letzten Menschenleben gehören, die unter der Ägide von Canaris gerettet werden konnten. Mit der schwindenden Machtposition des Admirals gingen auch die Möglichkeiten verloren, unter dem Deckmantel »normaler« Abwehraktionen humanitäre Hilfe zu leisten. Eichmann persönlich war bei ihm aufgekreuzt, um die Fluchthilfe durch die Abwehr zu unterbinden. Auch Keitel hatte interveniert. Als der Publizist Franz Josef Furtwängler Anfang 1943 mit einer weiteren Bitte um Hilfe für einen von der Deportation bedrohten Freund bei Canaris vorstellig wurde, »erlebten wir« nach seiner Erinnerung »etwas Niederschmetterndes. Der Chef der Abwehr gestand uns offen, er sei so ziemlich ›eingekreist‹. Himmler sei im Begriff, endgültig das Rennen zu machen, und er, der Admiral, habe nicht mehr die Macht, einen Menschen zu schützen oder ihn für seine Dienste zu requirieren.« Es klang wie eine Bankrotterklärung. Dazu kamen auch äußere Zeichen des Zerfalls. Die Uniform des Admirals wirkte ungepflegt, seine Augen waren eingefallen. Auf einen Widersacher aus dem RSHA machte er einen »alten, müden und abgekämpften Eindruck«. Auch Canaris-Biograph Höhne kommt zu dem Schluß, der Abwehrchef habe in seinen letzten Amtsjahren resigniert, sein Amt aus den Augen verloren und auf allzu häufigen Dienstreisen dem Dilemma entfliehen wollen.

Tatsächlich aber erwuchs aus der Resignation noch einmal neue Kraft für einen letzten verzweifelten Kampf gegen Hitler – einen Kampf, der durch die endgültige Kriegswende bei Stalingrad neuen Elan erhalten hatte. In vorderster Linie handelten dabei wieder Oster und Dohnanyi. Canaris war nicht in alle ihre Schritte eingeweiht, wollte es wohl auch nicht sein, doch das meiste billigte er stillschweigend. Die Kriegslage hatte die Ziele der Verschwörer verschoben. Zwar stand immer noch die Beseitigung Hitlers am Anfang aller Überlegungen, doch mehr und mehr rückte der Plan in den Vordergrund, mit den Westmächten einen Separatfrieden abzuschließen, um dann gemeinsam gegen die Rote Armee weiterzukämpfen. Bei dem notorischen Antikommunisten Canaris weckten solche Visionen natürlich letzte Energien. Mit mehreren Fühlungnahmen gleichzeitig versuchte er nun, die Bereitschaft der Westmächte zum Frontwechsel auszuloten – freilich alles unter der Tarnung »normaler« Abwehraktionen. Moltke sondierte in Istanbul, die alten Kontakte zum Vatikan wurden mit neuem Leben erfüllt, Mittelsmänner des Admirals tauchten in Schweden auf, und der Abwehrchef selbst hatte schon ein Treffen mir seinen Kollegen Donovan vom amerikanischen und Menzies vom britischen Geheimdienst im spanischen Santander verabredet.

Doch alle Friedensfühler brachten das gleiche Ergebnis. Die Westmächte beharrten auf der Forderung nach bedingungsloser Kapitulation und waren nicht bereit, ihr Bündnis mit Stalin aufzukündigen. Donovan und Menzies, die beide wohl aufgeschlossen für eine Allianz gegen die Sowjets gewesen wären, wurden von ihren Regierungen zurückgepfiffen. Ausschlaggebend waren neben dem desolaten Bild des deutschen Widerstands, der ja schon seit 1938 ankündigte, Hitler beseitigen zu wollen, auch die irrigen Vorhersagen der alliierten Geheimdienste, das Hitler-Reich werde noch 1943 kollabieren.

Die Verschwörer in der Abwehr drängte das Nein der Westmächte immer mehr in die Defensive. Wenn dem Heer nicht die geringste Aussicht auf einen Sonderfrieden geboten werden konnte, würde kein Feldmarschall mit seinen Truppen gegen Hitler meutern. Als Ausweg blieb nur noch ein Attentat ohne echte Erfolgsgarantie für einen anschließenden Staatsstreich. Doch Oster und Dohnanyi wollten auch diesen Schritt wagen – gemeinsam mit einer Gruppe jüngerer Heeresoffiziere um den Grafen Stauffenberg. Für sie galt das Motto, das Henning von

Tresckow formuliert hatte: Der deutsche Widerstand müsse mit einem Anschlag wenigstens der Welt beweisen, daß es ihn gegeben habe. Was nun folgte, war eine ganze Kette von Attentatsversuchen, die erst am 20. Juli 1944 zu einem Ergebnis führten. Es ist viel darüber gerätselt worden, warum Hitler dabei so lange unbehelligt davonkam. Waren es nur Zufälle, durch technisches Versagen oder kurzfristig veränderte Terminpläne des Diktators bedingt, oder fehlte den Verschwörern doch die letzte Entschlossenheit? »Der Kerl hat einfach auch eine Menge Glück gehabt«, sinniert Ewald von Kleist, ein enger Vertrauter Stauffenbergs, noch heute.

Canaris war mindestens an einem der fehlgeschlagenen Versuche persönlich beteiligt. Die beiden Zeitzünderbomben, die am 13. März 1943 in Hitlers Flugzeug wegen großer Kälte versagten, waren im Gepäck des Admirals zuvor ins Hauptquartier der Heeresgruppe Mitte gelangt. Der Leiter der Abwehrabteilung II, Lahousen, schilderte später die Vorgeschichte dieses Anschlags. Demnach wurde er im Februar 1943 von Oster und Dohnanyi gefragt, ob die Heeresgruppe Mitte denn über genügend Sprengstoff mit Langzeitzündern verfüge. »Ich bejahte«, so Lahousen, »trotzdem schlug Dr. von Dohnanyi vor, das Abwehr-II-Kommando mit Spreng- und Zündmaterial der neuesten Typen zu versorgen.« Lahousen wurde klar, daß hier nur ein Vorwand konstruiert werden sollte. Am 7. März flogen er, Canaris und Dohnanyi nach Smolensk und »nahmen bei dieser Gelegenheit eine Kiste des erwähnten Sprengmaterials mit«. Der Admiral höchstselbst als Kurier einer für Hitler bestimmten Bombe! Canaris-Biographen haben diese Episode gerne unterschlagen, weil sie nicht recht zum Bild des christlich motivierten Mannes passen will, der einen Tyrannenmord stets abgelehnt haben soll. In der Tat aber ist es mehr als unwahrscheinlich, daß Lahousen vom Verwendungszweck des Sprengstoffs wußte, sein Chef aber nicht – zumal es ohnehin höchst ungewöhnlich war, Explosivstoffe per Flugzeug zu transportieren. Auch Lahousen selbst hatte »den Eindruck, daß Canaris vom eigentlichen Zweck des mitgeführten Sprengstoffes Kenntnis hatte«.

Bald aber blieb keine Zeit mehr, ein neues Attentat vorzubereiten. Die Abwehr schwebte in höchster Gefahr. Begonnen hatte alles mit einer harmlosen Devisenaffäre, in die der bayerische Brauereibesitzer und portugiesische Honorarkonsul Wilhelm

... die ausdrücklich gebilligten Maßnahmen müssen zu willkürlichen Mißhandlungen und Tötungen führen... Die Einrichtung einer mit Stöcken, Peitschen und ähnlichen Werkzeugen ausgerüsteten Lagerpolizei widerspricht der militärischen Auffassung...

Von Canaris unterzeichnete Vortragsnotiz vom 15. September 1941 für den Chef des OKW, Wilhelm Keitel, bezüglich der Behandlung russischer Kriegsgefangener

»Noch unsere Kinder tragen daran...« Canaris bei einem Ostfrontbesuch 1941.

Ich glaube, der Canaris litt die ganzen Kriegsjahre entsetzlich. Deshalb reiste er auch so. Und wurde so unruhig, fand eigentlich gar keine Ruhe mehr. Und plötzlich war er weg. Für eine ganze Woche. Und dann auf einmal war er wieder da.

Reinhard Spitzy, Mitarbeiter im Amt Ausland/Abwehr

Schmidhuber verwickelt war. Schmidhuber, ein Abwehroffizier aus München und Freund Dohnanyis, hatte sich mit illegalen Dollartransaktionen ein beträchtliches Nebeneinkommen gesichert. Als die Zollfahndung diesen Manipulationen auf die Schliche gekommen war, hatte der umtriebige Konsul eine abenteuerliche Geschichte aufgetischt, wonach es sich bei dem Devisenschmuggel um eine Abwehr-Aktion von höchster Wichtigkeit gehandelt habe. Nach und nach verstrickte er sich dabei dermaßen tief in Widersprüche, daß die Gestapo auf die Geschichte aufmerksam wurde. Eine Intervention von Canaris und Oster, die ihn unter einem Vorwand auf eine Dienstreise nach Italien schickten, scheiterte. Schmidhuber wurde von Carabinieri verhaftet und ausgeliefert.

In seiner Verzweiflung und gedrängt von dem Gefühl, die Abwehr lasse ihn fallen, packte er schließlich aus. Der Brauereibesitzer erzählte von den Vatikan-Gesprächen Müllers 1940, von einer »hochverräterischen Vereinigung, die den Generalobersten Beck, Goerdeler, von Dohnanyi und andere als Träger« haben sollte und von den Rettungsaktionen der Abwehr für deutsche Juden, für die er einen »Versorgungsfonds« in Höhe von 100000 Dollar in der Schweiz eingerichtet habe. Der Gestapo-Untersuchungsführer, Kriminalsekretär Sonderegger, traute seinen Ohren nicht. Endlich hatte er das Beweismaterial gegen die Abwehr in der Hand, hinter dem man so lange hergewesen war. Endlich war die Quelle für die abgefangenen Telegramme aus Rom gefunden, die den Angriffstermin der Westoffensive verraten hatte. Keine Frage, meinte Sonderegger, nun stehe der Sturz von Canaris unmittelbar bevor. Dann jedoch erlebte der Kriminalbeamte eine Überraschung, die seinen ganzen Glauben an die inneren Fronten des »Dritten Reiches« völlig durcheinanderbrachte. Sein Bericht, den er an den berüchtigten Gestapo-Müller geleitet hatte, kam mit der handschriftlichen Bemerkung Himmlers zurück: »Laßt mir endlich den Canaris in Ruhe!« Sonderegger konnte lediglich noch in Erfahrung bringen, daß der Fall auf Weisung des »Reichsführers SS« an die Wehrmachtjustiz abgegeben werde und die Gestapo nur noch als Hilfsorgan in Erscheinung treten dürfe, da sonst die Gefahr bestünde, »daß Canaris in einem solchen Fall sein Amt zur Verfügung stellen würde«.

Himmler als Schutzpatron von Canaris? Tatsächlich war dies nicht der erste Fall, bei dem Hitlers Henker schützend seine

Hand über den Abwehrchef hielt. Mindestens dreimal schon, so berichtete Sonderegger nach dem Krieg, hatte der SS-Chef Fahndungen gegen die Abwehr unterbunden. Über die Hintergründe gibt es nur Spekulationen: Der »Reichsführer« war mehrfach schon an der Peripherie des Widerstands aufgetaucht und hatte versucht, Kontakt mit Oster und Dohnanyi aufzunehmen. Dahinter stand wohl die strategische Überlegung, daß Hitlers Tage gezählt waren und daß sich die SS für die Zeit danach Optionen offenhalten mußte. Josef Müller, Vertrauter von Dohnanyi und nach dem Krieg Minister in Bayern, schilderte Diskussionen im Kreis der Verschwörer darüber, Himmlers Machtpotential in die Umsturzpläne einzubeziehen. Ein anderer Grund mag die nüchterne Erkenntnis gewesen sein, daß die Abwehr einfach noch ein zu großer Brocken für das RSHA gewesen wäre. Kopflos und in Teile zerschlagen, hätte das Amt von Canaris vermutlich seine Leistungskraft verloren. Zu alledem kam wohl noch ein irrationales Faible Himmlers für den Geheimdienstprofi Canaris, der es in den persönlichen Begegnungen mit dem SS-Chef stets verstanden hatte, dessen Bewunderung und Wohlwollen zu wecken. Noch im Nürnberger Prozeß stichelte der angeklagte Alfred Jodl gegen jenes »allerbeste Einvernehmen« zwischen Himmler und Canaris.

Doch selbst die Protektion durch den »Reichsführer« half am Ende nichts, denn mit der Übernahme des Verfahrens durch die Wehrmachtsjustiz trat ein Mann in die Szenerie, der mit der Bissigkeit eines Terriers sein Amt versah: Oberkriegsgerichtsrat Manfred Roeder. Ihm eilte der Ruf voraus, einer der härtesten Militärjuristen des Hitler-Reiches zu sein. Roeder war kein eingefleischter Nazi, aber ein Jurist, der mit Brachialgewalt den Buchstaben des Gesetzes durchzusetzen vermochte – einerlei, ob das Gesetz schon per se verbrecherisch war. Im März und April 1943 häuften sich die Warnungen, die im Amt Ausland/Abwehr eingingen. Noch am Abend des 4. April schlich der ehemalige Abwehrreferent Reinhard Spitzy über einen Seiteneingang in das Amt, um vor einem Schlag gegen Canaris zu warnen, von dem er durch alte Bekannte beim SD erfahren hatte. Im »Fuchsbau« der Abwehr traf er nur noch auf Karl Ludwig von Guttenberg, den Referenten Osters. Spitzy beschwor ihn, den Admiral und seine Vertrauten zu informieren, und »um Gottes willen endlich und unverzüglich die unselige Dokumentensammlung verschwinden zu lassen«. Spitzy, der selbst einmal für Oster gearbeitet hatte, wußte, daß Dohnanyis Dossiers entgegen dem Befehl des Amtschefs noch immer existierten.

Am nächsten Morgen um zehn Uhr standen ein bulliger, untersetzter Mann in Luftwaffenuniform und ein unauffällig wirkender Zivilist vor Canaris' Schreibtisch: Roeder und Sonderegger. Der Reichskriegsgerichtsrat eröffnete dem Abwehrchef, er sei ermächtigt, Hans von Dohnanyi zu verhaften und sein Dienstzimmer zu durchsuchen. Canaris war zu konsterniert, um zu reagieren. Anstatt auf Zeit zu spielen und erst einmal als Hausherr die Fahnder herauszuwerfen, stand er auf und ging voran in Osters Zimmer. Als er dem alten Freund erklärte, was die beiden Männer wollten, fuhr es aus Oster heraus: »Ich bitte, mich auch gleich festzunehmen, da Herr von Dohnanyi nichts getan hat, von dem ich nichts weiß.« Wenig später tauchten sie alle vier im Büro Dohnanyis auf. Roeder erklärte den Abwehrmann für verhaftet und begann mit der Durchsuchung seines Panzerschranks. Oster und Dohnanyi wurden bleich. Auf einen solchen Überraschungscoup waren sie nicht vorbereitet. Hatte nicht Canaris noch wenige Tage zuvor gesagt, Gefahr sei in nächster Zeit nicht zu befürchten? In Panik versuchte Oster jetzt zu retten, was zu retten war – vergeblich. »Im Verlauf der Untersuchung«, erinnerte sich Sonderegger später, »hatte sich General Oster an den Tisch herangemacht, auf dem die zuerst erwähnten Zettel verwahrt waren. Er versuchte rücklings mit der linken Hand die Zettel an sich zu bringen, was gleichzeitig von Dr. Roeder und mir bemerkt wurde.«

Der Schaden war nicht mehr zu beheben. Mit einem Schlag hatte die Gestapo erstklassige Beweise über die umstürzlerischen Bestrebungen der Abwehrzentrale in der Hand: die Dossiers von Dohnanyi. Ihr Urheber, dessen Ehefrau, Josef Müller und auch der Theologe Dietrich Bonhoeffer, der im Ausland für die Sache des Widerstands geworben hatte, wurden verhaftet, Oster wurde vom Dienst suspendiert. Canaris konnte den Vertrauten nicht mehr helfen. Mehr noch, seine Stellung war ebenfalls endgültig ramponiert, und es konnte nur noch eine Frage der Zeit sein, bis die einmal alarmierten Häscher auch seiner Beteiligung an den Staatsstreichplänen auf die Fährte kommen würden. Wenn ihn Keitel und Himmler gemäß einer Absprache vorläufig noch im Dienst ließen, dann nur, um den Abwehr-Betrieb aufrechtzuerhalten. Für den deutschen Widerstand war

Nein, Flucht kommt für mich nicht in Frage. Ich werde mich auch nicht selbst umbringen. Ich bin meiner Sache sicher.

Canaris zu Gestapo-Chef Walter Schellenberg bei seiner Festnahme am 23. Juli 1944

Wir sollten im Hafen von Piräus eine kleine Kaffeebude aufmachen. Ich koche den Kaffee, und du servierst. Das wäre doch herrlich, ein so einfaches Leben zu führen.

Canaris 1942 zu seinem Freund Otto Wagner

»Nicht mehr die Macht, einen Menschen zu schützen...« Canaris in seinem Büro am Reichpietschufer.

es »der schwerste Schicksalsschlag, der ihn überhaupt treffen konnte«, wie Hans Bernd Gisevius aus dem Kreis der Verschwörer formulierte. Doch im Umfeld der Umstürzler regte sich neben dem Bedauern auch Kritik an der Unvorsichtigkeit Osters und Dohnanyis. »Wenn die ›Guten‹ nicht klug wie die Schlangen und ohne Falsch wie die Tauben sind«, notierte Ulrich von Hassell in sein Tagebuch, »ist nichts zu erreichen.«

Canaris mußte von nun an seiner eigenen Demontage zusehen. Zahlreiche Führungspositionen in der Abwehr wurden neu besetzt. Offenbar rüstete die SS zur endgültigen Übernahme des militärischen Geheimdienstes. Auf seinen letzten Dienstreisen wirkte der Admiral wie jemand, der Abschied nahm. Seinen Kollegen, den italienischen Geheimdienstchef Amé, überraschte er in Rom mit einer ungewöhnlichen Bitte: Er wollte noch einmal den Petersdom besuchen. »Im Seitenschiff des riesigen Domes«, erinnerte sich der Italiener, redete Canaris dann Klartext. »Er sprach von dem Blut und den Tränen, erbarmungslos vom Hitler-Regime verursacht, und von den Folgen, die nun auf sein Vaterland zukommen würden.« Auch gegenüber dem Heeresgeneral Köstring, den er auf einer Fahrt in der Ukraine traf, nahm er kein Blatt vor den Mund. Der verschreckte General erinnerte sich später, er sei erstaunt gewesen, mit »welch abgrundtiefem Haß und Ekel« Canaris von Hitler gesprochen habe.

Bald mußte der Abwehrchef registrieren, daß ihn Roeder nur noch oberflächlich in die Fortschritte der Untersuchungen einweihte. Offenbar stand er nun selbst unter Verdacht. Seinem Instinkt für drohende Gefahr folgend ging er in den offiziellen Vernehmungen als Zeuge auf Distanz zu den alten Gefährten. Auf diskreten Wegen ließ er gleichzeitig den Häftlingen im Gefängnis der Prinz-Albrecht-Straße immer wieder Botschaften der Solidarität zukommen. Doch die Zeit war vorbei, in der ein paar Befehle von Canaris Menschen aus den Kerkern der Gestapo befreien konnten.

Am 11. Februar 1944 war es soweit. Vergleichsweise kleine Pannen in der Abwehrarbeit hatten einen erneuten Wutanfall Hitlers provoziert. Er habe »den Herrn Canaris und seine ganze Abwehr satt«, zürnte der Diktator. Mit ein paar Federstrichen übertrug er das gesamte Amt dem »Reichsführer SS«. Endlich hatte das »Dritte Reich« jenen Supernachrichtendienst, von dem die Geheimdienstler innerhalb des schwarzen Ordens immer geträumt hatten. Mit der einsetzenden Götzendämmerung war Himmler damit der absoluten Macht näher als je zuvor. »Na, haben Sie jetzt alles zusammen?« fragte Hitler Kaltenbrunner, die Nummer zwei im SS-Imperium, spöttisch. Keitel und Jodl, die beiden höchsten Offiziere des OKW, wurden bei Canaris vorstellig, um ihm neben dem Deutschen Kreuz in Silber für »außergewöhnliche Verdienste in der militärischen Kriegführung« auch ein paar warme Abschiedsworte Hitlers zu übermitteln. Anschließend mußte er packen. Hitler hatte ihm befohlen, auf der Burg Lauenstein eine Art Ehrenhaft anzutreten. Mit nur wenig Gepäck und den beiden Dackeln ließ sich Canaris im Dienstwagen in Richtung Oberfranken chauffieren. Seine Familie hatte er vorher schon am Ammersee einquartiert, um sie vor den Bombenangriffen in Sicherheit zu bringen.

Den Aufenthalt auf der abgelegenen Burg muß Canaris wie eine Verbannung empfunden haben. Gewiß, Hitler hatte ihn nicht festnehmen lassen, das war ein gutes Zeichen. Doch abgeschnitten von den Nachrichten aus Berlin, konnte er nur mutmaßen, wie nah ihm die Fahnder der Gestapo schon waren. Von der Wiederauferstehung des Widerstands unter der Führung Stauffenbergs erfuhr der Admiral lediglich in Form einiger vager Nachrichten. Der 20. Juli kam für ihn überraschend. Als er hörte, daß Hitler noch am Leben war, beeilte er sich, ein Glückwunschtelegramm in die »Wolfsschanze« zu schicken. Doch die Zeit der Täuschung war vorüber. Schon am 23. Juli wurde auch Canaris von den ausschwärmenden Rächern des Diktators verhaftet. Es war der SD-Chef Walter Schellenberg persönlich, auch ein einstiger gelegentlicher Reitpartner, der kam, um ihn abzuholen. Schellenberg berichtete später, er habe dem alten Rivalen angeboten, eine Stunde lang zu warten: »Während dieser Zeit«, will der SS-Mann gesagt haben, »können Sie tun, was immer Sie wollen.« Canaris aber antwortete: »Nein, Schellenberg, Flucht kommt für mich nicht in Frage, ich werde mich auch nicht selbst umbringen. Ich bin meiner Sache sicher.« Dann ging er sich umziehen und kehrte mit einer kleinen Reisetasche wieder – mit Tränen in den Augen.

Für Canaris begann die letzte Etappe seines Lebens. Trotz beispielloser Brutalität gelang es dem Untersuchungsführer Walter Huppenkothen nur sehr langsam, Licht in die Verschwörung zu bringen. Vor allem der Abwehrchef selbst erwies sich als harte

Nuß. Noch einmal blitzte die alte Lust am Schattenspiel auf. Egal wie sehr die Kerkermeister ihm zusetzten, ob sie ihn nächtelang mit einer starken Lampe um den Schlaf brachten oder ihn die Gänge des Gefängnisses schrubben ließen – der Admiral blieb undurchschaubar wie eine Sphinx. Hinsichtlich der Pläne Osters gab er zu Protokoll, er habe »von allen diesen Dingen niemals angenommen, daß es sich dabei um ernsthafte Überlegungen handele. Für mich bestand nie ein Zweifel, daß jede Änderung der Regierung während des Krieges als Dolchstoß aufgefaßt würde und die innere Front erschüttern würde.« Die im Aktenschrank Dohnanyis entdeckten Dokumente seien für ihn ohnedies nichts weiter als geheimdienstliches »Spielmaterial« gewesen. Mit solchen Aussagen war dem Ex-Abwehrchef kein Prozeß zu machen. Aus Mangel an Beweisen blieb er von einer Anklage vor dem Volksgerichtshof verschont.

Am 3. Februar 1945 traf ein schwerer amerikanischer Bombenangriff das SS-Gefängnis in der Berliner Prinz-Albrecht-Straße. Auch Teile des Zellentrakts wurden dabei zerstört. Gestapo-Chef Müller befahl daraufhin die Verlegung der prominenten Häftlinge in bombensicheres Gebiet. Bei Canaris keimte Hoffnung: Wenn ihn die SS jetzt vor Bombenangriffen in Sicherheit brachte, dann wollte man ihn offenbar am Leben erhalten, vielleicht als Faustpfand für Verhandlungen mit den Siegern. Mit einem Bus wurden die Gefangenen ins Konzentrationslager Flossenbürg gebracht. Dort durfte Canaris statt der Häftlingskleidung einen hellen Anzug tragen. Der Zellennachbar, ein dänischer Geheimdienstoffizier namens Hans Lunding, wurde zum Chronisten der letzten Tage des Admirals. Per Klopfzeichen tauschte er mit Canaris Nachrichten aus. Zunächst klangen die Signale aus Zelle 22 optimistisch, denn das Herannahen der Front war auch den Insassen von Flossenbürg nicht verborgen geblieben.

Dann aber geschah das Unglück. In einem Tiefbunker des Heereshauptquartiers in Zossen, südlich von Berlin, stießen Offiziere Anfang April 1945 auf einen Panzerschrank, der seltsame Papiere enthielt. Es waren Bände der legendären Canaris-Tagebücher. Wenig später stand SS-Vize Kaltenbrunner vor Hitler und hielt ihm markierte Stellen aus den Notizen des einstigen Abwehrchefs entgegen. Der Diktator wähnte sich augenblicklich im Bilde. In der Wahnwelt seines Bunkers unter der Berliner Reichskanzlei malte er sich ein gigantisches Komplott gegen ihn und den deutschen Endsieg aus. Außer sich vor Wut befahl er die »Vernichtung der Verschwörer«.

Am 8. April trat im Kommandanturgebäude des KZ Flossenbürg ein Standgericht zusammen, das dem Mordbefehl Hitlers ein juristisches Mäntelchen verschaffen sollte. Vorsitzender Richter war der SS-Mann Otto Thorbeck, Ankläger der Untersuchungsführer Huppenkothen. Um acht Uhr abends wurde Canaris vor dieses »Gericht« geführt, das sogar den Gesetzen des NS-Unrechtsregimes keine Beachtung mehr schenkte. Doch selbst angesichts der sicheren Aburteilung wollte er noch immer nicht aufgeben. Huppenkothen schilderte später, Canaris habe »jeden Punkt der Anklage zerredet, um seinen Kopf zu retten. Wir haben mit ihm große Schwierigkeiten gehabt.« Dann aber ließ Thorbeck Oster rufen, der schon zum Tode verurteilt worden war. Leidenschaftlich hielt der alte Freund Canaris entgegen, natürlich sei er an den Umsturzplänen beteiligt gewesen, man habe doch gemeinsam gehandelt. Der Admiral blieb hartnäckig: »Laß dir doch erklären, ich habe es doch nur zum Schein getan.« Oster: »Nein, das stimmt doch nicht. Ich kann nichts anderes aussagen, als was ich weiß. Ich bin doch kein Lump.« Als der Richter Canaris jetzt noch einmal fragte, ob die Anklage gegen ihn zu Unrecht erhoben werde, antwortete er leise mit »Nein«.

Es war das finale Bekenntnis zum Widerstand. Seit seiner Ernennung zum Geheimdienstchef hatte er vermieden, sich jemals ganz festlegen zu müssen. Nun tat er es und verhalf sich endlich zur Erlösung. Er hatte versucht, alle Klaviaturen gleichzeitig zu bedienen, und sich damit heillos zwischen Gehorsam und Moral, zwischen Patriotismus und Humanität verheddert. Dem Guten und dem Bösen gleichzeitig zu dienen – in dieser Zwangslage hat sich Canaris aufgerieben. Ohne ihn wären viele Menschen nicht gerettet worden, unter seinem Kommando sind allzu viele gestorben. Welche Alternativen hätte er gehabt? Mehr Heldenmut, wie ihn sein Freund Oster besaß, hätte ein früheres Ende bedeutet. Den glücklosen Widerständlern und auch den mutigen Rettern wäre dann weniger Zeit verblieben. Canaris hat auf seinem Posten ausgeharrt, auch um den Preis, sich bis an die Grenze zur Unmoral zu verbiegen. Er und viele andere Konservative aus der Kaiserzeit verstanden das als Dienst am Vaterland, nicht als Hilfe für Hitler. Bis zuletzt blieb dies ihr Irrtum.

Das Urteil lautete: Tod durch den Strang. Lunding, der Däne

»Meine Zeit ist um...«
Das Konzentrationslager Flossenbürg, in dem Canaris hingerichtet wurde.

... War kein Landesverräter. Habe als Deutscher meine Pflicht getan. Sollten Sie weiterleben, grüßen Sie meine Frau.

Canaris' letzte Nachricht an seinen Mithäftling Oberst Lunding in Flossenbürg

Es war auffallend, daß diese Hinrichtungen plötzlich so lange dauerten. Soweit ich zeitmäßig feststellen kann, wurden nur Canaris und Oster auf diese furchtbare, lange Weise hingerichtet – also durch Strangulierung. Die nächsten wurden auf gewöhnliche Art und Weise aufgehängt. Das heißt, es mag acht bis zehn Minuten gedauert haben.

Jörgen Mogensen, Häftling in Flossenbürg

Bei dem kleinen Admiral hat es sehr lange gedauert – er ist ein paarmal rauf- und runtergezogen worden.

Aussage eines Hinrichtungszeugen

aus der Nachbarzelle, hörte in der Nacht noch einmal Zeichen von Canaris: »Bei der letzten Vernehmung Nase gebrochen. Sollten Sie überleben, grüßen Sie meine Frau.« Im Morgengrauen des nächsten Tages wurden die Urteile an Canaris, Oster, Bonhoeffer und zwei weiteren Opfern vollstreckt. Hans von Dohnanyi war schon vorher in Sachsenhausen ermordet worden. Wenige Tage später rollten US-Truppen in das Lager ein.

1956 erklärte der Bundesgerichtshof die Urteile von Flossenbürg für rechtens. Thorbeck wurde freigesprochen, Huppenkothen erhielt lediglich sechs Jahre Zuchthaus, weil er die Vollstreckung nicht durch den Gerichtsherrn bestätigen ließ. Erst 1996 rehabilitierte das Landgericht Berlin die Opfer des 9. April und erklärte die Urteile des SS-Richters Thorbeck offiziell für aufgehoben.

Literatur

Allgemeines

Bartov, Omer: Hitlers Wehrmacht. Soldaten, Fanatismus und die Brutalisierung des Krieges. Reinbek 1995.
Bradley, Dermot/Karl-Friedrich Hildebrand/Markus Rövekamp: Die Generale des Heeres 1941–1945. 3 Bde. Osnabrück 1993 ff.
Brett-Smith, Richard: Hitler's Generals. San Rafael 1977.
Cooper, Matthew: The German Army 1933–1945. Its Political and Military Failure. New York 1978/Chelsea 1991.
Erfurth, Waldemar: Die Geschichte des Generalstabes von 1918 bis 1945. Göttingen 1957.
Görlitz, Walter: Kleine Geschichte des Generalstabes. Berlin 1977.
Greiner, Helmuth: Die oberste Wehrmachtführung '39–'43. Wiesbaden 1951.
Heuer, Gerd F.: Die deutschen Generalfeldmarschälle und Großadmirale. Rastatt 1978, 1988.
Hildebrand, Karl-Friedrich: Die Generale der deutschen Luftwaffe 1935–1945. 3 Bde. Osnabrück 1988–1996.
Hitler's Generals. Edited by Correlli Barnett. London 1989.
Kriegstagebuch des Oberkommandos der Wehrmacht (Wehrmachtsführungsstab) 1940–1945. Hrsg. von Percy E. Schramm. 4 Bde. Frankfurt a. M. 1961–1965. Studienausgabe in acht Bänden. Herrsching 1982.
Liddell-Hart, Basil H.: Deutsche Generale des 2. Weltkrieges. O. O., o. J.
Mellenthin, Friedrich W. von: Deutschlands Generale des Zweiten Weltkrieges. Bergisch Gladbach 1980.
Die Militärelite des Dritten Reiches. 27 biographische Skizzen. Hrsg. von Roland Smelser und Enrico Syring. Berlin/Frankfurt a. M. 1995.
Mitcham, Samuel W., Jr.: Hitler's Field Marshals and their Battles. London 1989.
Mitcham, Samuel W. Jr./Gene Mueller: Hitler's Commanders. Lanham (Maryland) 1992.
Moll, Otto Ernst Eugen Guido: Die deutschen Generalfeldmarschälle. Rastatt/Baden-Baden. 1962.
Müller, Klaus-Jürgen: Das Heer und Hitler. Armee und das nationalsozialistische Regime 1933–1940. Stuttgart 1969, 1989.
Shirer, William L.: The Rise and Fall of the Third Reich. New York 1960.
Streit, Christian: Keine Kameraden. Die Wehrmacht und die sowjetischen Kriegsgefangenen 1941–1945. Stuttgart 1997
Stumpf, Reinhard: Die Wehrmacht-Elite. Rang und Herkunftsstruktur der deutschen Generale und Admirale 1933–1945. Boppard 1982.
Taylor, Telford: Sword and Swastika. Generals and Nazis in the Third Reich. New York 1952/Chicago 1969.
Teske, Hermann: Die silbernen Spiegel. Generalstabsdienst unter der Lupe. Heidelberg 1952.

»Unternehmen Barbarossa«. Der deutsche Überfall auf die Sowjetunion 1941. Berichte, Analysen, Dokumente. Hrsg. von Gerd R. Überschär und Wolfram Wette. Paderborn 1984.
Vernichtungskrieg. Verbrechen der Wehrmacht 1941-1944. Ausstellungskatalog. Hrsg. vom Hamburger Institut für Sozialforschung. Red.: Hannes Heer. Hamburg 1996, 1997.
Warlimont, Walter: Im Hauptquartier der deutschen Wehrmacht 1939-1945. Grundlagen, Formen, Gestalten. Frankfurt a. M. 1962.
Wheeler-Bennctt, John W.: The Nemesis of Power. The German Army in Politics 1918-1945. London 1964.
Weinberg, Gerhard L.: Germany, Hitler, and World War II. Cambridge 1995.
Wistrich, Robert: Wer war wer im Dritten Reich? Ein biographisches Lexikon. Überarbeitet von Hermann Weiß. München 1983/Frankfurt a. M. 1987, 1993.
Zoepf, Arne W. G.: Wehrmacht zwischen Tradition und Ideologie. Der NS-Führungsoffizier im Zweiten Weltkrieg. Frankfurt a. M. 1988.

Zu Erwin Rommel

Carell, Paul: Die Wüstenfüchse. Mit Rommel in Afrika. Berlin, Frankfurt a. M., 1958.
Fraser, David: Rommel. Die Biographie. Berlin 1995.
Fry, Michael: Der Wüstenfuchs: Erwin Rommel und das deutsche Afrikakorps. Rastatt 1985.
Irving, David: Rommel. Hamburg 1978.
Kurowski, Franz: Erwin Rommel: der Mensch, der Soldat, der Generalfeldmarschall. Bochum 1978.
Koch, Lutz: Erwin Rommel. Die Wandlung eines großen Soldaten. Stuttgart 1950.
Lewin, Ronald: Rommel. Stuttgart/Berlin 1969.
Macksey, Kenneth: Rommel. Schlachten und Feldzüge. Stuttgart 1982.
Piekalkiewicz, Janusz: Rommel und die Geheimdienste in Nordafrika 1941-1943. München/Berlin 1984.
Reuth, Ralf Georg: Erwin Rommel. Des Führers General. München 1987.
Rommel, Erwin: Krieg ohne Haß. Hrsg. von Lucie-Maria Rommel und Fritz Bayerlein. Heidenheim/Brenz 1950.
Speidel, Hans: Invasion 1944. Ein Beitrag zu Rommels und des Reiches Schicksal. Tübingen 1949.
Young, Desmond: Rommel. Mit einem Vorwort von Claude Autchinleck. Wiesbaden 1958.

Zu Wilhelm Keitel

Görlitz, Walter: Generalfeldmarschall Keitel – Verbrecher oder Offizier? Göttingen/Berlin/Frankfurt 1961.
Mitcham, Samuel W. Jr.: Generalfeldmarschall Wilhelm Keitel. In: Hitlers militärische Elite. Hrsg. von Gerd R. Ueberschär. Darmstadt 1998.
Mueller, Gene: »Wilhelm Keitel, der gehorsame Soldat.« In: Die Militärelite des Dritten Reiches. Hrsg. von Ronald Smelser und Enrico Syring. Berlin/Frankfurt a. M. 1995.

Scheller, Helmut: Hitler and Keitel. An Investigation of the Influence of Party Ideology on the Command of the Armed Forces in Germany. Fort Hays 1970.
Warlimont, Walter: Im Hauptquartier der deutschen Wehrmacht 1939–1945. Grundlagen, Formen, Gestalten. Frankfurt a. M. 1962.
Weißbecker, Manfred: Wilhelm Keitel – »... man ist solch ein Lump geworden«. In: Stufen zum Galgen. Lebenswege vor den Nürnberger Urteilen. Hrsg. von Kurt Pätzold und Manfred Weißbecker. Leipzig 1996.

Zu Erich von Manstein

Engelmann, Joachim: Stratege und Truppenführer. Ein Lebensbericht in Bildern. Friedberg 1981.
Hammerstein, Kunrat von: Manstein. In: Frankfurter Hefte 11 (1956).
Hillgruber, Andreas: In der Sicht des kritischen Historikers. In: Nie außer Dienst. Zum achtzigsten Geburtstag von Generalfeldmarschall Erich von Manstein. Köln 1967.
Manstein, Erich von: Aus einem Soldatenleben 1887–1939. Bonn 1958.
Manstein, Erich von: Verlorene Siege. Erinnerungen 1939–1944. Bonn [12]1991.
Manstein, Rüdiger von/Fuchs, Theodor: Manstein. Soldat im 20. Jahrhundert. Militärisch-politische Nachlese. München 1981.
Paget, Reginald T.: Manstein. Seine Feldzüge und sein Prozeß. Wiesbaden 1952.
Schneider, Christian: Denkmal Manstein. Psychogramm eines Befehlshabers. In: Heer, Hannes/Naumann, Klaus (Hrsg.): Vernichtungskrieg. Verbrechen der Wehrmacht 1941–1944. Hamburg [5]1997.
Syring, Enrico: Erich von Manstein – Das operative Genie. In: Smelser, Ronald/Syring, Enrico (Hrsg.): Die Militärelite des Dritten Reiches. Berlin/Frankfurt a. M. 1995.
Stahlberg, Alexander: Die verdammte Pflicht. Erinnerungen 1932 bis 1945. Berlin/Frankfurt a. M. [2]1994

Zu Friedrich Paulus

Adam, Wilhelm: Der schwere Entschluß. Berlin (Ost) 1965.
Diedrich, Torsten: Friedrich Paulus. Patriot in zwei Diktaturen. In: Smelser/Syring: Die Militärelite des Dritten Reiches. Berlin/Frankfurt a. M. 1995.
Görlitz, Walter (Hrsg.): Paulus und Stalingrad. Lebensweg des Generalfeldmarschalls Friedrich Paulus. Mit den Aufzeichnungen aus dem Nachlaß, Briefen und Dokumenten. Frankfurt a. M./Bonn 1964.
Kehrig, Manfred: Stalingrad. Analyse und Dokumentation einer Schlacht. Stuttgart 1979.
Manstein, Erich von: Verlorene Siege. Erinnerungen 1939–1944. Bonn 1993.
Masson, Philippe: Die deutsche Armee 1935–1945. München 1996.
Moll, Otto E.: Die deutschen Generalfeldmarschälle 1939–1945. Rastatt/Baden [2]1962.
Piekalkiewicz, Janusz: Stalingrad – Anatomie einer Schlacht. München 1977.
Reschin, Leonid: General zwischen den Fronten. Walter von Seydlitz in sowjetischer Gefangenschaft und Haft 1943–1955. Berlin 1995.

Stahlberg, Alexander: Die verdammte Pflicht. Erinnerungen 1932 bis 1945. Frankfurt a. M. 1987.
Wieder, Joachim: Stalingrad und die Verantwortung des Soldaten. München 1962.

Zu Ernst Udet

Beinhorn, Elly: So waren diese Flieger. Herford 1966.
Heinkel, Ernst: Stürmisches Leben. Stuttgart 1953.
Herlin, Hans: Udet. Eines Mannes Leben. Hamburg 1958.
Homze, Edward L.: Arming the Luftwaffe. The Reich Air Ministry and the German Aircraft Industry 1919–39. Lincoln (Nebraska) 1976.
Ishoven, Armand van: Messerschmitt. Wien/Berlin 1975.
Ishoven, Armand van: Ernst Udet. Biographie eines großen Fliegers. Wien 1997.
Mason, Herbert Molloy: Die Luftwaffe. Aufbau, Aufstieg und Scheitern im Sieg. Wien/Berlin 1973.
Militärgeschichtliches Forschungsamt (Hrsg.): Die Generalstäbe in Deutschland 1871–1945. Die Entwicklung der militärischen Luftfahrt in Deutschland 1920–1933. Stuttgart 1962.
Riefenstahl, Leni: Memoiren. München/Hamburg 1987.
Thorwald, Jürgen: Ernst Udet, ein Fliegerleben. Berlin 1954.
Udet, Ernst: Aus der Luft gegriffen. München (repr.) 1997.
Udet, Ernst: Mein Fliegerleben. Berlin 1935.
USAF Historical Division (Hrsg.): Command and Leadership in the German Air Force. By Richard Suchenwirth, ed. H. Fletcher. New York 1969.
USAF Historical Division (Hrsg.): The Development of the German Air Force, 1919–1939. By Richard Suchenwirth, ed. H. Fletcher. New York 1968.
Völker, Karl Heinz: Dokumente und Dokumentarfotos zur Geschichte der deutschen Luftwaffe. Aus den Geheimakten des Reichswehrministeriums 1919–1933 und des Reichsluftfahrtministeriums 1933–1939. Stuttgart 1968.
Zuckmayer, Carl: Als wär's ein Stück von mir. Frankfurt a. M. 1966.

Zu Wilhelm Canaris

Abshagen, Karl Heinz: Canaris. Stuttgart 1949.
Benzing, Klaus: Der Admiral. Nördlingen 1973.
Brissand, André: Canaris. Frankfurt a. M. 1976.
Buchheit, Gert: Der deutsche Geheimdienst. München 1966.
Giserius, Hans Bernd: Bis zum bitteren Ende. Hamburg 1947.
Höhne, Heinz: Canaris – Patriot im Zwielicht. München 1976.
Ian Colvin: Chief of Intelligence. London 1951.
Leverkuehn, Paul: Der geheime Nachrichtendienst der deutschen Wehrmacht im Kriege. Frankfurt a. M. 1960.
Krausnick, Helmut: Aus den Personalakten von Wilhelm Canaris. Dokumentation in: Vierteljahrshefte für Zeitgeschichte. 1962.
Meyer, Winfried: Unternehmen 7. Eine Rettungsaktion. Frankfurt a. M. 1993.

Personenregister

Fettgedruckte Seitenangaben verweisen auf Textschwerpunkte, *kursive* auf Abbildungen.

Adam, Wilhelm 228, 234, 250
Adenauer, Konrad 274
Aldinger [Rommels Adjutant] 88
Almassy [ungar. Graf] 387
Amé [ital. Geheimdienstchef] 398
Angermund, Walter 295f.
Armbruster, Wilfried 25, 43, 84
Arnim, Hans-Jürgen von 57
Auchinleck, Claude 16, 37, 42, 47

Baier, Erich 298, 307, 329f.
Bastian [Konteradmiral] 353
Baumbach, Werner 327
Baur [Flugkapitän] 153
Bayerlein, Fritz 17, 42, 56
Bechler [DDR-Funktionär] 230
Beck, Ludwig 6, 115, 125f., 136, 172–175, 198, 211, 214, 217, 268, 271, 359f., 394
Beethoven, Ludwig van 282
Behr, Winrich 31, 196, 229, 260
Beinhorn, Elly 327
Below, Nikolaus von 27, 95, 99, 155
Berija, Lawrentij 272
Berndt, Alfred-Ingmar 45, 52, 83
Bessel, Ehmi *304*
Best, Werner 336, 349f., 365, 382, 389
Besymenski, Lew 265
Bethge, Eberhard 337
Beutel, Heinz 229
Blériot, Louis 286
Bleyle, Inge 320, 327, 329ff.
Blomberg, Dorle 117
Blomberg, Werner von 95, 104, 110f., 114, 116ff., 120ff., 126, 171–174, 238, 348, 354, 358
Blücher, Gebhard 52
Blumacher, Heinz 54
Blumentritt, Günther 179, 204

Blumröder, Hans-Adolf von 158, 163, 184, 195, 214
Bock, Fedor von 221f., 247
Böhm-Tettelbach, Karl 94, 113, 117, 123, 127, 155f.
Bondoux, René 144
Bonhoeffer, Dietrich 6, 396, 403
Boog, Horst 331
Bormann, Martin 8, 16, 21, 59, 76, *177*
Brauchitsch, Walther von 109, 122, 124, 129f., 133, 141, 175, 178, 240
Braun, Eva 153
Brecht, Bertolt 166
Bredow [General] 112, 173
Breker, Arno 18
Bridgemen [Lord] 222
Brocke, Franz 95
Brocke, Wolfgang 123, 135
Buchner, Fritz 94, 131
Burghof [General] 82, 86ff.
Bürkner [Stellvertreter von Canaris] 368
Busch [General] 367
Buschenhagen, Erich 269f.
Busse, Theodor 189, 223

Canaris, Brigitte 352, 376
Canaris, Erika 348, 350, 365, *365*, 369, 403
Canaris, Wilhelm 13f., 122, 126, 128f., 136, 138, 142, **335–337**, **339–403**, *341, 345, 349, 353, 357, 361, 373, 379, 383, 389, 393, 397, 402*
Chaldey, Jewgenij 270
Chamberlain, Arthur Neville 362
Choltitz, Dietrich von 213f.
Churchill, Winston 10, 16f., 46, 179, 222, 224, 322

Clausewitz, Carl von 262, 368
Clausius [Stabschef von Seydlitz] 257
Cramer [General] 57

Dasch, Georg 388
De L'Isle [Lord] 222
Deick, Christian 14
Diedrich, Thorsten 277
Dietl [General] 132
Dietrich, Otto 203
Dietrich, Sepp 72
Dietrich, Torsten 14
Doerr, Hans 228
Dohnanyi, Christine von 337
Dohnanyi, Hans von 14, 339, 362, 369, 374, 377, 382, 388, 391f., 394ff., 398, 400, 403
Dolibois, John E. 150
Dölling [DDR-Funktionär] 230
Dönitz, Karl 154, 221, 336, 341
Donovan [US-Geheimdienstler] 391
Dreykluft, Friederike 14
Dudley [Lord] 222
Dulles, Allan 339

Eichmann, Karl Adolf 390
Eilers, Erna 229
Einsiedel [Gräfin] 297
Eisenhower, Dwight David 56, 64
Engel, Gerhard 179f., 232, 385
Erhardt [Freikorps-Kamerad Canaris'] 372

Fanck, Arnold 300, 302
Fathy, Mamdouh Anis 37
Fellgiebel, Erich 148, 199, 268, 271
Fest, Joachim 363
Finck, Eberhard 190
Flie§, Dorothee 390
Focke, Heinrich 295
Fokker, Anthony 288, 290
Fonck, René 290
Franco, Francisco 354, 378
Franz Ferdinand [österr. Thronfolger] 287
Franz, Ernst 68
Freisler, Roland 149
Freytag von Lorinhoven, Bernd 131
Fritsch, Werner von 112, 118, 122, 172, 174, 217, 221, 358, 366

Funck, Freiherr von [General] 34
Furtwängler, Franz Josef 369, 390
Furtwängler, Wilhelm 354
Fusshöler, Otto 298

Gablenz, Carl August von 329, 331
Gagern [Admiral] 347
Galland, Adolf 281
Gehlen, Reinhard 339, 386
Georgadse [sowj. Oberstleutnant] 269
Gersdorff, Rudolf-Christoph 209f., 212f.
Geuchtinger [Oberbefehlshaber der 21. Panzerdivision] 65
Geyr von Schweppenburg, Leo 62, 70
Gilbert, Gustave 98
Gisevius, Hans Bernd 68, 337, 367, 379, 398
Glanz, Meinhard 17, 37f.
Gneisenau, August Wilhelm Anton 52
Goebbels, Joseph 18f., 41, 44f., 49, 52, 59, 63, *63*, 67, 71, 83, 95, 127, 152, 159, 205, 207, 210, 215–218, 220, 228, 243, 261, 265, 308, *379*, 382
Goerdeler, Carl 75, 126, 212, 359, 362, 394
Göring, Emmy 282, 328
Göring, Hermann 12f., 60, 82, 98, 116ff., 120f., 133, *135*, 149, 156, 202, 207, 210, 215, 217f., 255, 258, 260, 262, 270, 280–284, 292, 301, 303, 306f., 310f., *311*, 314f., 318ff., 322–329, 331, 333, *333*, 354
Görlitzer, Arthur *49*
Graf, Rudolf 159, 182
Greim, Robert Ritter von 294
Groscurth [Abteilungsleiter Canaris'] 359, 374
Gruhn, Erna 117f.
Guderian, Heinz 30, 45, 76, 82, 95, 113, 151, 206, 237
Gültner, Rudolf 14
Gunzert, Ulrich 191
Guttenberg, Karl Ludwig von 395
Guynemer, Georges 290

Haenichen, Hilda 94, 101, 108
Halder, Franz 17, 39f., 129, 136, 138,

410

147, 159, 174, 177–180, 182, 240, 243f., 275, 359f., 362, 372, 374
Hammerstein, Christian von 281, 327f.
Hanke, Karl 45
Hartmann [General] 231
Hasse, O. E. 339
Hassell, Ulrich von 128, 130, 138, 141, 346, 398
Heidkämper [Major] 33
Heim, Ferdinand 236, 247
Heinkel, Ernst 307f., 312f., 320, 326
Heinz [Abwehr-Major] 359, 362
Heitz, Karl-Heinz 231
Hèlena [rumän. Königinmutter] 242
Helldorf, Wolf-Heinrich von 118, 120, 360
Henderson, Clifford 307
Henlein, Konrad *139*
Herzner [Oberstleutnant] 366
Heß, Rudolf 117
Heusinger, Adolf 159
Heydecker, Joe 270, 272
Heydrich, Lina 350
Heydrich, Reinhard 13, 335f., 347f., 350f., 355f., 363, 368, 370f., 373, *373*, 376f., 383, 385
Hillgruber, Andreas 158
Himmler, Heinrich *123, 139*, 148, 210, 218, 336, 351, 355f., 370, 379, *379*, 383, 385f., 390, 394ff.
Hindenburg, Paul von 52, 166, 171, 173, 217
Hitler, Adolf 6–16, 18f., 26–31, 33f., 36, 40, 42f., 47f., 50–55, *55*, 58f., *59*, 61f., 64ff., 68ff., 72–75, 77f., 80f., 83–90, 92, 95ff., 99, 106f., 109–114, *113*, 116ff., 120ff., 124–130, *127*, 132–143, *139*, 146–149, 151–155, 160ff., 164, 171–177, *177*, 176, 178ff., 182f., 185ff., 189, 191–194, 198–207, *201*, 210, 212f., 215–218, 220, 224, 226, 228, 231f., 237f., 240, 242, 244, *245*, 246ff., 251, 253, 255f., 258, 260–263, 265, 268, 270f., *271*, 282ff., 301, 303, 306ff., 313, 315, 320, 322f., 325, *325*, 331, 333f., *333*, 338f., 352, 354f., 358ff., 362f., 366ff., 370, 372, 374ff., 378, 384–392, 394f., 398–401

Hofacker, Cäsar von 73f., 76, 82
Hoffmann, Heinz 230
Höhne, Heinz 339, 390
Holke [Obergefreiter] 73
Holz, Karl 45
Homann [DDR-Funktionär] 230
Hoßbach [Hitler-Adjutant] 358
Hoth [Generaloberst] 33, 194, 196, 258
Höttl, Wilhelm 337, 357, 361, 372f., 379
Humbert, Philip 228
Humboldt, Hubertus von 94, 113, 139, 153, 201, 207
Huntziger [General] 133
Huppenkothen, Walter 336, 371, 399, 401, 403

Illing, Eloys 302
Ishoven, Armand von 14

Jacob, Johannes 14
Jodl, Alfred 58, 65, 83, 93, 95, 116, 122, 125, 132f., 135, *135*, 140f., 146, 148, 153f., 233, 269f., 336, 378, 383, *383*, 395, 399
Jodl, Luise 135
Jordan, Paul 229
Junkers, Hugo 325

Kaltenbrunner [SS-Vizechef] 399f.
Kandler [Chefarzt] 89, 91
Kapp, Wolfgang 347
Keitel, Carl 100–103, *103*, 112
Keitel, Dorothee, geb. von Blomberg 104
Keitel, Karl-Heinz 104, 150, 156
Keitel, Lisa, geb. Fontaine 99, 101ff., 105, 107f., *107*, 112, 114f., 120, 126
Keitel, Paul 100
Keitel, Wilhelm 6–9, 17, *49*, 58, 70, 82f., **93–156**, *99, 107, 113, 119, 123, 127, 131, 135, 139, 144f., 150f., 155*, 170, 174, 186, 207, 221, 269f., 366, 368, 375, 384, 393, 396, 399
Kempner, Robert M. 84, 97f.
Kesselring, Albert 58, 81, 315
Kessler [DDR-Funktionär] 230
Kielmansegg, Johann Adolf 94, 142, 144, 159, 177, 184, 206, 208

411

Kimmich [Major] 85
Kirchbaum, Wilhelm 369
Kirchheim [General] 76, 82
Kistler, Christine 14
Klatt [Spion] 386
Kleffel, Walter 308
Kleist, Ewald von 94, 119, 392
Kluge, Günther von 70, 72, 77, *139*, 148, 158, 206, 208 ff., 212, 214
Köhler, Henry 14
Koppenberg, Heinrich 319
Korfes [DDR-Funktionär] 230
Körner, Paul 314
Köstring [Heeresgeneral] 398
Krebs, Hans-Georg 80, 159, 204
Kutschenbach, Olga von 277

Lahousen, Erwin 336, 374 f., 382, 384, 388, 392
Laternser, Hans 212, 270
Leeb, Wilhelm Ritter von 183
Lenin, Wladimir Iljitsch 109
Lenski [Generalmajor] 230
Leopold III. [belg. König] 240
Leverkühn, Paul 365
Lewinski [preuß. Offiziersfam.] 166
Ley, Robert 152
Liddell-Hart, Basil 159, 161, 163
Liebknecht, Karl 346
Liedig, Franz 362
Lilienthal, Otto 284
Lindbergh, Charles 280, 300
Lindemann, Georg 94, 158, 346
List [Generalfeldmarschall] 26, 248
Loerzer, Bruno 322, 326
Loesch, Jutta Sibylle von [Gattin Mansteins] 170, 175, *185, 219*
Ludendorff, Erich 104 f., 110, 159
Lunding, Hans 338, 400 ff.
Luxemburg, Rosa 344, 346

Mackensen, August von 221
Mahnke [General] 313
Maisel [General] 86–89
Maizière, Ulrich de 158, 223, 225, *225*
Malinowski, Rodion 158, 161
Manstein, Erich von 6 f., 9 f., 34, 45, 66, 78, 146, **157–226**, *163, 165, 167, 169, 177, 181, 185, 189, 195, 200 f., 211, 219, 225*, 228, 240, 245, 251, 258

Manstein, Gero Erich Sylvester von 173, 191, *195*
Manstein, Gisela von [später: Lingenthal, Gisela] 173–176, 181, 184, 195
Manstein, Hedwig von 173
Manstein, Rüdiger von 158, 173, 190, 195, 221
Maron, Karl 230
Matern, Hermann 230
May, Karl 132, 179, 352
Mayer, Winfried 14
Mednikow, Anatolij 154
Meise [General] 61
Mende, Erich 229
Menzies [brit. Geheimdienstler] 391
Messerschmitt, Willy 312, 328 f.
Meyer [Oberstleutnant] 64
Milch, Erhard 12, 280 f., 301, 314 ff., 318 f., 321 f., *321*, 324–327, 329, 331, 334
Mogensen, Jörgen 402
Moll, Otto E. 255, 271
Moltke, Helmut James von 52, 174, 246, 369, 384, 391
Montgolfier [Gebrüder] 294
Montgomery, Bernard Law 10, *41*, 47 f., 57, 73, 222, 224
Moorehead [brit. Historiker] 56
Müller [Gestapo-Chef] 384, 400
Müller, Josef 375 f., 394 ff.
Müller, Vincenz 230
Müllner, Jörg 14
Mussolini, Benito 33 f., 43, 243, 354, 366

Neame [brit. General] 36
Nebe, Arthur 360
Neitzel, Sönke 14
Nelte, Otto 97 f., 155, 341
Nolte [Oberst] 68
Noske, Gustav 340, 346 f.

Ohlendorf, Otto 188
Ollbricht [Verschwörer gegen Hitler] 268, 271
Osten, Dinnies van der 181, 219, 222
Oster, Hans 14, 356, 359, 369, 374–377, 382, 391, 394 ff., 398, 400–403

Pabst, Waldemar 346
Paget, Reginald T. 222, 224f.
Patzig, Conrad 348, 355
Paulus, Elena Constance 235, 241f., 244, 260, 268, 272, 276
Paulus, Ernst Alexander 240, 257, 268f.
Paulus, Friedrich Wilhelm Ernst 7, 10f., 40, 51, 193f., 196f., 200, **227–245**, *233, 239, 245*, **247–252**, **254–278**, *261, 265, 271, 277*, 372
Paulus, Olga 268
Pawlow [sowj. Generalmajor] 269
Pendele [Oberst] 330
Picker, Henry 187
Pieck, Wilhelm 277
Piekenbrock [Oberst] 351, 383
Ploch [Generalmajor] 329
Pohl, Heinz 294
Pohl, Wilhelm 294
Popitz, Johannes 212
Protze, Richard 358f.

Ramke [Fallschirmjägergeneral] *37*
Raubal, Geli 120
Reichelm, Günter 113, 184
Reichenau, Friedrich von 238
Reichenau, Werner von 124, *139, 177,* 188, 228, 237f., 240, 247, 372
Reinicke [General] 130
Reschin, Leonid 229
Reuth, Ralf Georg 14
Rhode [Militärattaché in Ankara] 266
Ribbentrop, Joachim von 136, 156, 378
Richthofen, Lothar von 292
Richthofen, Manfred von 291, 303
Richthofen, Wolfgang von 207, 249, 258
Rickenbacker, Eddie 310
Riefenstahl, Leni 300
Ringelnatz, Joachim 294
Roeder, Manfred 395f.
Rohleder, Joachim 376f.
Röhm, Ernst 27, 112, 172, 356
Rommel, Erwin [jr.] 7f., 15, 19f., *21*, 22, 24–30, *25*, *31*, 32–36, *37*, **38–93**, *41, 49, 55, 59, 63, 67, 71, 75, 79, 91*, 146, 193, 208f., 211, 214, 243f., 248
Rommel, Erwin [sen.] 19f., *23*, 53

Rommel, Lucie 16f., 20, 28f., 45, 50f., 53, 56, 59f., 65, 77ff., *79*, 83f., *85*, 86f., 89f.
Rommel, Manfred 8, 17, 22f., 25, 41, 49f., 54f., 67, 78ff., *79*, 85–89, *85*, 92
Rosenberg [NS-Minister] 384
Rosetti-Solescu [Familie] 241f.
Rosetti-Solescu, Elena Constance s. Paulus, Elena Constance
Roske [Generalmajor] 264
Rossel, Heike 14
Rudenkow [sowj. Chefankläger bei den Nürnberger Prozessen] 269f.
Rundstedt, Gerd von 16, 58, 62, 65, 69ff., *71*, 78, 85f., 176, *177*, 182, 210
Rust [NS-Erziehungsminister] 309

Saame, Ina 75, 85
Salah [Major] 129
Salmuth, Hans von 62, 62
Salterberg, Kurt 94, 139, 148
Sas, Gijsbertus 375
Scharnhorst, Gerhard Johann David von 246
Schellenberg, Walter 351, 372, 397, 399
Schirach, Baldur von 16, 27
Schläfer, Silke 14
Schleicher, Kurt von 112, 166, 173, 242
Schlieffen, Alfred von 174, 178, 274
Schmidhuber, Wilhelm 392, 394
Schmidt, Arthur 232, 234, 252, 254, 260
Schmückle, Gerd 38f.
Schmundt, Rudolf 86f., 179f., 216, 218, 250
Schneeberger, Hans 300
Schneersohn [Warschauer Oberrabbiner] 369
Schnittke, Kurt 330
Schobert, Ritter von [Generaloberst] 184
Schörner, Ferdinand 22
Schramm, Percy Ernst 217
Schulzendorff [General] 169
Schumilow [sowj. General] *261*, 263f.
Schuschnigg, Kurt von 124, 154
Seeckt, Hans von 168, 242, 295

Seidel [Fliegergeneral] 281
Seiler, Fritz 329
Seydlitz-Kurzbach, Walther von 158, 217, 239, *239*, 256ff., *271*, 272
Smith, Howard 145
Sonderegger [Kriminalsekretär bei der Gestapo] 394, 396
Sonnemann, Emmy 117
Speer, Albert 146, 151f., 158
Speidel, Hans 31, 63, 66, 70, 74ff., *75*, 80–83, 85, 223
Sperrle [General] 124
Spitzy, Reinhard 337, 345, 359, 373, 389, 393, 395f.
Sponeck [Graf; Kommandeur des 42. Armeekorps] 186
Sprössler [Major] *25*
Squire, Charles 41, 54
Stahlberg, Alexander 190, 193, 197, 207ff., 216, 220f.
Stalin, Jossif 10f., 72, 109, 136, 154, 203, 232, 253, 268f., 272f., 382
Stauffenberg, Claus Graf Schenk 66, 72f., 77, 94, 119, 147f., 158, 197ff., 271, 286, 366, 386, 391f., 399
Steiner, Hermann 293
Stoph, Willi 230
Streich [General] 35
Strölin, Karl 75, 78, 80
Stülpnagel, Carl-Heinrich 72ff.
Szymanski [poln. Militärattaché] 369

Tanson, Lion 97, 145, 150
Thoma, Ritter von [General] 57
Thomas [General] 128
Thorbeck, Otto 401, 403
Tirpitz, Alfred von 340, 342
Tresckow, Henning von 68, 179, 207, 214, 391f.
Tschersich [Chef der Abteilung »Technische Planung«] 329
Tschuikow [sowj. General] 249

Udet, Adolf 284, 286ff.
Udet, Ernst 7, 12f., **279–334**, *285, 289, 293, 299, 304f., 311, 317, 321, 325, 332*
Udet, Paula 283f., 287, 303
Ulbricht, Walter 273

Vansittart [Lord] 360
Vinokur [sowj. Oberstleutnant] 234
Vogel, Kurt 346
Vuillemin, Joseph *317*, 318

Wagner, Otto 336, 345, 347, 397
Wagner, Richard 354
Walter, Douglas 46f.
Warlimont [General] 141
Warning, Elmar 72
Warsitz [Testpilot] 323
Wavell [brit. General] 36, 38
Weizsäcker, Ernst von 359, 363
Wenck [Generalstabschef bei Keitel] 153
Werner, Ilse 285, 305
Werner, Theodor 17, 25
Wessel, Horst 301
Westphal, Siegfried 56, 169, 219
Wevers [General] 315
Wilhelm II. 128, 168f., 306
Wilhelm [Kronprinz] *167*, 168
Williams, Al 305
Wimmer [General] 315
Witzleben, Erwin von 268, 360, 363, 374
Wladimir [russ. Großfürstin] *167*, 168
Wolfram [Major] 69
Wright [Gebrüder] 286
Wulf, Georg 295
Wyschinski, Andreij 272

Zeitzler, Kurt 146, 196, 198, 207, 209
Zimmermann, Karl 38
Zink, Lo 297
Zuckmayer, Carl 12f., 281, 283f., 291, 302f., *304*, 310, 332

Bildnachweis

Associated Press: 365
Archiv Rüdiger von Manstein: 165, 167, 169, 181, 185, 195, 201, 219, 255
Bildarchiv Preußischer Kulturbesitz: 21, 49, 59, 107, 119, 127, 135, 163, 239, 245, 250, 251, 255, 261, 265, 271, 277, 311, 333, 383
Bundesarchiv: 31, 113, 139, 144, 151
Christian Deick: 372
dpa: 155
Intertopics: 211
Muster-Schmidt Verlag: 99, 103

National Archives: 55, 123, 145, 402
Janusz Piekalkiewicz: 205
Privat: 349, 361
Manfred Rommel: 23, 79
Spiegel Bilddokumentation: 389
Süddeutscher Bilderdienst: 25, 71, 75, 84, 85, 91, 285, 293, 299, 304, 317, 321, 325, 373, 379, 393
Ullstein Bilderdienst: 37, 41, 63, 67, 131, 150, 177, 189, 200, 223, 233, 259, 267, 289, 305, 322, 341, 345, 353, 397
R. Wagner: 357